民办教育法律政策一本通

李春光◎主编

A COMPREHENSIVE GUIDE TO LAWS AND POLICIES ON PRIVATE EDUCATION

法律出版社 | LAW PRESS
北京

图书在版编目（CIP）数据

民办教育法律政策一本通 / 李春光主编. -- 北京 : 法律出版社, 2025. -- ISBN 978-7-5197-9305-0

Ⅰ. D922.16

中国国家版本馆 CIP 数据核字第 20249BJ375 号

民办教育法律政策一本通
MINBAN JIAOYU FALÜ ZHENGCE YIBENTONG

李春光 主编

责任编辑 慕雪丹 章 雯
装帧设计 鲍龙卉

出版发行 法律出版社
编辑统筹 法商出版分社
责任校对 赵明霞
责任印制 胡晓雅
经　　销 新华书店

开本 710 毫米×1000 毫米 1/16
印张 32.25　**字数** 530 千
版本 2025 年 4 月第 1 版
印次 2025 年 4 月第 1 次印刷
印刷 涿州市星河印刷有限公司

地址:北京市丰台区莲花池西里 7 号(100073)
网址:www.lawpress.com.cn
投稿邮箱:info@lawpress.com.cn
举报盗版邮箱:jbwq@lawpress.com.cn
销售电话:010-83938349
客服电话:010-83938350
咨询电话:010-63939796

书号:ISBN 978-7-5197-9305-0
定价:98.00 元
凡购买本社图书,如有印装错误,我社负责退换。电话:010-83938349

编 写 人 员

主　　编：李春光

副 主 编：吴　华　戚德忠　熊丙奇　田光成　王葆青
魏　忠　李海林　朱泉星　阙明坤　卢志文

编　　委：吴翠萍　赵明学　和　汉　滕明志　杨雪婧
赵淼欣

执行编辑：吴翠萍

序

民办教育是我国教育事业的重要组成部分。一直以来,国家对民办教育实行积极鼓励、大力支持、正确引导、依法管理的方针。目前,我国的教育已经形成了比较完善的体系,涉及学前教育、小学、初中、高中、职业教育、高等教育等多个领域。越来越多的家庭和学生选择民办教育,民办教育也逐渐成为中国教育事业的重要组成部分。

随着2018年《中华人民共和国民办教育促进法》的修正,我国教育正在进行着一场全面、深刻、系统、持久的重大变革,这场变革深度地触及从幼儿园到高等院校、从学历教育到非学历教育、从普通教育到职业教育、从公办教育到民办教育等各级各类教育。近年来,一系列新的教育法规政策密集出台,标志着新一轮的教育大变革已经全面展开,并逐步走向深入。民办教育也迎来了前所未有的挑战与机遇。

与公办教育相比,民办教育有自己的优势,其多样化的教育模式、优质的教育服务质量为学生提供了更多的教育选择,满足了不同学生的需求。但相比公办教育,其存在的问题也较为突出,如法律制度尚不完善、办学环境较差、学生就业较难等。

随着“双减”政策的出台,民办义务教育阶段的学校、校外培训机构等也都迎来了更大的挑战,很多办学者对政策趋向紧缩、管理愈加严格的态势感到担忧。事实上,国家一直在为民办教育的健康发展努力,也为学生以及从业者保驾护航。

一直以来,为了规范民办教育的办学行为,保障学生的合法权益,我国制定了一系列法律法规,包括《中华人民共和国教育法》《中华人民共和国高等教育法》《中华人民共和国民办教育促进法》《中华人民共和国民办教育促进法实施条例》等。这些法律法规为民办教育的发展提供了有力的保障,为广大教育从业者和学生提供了明确的法律依据,也在真正意义上实现了让法律制度跟上教育改革的步伐。

本书旨在汇总整理目前我国民办教育方面的法律法规,为民办教育从业者和学生提供便捷的查询工具。本书包括《中华人民共和国教育法》《中华人民共和国高等教育法》《中华人民共和国民办教育促进法》《中华人民共和国民办教育促进法实施条例》以及其他相关法律法规,不仅汇集了相关的法律法规,并针对每章节配有案例解读与分析,方便读者理解、掌握。本书的主要特色如下:

1. 主线清晰明了,合理分解现行有效的法律文件,适合民办教育实际运营需要。全书内容以《中华人民共和国民办教育促进法》的章节为主线,对民办教育发展过程中的法律问题、财务问题、税务问题等所涉及的法律、行政法规、司法解释等进行筛选和分解,将其编排在相应的章节之下。

2. 法律收录齐全,列出典型案例索引,为民办教育的争议解决提供案例指导。本书除收录民办教育所依据的各类法律、行政法规、司法解释等之外,还从中精选出典型案例,为办理同类案件提供指导。

3. 后续更新,提供新法增补服务。本书收录内容截止到 2024 年 11 月,随着立法和司法实践的发展变化,我们将及时对本书作进一步的改进,也欢迎广大读者提出宝贵意见。

本书的编写得到了“民办教育十一人论坛”、浙江省发展民办教育研究院、上海行仕律师事务所、杭州时代智汇教育科技有限公司等机构的大力支持和帮助,在此表示诚挚的感谢。随着民办教育的重大变革,民办教育的发展策略必然发生重大变化,民办教育的规范化管理也将成为重中之重。

我们希望,本书能够在为民办教育发展提供法律支撑的同时,为各位办学者规范化办学提供有益的参考和帮助,也希望能对广大读者了解民办教育、提升教育能力和推动教育创新有所帮助。

目　　录

第二章 设立

第四章　教师与受教育者

第八章　变更与终止

第一章　总　　则

第一条　【立法目的和依据】[1]

为实施科教兴国战略，促进民办教育事业的健康发展，维护民办学校和受教育者的合法权益，根据宪法和教育法制定本法。

关联规定[2]

《中华人民共和国宪法》（节录）

（2018年3月11日中华人民共和国全国人民代表大会公告第1号公布　自2018年3月11日起施行）

第十九条　国家发展社会主义的教育事业，提高全国人民的科学文化水平。

国家举办各种学校，普及初等义务教育，发展中等教育、职业教育和高等教育，并且发展学前教育。

国家发展各种教育设施，扫除文盲，对工人、农民、国家工作人员和其他劳动者进行政治、文化、科学、技术、业务的教育，鼓励自学成才。

国家鼓励集体经济组织、国家企业事业组织和其他社会力量依照法律规定举办各种教育事业。

国家推广全国通用的普通话。

---

① 本书主法条为《中华人民共和国民办教育促进法》（以下简称《民促法》）的内容，其所收录的条文均根据历次修正案修正，条文主旨为编者所加。

② 本书"关联规定"部分是围绕《民促法》，提供关联的法律、行政法规、司法解释等法律文件，或全文收录，或具体节录，为您适用法律提供全面参考。关联规定的编排顺序如下：首先，按照法律、行政法规及司法解释等规范等级进行分类排列；其次，同类文件按照重要程度或时间顺序排列。

《中华人民共和国教育法》(节录)

(2021 年 4 月 29 日中华人民共和国主席令第 80 号公布　自 2021 年 4 月 30 日起施行)

第三条　国家坚持中国共产党的领导,坚持以马克思列宁主义、毛泽东思想、邓小平理论、“三个代表”重要思想、科学发展观、习近平新时代中国特色社会主义思想为指导,遵循宪法确定的基本原则,发展社会主义的教育事业。

第五条　教育必须为社会主义现代化建设服务、为人民服务,必须与生产劳动和社会实践相结合,培养德智体美劳全面发展的社会主义建设者和接班人。

第六条　教育应当坚持立德树人,对受教育者加强社会主义核心价值观教育,增强受教育者的社会责任感、创新精神和实践能力。

国家在受教育者中进行爱国主义、集体主义、中国特色社会主义的教育,进行理想、道德、纪律、法治、国防和民族团结的教育。

第七条　教育应当继承和弘扬中华优秀传统文化、革命文化、社会主义先进文化,吸收人类文明发展的一切优秀成果。

第八条　教育活动必须符合国家和社会公共利益。

国家实行教育与宗教相分离。任何组织和个人不得利用宗教进行妨碍国家教育制度的活动。

第十七条　国家实行学前教育、初等教育、中等教育、高等教育的学校教育制度。

国家建立科学的学制系统。学制系统内的学校和其他教育机构的设置、教育形式、修业年限、招生对象、培养目标等,由国务院或者由国务院授权教育行政部门规定。

第十九条　国家实行九年制义务教育制度。

各级人民政府采取各种措施保障适龄儿童、少年就学。

适龄儿童、少年的父母或者其他监护人以及有关社会组织和个人有义务使适龄儿童、少年接受并完成规定年限的义务教育。

第二十条　国家实行职业教育制度和继续教育制度。

各级人民政府、有关行政部门和行业组织以及企业事业组织应当采取措施,发展并保障公民接受职业学校教育或者各种形式的职业培训。

国家鼓励发展多种形式的继续教育，使公民接受适当形式的政治、经济、文化、科学、技术、业务等方面的教育，促进不同类型学习成果的互认和衔接，推动全民终身学习。

第二十一条　国家实行国家教育考试制度。

国家教育考试由国务院教育行政部门确定种类，并由国家批准的实施教育考试的机构承办。

第二十二条　国家实行学业证书制度。

经国家批准设立或者认可的学校及其他教育机构按照国家有关规定，颁发学历证书或者其他学业证书。

第二十三条　国家实行学位制度。

学位授予单位依法对达到一定学术水平或者专业技术水平的人员授予相应的学位，颁发学位证书。

第二十五条　国家实行教育督导制度和学校及其他教育机构教育评估制度。

第二条　【调整范围】

国家机构以外的社会组织或者个人，利用非国家财政性经费，面向社会举办学校及其他教育机构的活动，适用本法。本法未作规定的，依照教育法和其他有关教育法律执行。

关联规定

《中华人民共和国教育法》（节录）

（2021 年 4 月 29 日中华人民共和国主席令第 80 号公布　自 2021 年 4 月 30 日起施行）

第二条　在中华人民共和国境内的各级各类教育，适用本法。

《中华人民共和国义务教育法》(节录)

(2018 年 12 月 29 日中华人民共和国主席令第 22 号公布　自 2018 年 12 月 29 日起施行)

第一条　为了保障适龄儿童、少年接受义务教育的权利,保证义务教育的实施,提高全民族素质,根据宪法和教育法,制定本法。

《中华人民共和国高等教育法》(节录)

(2018 年 12 月 29 日中华人民共和国主席令第 23 号公布　自 2018 年 12 月 29 日起施行)

第一条　为了发展高等教育事业,实施科教兴国战略,促进社会主义物质文明和精神文明建设,根据宪法和教育法,制定本法。

第二条　在中华人民共和国境内从事高等教育活动,适用本法。

本法所称高等教育,是指在完成高级中等教育基础上实施的教育。

《中华人民共和国职业教育法》(节录)

(2022 年 4 月 20 日中华人民共和国主席令第 112 号公布　自 2022 年 5 月 1 日起施行)

第一条　为了推动职业教育高质量发展,提高劳动者素质和技术技能水平,促进就业创业,建设教育强国、人力资源强国和技能型社会,推进社会主义现代化建设,根据宪法,制定本法。

第二条　本法所称职业教育,是指为了培养高素质技术技能人才,使受教育者具备从事某种职业或者实现职业发展所需要的职业道德、科学文化与专业知识、技术技能等职业综合素质和行动能力而实施的教育,包括职业学校教育和职业培训。

机关、事业单位对其工作人员实施的专门培训由法律、行政法规另行规定。

《中华人民共和国学前教育法》（节录）

（2024年11月8日中华人民共和国主席令第34号公布　自2025年6月1日起施行）

第二条　在中华人民共和国境内实施学前教育，适用本法。

本法所称学前教育，是指由幼儿园等学前教育机构对三周岁到入小学前的儿童（以下称学前儿童）实施的保育和教育。

《中华人民共和国中外合作办学条例》（节录）

（2019年3月2日中华人民共和国国务院令第709号公布　自2019年3月2日起施行）

第二条　外国教育机构同中国教育机构（以下简称中外合作办学者）在中国境内合作举办以中国公民为主要招生对象的教育机构（以下简称中外合作办学机构）的活动，适用本条例。

《校外培训行政处罚暂行办法》（节录）

（2023年8月23日中华人民共和国教育部令第53号公布　自2023年10月15日起施行）

第一条　为落实立德树人根本任务，发展素质教育，加强校外培训监管，规范校外培训行政处罚行为，保护自然人、法人和其他组织的合法权益，根据《中华人民共和国行政处罚法》《中华人民共和国未成年人保护法》《中华人民共和国民办教育促进法》《中华人民共和国民办教育促进法实施条例》等有关法律、行政法规，制定本办法。

第二条　自然人、法人或者其他组织面向社会招收3周岁以上学龄前儿童、中小学生，违法开展校外培训，应当给予行政处罚的，适用本办法。

《国务院办公厅关于规范校外培训机构发展的意见》(节录)

(2018年8月6日国办发〔2018〕80号公布　自2018年8月6日起施行)

(一)指导思想。以习近平新时代中国特色社会主义思想为指导,深入贯彻落实党的十九大和十九届二中、三中全会精神,全面贯彻党的教育方针,坚持立德树人,发展素质教育,以促进中小学生身心健康发展为落脚点,以建立健全校外培训机构监管机制为着力点,努力构建校外培训机构规范有序发展的长效机制,切实解决人民群众反映强烈的中小学生课外负担过重问题,形成校内外协同育人的良好局面。

(二)基本原则。

依法规范。依法依规对校外培训机构进行审批登记、开展专项治理、强化日常监管,切实规范校外培训秩序。校外培训机构依法依规开展培训业务和相关活动,自觉维护中小学生及家长合法权益。

分类管理。鼓励发展以培养中小学生兴趣爱好、创新精神和实践能力为目标的培训,重点规范语文、数学、英语及物理、化学、生物等学科知识培训,坚决禁止应试、超标、超前培训及与招生入学挂钩的行为。

综合施策。统筹学校、社会和家庭教育,既规范校外培训机构培训行为,又同步改进中小学教育教学,提高学校教育质量和课后服务能力,强化学校育人主体地位,积极推动家长转变教育观念,做到标本兼治、务求实效。

协同治理。强化省地(市)统筹,落实以县为主管理责任。建立健全工作协调机制,有关部门各司其职、分工协作,统筹做好审批登记和监督管理,形成综合治理合力,确保积极稳妥推进。

第三条 【民办教育事业的性质、方针和发展规划】

民办教育事业属于公益性事业，是社会主义教育事业的组成部分。

国家对民办教育实行积极鼓励、大力支持、正确引导、依法管理的方针。

各级人民政府应当将民办教育事业纳入国民经济和社会发展规划。

关联规定

《中华人民共和国公益事业捐赠法》(节录)

(1999年6月28日中华人民共和国主席令第19号公布 自1999年9月1日起施行)

第三条 本法所称公益事业是指非营利的下列事项：

(一)救助灾害、救济贫困、扶助残疾人等困难的社会群体和个人的活动；

(二)教育、科学、文化、卫生、体育事业；

(三)环境保护、社会公共设施建设；

(四)促进社会发展和进步的其他社会公共和福利事业。

《中华人民共和国职业教育法》(节录)

(2022年4月20日中华人民共和国主席令第112号公布 自2022年5月1日起施行)

第三条 职业教育是与普通教育具有同等重要地位的教育类型，是国民教育体系和人力资源开发的重要组成部分，是培养多样化人才、传承技术技能、促进就业创业的重要途径。

国家大力发展职业教育，推进职业教育改革，提高职业教育质量，增强职业教育适应性，建立健全适应社会主义市场经济和社会发展需要、符合技术技能人才成长规律的职业教育制度体系，为全面建设社会主义现代化国家提供有力人才和技能支撑。

《中华人民共和国学前教育法》（节录）

（2024 年 11 月 8 日中华人民共和国主席令第 34 号公布　自 2025 年 6 月 1 日起施行）

第三条　国家实行学前教育制度。

学前教育是国民教育体系的组成部分，是重要的社会公益事业。

《中华人民共和国民办教育促进法实施条例》（节录）

（2021 年 4 月 7 日中华人民共和国国务院令第 741 号公布　自 2021 年 9 月 1 日起施行）

第四条　民办学校应当坚持中国共产党的领导，坚持社会主义办学方向，坚持教育公益性，对受教育者加强社会主义核心价值观教育，落实立德树人根本任务。

民办学校中的中国共产党基层组织贯彻党的方针政策，依照法律、行政法规和国家有关规定参与学校重大决策并实施监督。

《中华人民共和国中外合作办学条例》（节录）

（2019 年 3 月 2 日中华人民共和国国务院令第 709 号公布　自 2019 年 3 月 2 日起施行）

第三条　中外合作办学属于公益性事业，是中国教育事业的组成部分。

国家对中外合作办学实行扩大开放、规范办学、依法管理、促进发展的方针。

国家鼓励引进外国优质教育资源的中外合作办学。国家鼓励在高等教育、职业教育领域开展中外合作办学，鼓励中国高等教育机构与外国知名的高等教育机构合作办学。

《独立学院设置与管理办法》(节录)

(2015 年 11 月 10 日中华人民共和国教育部令第 38 号公布　自 2015 年 11 月 10 日起施行)

第三条　独立学院是民办高等教育的重要组成部分,属于公益性事业。设立独立学院,应当符合国家和地方高等教育发展规划。

《营利性民办学校监督管理实施细则》(节录)

(2016 年 12 月 30 日教发〔2016〕20 号公布　自 2016 年 12 月 30 日起施行)

第三条　营利性民办学校应当遵守国家法律法规,全面贯彻党的教育方针,坚持党的领导,坚持社会主义办学方向,坚持立德树人,对受教育者加强社会主义核心价值观教育,培养德、智、体、美等方面全面发展的社会主义建设者和接班人。

营利性民办学校应当坚持教育的公益性,始终把培养高素质人才、服务经济社会发展放在首位,实现社会效益与经济效益相统一。

《少年儿童校外教育机构工作规程》(节录)

(2010 年 12 月 13 日中华人民共和国教育部令第 30 号公布　自 2010 年 12 月 13 日起施行)

第二条　本规程所称少年儿童校外教育机构(以下简称"校外教育机构")是指少年宫、少年之家(站)、儿童少年活动中心、农村儿童文化园、儿童乐园、少年儿童图书馆(室)、少年科技馆、少年儿童艺术馆、少年儿童业余艺校、少年儿童野外营地、少年儿童劳动基地、和以少年儿童为主要服务对象的青少年宫、青少年活动中心、青少年科技中心(馆、站)、妇女儿童活动中心中少年儿童活动部分等。

第六条　国家鼓励企业、事业组织、社会团体及其他社会组织和公民个人,依法举办各种形式、内容和层次的校外教育机构或捐助校外教育事业。

《中等职业学校管理规程》(节录)

(2010年5月13日教职成〔2010〕6号公布　自2010年5月13日起施行)

第二条　本规程适用于依法设立的各类中等职业学校(包括普通中等专业学校、成人中等专业学校、职业高中、技工学校)。中等职业学校的设立依据国家和省级教育行政部门发布的中等职业学校设置标准,其设立、变更、终止应当报省级教育行政部门依法审批或备案。

第三条　中等职业学校实行学历教育和职业培训相结合,职前教育和职后教育相结合。积极开展农村实用技术培训、农村劳动力转移培训、农民工培训、下岗再就业培训、社区居民培训等各类教育培训活动。

第四条　中等职业学校实行全日制和非全日制相结合的教育形式。实施学历教育,主要招收初中毕业生和具有同等学力的人员,基本学制以三年为主;招收高中毕业生,基本学制以一年为主。学校在对学生进行高中层次文化知识教育的同时,根据职业岗位的要求实施职业道德教育、职业知识教育和职业技能训练,培养与我国社会主义现代化建设要求相适应,具有综合职业能力,在生产、管理、服务一线工作的高素质劳动者和技能型人才。

《中共中央　国务院关于学前教育深化改革规范发展的若干意见》(节录)

(2018年11月7日公布　自2018年11月7日起施行)

一、总体要求

(一)指导思想。以习近平新时代中国特色社会主义思想为指导,全面贯彻党的十九大精神和党的教育方针,认真落实立德树人根本任务,遵循学前教育规律,牢牢把握学前教育正确发展方向,完善学前教育体制机制,健全学前教育政策保障体系,推进学前教育普及普惠安全优质发展,满足人民群众对幼有所育的美好期盼,为培养德智体美劳全面发展的社会主义建设者和接班人奠定坚实基础。

（二）基本原则

——坚持党的领导。加强党对学前教育工作的领导，确保党的教育方针在学前教育领域深入贯彻，确保立德树人根本任务落实到位，确保学前教育始终沿着正确方向发展。

——坚持政府主导。落实各级政府在学前教育规划、投入、教师队伍建设、监管等方面的责任，完善各有关部门分工负责、齐抓共管的工作机制。牢牢把握公益普惠基本方向，坚持公办民办并举，加大公共财政投入，着力扩大普惠性学前教育资源供给。

——坚持改革创新。突出问题导向，统筹兼顾、综合施策，破解制约学前教育发展的体制机制障碍，补齐制度短板，激发办园活力，鼓励引导规范社会力量办园，充分调动各方面积极性。

——坚持规范管理。遵循幼儿身心发展规律，实施科学保教，健全治理体系，堵住监管漏洞，完善学前教育法律法规，实现依法依规办园治园，促进幼儿健康快乐成长。

（三）主要目标

……

到2035年，全面普及学前三年教育，建成覆盖城乡、布局合理的学前教育公共服务体系，形成完善的学前教育管理体制、办园体制和政策保障体系，为幼儿提供更加充裕、更加普惠、更加优质的学前教育。

《中共中央 国务院关于深化教育教学改革全面提高义务教育质量的意见》（节录）

（2019年6月23日公布 自2019年6月23日起施行）

义务教育质量事关亿万少年儿童健康成长，事关国家发展，事关民族未来。为深入贯彻党的十九大精神和全国教育大会部署，加快推进教育现代化，建设教育强国，办好人民满意的教育，现就深化教育教学改革、全面提高义务教育质量提出如下意见。

一、坚持立德树人，着力培养担当民族复兴大任的时代新人

1. 指导思想。坚持以习近平新时代中国特色社会主义思想为指导，全面贯彻

党的教育方针，落实立德树人根本任务，遵循教育规律，强化教师队伍基础作用，围绕凝聚人心、完善人格、开发人力、培育人才、造福人民的工作目标，发展素质教育，培养德智体美劳全面发展的社会主义建设者和接班人。

2. 基本要求。树立科学的教育质量观，深化改革，构建德智体美劳全面培养的教育体系，健全立德树人落实机制，着力在坚定理想信念、厚植爱国主义情怀、加强品德修养、增长知识见识、培养奋斗精神、增强综合素质上下功夫。坚持德育为先，教育引导学生爱党爱国爱人民爱社会主义；坚持全面发展，为学生终身发展奠基；坚持面向全体，办好每所学校、教好每名学生；坚持知行合一，让学生成为生活和学习的主人。

《中共中央　国务院关于全面加强新时代大中小学劳动教育的意见》（节录）

（2020 年 3 月 20 日公布　自 2020 年 3 月 20 日起施行）

为构建德智体美劳全面培养的教育体系，现就加强新时代大中小学劳动教育提出如下意见。

一、充分认识新时代培养社会主义建设者和接班人对加强劳动教育的新要求

（一）重大意义。劳动教育是中国特色社会主义教育制度的重要内容，直接决定社会主义建设者和接班人的劳动精神面貌、劳动价值取向和劳动技能水平。长期以来，各地区和学校坚持教育与生产劳动相结合，在实践育人方面取得了一定成效。同时也要看到，近年来一些青少年中出现了不珍惜劳动成果、不想劳动、不会劳动的现象，劳动的独特育人价值在一定程度上被忽视，劳动教育正被淡化、弱化。对此，全党全社会必须高度重视，采取有效措施切实加强劳动教育。

（二）指导思想。以习近平新时代中国特色社会主义思想为指导，全面贯彻党的教育方针，落实全国教育大会精神，坚持立德树人，坚持培育和践行社会主义核心价值观，把劳动教育纳入人才培养全过程，贯通大中小学各学段，贯穿家庭、学校、社会各方面，与德育、智育、体育、美育相融合，紧密结合经济社会发展变化和学生生活实际，积极探索具有中国特色的劳动教育模式，创新体制机制，注重教育实效，实现知行合一，促进学生形成正确的世界观、人生观、价值观。

第四条　【民办学校活动原则】

民办学校应当遵守法律、法规，贯彻国家的教育方针，保证教育质量，致力于培养社会主义建设事业的各类人才。

民办学校应当贯彻教育与宗教相分离的原则。任何组织和个人不得利用宗教进行妨碍国家教育制度的活动。

关联规定

《中华人民共和国教育法》(节录)

(2021 年 4 月 29 日中华人民共和国主席令第 80 号公布　自 2021 年 4 月 30 日起施行)

第五条　教育必须为社会主义现代化建设服务、为人民服务，必须与生产劳动和社会实践相结合，培养德智体美劳全面发展的社会主义建设者和接班人。

第八条　教育活动必须符合国家和社会公共利益。

国家实行教育与宗教相分离。任何组织和个人不得利用宗教进行妨碍国家教育制度的活动。

《中华人民共和国义务教育法》(节录)

(2018 年 12 月 29 日中华人民共和国主席令第 22 号公布　自 2018 年 12 月 29 日起施行)

第三条　义务教育必须贯彻国家的教育方针，实施素质教育，提高教育质量，使适龄儿童、少年在品德、智力、体质等方面全面发展，为培养有理想、有道德、有文化、有纪律的社会主义建设者和接班人奠定基础。

《中华人民共和国高等教育法》(节录)

(2018 年 12 月 29 日中华人民共和国主席令第 23 号公布　自 2018 年 12 月 29 日起施行)

第四条　高等教育必须贯彻国家的教育方针,为社会主义现代化建设服务、为人民服务,与生产劳动和社会实践相结合,使受教育者成为德、智、体、美等方面全面发展的社会主义建设者和接班人。

《中华人民共和国职业教育法》(节录)

(2022 年 4 月 20 日中华人民共和国主席令第 112 号公布　自 2022 年 5 月 1 日起施行)

第四条　职业教育必须坚持中国共产党的领导,坚持社会主义办学方向,贯彻国家的教育方针,坚持立德树人、德技并修,坚持产教融合、校企合作,坚持面向市场、促进就业,坚持面向实践、强化能力,坚持面向人人、因材施教。

实施职业教育应当弘扬社会主义核心价值观,对受教育者进行思想政治教育和职业道德教育,培育劳模精神、劳动精神、工匠精神,传授科学文化与专业知识,培养技术技能,进行职业指导,全面提高受教育者的素质。

《中华人民共和国学前教育法》(节录)

(2024 年 11 月 8 日中华人民共和国主席令第 34 号公布　自 2025 年 6 月 1 日起施行)

第五条　国家建立健全学前教育保障机制。

发展学前教育坚持政府主导,以政府举办为主,大力发展普惠性学前教育,鼓励、引导和规范社会力量参与。

《中华人民共和国中外合作办学条例》（节录）

（2019 年 3 月 2 日中华人民共和国国务院令第 709 号公布　自 2019 年 3 月 2 日起施行）

第四条　中外合作办学者、中外合作办学机构的合法权益，受中国法律保护。

中外合作办学机构依法享受国家规定的优惠政策，依法自主开展教育教学活动。

第五条　中外合作办学必须遵守中国法律，贯彻中国的教育方针，符合中国的公共道德，不得损害中国的国家主权、安全和社会公共利益。

中外合作办学应当符合中国教育事业发展的需要，保证教育教学质量，致力于培养中国社会主义建设事业的各类人才。

第七条　外国宗教组织、宗教机构、宗教院校和宗教教职人员不得在中国境内从事合作办学活动。

中外合作办学机构不得进行宗教教育和开展宗教活动。

第五条　【民办学校法律地位】

民办学校与公办学校具有同等的法律地位，国家保障民办学校的办学自主权。

国家保障民办学校举办者、校长、教职工和受教育者的合法权益。

关联规定

《中华人民共和国教育法》（节录）

（2021 年 4 月 29 日中华人民共和国主席令第 80 号公布　自 2021 年 4 月 30 日起施行）

第二十九条　学校及其他教育机构行使下列权利：

（一）按照章程自主管理；

（二）组织实施教育教学活动；

（三）招收学生或者其他受教育者；

（四）对受教育者进行学籍管理，实施奖励或者处分；

（五）对受教育者颁发相应的学业证书；

（六）聘任教师及其他职工，实施奖励或者处分；

（七）管理、使用本单位的设施和经费；

（八）拒绝任何组织和个人对教育教学活动的非法干涉；

（九）法律、法规规定的其他权利。

国家保护学校及其他教育机构的合法权益不受侵犯。

第三十条 学校及其他教育机构应当履行下列义务：

（一）遵守法律、法规；

（二）贯彻国家的教育方针，执行国家教育教学标准，保证教育教学质量；

（三）维护受教育者、教师及其他职工的合法权益；

（四）以适当方式为受教育者及其监护人了解受教育者的学业成绩及其他有关情况提供便利；

（五）遵照国家有关规定收取费用并公开收费项目；

（六）依法接受监督。

第三十四条 国家保护教师的合法权益，改善教师的工作条件和生活条件，提高教师的社会地位。

教师的工资报酬、福利待遇，依照法律、法规的规定办理。

第三十七条 受教育者在入学、升学、就业等方面依法享有平等权利。

学校和有关行政部门应当按照国家有关规定，保障女子在入学、升学、就业、授予学位、派出留学等方面享有同男子平等的权利。

《中华人民共和国义务教育法》（节录）

（2018年12月29日中华人民共和国主席令第22号公布　自2018年12月29日起施行）

第四条 凡具有中华人民共和国国籍的适龄儿童、少年，不分性别、民族、种族、家庭财产状况、宗教信仰等，依法享有平等接受义务教育的权利，并履行接受义务教育的义务。

第五条 各级人民政府及其有关部门应当履行本法规定的各项职责，保障适龄儿童、少年接受义务教育的权利。

适龄儿童、少年的父母或者其他法定监护人应当依法保证其按时入学接受并完成义务教育。

依法实施义务教育的学校应当按照规定标准完成教育教学任务，保证教育教学质量。

社会组织和个人应当为适龄儿童、少年接受义务教育创造良好的环境。

第六条 国务院和县级以上地方人民政府应当合理配置教育资源，促进义务教育均衡发展，改善薄弱学校的办学条件，并采取措施，保障农村地区、民族地区实施义务教育，保障家庭经济困难的和残疾的适龄儿童、少年接受义务教育。

国家组织和鼓励经济发达地区支援经济欠发达地区实施义务教育。

第二十三条 各级人民政府及其有关部门依法维护学校周边秩序，保护学生、教师、学校的合法权益，为学校提供安全保障。

第二十八条 教师享有法律规定的权利，履行法律规定的义务，应当为人师表，忠诚于人民的教育事业。

全社会应当尊重教师。

第三十一条 各级人民政府保障教师工资福利和社会保险待遇，改善教师工作和生活条件；完善农村教师工资经费保障机制。

教师的平均工资水平应当不低于当地公务员的平均工资水平。

特殊教育教师享有特殊岗位补助津贴。在民族地区和边远贫困地区工作的教师享有艰苦贫困地区补助津贴。

《中华人民共和国高等教育法》（节录）

（2018 年 12 月 29 日中华人民共和国主席令第 23 号公布 自 2018 年 12 月 29 日起施行）

第九条 公民依法享有接受高等教育的权利。

国家采取措施，帮助少数民族学生和经济困难的学生接受高等教育。

高等学校必须招收符合国家规定的录取标准的残疾学生入学，不得因其残疾而拒绝招收。

第五十条 国家保护高等学校教师及其他教育工作者的合法权益，采取措施改善高等学校教师及其他教育工作者的工作条件和生活条件。

《中华人民共和国职业教育法》（节录）

（2022年4月20日中华人民共和国主席令第112号公布 自2022年5月1日起施行）

第五条 公民有依法接受职业教育的权利。

第十条 国家采取措施，大力发展技工教育，全面提高产业工人素质。

国家采取措施，支持举办面向农村的职业教育，组织开展农业技能培训、返乡创业就业培训和职业技能培训，培养高素质乡村振兴人才。

国家采取措施，扶持革命老区、民族地区、边远地区、欠发达地区职业教育的发展。

国家采取措施，组织各类转岗、再就业、失业人员以及特殊人群等接受各种形式的职业教育，扶持残疾人职业教育的发展。

国家保障妇女平等接受职业教育的权利。

《中华人民共和国学前教育法》（节录）

（2024年11月8日中华人民共和国主席令第34号公布 自2025年6月1日起施行）

第七条 全社会应当为适龄儿童接受学前教育、健康快乐成长创造良好环境。

《中华人民共和国民办教育促进法实施条例》（节录）

（2021年4月7日中华人民共和国国务院令第741号公布 自2021年9月1日起施行）

第三十九条 民办学校及其教师、职员、受教育者申请政府设立的有关科研项目、课题等，享有与同级同类公办学校及其教师、职员、受教育者同等的权利。相关项目管理部门应当按规定及时足额拨付科研项目、课题资金。

各级人民政府应当保障民办学校的受教育者在升学、就业、社会优待、参加先进评选，以及获得助学贷款、奖助学金等国家资助等方面，享有与同级同类公办学校的受教育者同等的权利。

实施学历教育的民办学校应当建立学生资助、奖励制度，并按照不低于当地同级同类公办学校的标准，从学费收入中提取相应资金用于资助、奖励学生。

《国务院关于鼓励社会力量兴办教育促进民办教育健康发展的若干意见》（节录）

（2016年12月29日国发〔2016〕81号公布　自2016年12月29日起施行）

（十）健全学校退出机制。捐资举办的民办学校终止时，清偿后剩余财产统筹用于教育等社会事业。2016年11月7日《全国人民代表大会常务委员会关于修改〈中华人民共和国民办教育促进法〉的决定》公布前设立的民办学校，选择登记为非营利性民办学校的，终止时，民办学校的财产依法清偿后有剩余的，按照国家有关规定给予出资者相应的补偿或者奖励，其余财产继续用于其他非营利性学校办学；选择登记为营利性民办学校的，应当进行财务清算，依法明确财产权属，终止时，民办学校的财产依法清偿后有剩余的，依照《中华人民共和国公司法》有关规定处理。具体办法由省、自治区、直辖市制定。2016年11月7日后设立的民办学校终止时，财产处置按照有关规定和学校章程处理。各地要结合实际，健全民办学校退出机制，依法保护受教育者的合法权益。

（十三）落实同等资助政策。民办学校学生与公办学校学生按规定同等享受助学贷款、奖助学金等国家资助政策。各级人民政府应建立健全民办学校助学贷款业务扶持制度，提高民办学校家庭经济困难学生获得资助的比例。民办学校要建立健全奖助学金评定、发放等管理机制，应从学费收入中提取不少于5%的资金，用于奖励和资助学生。落实鼓励捐资助学的相关优惠政策措施，积极引导和鼓励企事业单位、社会组织和个人面向民办学校设立奖助学金，加大资助力度。

第六条 【鼓励和奖励】

国家鼓励捐资办学。

国家对为发展民办教育事业做出突出贡献的组织和个人，给予奖励和表彰。

关联规定

《中华人民共和国公益事业捐赠法》（节录）

（1999 年 6 月 28 日中华人民共和国主席令第 19 号公布　自 1999 年 9 月 1 日起施行）

第八条　国家鼓励公益事业的发展，对公益性社会团体和公益性非营利的事业单位给予扶持和优待。

国家鼓励自然人、法人或者其他组织对公益事业进行捐赠。

对公益事业捐赠有突出贡献的自然人、法人或者其他组织，由人民政府或者有关部门予以表彰。对捐赠人进行公开表彰，应当事先征求捐赠人的意见。

《中华人民共和国义务教育法》（节录）

（2018 年 12 月 29 日中华人民共和国主席令第 22 号公布　自 2018 年 12 月 29 日起施行）

第十条　对在义务教育实施工作中做出突出贡献的社会组织和个人，各级人民政府及其有关部门按照有关规定给予表彰、奖励。

《中华人民共和国高等教育法》(节录)

(2018 年 12 月 29 日中华人民共和国主席令第 23 号公布 自 2018 年 12 月 29 日起施行)

第六条 国家根据经济建设和社会发展的需要,制定高等教育发展规划,举办高等学校,并采取多种形式积极发展高等教育事业。

国家鼓励企业事业组织、社会团体及其他社会组织和公民等社会力量依法举办高等学校,参与和支持高等教育事业的改革和发展。

《中华人民共和国职业教育法》(节录)

(2022 年 4 月 20 日中华人民共和国主席令第 112 号公布 自 2022 年 5 月 1 日起施行)

第九条 国家鼓励发展多种层次和形式的职业教育,推进多元办学,支持社会力量广泛、平等参与职业教育。

国家发挥企业的重要办学主体作用,推动企业深度参与职业教育,鼓励企业举办高质量职业教育。

有关行业主管部门、工会和中华职业教育社等群团组织、行业组织、企业、事业单位等应当依法履行实施职业教育的义务,参与、支持或者开展职业教育。

《中华人民共和国学前教育法》(节录)

(2024 年 11 月 8 日中华人民共和国主席令第 34 号公布 自 2025 年 6 月 1 日起施行)

第十条 国家鼓励和支持学前教育、儿童发展、特殊教育方面的科学研究,推广研究成果,宣传、普及科学的教育理念和方法。

第十一条 国家鼓励创作、出版、制作和传播有利于学前儿童健康成长的图书、玩具、音乐作品、音像制品等。

第十二条 对在学前教育工作中做出突出贡献的单位和个人，按照国家有关规定给予表彰、奖励。

《中华人民共和国民办教育促进法实施条例》（节录）

（2021年4月7日中华人民共和国国务院令第741号公布 自2021年9月1日起施行）

第三条 各级人民政府应当依法支持和规范社会力量举办民办教育，保障民办学校依法办学、自主管理，鼓励、引导民办学校提高质量、办出特色，满足多样化教育需求。

对于举办民办学校表现突出或者为发展民办教育事业做出突出贡献的社会组织或者个人，按照国家有关规定给予奖励和表彰。

《教学成果奖励条例》（节录）

（1994年3月14日中华人民共和国国务院令第151号公布 自1994年3月14日起施行）

第六条 国家级教学成果奖分为特等奖、一等奖、二等奖三个等级，授予相应的证书、奖章和奖金。

《国务院关于鼓励社会力量兴办教育促进民办教育健康发展的若干意见》（节录）

（2016年12月29日国发〔2016〕81号公布 自2016年12月29日起施行）

（七）放宽办学准入条件。社会力量投入教育，只要是不属于法律法规禁止进入以及不损害第三方利益、社会公共利益、国家安全的领域，政府不得限制。政府制定准入负面清单，列出禁止和限制的办学行为。各地要重新梳理民办学校准入条件和程序，进一步简政放权，吸引更多的社会资源进入教育领域。

《教师和教育工作者奖励暂行规定》(节录)

(1992年10月26日国家教委第23号令公布 自1992年10月26日起施行)

第二条 国务院教育行政部门会同人事部门对长期从事教育、教学和管理、服务工作并取得显著成绩的教师和教育工作者,分别授予"全国优秀教师"、"全国优秀教育工作者"称号,颁发相应的奖章和证书;对其中有突出贡献者,授予"全国教育系统劳动模范"称号,颁发相应的奖章和证书,对获得"全国教育系统劳动模范"称号的教师,同时颁发"人民教师"奖章和证书。

《少年儿童校外教育机构工作规程》(节录)

(2010年12月13日中华人民共和国教育部令第30号公布 自2010年12月13日起施行)

第三十二条 各级人民政府及其有关主管部门,对开展少年儿童校外教育活动成绩突出的校外教育机构和个人给予表彰和奖励。

对关心、支持少年儿童校外教育工作,贡献较大的企业事业单位、社会团体及个人,由各级人民政府及其有关部门给予表彰和奖励。

第七条 【全国民办教育管理体制】

国务院教育行政部门负责全国民办教育工作的统筹规划、综合协调和宏观管理。

国务院人力资源社会保障行政部门及其他有关部门在国务院规定的职责范围内分别负责有关的民办教育工作。

关联规定

《中华人民共和国教育法》(节录)

(2021 年 4 月 29 日中华人民共和国主席令第 80 号公布　自 2021 年 4 月 30 日起施行)

第十五条　国务院教育行政部门主管全国教育工作,统筹规划、协调管理全国的教育事业。

县级以上地方各级人民政府教育行政部门主管本行政区域内的教育工作。

县级以上各级人民政府其他有关部门在各自的职责范围内,负责有关的教育工作。

《中华人民共和国中外合作办学条例》(节录)

(2019 年 3 月 2 日中华人民共和国国务院令第 709 号公布　自 2019 年 3 月 2 日起施行)

第八条　国务院教育行政部门负责全国中外合作办学工作的统筹规划、综合协调和宏观管理。国务院教育行政部门、劳动行政部门和其他有关行政部门在国务院规定的职责范围内负责有关的中外合作办学工作。

省、自治区、直辖市人民政府教育行政部门负责本行政区域内中外合作办学工作的统筹规划、综合协调和宏观管理。省、自治区、直辖市人民政府教育行政部门、劳动行政部门和其他有关行政部门在其职责范围内负责本行政区域内有关的中外合作办学工作。

《学校食品安全与营养健康管理规定》(节录)

(2019年2月20日中华人民共和国教育部、国家市场监督管理总局、中华人民共和国国家卫生健康委员会令第45号公布 自2019年4月1日起施行)

第六条 县级以上地方人民政府依法统一领导、组织、协调学校食品安全监督管理工作以及食品安全突发事故应对工作,将学校食品安全纳入本地区食品安全事故应急预案和学校安全风险防控体系建设。

第七条 教育部门应当指导和督促学校建立健全食品安全与营养健康相关管理制度,将学校食品安全与营养健康管理工作作为学校落实安全风险防控职责、推进健康教育的重要内容,加强评价考核;指导、监督学校加强食品安全教育和日常管理,降低食品安全风险,及时消除食品安全隐患,提升营养健康水平,积极协助相关部门开展工作。

第八条 食品安全监督管理部门应当加强学校集中用餐食品安全监督管理,依法查处涉及学校的食品安全违法行为;建立学校食堂食品安全信用档案,及时向教育部门通报学校食品安全相关信息;对学校食堂食品安全管理人员进行抽查考核,指导学校做好食品安全管理和宣传教育;依法会同有关部门开展学校食品安全事故调查处理。

第九条 卫生健康主管部门应当组织开展校园食品安全风险和营养健康监测,对学校提供营养指导,倡导健康饮食理念,开展适应学校需求的营养健康专业人员培训;指导学校开展食源性疾病预防和营养健康的知识教育,依法开展相关疫情防控处置工作;组织医疗机构救治因学校食品安全事故导致人身伤害的人员。

第十条 区域性的中小学卫生保健机构、妇幼保健机构、疾病预防控制机构,根据职责或者相关主管部门要求,组织开展区域内学校食品安全与营养健康的监测、技术培训和业务指导等工作。

鼓励有条件的地区成立学生营养健康专业指导机构,根据不同年龄阶段学生的膳食营养指南和健康教育的相关规定,指导学校开展学生营养健康相关活动,引导合理搭配饮食。

第十一条 食品安全监督管理部门应当将学校校园及周边地区作为监督检

查的重点，定期对学校食堂、供餐单位和校园内以及周边食品经营者开展检查；每学期应当会同教育部门对本行政区域内学校开展食品安全专项检查，督促指导学校落实食品安全责任。

第八条 【民办教育地方管理体制】

县级以上地方各级人民政府教育行政部门主管本行政区域内的民办教育工作。

县级以上地方各级人民政府人力资源社会保障行政部门及其他有关部门在各自的职责范围内，分别负责有关的民办教育工作。

关联规定

《中华人民共和国教育法》（节录）

（2021年4月29日中华人民共和国主席令第80号公布　自2021年4月30日起施行）

第十四条　国务院和地方各级人民政府根据分级管理、分工负责的原则，领导和管理教育工作。

中等及中等以下教育在国务院领导下，由地方人民政府管理。

高等教育由国务院和省、自治区、直辖市人民政府管理。

《中华人民共和国义务教育法》（节录）

（2018年12月29日中华人民共和国主席令第22号公布　自2018年12月29日起施行）

第七条　义务教育实行国务院领导，省、自治区、直辖市人民政府统筹规划实施，县级人民政府为主管理的体制。

县级以上人民政府教育行政部门具体负责义务教育实施工作；县级以上人民政府其他有关部门在各自的职责范围内负责义务教育实施工作。

第八条　人民政府教育督导机构对义务教育工作执行法律法规情况、教育教学质量以及义务教育均衡发展状况等进行督导，督导报告向社会公布。

《中华人民共和国高等教育法》(节录)

(2018年12月29日中华人民共和国主席令第23号公布　自2018年12月29日起施行)

第十三条　国务院统一领导和管理全国高等教育事业。

省、自治区、直辖市人民政府统筹协调本行政区域内的高等教育事业，管理主要为地方培养人才和国务院授权管理的高等学校。

《中华人民共和国职业教育法》(节录)

(2022年4月20日中华人民共和国主席令第112号公布　自2022年5月1日起施行)

第八条　国务院建立职业教育工作协调机制，统筹协调全国职业教育工作。

国务院教育行政部门负责职业教育工作的统筹规划、综合协调、宏观管理。国务院教育行政部门、人力资源社会保障行政部门和其他有关部门在国务院规定的职责范围内，分别负责有关的职业教育工作。

省、自治区、直辖市人民政府应当加强对本行政区域内职业教育工作的领导，明确设区的市、县级人民政府职业教育具体工作职责，统筹协调职业教育发展，组织开展督导评估。

县级以上地方人民政府有关部门应当加强沟通配合，共同推进职业教育工作。

《中小学生学籍管理办法》(节录)

(2013年8月11日教基一〔2013〕7号公布　自2013年9月1日起施行)

第三条　学生学籍管理采用信息化方式，实行分级负责、省级统筹、属地管理、学校实施的管理体制。

国务院教育行政部门宏观指导各地学生学籍管理工作，负责组织建设全国联网的学生电子学籍信息管理系统（以下简称电子学籍系统），制订相关技术标准和实施办法。

省级教育行政部门统筹本行政区域内学生学籍管理工作，制订本省（区、市）学籍管理实施细则，指导、监督、检查本行政区域内各地和学校学生学籍管理工作；按照国家要求建设电子学籍系统运行环境和学生数据库，确保正常运行和数据交换；作为学籍主管部门指导其直管学校的学籍管理工作并应用电子学籍系统进行相应管理。

地（市）级教育行政部门负责指导、督促县级教育行政部门认真落实国家和本省（区、市）关于学生学籍管理的各项规定和要求；作为学籍主管部门指导其直管学校的学籍管理工作并应用电子学籍系统进行相应管理。

县级教育行政部门具体负责本行政区域内学校的学生学籍管理工作；应用电子学籍系统进行相应管理；督促学校做好学生学籍的日常管理工作。

学校负责学籍信息收集、汇总、校验、上报，应用电子学籍系统开展日常学籍管理工作，确保信息真实、准确、完整。

第九条 【党组织建设】

民办学校中的中国共产党基层组织，按照中国共产党章程的规定开展党的活动，加强党的建设。

关联规定

《中华人民共和国教育法》（节录）

（2021 年 4 月 29 日中华人民共和国主席令第 80 号公布　自 2021 年 4 月 30 日起施行）

第三条　国家坚持中国共产党的领导，坚持以马克思列宁主义、毛泽东思想、邓小平理论、“三个代表”重要思想、科学发展观、习近平新时代中国特色社会主义思想为指导，遵循宪法确定的基本原则，发展社会主义的教育事业。

《中国共产党章程》（节录）

（2022年10月22日公布 自2022年10月22日起施行）

第三十条 企业、农村、机关、学校、医院、科研院所、街道社区、社会组织、人民解放军连队和其他基层单位，凡是有正式党员三人以上的，都应当成立党的基层组织。

党的基层组织，根据工作需要和党员人数，经上级党组织批准，分别设立党的基层委员会、总支部委员会、支部委员会。基层委员会由党员大会或代表大会选举产生，总支部委员会和支部委员会由党员大会选举产生，提出委员候选人要广泛征求党员和群众的意见。

第三十一条 党的基层委员会、总支部委员会、支部委员会每届任期三年至五年。基层委员会、总支部委员会、支部委员会的书记、副书记选举产生后，应报上级党组织批准。

第三十二条 党的基层组织是党在社会基层组织中的战斗堡垒，是党的全部工作和战斗力的基础。

第三十三条 街道、乡、镇党的基层委员会和村、社区党组织，统一领导本地区基层各类组织和各项工作，加强基层社会治理，支持和保证行政组织、经济组织和群众性自治组织充分行使职权。

……

非公有制经济组织中党的基层组织，贯彻党的方针政策，引导和监督企业遵守国家的法律法规，领导工会、共青团等群团组织，团结凝聚职工群众，维护各方的合法权益，促进企业健康发展。

社会组织中党的基层组织，宣传和执行党的路线、方针、政策，领导工会、共青团等群团组织，教育管理党员，引领服务群众，推动事业发展。

实行行政领导人负责制的事业单位中党的基层组织，发挥战斗堡垒作用。实行党委领导下的行政领导人负责制的事业单位中党的基层组织，对重大问题进行讨论和作出决定，同时保证行政领导人充分行使自己的职权。

各级党和国家机关中党的基层组织，协助行政负责人完成任务，改进工作，对包括行政负责人在内的每个党员进行教育、管理、监督，不领导本单位的业务工作。

第三十四条 党支部是党的基础组织，担负直接教育党员、管理党员、监督党员和组织群众、宣传群众、凝聚群众、服务群众的职责。

《中华人民共和国民办教育促进法实施条例》（节录）

（2021年4月7日中华人民共和国国务院令第741号公布 自2021年9月1日起施行）

第四条 民办学校应当坚持中国共产党的领导，坚持社会主义办学方向，坚持教育公益性，对受教育者加强社会主义核心价值观教育，落实立德树人根本任务。

民办学校中的中国共产党基层组织贯彻党的方针政策，依照法律、行政法规和国家有关规定参与学校重大决策并实施监督。

《中央有关部门贯彻实施〈国务院关于鼓励社会力量兴办教育促进民办教育健康发展的若干意见〉任务分工方案》（节录）

（2017年7月7日教发函〔2017〕88号公布 自2017年7月7日起施行）

一、工作分工

（一）加强党对民办学校的领导

1. 切实加强民办学校党的建设。全面加强民办学校党的思想建设、组织建设、作风建设、反腐倡廉建设、制度建设。（教育部、人力资源社会保障部）

2. 完善民办学校党组织设置，理顺民办学校党组织隶属关系，健全各级党组织工作保障机制，选好配强民办学校党组织负责人。（教育部、人力资源社会保障部）

3. 民办学校党组织要发挥政治核心作用，强化思想引领，牢牢把握社会主义办学方向，牢牢把握党对民办学校意识形态工作的领导权、话语权，切实维护民办

学校和谐稳定。(教育部、人力资源社会保障部)

4. 民办高校党组织负责人兼任政府派驻学校的督导专员。实现学校基层党组织全覆盖、党建工作上水平,有效发挥基层党组织的战斗堡垒作用和共产党员先锋模范作用。积极做好党员发展和教育管理服务工作。(教育部、人力资源社会保障部)

5. 坚持党建带群建,加强民办学校团组织建设。(教育部、人力资源社会保障部)

6. 各地要把民办学校党组织建设、党对民办学校的领导作为民办学校年度检查的重要内容。(教育部、人力资源社会保障部)

7. 加强和改进民办学校思想政治教育工作。(教育部、人力资源社会保障部)

本章相关案例①

案例1 李某、张某甲非法经营、诈骗案

[(2016)豫1221刑初3号]

【裁判要旨】

1. 利用非国家财政经费依法设立的校外培训机构应当认定为民办教育促进法中所规定的民办学校。

2. 县级以上的教育行政部门按照国家规定的权限审批校外培训机构的设立。

3. 未经审批的校外培训机构径直开展教学、经营活动的,应当按照非法经营罪追究其刑事责任。

【案情简介】

1. 2009年至2015年,被告人李某、张某甲夫妇在未办理营业证照、未取得相关部门批准的情况下,先后在渑池县自己家中、新市场租房开办"渑池县某凯文艺培训中心",自己制定收费标准招收学员培训曲艺,共收取邹某、程某、邵某等学生学费9万余元。

① "本章相关案例"为编者所加。本书案例中引用的法律规定,均为案件裁判时生效的相关规定。

2. 2012年9月，邵某到被告人李某、张某甲开办的“渑池县某凯文艺培训中心”学习，李某在培训机构悬挂“中国少年儿童手拉手艺术团河南艺术人才培训基地”的牌子，虚构其培训机构是中国少年儿童手拉手艺术团河南艺术人才培训基地的事实，李某向学生家长介绍如果孩子在培训机构学习好的话，其可以通过儿子向部队推荐考试当文艺兵。2014年10月后，张某甲的培训机构学员骤减，被告人张某甲虚构其与中国少年儿童手拉手艺术团买断合同的事实，先后共骗取邵某母亲张某乙20.505万元。

3. 另查明，2015年5月4日渑池县公安局对该案立案侦查，同日被告人李某、张某甲主动到渑池县公安局了解案件情况时，被渑池县公安局刑事拘留。案发后，被告人李某退赔张某乙10万元，渑池县公安局又扣押李某10万元。

【裁判观点】

法院认为，被告人李某、张某甲违反国家规定，从事其他非法经营活动，扰乱市场秩序，情节严重，其行为均已构成非法经营罪；被告人李某以非法占有为目的，虚构事实、隐瞒真相，骗取他人20.505万元，数额巨大，其行为又构成诈骗罪。公诉机关指控罪名成立。二被告人到案后能如实供述自己的主要犯罪事实，可以对二被告人从轻处罚。被告人到案后积极退赃且被告人李某确有悔罪表现，可以酌情对被告人李某从轻处罚。考虑到目前社会团体、中介机构及其他社会组织和公民个人，面向社会举办的完全由参训人员自主选择的、非学历教育的培训机构数量众多，且民办文化教育也是国家鼓励和提倡的，在一定程度上有利于社会发展，本案中被告人李某、张某甲多年在县曲剧团从事曲艺文化工作，在夫妇二人开办培训班后，也确实付出了一定的努力，其行为社会危害程度相对较小，鉴于该二人非法经营犯罪情节轻微，依法均可以免除处罚。

【裁判结果】

1. 被告人李某犯诈骗罪，判处有期徒刑3年，缓刑4年，并处罚金20,000元；犯非法经营罪，免予刑事处罚，数罪并罚，决定执行有期徒刑3年，缓刑4年，并处罚金20,000元。（缓刑考验期限，从判决确定之日起计算）

2. 被告人张某甲犯非法经营罪，免予刑事处罚。

3. 渑池县人民检察院随案移送扣押被告人李某的10万元发还被害人张某乙。

4. 责令被告人李某向被害人张某乙退赔剩余的经济损失5050元。

罚金于判决生效后10日内缴纳。

【案例评析】

本案中,被告人李某、张某甲在未取得教育主管部门的行政许可和登记备案的情况下,创办“渑池县某凯文艺培训中心”开展非学历教育的教学活动,违反《民促法》“举办实施学历教育、学前教育、自学考试助学及其他文化教育的民办学校,由县级以上人民政府教育行政部门按照国家规定的权限审批”的规定。经营活动的行为符合《中华人民共和国刑法》第二百二十五条第一项的规定,即违反国家规定,有下列非法经营行为之一,扰乱市场秩序,情节严重的,处五年以下有期徒刑或者拘役,并处或者单处违法所得一倍以上五倍以下罚金;情节特别严重的,处五年以上有期徒刑,并处违法所得一倍以上五倍以下罚金或者没收财产:未经许可经营法律、行政法规规定的专营、专卖物品或者其他限制买卖的物品的。

本案被告人对公诉机关指控的犯罪事实不持异议,但辩称其开办培训班时不知道需要办理行政许可或者到有关部门备案。按照被告人的陈述,其本人应当属于违法性认识错误的情形。

什么是违法性认识错误呢?违法性认识错误的时候,行为人并没有对客观事实存在认识上的错误,那么错在哪里呢?错在其不知道自己的行为在法律上是被禁止的,或者错误地以为自己的行为是法律所允许的。

古谚云“不知者无罪”,然而事实是这一经典理论并不一定在现代刑法中适用。按照两阶层的现代刑法理论,构成犯罪需要该行为同时具备违法性和有责性两个层面的要素。行为人客观上实施了一个危害行为,该行为侵害了刑法中某个罪名所保护的法益,或可能导致侵害某个罪名所保护的法益,此时行为人在违法层面的要件已经满足,若无正当防卫、紧急避险、行为人无责任年龄、经过追溯时效等其他免责事由,就可以说行为人的犯罪已经成立。

结合本案,《民促法》中明确规定:“举办实施学历教育、学前教育、自学考试助学及其他文化教育的民办学校,由县级以上人民政府教育行政部门按照国家规定的权限审批。”因此民办培训机构在设立时也应当经过教育行政主管部门的审批,被告人在未经审批的情况下直接开展教学活动,已然侵害非法经营罪所要保护的法益。本案被告人仅以“不知道开办培训班需要行政许可”抗辩,并非刑法意义上的免责,并且无其他法定的免责事由,因此认定被告人构成非法经营罪并无不当。

就“不知者无罪”这一古谚,在实务中具体适用的时候也是十分严格的,即行为人需证明自己"如果知,则不为"。法律是公示公布于众的,推定大家都知道并且遵守,这样才更有利于人们遵守法律,主动地去学法知法,这样才能促进社会法治的良性发展。换句话说,如果任何人都以自己不懂法来逃避处罚,这对社会的健康发展,全民普法、全民守法的理念也是完全相悖的。

案例2 孙某与庄河市国土资源局资源行政管理案:土地行政管理

[(2018)辽0214行初86号]

【裁判要旨】

教科用地以及地上不动产具有公益属性,土地以及地上房屋属于不可分割的整体,依法属于禁止抵押的范畴。

民办教育事业是社会主义教育事业的组成部分,同样具有公益属性。用于民办教育事业的土地以及地上不动产应当适用民法中关于禁止抵押的相关条文。

【案情简介】

2018年7月20日庄河某光早教中心注销了工商登记。2018年9月13日原告孙某以在此之前多次去被告处要求办理抵押登记,被告庄河市不动产登记中心(庄河市国土资源局下属机构)都不予办理为由,向民心网投诉,要求庄河市不动产登记中心对原告孙某与案外人大连某有限公司办理抵押借款登记。庄河市不动产登记中心于2018年10月18日经过审查作出了"对孙某提出的关于协议出让的科教用地及地上建筑物可否办理抵押登记的答复",告知原告不能为其办理抵押登记。原告孙某不服于2018年11月2日向法院提起诉讼。

【争议焦点】

教科用地能否办理抵押登记。

【裁判观点】

法院认为,被告庄河市国土资源局具有该行为的法定职权。庄河市不动产登记中心的答复认定原告孙某要求办理抵押登记的不动产属于《中华人民共和国物权法》(已失效)第一百八十四条第三项、《民促法》第三条及《医疗器械监督管理条例》中规定的以社会公益为目的,被告不能为其办理抵押登记的事实清楚,适用法律正确,应予以维持。故被告作出"对孙某提出的关于协议出让的科教用地及地上建筑物可否办理抵押登记的答复”证据确凿，适用法律正确，程序合法。原告的诉讼请求不符合法律规定，法院不予支持。

【案例评析】

本案的争议焦点在于，民办学校的教学用地以及地上的建筑物能否用于抵押。《民促法》第三条明确规定，民办教育事业属于公益性事业，是社会主义教育事业的组成部分。《中华人民共和国物权法》（已失效）第一百八十四条第三项规定，下列财产不得抵押：学校、幼儿园、医院等以公益为目的的事业单位、社会团体的教育设施、医疗卫生设施和其他社会公益设施；《中华人民共和国民法典》第三百九十九条第三项也对禁止抵押的财产作了规定：学校、幼儿园、医疗机构等为公益目的成立的非营利法人的教育设施、医疗卫生设施和其他公益设施不得抵押。本案中原告请求判令被告撤销被告下属单位庄河市不动产登记中心2018年10月18日作出的“对孙某提出的关于协议出让的科教用地及地上建筑物可否办理抵押登记的答复”没有法律上的依据，法院依法应当予以驳回。

案例3　殷某与北海市公安局银海分局公安行政管理案：治安管理（治安）

［（2020）桂0503行初35号］

【裁判要旨】

民办学校在开展教学活动的过程中，不得以办学为名，利用宗教妨碍国家教育制度的活动，教育与宗教活动应当分离。

【案情简介】

被告北海市公安局银海分局于2019年6月27日对原告殷某作出北公银行罚决字〔2019〕00769《行政处罚决定书》，认为原告在北海市银海区的晨星学堂招收多名学生，并向学生传授国学等宗教相关知识，其行为构成冒用宗教名义扰乱社会秩序，根据《中华人民共和国治安管理处罚法》第二十七条第二项之规定，决定对原告处以行政拘留五日的处罚。原告对行政处罚决定不服，向法院提起行政诉讼。

【裁判观点】

关于原告殷某请求判决撤销被告北海市公安局银海分局作出的北公银行罚决字〔2019〕00769《行政处罚决定书》。根据《中华人民共和国治安管理处罚法》

第九十一条“治安管理处罚由县级以上人民政府公安机关决定;其中警告、五百元以下的罚款可以由公安派出所决定”的规定,被告北海市公安局银海分局认为原告冒用宗教名义扰乱社会秩序,对原告处以行政拘留五日的行政处罚,具有法定职权。原告等人未经批准在北海市银海区出租房私自设立晨星学堂,并招收数十名学生传授宗教等知识,课程安排为全日制,其供职的晨星学堂已有一定的教学规模、属于民办学校的性质,依法应当办理相关办学许可等手续,但晨星学堂在未取得办学许可等合法手续的情况下,仍然招收学生进行教学,扰乱了正常的教学秩序。根据《民促法》第四条第二款“民办学校应当贯彻教育与宗教相分离的原则。任何组织和个人不得利用宗教进行妨碍国家教育制度的活动”及《中华人民共和国教育法》第八条“教育活动必须符合国家和社会公共利益。国家实行教育与宗教相分离。任何组织和个人不得利用宗教进行妨碍国家教育制度的活动”的规定,教育与宗教应当相分离。本案中,原告未经依法批准在晨星学堂招收多名学生并在日常教育中向学生传授宗教知识,宣扬未经依法登记的晨星教会教义,影响正常的教育活动,其行为已构成冒用宗教名义扰乱社会秩序,被告北海市公安局银海分局据此根据《中华人民共和国治安管理处罚法》第二十七条第二项的规定作出北公银行罚决字〔2019〕00769《行政处罚决定书》,对原告处以行政拘留五日的行政处罚并无不当。被告及所涉辖区派出所依法受理报案,并进行了询问、调查取证,在作出处罚决定之前,向原告告知拟作出行政处罚决定的事实根据和法律依据以及其享有陈述、申辩的权利。经审批,被告依法作出行政处罚决定并送达原告,符合法定程序。综上,被告作出的北公银行罚决字〔2019〕00769《行政处罚决定书》认定事实清楚,证据充分,适用法律正确,程序合法,依法应予维持。原告请求撤销被告作出的北公银行罚决字〔2019〕00769《行政处罚决定书》没有事实根据和法律依据,法院不予支持。

关于原告请求被告赔偿因错误处罚给原告的损失暂计人民币1万元。根据《最高人民法院关于审理行政赔偿案件若干问题的规定》(已失效)第三十三条“被告的具体行政行为违法但尚未对原告合法权益造成损害的,或者原告的请求没有事实根据或法律根据的,人民法院应当判决驳回原告的赔偿请求”的规定,本案中,被告作出的行政处罚决定并无不当,原告请求赔偿没有事实根据和法律依据,对原告的赔偿请求,法院不予支持。

综上,被告作出的北公银行罚决字〔2019〕00769《行政处罚决定书》认定事实清楚,证据充分,适用法律正确,程序合法,原告请求撤销被诉行政处罚决定及一并提起行政赔偿没有事实根据和法律依据,法院不予支持。

【裁判结果】

1. 被告北海市公安局银海分局于本判决生效之日起十日内将扣押原告殷某的宗教相关书籍共24本(具体详见扣押清单)退还给原告殷某。

2. 驳回原告殷某的其他诉讼请求及赔偿请求。

案件受理费50元,由原告殷某负担。

【案例评析】

本案的核心问题在于,原告(行政处罚的相对人)在未取得办学许可证的情况下,开办民办学校,并且利用民办学校传授宗教知识,违反《民促法》第四条第二款关于民办学校应当贯彻教育与宗教相分离的原则。北海市公安局银海分局作出的治安管理处罚主体合法、证据确凿、适用法律正确、程序正当、未滥用职权、无明显不当,法院应当予以支持。

案例4 上海某华企业发展有限公司诉上海某华教育进修学院股东知情权纠纷案

[(2016)沪01民终4642号]

【裁判要旨】

民办学校的举办者可以自主选择设立非营利性或者营利性民办学校。营利性民办学校举办者主张行使知情权的,人民法院可以类推适用公司法的相关规定。

【案情简介】

原告上海某华企业发展有限公司(以下简称某华公司)因与被告上海某华教育进修学院(以下简称某华学院)发生股东知情权纠纷,向上海市奉贤区人民法院提起诉讼。

原告某华公司诉称,2010年3月25日其出资设立了被告某华学院,占100%的出资份额。2012年9月,某华公司与唐某、赵某、王某订立《资产、开办资金转让暨共同办学合同》,就设立上海某华机动车驾驶培训基地、转让及交换出资股份等事宜达成协议。2012年10月15日,某华学院董事会通过《董事会决议》,约定唐某等人持有某华学院90%的出资份额、某华公司持有某华学院10%的出资份额。后因唐某等人擅自终止上海某华机动车驾驶培训基地的申办等，双方发生纠纷，某华公司遂向上海市浦东新区人民法院提起诉讼，后法院判决确认某华公司持有某华学院50%的出资份额。某华公司于2015年11月中旬发函给某华学院要求其提供财务、董事会会议决议、监事会会议决议等材料，但某华学院一直未回复。故某华公司依据《中华人民共和国民法通则》（已失效）、学院章程的约定诉讼来院，要求判令：(1)某华学院提供自2010年4月成立以来的学院章程（含学院章程修正案）、董事会会议决议、监事会会议决议和财务会计报告（包括但不限于资产负债表、损益表、财务状况变动表、财务状况说明表、利润分配表、纳税申报表）供某华公司查阅、复制；(2)某华学院提供自2010年4月成立以来的会计账簿（含总账、各自明细账、往来账、现金日记账、银行日记账、固定资产卡片明细表、原始凭证、银行对账单交易明细等）供某华公司查阅。

被告某华学院辩称：不同意原告某华公司的诉请。某华公司的诉请没有法律依据。某华学院是根据《民促法》登记设立的民办非企业单位，是非营利性的社会组织，不属于民法通则规定的四种法人组织，因此某华学院的组织、活动、管理均不受公司法的调整。

【裁判观点】

上海市奉贤区人民法院一审认为：

当事人对自己提出的主张有责任提供证据。被告某华学院系法人型民办非企业单位，非公司法调整的范畴，且学院章程也未约定举办者享有查阅、复制董事会决议、财务会计报告、会计账簿等权利。故原告某华公司提出的诉请，没有相应的学院章程约定及法律依据，难以支持。

上海市第一中级人民法院二审认为：

本案二审的争议焦点是：上诉人某华公司是否有权查阅、复制被上诉人某华学院的学院章程、董事会会议决议、监事会会议决议和财务会计报告及查阅会计账簿。解决该争议焦点的关键在于厘清以下三个子问题。

第一，民办学校举办者的合法权益所指向的具体内容。上诉人某华公司认为，知情权是举办者参与学院的办学和管理活动的基础，否则根本无法行使参与办学和管理的权利。作为举办者，某华公司在知情权方面理应享有相应的权利。被上诉人某华学院主张，某华公司不享有知情权，即使举办者享有“参与学院的办学和管理活动”的权利,也无法得出举办者享有查阅、复制董事会会议决议、监事会会议决议、财务会计报告、会计账簿等权利的结论。法院认为,国家保障民办学校举办者的合法权益,该合法权益应当包括知情权。理由如下:首先,公民、法人的合法的民事权益受法律保护,任何组织和个人不得侵犯。《民促法》第五条第二款规定,国家保障民办学校举办者、校长、教职工和受教育者的合法权益。合法权益是指符合法律规定的权利和利益,诚然,单从文义上,尚难以确定合法权益是否包含知情权,需要结合其他法律解释进行探求。其次,对于民事主体的合法权益,侵权责任法列举了包括生命权、健康权、姓名权、名誉权、荣誉权、肖像权、隐私权、婚姻自主权、监护权、所有权、用益物权、担保物权、著作权、专利权、商标专用权、发现权、股权、继承权等在内的人身、财产权益;公司法则规定了股东享有包括知情权在内的各种权利;合伙企业法亦规定合伙人对合伙企业享有会计账簿等财务资料的查阅权。前述各种权利均归属于法律所要保护的合法权益,故从整个法律体系构架加以阐释,举办者作为民办学校的出资人,享有的合法权益应当包括了解和掌握学校办学和管理活动等重要信息的权利,该权利是举办者依法取得合理回报、参与重大决策和选择管理者等权利的重要基础。最后,虽然《民促法》未规定该等权利,但从逻辑上推论,举办者的合法权益,未脱离民事权利范畴,理应包含知情权。学院章程、董事会会议决议、监事会会议决议及财务会计报告和会计账簿等资料是记录和反映学校的组织与活动、资产与财务管理等内容的重要载体。举办者只有在获取学校办学和管理活动信息的基础上,才可能参与学校的重大决策及行使监督权。因此,举办者要求查阅、复制民办学校的章程、董事会会议决议、监事会会议决议和财务会计报告及查阅会计账簿的权利均为知情权所涵盖,应当予以保护。

第二,民办学校举办者享有知情权的法律依据问题。上诉人某华公司认为,《民促法》并无举办者不能行使知情权的禁止性规定。被上诉人某华学院则主张,《民促法》及其实施条例没有相关规定,举办者就没有权利主张行使知情权。法院认为,举办者享有知情权,符合对法的价值判断。理由如下:首先,“没有无义务的权利,也没有无权利的义务”。《中华人民共和国民办教育促进法实施条例》第八条第一款规定:“民办学校的举办者应当按时、足额履行出资义务。民办学校存续期间,举办者不得抽逃出资,不得挪用办学经费。”举办者在履行出资义务,让渡其财产所有权的同时,应当享有对应的权利,知情权则是举办者行使其他权利的基础。《民促法》第五十一条规定:"民办学校在扣除办学成本、预留发展基金以及按照国家有关规定提取其他的必需的费用后,出资人可以从办学结余中取得合理回报。取得合理回报的具体办法由国务院规定。"《中华人民共和国民办教育促进法实施条例》第四十四条第一款规定:"出资人根据民办学校章程的规定要求取得合理回报的,可以在每个会计年度结束时,从民办学校的办学结余中按一定比例取得回报。"某华学院章程第二十五条亦规定:"出资人要求取得合理回报。"举办者作为出资人的合理回报的实现离不开知情权的保障。其次,举办者享有知情权,有助于参与举办民办学校的公办学校履行国有资产监管职责。《中华人民共和国民办教育促进法实施条例》第六条第二款规定,参与举办民办学校的公办学校依法享有举办者权益,依法履行国有资产的管理义务,防止国有资产流失。换言之,公办学校亦可以是民办学校的举办者,其享有的权益应当无异于其他举办者,知情权亦是公办学校履行国有资产监管职责的重要保障。最后,举办者享有知情权,符合民促法的立法宗旨。《民促法》总则第三条第二款规定,国家对民办教育实行积极鼓励、大力支持、正确引导、依法管理的方针;第五条第二款规定,国家保障民办学校举办者、校长、教职工和受教育者的合法权益。总则是概括地表述贯穿于法律始终的立法思想、价值取向、基本原则等一般性、原则性与抽象性的内容,《民促法》总则部分的立法规定对解释民办学校举办者的合法权益具有指导性作用。因此,保障举办者的基本知情权,准许举办者了解民办学校的教育和管理活动、查阅财务会计报告或会计账簿,是鼓励举办者进入民办教育领域,促进民办教育健康发展的应有之义。

第三,民办学校举办者知情权的行使问题。民促法对于举办者知情权的行使未直接加以规定,但鉴于本案的主要特征与公司法规定的股东知情权类似,可类推适用公司法的相关规定。理由如下:首先,举办者的知情权缺少法律规定,但不代表其不享有该权利。"合法权益"本身是一个不确定概念,系对社会生活现象进行了高度概括和抽象,从而使其具有较大的包容性。未设之规定,非立法有意的不规定,探求法律规范意旨,应积极地设定知情权的规定,落实对举办者合法权益的保护。其次,民办学校具有法人资格,可参照适用公司法的有关规定。民办学校属于法人型民办非企业单位,其不以营利为目的,并不等于不营利,虽然其在创立依据和创立程序上有别于受公司法调整的通常意义上的公司,但在具有法人资格和具有营利性质这些实质方面二者并无不同。法律规定举办者可以在学校章程中规定要求合理回报,该回报具有财产性特征,直接或间接与财产相关,表明举办者在出资后将享有财产性权益。民促法对民办学校做了营利性和非营利性的区分,明确营利性民办学校的办学结余和剩余财产依照公司法的规定分配。综合考量某华学院的业务范围、组织机构、办学层次、办学形式及内部管理体制,援引与其性质相类似的公司法相关规定以为适用,并无不可。最后,“相类似之案件,应为相同之处理”。司法实践中对于民办学校举办者出资份额的转让,参照适用公司法;法人型民办非企业单位的破产清算,参照适用企业破产法等规定。对此,“举轻以明重”,上诉人某华公司作为被上诉人某华学院的举办者,在知情权方面享有与公司股东同等或类似的权利,本案可参照公司法之相关规定处理民办学校举办者所主张权利的行使。

综上,上海市第一中级人民法院认为,我国公司法规定,股东有权查阅、复制公司章程、股东会会议记录、董事会会议决议、监事会会议决议、公司财务会计报告。股东可以要求查阅公司会计账簿。股东要求查阅公司会计账簿的,应当向公司提出书面请求,说明目的。公司有合理根据认为股东查阅会计账簿有不正当目的,可能损害公司合法利益的,可以拒绝提供查阅,并应当自股东提出书面请求之日起十五日内书面答复股东并说明理由。在本案中,上诉人某华公司作为被上诉人某华学院的举办者,要求查阅、复制某华学院自2010年4月成立以来的学院章程(含学院章程修正案)、董事会会议决议、监事会会议决议和财务会计报告(包括但不限于资产负债表、损益表、财务状况变动表、财务状况说明表、利润分配表、纳税申报表),有相应法律依据,予以支持。至于某华公司要求查阅自2010年4月成立以来的会计账簿(含总账、各自明细账、往来账、现金日记账、银行日记账、固定资产卡片明细表、原始凭证、银行对账单交易明细等)的诉讼请求,因某华公司向某华学院提出书面请求并说明了理由,其要求查阅会计账簿的诉讼请求,有相应法律依据,予以支持。某华学院的抗辩意见,不予采纳。

【裁判结果】

一审法院判决如下:驳回原告全部诉讼请求。

二审法院对一审法院的判决予以纠正,判决如下:

1. 撤销上海市奉贤区人民法院(2016)沪0120民初511号民事判决;

2. 被上诉人某华学院于本判决生效之日起十日内提供自2010年4月成立至本判决生效之日止的学院章程(含学院章程修正案)、董事会会议决议、监事会会议决议和财务会计报告(包括但不限于资产负债表、损益表、财务状况变动表、财务状况说明表、利润分配表、纳税申报表)供上诉人某华公司查阅、复制;

3. 被上诉人某华学院于本判决生效之日起十日内提供自2010年4月成立至本判决生效之日止的会计账簿(含总账、各自明细账、往来账、现金日记账、银行日记账、固定资产卡片明细表、原始凭证、银行对账单交易明细等)供上诉人某华公司查阅。

【案例评析】

本案的争议焦点在于,非营利性民办学校的举办者是否能够类推适用《公司法》中的股东知情权的相关规范。一审法院的裁判观点在于,某华学院作为民办非企业单位,并且在学校章程中没有对举办者行使知情权做相关规定,因此没有类推适用公司法中关于股东知情权规范的相关依据。二审法院就该问题从举办者合法权益所指向的具体内容、民促法的立法宗旨以及类推适用的合法性进行了全面论证。首先,某华公司作为某华学院的举办者,应当享有"参与学院的办学管理活动"的权利,其中应当包含知情权。其次,民促法中并没有关于举办者不得行使知情权的相关规定,举办者享有知情权符合对法的价值判断,也符合民促法的立法目的。最后,合法权益本就是一个抽象的、不确定的概念,缺少法律规定并不代表不享有该权利,应当作为一个法律漏洞加以解释。同时列举了民办学校的清算制度参照企业破产法的相关规定,知情权这一基本权利更应当参照公司法的相关规定,通过"举轻以明重"的当然解释,完美地对论证过程进行闭环。

案例5 海东市子林职业培训学校与海东市人力资源和社会保障局、海东市人民政府行政许可纠纷案

[(2021)青02行终6号]

【裁判要旨】

《民促法》第八条第二款规定,县级以上地方各级人民政府人力资源社会保障行政部门及其他有关部门在各自的职责范围内,分别负责有关的民办教育工作。同时《青海省民办职业培训学校管理办法(试行)》第二十三条第一款还规定:民办职业培训学校需要延续依法取得的办学许可证有效期的,应当在办学许可证有效期届满三十日前向原审批办学的人力资源和社会保障行政部门提出申请。由

此可知,青海省的地方性法规将办学许可的续证权授权给了人力资源和社会保障行政部门,因此,海东市人力资源和社会保障局具有办理民办学校办学许可证延续和学校更名的职权。

【案情简介】

原告海东市子林职业培训学校原名海东地区子林职业培训学校,于2009年4月14日经海东地区劳动和社会保障局批准成立,并颁发了民办学校办学许可证,负责人为张某,许可证编号为6302214000010,有效期为2009年4月14日至2012年4月14日。2012年8月17日换发延续原告的民办职业学校办学许可证,有效期为2012年4月15日至2015年4月15日。2015年4月22日,平安区人力资源和社会保障局向被告海东市人力资源和社会保障局上报《关于海东市子林职业培训学校换领办学许可证的请示》。2015年5月20日,被告海东市人力资源和社会保障局同意变更(延续),学校名称变更为海东市子林职业培训学校,有效期为2015年8月17日至2018年8月17日,并向青海省人力资源和社会保障厅出具《关于换发民办学校办学许可证的函》,同意延续原告民办学校办学许可证的有效期,但原告至今未领取换发的民办学校办学许可证。

2019年4月15日,原告向平安区人力资源和社会保障局提交了《政府信息公开申请书》,平安区人力资源和社会保障局将其移送至被告海东市人力资源和社会保障局处理。被告海东市人力资源和社会保障局于2019年4月25日对原告要求政府信息公开的申请作出了答复,并于2019年4月30日给原告进行了送达。2019年4月26日被告海东市人力资源和社会保障局给原告发出通知,告知原告办理延续办学许可证和变更学校名称需提出正式申请并提交相关材料。

2019年6月9日,原告向被告海东市人力资源和社会保障局提交《关于申请延续办学许可证的报告》和《关于申请变更名称的报告》,要求延续办学许可证并变更学校名称。被告海东市人力资源和社会保障局收到原告的两份申请后,是否受理一直未作出答复,亦未作出是否许可的决定,原告遂分别向法院提起行政诉讼。法院于2020年4月25日分别作出(2019)青0222行初32号、(2019)青0222行初34号行政判决书,判令被告海东市人力资源和社会保障局于判决生效后二十个工作日内对原告的两份申请作出答复。被告海东市人力资源和社会保障局于2020年5月22日分别作出东人社许字〔2020〕1号、东人社许字〔2020〕2号《不予许可决定书》,决定对原告申请民办职业培训学校办学许可证延续和民办职业培训学校更名均不予许可。原告不服,向被告海东市人民政府申请行政复议。被告海东市人民政府于2020年9月24日作出东府复决字〔2020〕3号《行政复议决定书》,决定维持被告海东市人力资源和社会保障局作出的东人社许字〔2020〕1号、东人社许字〔2020〕2号《不予许可决定书》。原告不服,遂向法院提起行政诉讼。法院依法作出(2020)青0222行初30号行政判决,原告不服向上级法院提起上诉。

【裁判观点】

一审法院认为,《中华人民共和国行政许可法》第五十条第一款规定:"被许可人需要延续依法取得的行政许可的有效期的,应当在该行政许可有效期届满三十日前向作出行政许可决定的行政机关提出申请。但是,法律、法规、规章另有规定的,依照其规定。"《青海省民办职业培训学校管理办法(试行)》第二十三条第一款规定:民办职业培训学校需要延续依法取得的办学许可证有效期的,应当在办学许可证有效期届满三十日前向原审批办学的人力资源和社会保障行政部门提出申请。本案中,已确认的《青海省民办职业培训学校变更(延续)审批表》证实原告海东市子林职业培训学校的民办学校办学许可证至2018年8月17日到期。依照上述规定,原告需要延续办学许可证有效期的应当在办学许可证有效期届满三十日前向被告海东市人力资源和社会保障局提出申请,原告未在法定期限内提出申请,而于2019年6月9日向被告海东市人力资源和社会保障局提交《关于申请延续办学许可证的报告》,实属超过申请期限,故被告海东市人力资源和社会保障局决定对其民办职业培训学校办学许可证延续的申请不予许可符合法律、法规规定。《中华人民共和国行政许可法》第七十条第一项规定,行政许可有效期届满未延续的,行政机关应当依法办理有关行政许可的注销手续。本案中,被告海东市人力资源和社会保障局虽未办理原告民办学校办学许可证的注销手续,但原告未在法定期限内办理延续手续,其民办学校办学许可证因逾期而失效,现原告申请变更学校名称既无事实根据,亦无法律依据,故被告海东市人力资源和社会保障局决定对其民办职业培训学校更名的申请不予许可符合法律、法规规定。原告海东市子林职业培训学校向被告海东市人民政府提起行政复议申请后,被告海东市人民政府依法受理,并向双方当事人送达受理通知书,被告海东市人力资源和社会保障局进行了答辩,并提交了相关证据材料。被告海东市人民政府经审查,依照《中华人民共和国行政复议法》《中华人民共和国行政复议法实施条例》的相关规定作出《行政复议决定书》，并送达双方当事人，所有程序均符合法律规定。针对原告海东市子林职业培训学校关于被告海东市人力资源和社会保障局未依法送达法律文书的主张，经查原告海东市子林职业培训学校和被告海东市人力资源和社会保障局住所地一致，原告办公场所长期关闭，其法定代表人张某长期在河南老家居住，被告海东市人力资源和社会保障局在无法送达法律文书时，以短信形式告知原告去被告单位领取《不予许可决定书》并不违反法律规定。至于原告领取法律文书后是否在送达回证上签字，那是原告的权利，但原告不签字并不证明被告未送达，故原告主张的理由不能成立，法院不予采纳。原告关于被告海东市人力资源和社会保障局作出的《不予许可决定书》违法的主张，因《中华人民共和国民办教育促进法实施条例》第二十二条第二款并未规定办学许可的期限应当与民办学校的办学层次和类型相适应。民办学校在许可期限内无违法违规行为的，有效期届满可以自动延续、换领新证。故原告的此项主张无法律依据，法院不予采纳。原告关于被告海东市人民政府作出的《行政复议决定书》适用法律错误的主张因原告未提出该《行政复议决定书》违反了什么法律，且被告海东市人民政府的《行政复议决定书》是依照《中华人民共和国行政复议法》及《中华人民共和国行政复议法实施条例》的相关规定作出的，并不违反法律规定，故原告的此项主张理由不能成立，法院不予采纳。

二审法院认为，本案被诉行政行为是被上诉人海东市人力资源和社会保障局对上诉人申请民办职业培训学校办学许可证延续和民办职业培训学校更名作出不予许可决定的行为。《中华人民共和国行政许可法》第二十二条规定："行政许可由具有行政许可权的行政机关在其法定职权范围内实施。"第二十三条中规定："法律、法规授权的具有管理公共事务职能的组织，在法定授权范围内，以自己的名义实施行政许可。"《民促法》第八条第二款规定："县级以上地方各级人民政府人力资源社会保障行政部门及其他有关部门在各自的职责范围内，分别负责有关的民办教育工作。"据此，海东市人力资源和社会保障局具有办理民办学校办学许可证延续和学校更名的职权。

《中华人民共和国行政许可法》第五十条第一款规定："被许可人需要延续依法取得的行政许可的有效期的，应当在该行政许可有效期届满三十日前向作出行政许可决定的行政机关提出申请。但是，法律、法规、规章另有规定的，依照其规定。"《青海省民办职业培训学校管理办法（试行）》第二十三条第一款规定：民办职业培训学校需要延续依法取得的办学许可证有效期的，应当在办学许可证有效期届满三十日前向原审批办学的人力资源和社会保障行政部门提出申请。本案中，上诉人海东市子林职业培训学校于2009年4月14日成立，并取得了民办学校办学许可证，有效期为三年，至2012年4月14日；2012年8月17日换发延续其民办职业学校办学许可证，有效期为三年，延续至2015年4月15日。2015年3月20日，上诉人已填报申请变更学校名称和延续办学许可证有效期的《青海省民办职业培训学校变更（延续）审批表》，庭审中，上诉人虽对变更（延续）审批表中"办学许可证有效期2015年8月17日至2018年8月17日"的记载不认可，称不知道延续的期限，但上诉人已使用该表中更名后的学校名称"海东市子林职业培训学校"的名称及公章进行此次诉讼。根据上述事实，上诉人对延续民办学校办学许可证有效期为三年以及延续至2018年8月17日的期限是知道或者应当知道的。在民办学校办学许可证延续的申请未被许可的前提下，上诉人不能从事办学活动，故其再次申请变更学校名称为"海东市子林职业培训学校"已无事实根据和法律依据。被上诉人海东市人力资源和社会保障局决定对其民办职业培训学校更名的申请不予许可并无不当。

关于上诉人针对海东市人力资源和社会保障局作出的东人社许字〔2020〕1号、东人社许字〔2020〕2号《不予许可决定书》即办学许可证延续和学校更名两个不同行政行为申请复议后，海东市人民政府对两个复议申请一并作出复议决定的理由是否正当的问题。行政复议机关应当根据复议申请人的具体申请有针对性地作出复议决定，但海东市人民政府以办学许可证延续是学校更名的前提，在民办学校办学许可证延续的申请未被许可的情况下，不存在更名事项为由，一并作出的《行政复议决定书》虽有不妥，但理由正当。

关于一审法院对两个被诉行政行为没有分别起诉，经释明后，原告仍坚持合并审理，一审法院经合并审理一并作出判决是否属程序违法的问题。《中华人民共和国行政诉讼法》第四十九条规定："提起诉讼应当符合下列条件：（一）原告是符合本法第二十五条规定的公民、法人或者其他组织；（二）有明确的被告；（三）有具体的诉讼请求和事实根据；（四）属于人民法院受案范围和受诉人民法院管辖。"其中，"有具体的诉讼请求和事实根据"不仅要求提出类型化的诉讼请求，而且要求有明确具体的被诉行政行为。尽管公民、法人或者其他组织在起诉时可以提出多项具有内在逻辑牵连的诉讼请求，但作为诉讼请求基础的被诉行政行为却需只有一个，这就是“一行为一诉讼”受理立案原则。但是，在同一案件中是否可以对多个行为进行审查，行政诉讼法并未进行完全限制。本案中，上诉人海东市子林职业培训学校在起诉时提出的被诉行政行为为海东市人力资源和社会保障局作出的东人社许字〔2020〕1号《不予许可决定书》、东人社许字〔2020〕2号《不予许可决定书》、海东市人民政府作出的东府复决字〔2020〕3号《行政复议决定书》，其中，海东市人力资源和社会保障局作出的东人社许字〔2020〕1号、东人社许字〔2020〕2号《不予许可决定书》是同一行政机关对办学许可证延续有效期和学校更名两个不同申请作出的两个行政行为，前行为是后行为的基础，具有牵连关系，海东市人民政府作出复议决定时是以办学许可证延续是学校更名的前提为由，一并作出的复议决定。海东市子林职业培训学校也是基于复议机关只作出了一份复议决定，故提起了一起诉讼，且不同意分别审理。综上，因办学许可证延续有效期是申请学校更名的前提，在许可证延续有效期未被许可的前提下，上诉人海东市子林职业培训学校不能从事办学活动，故其申请变更学校名称为“海东市子林职业培训学校”已无事实根据和法律依据。因此，为避免程序空转、增加诉累，一审法院一并审理的程序并无不当。

【裁判结果】

一审法院判决：驳回原告海东市子林职业培训学校的诉讼请求。

二审法院判决：驳回上诉，维持原判。

【案例评析】

本案中的争议焦点在于民办学校办学许可证到期后能否申请变更学校名称。依据《青海省民办职业培训学校管理办法（试行）》第二十二条第一款的规定，民办职业培训学校需要延续依法取得的办学许可证有效期的，应当在办学许可证有效期届满三十日前向原审批办学的人力资源和社会保障行政部门提出申请。上诉人海东市子林职业培训学校在2018年8月17日办学许可证已经到期，故上诉人于2019年6月9日向被上诉人海东市人力资源和社会保障局提交《关于申请延续办学许可证的报告》，属超过申请期限，且无正当理由，故，被上诉人海东市人力资源和社会保障局决定对上诉人民办职业培训学校办学许可证延续的申请不予许可符合法律、法规规定，应予以支持。法院维持原判决并无不当。

第二章　设　　立

第十条　【举办者资格】

举办民办学校的社会组织,应当具有法人资格。

举办民办学校的个人,应当具有政治权利和完全民事行为能力。

民办学校应当具备法人条件。

关联规定

《中华人民共和国宪法》(节录)

(2018 年 3 月 11 日中华人民共和国全国人民代表大会公告第 1 号公布　自 2018 年 3 月 11 日起施行)

第三十四条　中华人民共和国年满十八周岁的公民,不分民族、种族、性别、职业、家庭出身、宗教信仰、教育程度、财产状况、居住期限,都有选举权和被选举权;但是依照法律被剥夺政治权利的人除外。

《中华人民共和国民法典》(节录)

(2020 年 5 月 28 日中华人民共和国主席令第 45 号公布　自 2021 年 1 月 1 日起施行)

第五十七条　法人是具有民事权利能力和民事行为能力,依法独立享有民事权利和承担民事义务的组织。

第五十八条　法人应当依法成立。

法人应当有自己的名称、组织机构、住所、财产或者经费。法人成立的具体条件和程序,依照法律、行政法规的规定。

设立法人,法律、行政法规规定须经有关机关批准的,依照其规定。

《中华人民共和国教育法》(节录)

(2021 年 4 月 29 日中华人民共和国主席令第 80 号公布　自 2021 年 4 月 30 日起施行)

第二十六条　国家制定教育发展规划,并举办学校及其他教育机构。

国家鼓励企业事业组织、社会团体、其他社会组织及公民个人依法举办学校及其他教育机构。

国家举办学校及其他教育机构,应当坚持勤俭节约的原则。

以财政性经费、捐赠资产举办或者参与举办的学校及其他教育机构不得设立为营利性组织。

第三十二条　学校及其他教育机构具备法人条件的,自批准设立或者登记注册之日起取得法人资格。

学校及其他教育机构在民事活动中依法享有民事权利,承担民事责任。

学校及其他教育机构中的国有资产属于国家所有。

学校及其他教育机构兴办的校办产业独立承担民事责任。

《中华人民共和国义务教育法》(节录)

(2018 年 12 月 29 日中华人民共和国主席令第 22 号公布　自 2018 年 12 月 29 日起施行)

第六十二条　社会组织或者个人依法举办的民办学校实施义务教育的,依照民办教育促进法有关规定执行;民办教育促进法未作规定的,适用本法。

《中华人民共和国高等教育法》(节录)

(2018 年 12 月 29 日中华人民共和国主席令第 23 号公布　自 2018 年 12 月 29 日起施行)

第六条　国家根据经济建设和社会发展的需要,制定高等教育发展规划,举办高等学校,并采取多种形式积极发展高等教育事业。

国家鼓励企业事业组织、社会团体及其他社会组织和公民等社会力量依法举办高等学校,参与和支持高等教育事业的改革和发展。

《中华人民共和国职业教育法》(节录)

(2022 年 4 月 20 日中华人民共和国主席令第 112 号公布　自 2022 年 5 月 1 日起施行)

第二十六条第一款　国家鼓励、指导、支持企业和其他社会力量依法举办职业学校、职业培训机构。

第二十八条第二款　地方各级人民政府及行业主管部门支持社会力量依法参与联合办学,举办多种形式的职业学校、职业培训机构。

《中华人民共和国学前教育法》(节录)

(2024 年 11 月 8 日中华人民共和国主席令第 34 号公布　自 2025 年 6 月 1 日起施行)

第三十四条　任何单位和个人不得利用财政性经费、国有资产、集体资产或者捐赠资产举办或者参与举办营利性民办幼儿园。

公办幼儿园不得转制为民办幼儿园。公办幼儿园不得举办或者参与举办营利性民办幼儿园和其他教育机构。

以中外合作方式设立幼儿园,应当符合外商投资和中外合作办学有关法律法规的规定。

第三十五条　社会资本不得通过兼并收购等方式控制公办幼儿园、非营利性民办幼儿园。

幼儿园不得直接或者间接作为企业资产在境内外上市。上市公司不得通过股票市场融资投资营利性民办幼儿园，不得通过发行股份或者支付现金等方式购买营利性民办幼儿园资产。

《中华人民共和国民办教育促进法实施条例》（节录）

（2021年4月7日中华人民共和国国务院令第741号公布　自2021年9月1日起施行）

第五条　国家机构以外的社会组织或者个人可以单独或者联合举办民办学校。联合举办民办学校的，应当签订联合办学协议，明确合作方式、各方权利义务和争议解决方式等。

国家鼓励以捐资、设立基金会等方式依法举办民办学校。以捐资等方式举办民办学校，无举办者的，其办学过程中的举办者权责由发起人履行。

在中国境内设立的外商投资企业以及外方为实际控制人的社会组织不得举办、参与举办或者实际控制实施义务教育的民办学校；举办其他类型民办学校的，应当符合国家有关外商投资的规定。

第六条　举办民办学校的社会组织或者个人应当有良好的信用状况。举办民办学校可以用货币出资，也可以用实物、建设用地使用权、知识产权等可以用货币估价并可以依法转让的非货币财产作价出资；但是，法律、行政法规规定不得作为出资的财产除外。

第七条　实施义务教育的公办学校不得举办或者参与举办民办学校，也不得转为民办学校。其他公办学校不得举办或者参与举办营利性民办学校。但是，实施职业教育的公办学校可以吸引企业的资本、技术、管理等要素，举办或者参与举办实施职业教育的营利性民办学校。

公办学校举办或者参与举办民办学校，不得利用国家财政性经费，不得影响公办学校教学活动，不得仅以品牌输出方式参与办学，并应当经其主管部门批准。公办学校举办或者参与举办非营利性民办学校，不得以管理费等方式取得或者变相取得办学收益。

公办学校举办或者参与举办的民办学校应当具有独立的法人资格，具有与公办学校相分离的校园、基本教育教学设施和独立的专任教师队伍，按照国家统一的会计制度独立进行会计核算，独立招生，独立颁发学业证书。

举办或者参与举办民办学校的公办学校依法享有举办者权益，依法履行国有资产管理义务。

第八条 地方人民政府不得利用国有企业、公办教育资源举办或者参与举办实施义务教育的民办学校。

以国有资产参与举办民办学校的，应当根据国家有关国有资产监督管理的规定，聘请具有评估资格的中介机构依法进行评估，根据评估结果合理确定出资额，并报对该国有资产负有监管职责的机构备案。

第九条 国家鼓励企业以独资、合资、合作等方式依法举办或者参与举办实施职业教育的民办学校。

第十条第一款 举办民办学校，应当按时、足额履行出资义务。民办学校存续期间，举办者不得抽逃出资，不得挪用办学经费。

第十三条 同时举办或者实际控制多所民办学校的，举办者或者实际控制人应当具备与其所开展办学活动相适应的资金、人员、组织机构等条件与能力，并对所举办民办学校承担管理和监督职责。

同时举办或者实际控制多所民办学校的举办者或者实际控制人向所举办或者实际控制的民办学校提供教材、课程、技术支持等服务以及组织教育教学活动，应当符合国家有关规定并建立相应的质量标准和保障机制。

同时举办或者实际控制多所民办学校的，应当保障所举办或者实际控制的民办学校依法独立开展办学活动，存续期间所有资产由学校依法管理和使用；不得改变所举办或者实际控制的非营利性民办学校的性质，直接或者间接取得办学收益；也不得滥用市场支配地位，排除、限制竞争。

任何社会组织和个人不得通过兼并收购、协议控制等方式控制实施义务教育的民办学校、实施学前教育的非营利性民办学校。

《中华人民共和国中外合作办学条例》(节录)

(2019年3月2日中华人民共和国国务院令第709号公布 自2019年3月2日起施行)

第六条 中外合作办学者可以合作举办各级各类教育机构。但是,不得举办实施义务教育和实施军事、警察、政治等特殊性质教育的机构。

第九条 申请设立中外合作办学机构的教育机构应当具有法人资格。

第十条 中外合作办学者可以用资金、实物、土地使用权、知识产权以及其他财产作为办学投入。

中外合作办学者的知识产权投入不得超过各自投入的1/3。但是,接受国务院教育行政部门、劳动行政部门或者省、自治区、直辖市人民政府邀请前来中国合作办学的外国教育机构的知识产权投入可以超过其投入的1/3。

第十一条 中外合作办学机构应当具备《中华人民共和国教育法》、《中华人民共和国职业教育法》、《中华人民共和国高等教育法》等法律和有关行政法规规定的基本条件,并具有法人资格。但是,外国教育机构同中国实施学历教育的高等学校设立的实施高等教育的中外合作办学机构,可以不具有法人资格。

设立中外合作办学机构,参照国家举办的同级同类教育机构的设置标准执行。

《少年儿童体育学校管理办法》(节录)

(2011年9月2日中华人民共和国国家体育总局、中华人民共和国教育部令第15号公布 自2011年10月1日起施行)

第七条 举办少体校的社会组织应当具有法人资格,公民个人应当具有政治权利和完全民事行为能力。少体校应当具有法人资格。

《中华人民共和国中外合作办学条例实施办法》(节录)

(2004年6月2日中华人民共和国教育部令第20号公布　自2004年7月1日起施行)

第九条　中外合作办学者投入的办学资金,应当与拟设立的中外合作办学机构的层次和规模相适应,并经依法验资。

中外合作办学者应当按照合作协议如期、足额投入办学资金。中外合作办学机构存续期间,中外合作办学者不得抽逃办学资金,不得挪用办学经费。

《关于加快推进独立学院转设工作的实施方案》(节录)

(2020年5月15日教发厅〔2020〕2号公布　自2020年5月15日起施行)

三、转设路径

针对不同区域、不同类型、不同模式的独立学院,坚持实事求是,探索适合的转设路径。

(一)转为民办。办学协议完善,办学主体间权利义务划分清晰,办学条件达到本科高校设置标准的独立学院,可转设为独立设置的民办普通本科高校。

(二)转为公办。无社会举办方(指由公办高校单独举办,公办高校与学校基金会、校办企业、学校附属医院、校友会或学校工会等下属机构合作举办,以及公办高校与地方政府合作举办,下同)或社会举办方拟退出举办、地方政府有条件承接举办的,鼓励转设为独立设置的公办普通本科高校。

(三)终止办学。已停止招生,或由于各种原因无法完成转设,或举办者主动提出且条件具备的,终止办学,撤销建制。

鼓励各地积极创新,可探索统筹省内高职高专教育资源合并转设,也可因地制宜提出其他形式合法合规的转设路径,经教育部同意后实施。

对于无社会举办方的独立学院(即所谓的"校中校"),如转为民办普通本科高校,须明确非营利性,可由地方政府设立教育投资公司、教育基金会或国有企业作为举办者,也可探索无举办者办学。不得以任何方式将举办权转让给其他社会组织和个人,本方案发布之日前,已签订举办者变更协议并实际履行的(已征地建设、资金已足额到位),由省级教育行政部门报教育部履行举办者变更核准程序,其余自本方案发布之日起全面停止。

《国务院关于鼓励社会力量兴办教育促进民办教育健康发展的若干意见》(节录)

(2016年12月29日国发〔2016〕81号公布 自2016年12月29日起施行)

社会力量兴办教育是指各种社会力量以捐赠、出资、投资、合作等方式举办或者参与举办法律法规允许的各级各类学校和其他教育机构。改革开放以来,作为社会力量兴办教育主要形式的民办教育不断发展壮大,形成了从学前教育到高等教育、从学历教育到非学历教育,层次类型多样、充满生机活力的发展局面,有效增加了教育服务供给,为推动教育现代化、促进经济社会发展作出了积极贡献,已经成为社会主义教育事业的重要组成部分。

《教育部等八部门关于规范公办学校举办或者参与举办民办义务教育学校的通知》(节录)

(2021年7月8日教发〔2021〕9号公布 自2021年7月8日起施行)

近年来,公办学校(含其附属学校、校办企业、学校基金会、学校工会等附属机构,下同)充分发挥自身优势,通过举办或者参与举办民办义务教育学校(含十二年一贯制学校、九年一贯制学校、完全中学,以下统称"公参民"学校),积极扩大优质教育资源覆盖面,在一定程度上缓解了部分地方优质教育资源的供需矛盾,满足了人民群众多样化的教育需求,但"公参民"办学模式诱发了许多矛盾和问题,引起社会广泛关注……

一、严格界定范围

"公参民"学校主要包括以下三类:公办学校单独举办的义务教育学校;公办

学校与地方政府及相关机构（含具有财政经常性经费关系的其他单位、政府国有投资平台、政府发起设立的基金会、国有企业等，下同）合作举办的义务教育学校；公办学校与其他社会组织、个人合作举办（含公办学校以品牌、管理等无形资产参与办学）的义务教育学校。

……

公办学校与其他社会组织、个人合作举办的民办义务教育学校，符合“六独立”要求（即独立法人资格、校园校舍及设备、专任教师队伍、财会核算、招生、毕业证发放）的，可继续举办民办学校，但应在履行财务清算等程序，并对民办学校及相关单位、企业等使用公办学校校名或校名简称进行清理后，公办学校逐步退出；经协商一致且条件成熟的，也可转为公办学校。不符合“六独立”要求的，地方政府要限期整改；整改不到位的，可视情况将其转为公办学校或终止办学……

三、加强规划引领

各地要根据本地经济社会发展及适龄儿童、少年数量和分布等因素，抓紧编制区域义务教育发展规划，着力增加优质公办义务教育资源供给，保障就近入学，不得再审批设立新的“公参民”学校。公办学校也不得以举办者变更、集团办学、品牌输出等方式变相举办民办义务教育学校。

……

六、落实工作责任

……

地方政府及相关机构举办或参与举办民办义务教育学校的，参照本通知执行。

第十一条 【民办学校设立条件】

设立民办学校应当符合当地教育发展的需求，具备教育法和其他有关法律、法规规定的条件。

民办学校的设置标准参照同级同类公办学校的设置标准执行。

关联规定

《中华人民共和国教育法》（节录）

（2021年4月29日中华人民共和国主席令第80号公布　自2021年4月30日起施行）

第二十七条　设立学校及其他教育机构，必须具备下列基本条件：
（一）有组织机构和章程；
（二）有合格的教师；
（三）有符合规定标准的教学场所及设施、设备等；
（四）有必备的办学资金和稳定的经费来源。

《中华人民共和国义务教育法》（节录）

（2018年12月29日中华人民共和国主席令第22号公布　自2018年12月29日起施行）

第十五条　县级以上地方人民政府根据本行政区域内居住的适龄儿童、少年的数量和分布状况等因素，按照国家有关规定，制定、调整学校设置规划。新建居民区需要设置学校的，应当与居民区的建设同步进行。

第十六条　学校建设，应当符合国家规定的办学标准，适应教育教学需要；应当符合国家规定的选址要求和建设标准，确保学生和教职工安全。

第十七条　县级人民政府根据需要设置寄宿制学校，保障居住分散的适龄儿童、少年入学接受义务教育。

第十八条　国务院教育行政部门和省、自治区、直辖市人民政府根据需要，在经济发达地区设置接收少数民族适龄儿童、少年的学校（班）。

第十九条　县级以上地方人民政府根据需要设置相应的实施特殊教育的学校（班），对视力残疾、听力语言残疾和智力残疾的适龄儿童、少年实施义务教育。特殊教育学校（班）应当具备适应残疾儿童、少年学习、康复、生活特点的场所和设施。

普通学校应当接收具有接受普通教育能力的残疾适龄儿童、少年随班就读，并为其学习、康复提供帮助。

第二十条 县级以上地方人民政府根据需要，为具有预防未成年人犯罪法规定的严重不良行为的适龄少年设置专门的学校实施义务教育。

第二十一条 对未完成义务教育的未成年犯和被采取强制性教育措施的未成年人应当进行义务教育，所需经费由人民政府予以保障。

第二十二条 县级以上人民政府及其教育行政部门应当促进学校均衡发展，缩小学校之间办学条件的差距，不得将学校分为重点学校和非重点学校。学校不得分设重点班和非重点班。

县级以上人民政府及其教育行政部门不得以任何名义改变或者变相改变公办学校的性质。

《中华人民共和国高等教育法》（节录）

（2018年12月29日中华人民共和国主席令第23号公布　自2018年12月29日起施行）

第二十四条 设立高等学校，应当符合国家高等教育发展规划，符合国家利益和社会公共利益。

第二十五条 设立高等学校，应当具备教育法规定的基本条件。

大学或者独立设置的学院还应当具有较强的教学、科学研究力量，较高的教学、科学研究水平和相应规模，能够实施本科及本科以上教育。大学还必须设有三个以上国家规定的学科门类为主要学科。设立高等学校的具体标准由国务院制定。

设立其他高等教育机构的具体标准，由国务院授权的有关部门或者省、自治区、直辖市人民政府根据国务院规定的原则制定。

第二十六条 设立高等学校，应当根据其层次、类型、所设学科类别、规模、教学和科学研究水平，使用相应的名称。

《中华人民共和国职业教育法》(节录)

(2022年4月20日中华人民共和国主席令第112号公布　自2022年5月1日起施行)

第三十三条第一款　职业学校的设立,应当符合下列基本条件:

(一)有组织机构和章程;

(二)有合格的教师和管理人员;

(三)有与所实施职业教育相适应、符合规定标准和安全要求的教学及实习实训场所、设施、设备以及课程体系、教育教学资源等;

(四)有必备的办学资金和与办学规模相适应的稳定经费来源。

第三十四条　职业培训机构的设立,应当符合下列基本条件:

(一)有组织机构和管理制度;

(二)有与培训任务相适应的课程体系、教师或者其他授课人员、管理人员;

(三)有与培训任务相适应、符合安全要求的场所、设施、设备;

(四)有相应的经费。

职业培训机构的设立、变更和终止,按照国家有关规定执行。

《中华人民共和国学前教育法》(节录)

(2024年11月8日中华人民共和国主席令第34号公布　自2025年6月1日起施行)

第二十九条　设立幼儿园,应当具备下列基本条件:

(一)有组织机构和章程;

(二)有符合规定的幼儿园园长、教师、保育员、卫生保健人员、安全保卫人员和其他工作人员;

(三)符合规定的选址要求,设置在安全区域内;

(四)符合规定的规模和班额标准;

(五)有符合规定的园舍、卫生室或者保健室、安全设施设备及户外场地;

(六)有必备的办学资金和稳定的经费来源;

(七)卫生评价合格;

(八)法律法规规定的其他条件。

《中华人民共和国民办教育促进法实施条例》(节录)

(2021年4月7日中华人民共和国国务院令第741号公布　自2021年9月1日起施行)

第十四条　实施国家认可的教育考试、职业资格考试和职业技能等级考试等考试的机构,举办或者参与举办与其所实施的考试相关的民办学校应当符合国家有关规定。

第十五条第二款　地方人民政府及其有关部门应当依法履行实施义务教育的职责。设立实施义务教育的民办学校,应当符合当地义务教育发展规划。

第二十条　民办学校只能使用一个名称。

民办学校的名称应当符合有关法律、行政法规的规定,不得损害社会公共利益,不得含有可能引发歧义的文字或者含有可能误导公众的其他法人名称。营利性民办学校可以在学校牌匾、成绩单、毕业证书、结业证书、学位证书及相关证明、招生广告和简章上使用经审批机关批准的法人简称。

第二十一条　民办学校开办资金、注册资本应当与学校类型、层次、办学规模相适应。民办学校正式设立时,开办资金、注册资本应当缴足。

第二十三条　民办学校增设校区应当向审批机关申请地址变更;设立分校应当向分校所在地审批机关单独申请办学许可,并报原审批机关备案。

《民办非企业单位登记管理暂行条例》(节录)

(1998年10月25日中华人民共和国国务院令第251号公布　自1998年10月25日起施行)

第二条　本条例所称民办非企业单位,是指企业事业单位、社会团体和其他社会力量以及公民个人利用非国有资产举办的,从事非营利性社会服务活动的社会组织。

第三条 成立民办非企业单位,应当经其业务主管单位审查同意,并依照本条例的规定登记。

第四条 民办非企业单位应当遵守宪法、法律、法规和国家政策,不得反对宪法确定的基本原则,不得危害国家的统一、安全和民族的团结,不得损害国家利益、社会公共利益以及其他社会组织和公民的合法权益,不得违背社会道德风尚。

民办非企业单位不得从事营利性经营活动。

第五条 国务院民政部门和县级以上地方各级人民政府民政部门是本级人民政府的民办非企业单位登记管理机关(以下简称登记管理机关)。

国务院有关部门和县级以上地方各级人民政府的有关部门、国务院或者县级以上地方各级人民政府授权的组织,是有关行业、业务范围内民办非企业单位的业务主管单位(以下简称业务主管单位)。

法律、行政法规对民办非企业单位的监督管理另有规定的,依照有关法律、行政法规的规定执行。

第六条 登记管理机关负责同级业务主管单位审查同意的民办非企业单位的登记管理。

第七条 登记管理机关、业务主管单位与其管辖的民办非企业单位的住所不在一地的,可以委托民办非企业单位住所地的登记管理机关、业务主管单位负责委托范围内的监督管理工作。

第八条 申请登记民办非企业单位,应当具备下列条件:

(一)经业务主管单位审查同意;

(二)有规范的名称、必要的组织机构;

(三)有与其业务活动相适应的从业人员;

(四)有与其业务活动相适应的合法财产;

(五)有必要的场所。

民办非企业单位的名称应当符合国务院民政部门的规定,不得冠以"中国"、"全国"、"中华"等字样。

第九条 申请民办非企业单位登记,举办者应当向登记管理机关提交下列文件:

(一)登记申请书;

（二）业务主管单位的批准文件；

（三）场所使用权证明；

（四）验资报告；

（五）拟任负责人的基本情况、身份证明；

（六）章程草案。

第十条 民办非企业单位的章程应当包括下列事项：

（一）名称、住所；

（二）宗旨和业务范围；

（三）组织管理制度；

（四）法定代表人或者负责人的产生、罢免的程序；

（五）资产管理和使用的原则；

（六）章程的修改程序；

（七）终止程序和终止后资产的处理；

（八）需要由章程规定的其他事项。

第十一条 登记管理机关应当自收到成立登记申请的全部有效文件之日起60日内作出准予登记或者不予登记的决定。

有下列情形之一的，登记管理机关不予登记，并向申请人说明理由：

（一）有根据证明申请登记的民办非企业单位的宗旨、业务范围不符合本条例第四条规定的；

（二）在申请成立时弄虚作假的；

（三）在同一行政区域内已有业务范围相同或者相似的民办非企业单位，没有必要成立的；

（四）拟任负责人正在或者曾经受到剥夺政治权利的刑事处罚，或者不具有完全民事行为能力的；

（五）有法律、行政法规禁止的其他情形的。

第十二条 准予登记的民办非企业单位，由登记管理机关登记民办非企业单位的名称、住所、宗旨和业务范围、法定代表人或者负责人、开办资金、业务主管单位，并根据其依法承担民事责任的不同方式，分别发给《民办非企业单位（法人）登记证书》、《民办非企业单位（合伙）登记证书》、《民办非企业单位（个体）登记证书》。

依照法律、其他行政法规规定,经有关主管部门依法审核或者登记,已经取得相应的执业许可证书的民办非企业单位,登记管理机关应当简化登记手续,凭有关主管部门出具的执业许可证明文件,发给相应的民办非企业单位登记证书。

第十三条 民办非企业单位不得设立分支机构。

第十四条 民办非企业单位凭登记证书申请刻制印章,开立银行账户。民办非企业单位应当将印章式样、银行账号报登记管理机关备案。

第十五条 民办非企业单位的登记事项需要变更的,应当自业务主管单位审查同意之日起30日内,向登记管理机关申请变更登记。

民办非企业单位修改章程,应当自业务主管单位审查同意之日起30日内,报登记管理机关核准。

第十六条 民办非企业单位自行解散的,分立、合并的,或者由于其他原因需要注销登记的,应当向登记管理机关办理注销登记。

民办非企业单位在办理注销登记前,应当在业务主管单位和其他有关机关的指导下,成立清算组织,完成清算工作。清算期间,民办非企业单位不得开展清算以外的活动。

第十七条 民办非企业单位法定代表人或者负责人应当自完成清算之日起15日内,向登记管理机关办理注销登记。办理注销登记,须提交注销登记申请书、业务主管单位的审查文件和清算报告。

登记管理机关准予注销登记的,发给注销证明文件,收缴登记证书、印章和财务凭证。

第十八条 民办非企业单位成立、注销以及变更名称、住所、法定代表人或者负责人,由登记管理机关予以公告。

第十九条 登记管理机关履行下列监督管理职责:

(一)负责民办非企业单位的成立、变更、注销登记;

(二)对民办非企业单位实施年度检查;

(三)对民办非企业单位违反本条例的问题进行监督检查,对民办非企业单位违反本条例的行为给予行政处罚。

第二十条 业务主管单位履行下列监督管理职责:

(一)负责民办非企业单位成立、变更、注销登记前的审查;

(二)监督、指导民办非企业单位遵守宪法、法律、法规和国家政策,按照章程开展活动；

（三）负责民办非企业单位年度检查的初审；

（四）协助登记管理机关和其他有关部门查处民办非企业单位的违法行为；

（五）会同有关机关指导民办非企业单位的清算事宜。

业务主管单位履行前款规定的职责，不得向民办非企业单位收取费用。

第二十一条 民办非企业单位的资产来源必须合法，任何单位和个人不得侵占、私分或者挪用民办非企业单位的资产。

民办非企业单位开展章程规定的活动，按照国家有关规定取得的合法收入，必须用于章程规定的业务活动。

民办非企业单位接受捐赠、资助，必须符合章程规定的宗旨和业务范围，必须根据与捐赠人、资助人约定的期限、方式和合法用途使用。民办非企业单位应当向业务主管单位报告接受、使用捐赠、资助的有关情况，并应当将有关情况以适当方式向社会公布。

第二十二条 民办非企业单位必须执行国家规定的财务管理制度，接受财政部门的监督；资产来源属于国家资助或者社会捐赠、资助的，还应当接受审计机关的监督。

民办非企业单位变更法定代表人或者负责人，登记管理机关、业务主管单位应当组织对其进行财务审计。

第二十三条 民办非企业单位应当于每年3月31日前向业务主管单位报送上一年度的工作报告，经业务主管单位初审同意后，于5月31日前报送登记管理机关，接受年度检查。工作报告内容包括：本民办非企业单位遵守法律法规和国家政策的情况、依照本条例履行登记手续的情况、按照章程开展活动的情况、人员和机构变动的情况以及财务管理的情况。

对于依照本条例第十二条第二款的规定发给登记证书的民办非企业单位，登记管理机关对其应当简化年度检查的内容。

第二十四条 民办非企业单位在申请登记时弄虚作假，骗取登记的，或者业务主管单位撤销批准的，由登记管理机关予以撤销登记。

第二十五条 民办非企业单位有下列情形之一的，由登记管理机关予以警告，责令改正，可以限期停止活动；情节严重的，予以撤销登记；构成犯罪的，依法追究刑事责任：

（一）涂改、出租、出借民办非企业单位登记证书，或者出租、出借民办非企业单位印章的；

（二）超出其章程规定的宗旨和业务范围进行活动的；

（三）拒不接受或者不按照规定接受监督检查的；

（四）不按照规定办理变更登记的；

（五）设立分支机构的；

（六）从事营利性的经营活动的；

（七）侵占、私分、挪用民办非企业单位的资产或者所接受的捐赠、资助的；

（八）违反国家有关规定收取费用、筹集资金或者接受使用捐赠、资助的。

前款规定的行为有违法经营额或者违法所得的，予以没收，可以并处违法经营额1倍以上3倍以下或者违法所得3倍以上5倍以下的罚款。

第二十六条 民办非企业单位的活动违反其他法律、法规的，由有关国家机关依法处理；有关国家机关认为应当撤销登记的，由登记管理机关撤销登记。

第二十七条 未经登记，擅自以民办非企业单位名义进行活动的，或者被撤销登记的民办非企业单位继续以民办非企业单位名义进行活动的，由登记管理机关予以取缔，没收非法财产；构成犯罪的，依法追究刑事责任；尚不构成犯罪的，依法给予治安管理处罚。

第二十八条 民办非企业单位被限期停止活动的，由登记管理机关封存其登记证书、印章和财务凭证。

民办非企业单位被撤销登记的，由登记管理机关收缴登记证书和印章。

第二十九条 登记管理机关、业务主管单位的工作人员滥用职权、徇私舞弊、玩忽职守构成犯罪的，依法追究刑事责任；尚不构成犯罪的，依法给予行政处分。

《普通高等学校设置暂行条例》（节录）

（1986年12月15日国发〔1986〕108号公布 自1986年12月15日起施行）

第六条 设置普通高等学校，应当配备具有较高政治素质和管理高等教育工作的能力、达到大学本科毕业文化水平的专职校（院）长和副校（院）长。同时，还应当配备专职思想政治工作和系科、专业的负责人。

第七条 设置普通高等学校，须按下列规定配备与学校的专业设置、学生人数相适应的合格教师。

（一）大学及学院在建校招生时，各门公共必修课程和专业基础必修课程，至少应当分别配备具有讲师职务以上的专任教师二人；各门专业必修课程，至少应当分别配备具有讲师职务以上的专任教师一人。具有副教授职务以上的专任教师人数，应当不低于本校（院）专任教师总数的10%。

（二）高等专科学校及高等职业学校在建校招生时，各门公共必修课程和专业基础必修课程，至少应当分别配备具有讲师职务以上的专任教师二人；各门主要专业课程至少应当分别配备具有讲师职务以上的专任教师一人。具有副教授职务以上的专任教师人数，应当不低于本校专任教师总数的5%。

（三）大学及学院的兼任教师人数，应当不超过本校（院）专任教师人数的四分之一；高等专科学校的兼任教师人数，应当不超过本校专任教师的三分之一；高等职业学校的兼任教师人数，应当不超过本校专任教师的二分之一。

少数地区或特殊科类的普通高等学校建校招生，具有副教授职务以上的专任教师达不到（一）、（二）项要求的，需经国家教育委员会批准。

第八条 设置普通高等学校，须有与学校的学科门类和规模相适应的土地和校舍，保证教学、生活、体育锻炼及学校长远发展的需要。普通高等学校的占地面积及校舍建筑面积，参照国家规定的一般高等学校校舍规划面积的定额核算。

普通高等学校的校舍可分期建设，但其可供使用的校舍面积，应当保证各年度招生的需要。

第九条 普通高等学校在建校招生时，大学及学院的适用图书，文科、政法、财经院校应当不少于八万册；理、工、农、医院校应当不少于六万册。高等专科学校及高等职业学校的适用图书，文科、政法、财经学校应当不少于五万册；理、工、农、医学校应当不少于四万册。并应当按照专业性质、学生人数分别配置必需的仪器、设备、标本、模型。

理、工、农院校应当有必需的教学实习工厂或农（林）场和固定的生产实习基地；师范院校应当有附属的实验学校或固定的实习学校；医学院校至少应当有一所附属医院和适应需要的教学医院。

第十条 设置普通高等学校所需的基本建设投资和教育事业费，须有稳定的来源和切实的保证。

第十一条　设置普通高等学校，应当根据学校的人才培养目标、学科门类、规模、领导体制、所在地等，确定名实相符的学校名称。

第十二条　称为大学的，须符合下列规定：

（一）主要培养本科及本科以上专门人才；

（二）在文科（含文学、历史、哲学、艺术）、政法、财经、教育（含体育）、理科、工科、农林、医药等八个学科门类中，以三个以上不同学科为主要学科；

（三）具有较强的教学、科学研究力量和较高的教学、科学研究水平；

（四）全日制在校学生计划规模在五千人以上。但边远地区或有特殊需要，经国家教育委员会批准，可以不受此限。

第十三条　称为学院的，须符合下列规定：

（一）主要培养本科及本科以上专门人才；

（二）以本条例第十二条第（二）项所列学科门类中的一个学科为主要学科；

（三）全日制在校学生计划规模在三千人以上，但艺术、体育及其他特殊科类或有特殊需要的学院，经国家教育委员会批准，可以不受此限。

第十四条　称为高等专科学校的，须符合下列规定：

（一）主要培养高等专科层次的专门人才；

（二）以本条例第十二条第（二）项所列学科门类中的一个学科为主要学科；

（三）全日制在校学生计划规模在一千人以上。但边远地区或有特殊需要的学校，经国家教育委员会批准，可以不受此限。

第十五条　称为高等职业学校的，须符合下列规定：

（一）主要培养高等专科层次的专门人才；

（二）以职业技术教育为主；

（三）全日制在校学生计划规模在一千人以上。但边远地区或有特殊需要的学校，经国家教育委员会批准，可以不受此限。

《民办高等学校办学管理若干规定》（节录）

（2015 年 11 月 10 日中华人民共和国教育部令第 38 号公布　自 2015 年 11 月 10 日起施行）

第五条　民办高校的办学条件必须符合国家规定的设置标准和普通高等学

校基本办学条件指标的要求。

民办高校设置本、专科专业，按照国家有关规定执行。

《独立学院设置与管理办法》（节录）

（2015 年 11 月 10 日中华人民共和国教育部令第 38 号公布　自 2015 年 11 月 10 日起施行）

第七条　参与举办独立学院的普通高等学校须具有较高的教学水平和管理水平，较好的办学条件，一般应具有博士学位授予权。

第八条　参与举办独立学院的社会组织，应当具有法人资格。注册资金不低于 5000 万元，总资产不少于 3 亿元，净资产不少于 1.2 亿元，资产负债率低于 60%。

参与举办独立学院的个人，应当具有政治权利和完全民事行为能力。个人总资产不低于 3 亿元，其中货币资金不少于 1.2 亿元。

第九条　独立学院的设置标准参照普通本科高等学校的设置标准执行。

独立学院应当具备法人条件。

第十条　参与举办独立学院的普通高等学校与社会组织或者个人，应当签订合作办学协议。

合作办学协议应当包括办学宗旨、培养目标、出资数额和方式、各方权利义务、合作期限、争议解决办法等内容。

《少年儿童体育学校管理办法》（节录）

（2011 年 9 月 2 日中华人民共和国国家体育总局、中华人民共和国教育部令第 15 号公布　自 2011 年 10 月 1 日起施行）

第八条　举办少体校，应当符合国家关于中小学校的相关设置标准，具备与所设置运动项目相适应的训练场馆、器材设施。

少体校独立进行文化教育的，应当具备与办学规模相适应的文化教学设施、设备和师资。依附普通中小学进行文化教育的，应当和所依附的学校签定联合办学协议，明确双方的权利和义务。

《中华人民共和国中外合作办学条例实施办法》（节录）

（2004年6月2日中华人民共和国教育部令第20号公布　自2004年7月1日起施行）

第七条　中外合作办学机构不得设立分支机构，不得举办其他中外合作办学机构。

《教育类民办非企业单位登记办法（试行）》（节录）

（2001年10月19日民发〔2001〕306号公布　自2001年10月19日起施行）

第七条　教育类民办非企业单位变更登记事项，应当向教育行政部门提出书面申请，在申请书上应当载明变更事项、原因和方案等。

修改章程的，应附原章程和新章程草案；变更法定代表人或负责人的，应出具变更后法定代表人或负责人的身份证明及《民办非企业单位登记暂行办法》第六条第六款规定的其他材料；变更开办资金的，应当提交有关资产变更证明文件等。教育行政部门同意变更后，由民政部门核验变更登记，民办非企业单位应当交回民办非企业单位登记证书正副本，由民政部门换发新的登记证书。

《成人中等专业学校暂行条例》（节录）

（1987年4月17日［87］教成字003号公布　自1987年4月17日起施行）

第二条　本条例所称的成人中等专业学校，是指按国家规定的审批程序批准设置的干部、职工、农民中等专业学校、广播电视中等专业学校（含广播电视大学中专部，下同）、中等专业函授教育机构等。

第七条　成人中等专业学校，应有健全的领导管理机构，配备较高政治素质、熟悉教学业务、具有大学文化水平、管理能力较强的专职领导干部，并根据需要设置精干的教学、行政、后勤等办事机构。

广播电视大学举办成人中等专业教育应设中专部;普通中等专业学校举办函授教育应有专设机构。

第八条 应有一支以专任教师为骨干、专兼结合的师资队伍。专任教师应具有与职务要求相适应的学历和业务能力,胜任教学工作。专业课教师应熟悉专业实践。兼任教师的聘任应保证质量并保持相对稳定。

专任教师应按学校的规模、办学形式和专业设置的需要配备。建校时专任教师与学员的比例如下:全日制的(脱产学习)成人中等专业学校为1∶15左右,业余的成人中等专业学校为1∶30左右,中专函授教育为1∶35左右,广播电视中等专业学校每一专业也应配备与教学需要相适应的专任教师。

广播电视中等专业学校和函授中专教育机构,应在学员相对集中的地区或单位,设立广播电视教学班或函授辅导站,有专职教学管理人员和适应教学需要的辅导教师。

第九条 独立设置的成人中等专业学校应具有连续招生的条件。各类在校学生数应在400人以上。开设专业不少于两个。

第十条 应有与学校规模和任务相适应的固定校舍。有适应教学需要的图书资料、仪器设备、实验室和实习场所。农民中等专业学校还应有一定的生产实习基地。广播电视中等专业学校和中专函授教育机构,应具有教学计划、教学大纲规定的实验条件,并保证必要的实习条件。

第十一条 学校所需的经费应有稳定的来源和切实的保证。

第十二条 应有健全的学校思想政治工作制度、教学管理制度、学籍管理制度和财务制度等。

《少年儿童校外教育机构工作规程》(节录)

(2010年12月13日中华人民共和国教育部令第30号公布 自2010年12月13日起施行)

第七条 设立校外教育机构应具备以下基本条件;

(一)具有符合少年儿童活动需要的活动场地和设施。

(二)具有合格的专职管理人员和专(兼)职辅导教师队伍。

(三)具有卫生、美观的活动环境、活动室采光条件;场馆内有防火、防毒、防盗、安全用电等防护措施。

第八条　设立少年儿童校外教育机构,应报当地主管行政部门批准。当地主管行政部门应报上一级主管行政部门备案。

独立设置的校外教育机构符合法人条件的,自批准之日起取得法人资格。

第九条　校外教育机构一般应由行政领导、后勤供应、群众文化、教育活动、专业培训及少先队工作指导(限少年宫)等部门组成,以满足少年儿童校外教育工作的需要。

第十条　校外教育机构实行主任(馆、校、园长)负责制。主任(馆、校、园长)在主管部门领导下,依据本规程负责领导本单位的全面工作。

机构内部可设立管理委员会,管委会由辅导员、教练员、管理、后勤等人员代表组成,主任(馆长、校长)任管理委员会主任。

管理委员会负责制定工作计划、人员奖惩、重要财务开支,规章制度建立以及其他重要问题。

不设管理委员会的单位,上述事项由全体教职工会议议定。

第十一条　校外教育机构应加强内部的科学管理和民主管理。按机构规模及工作性质建立岗位责任制以及财务管理、考勤考绩检查评估、总结评比、表彰奖励等规章制度。

《实施教育行政许可若干规定》(节录)

(2005年4月21日中华人民共和国教育部令第22号公布　自2005年6月1日起施行)

第二条　教育行政部门实施行政许可,应当遵守行政许可法及有关法律、法规和本规定。

第三条　国务院教育行政部门制定的规章和规范性文件、地方各级教育行政部门制定的规范性文件不得设定教育行政许可。

国务院教育行政部门制定的规章可以对法律、行政法规和国务院决定设定的教育行政许可规定具体实施的程序、条件等。

第四条　地方各级教育行政部门认为需要增设新的教育行政许可或者认为

教育行政许可的设定、规定不合理、需要修改或者废止的,可以向国务院教育行政部门提出建议,由国务院教育行政部门向国务院提出立法建议;也可向省、自治区、直辖市人民政府提出立法建议。

第五条 教育行政部门依据法律、法规和规章委托其他行政机关实施行政许可的,应当签署实施行政许可委托书。

委托书应当载明委托机关和受委托机关的名称、地址、联系方式,委托的具体事项、委托期限及法律责任等。

第六条 教育行政部门应当在办公场所公示以下内容:

(一)行政许可的事项、依据、条件、数量、程序、期限;

(二)申请行政许可需要提交的全部资料目录;

(三)申请书示范文本;

(四)收取费用的法定项目和标准;

(五)法律、法规、规章规定需要公示的其他内容。

除涉及国家秘密、商业秘密和个人隐私以外,教育行政部门应当通过政府网站或者其他适当方式将前款内容向社会公开,便于申请人查询和办理。

申请人要求对公示内容予以说明、解释的,教育行政部门应当说明、解释,提供准确、可靠的信息。

第七条 申请教育行政许可应当以书面形式提出。申请书需要采用格式文本的,教育行政部门应当免费提供。

第八条 教育行政许可申请一般由申请人到教育行政部门办公场所提出,也可以通过信函、电报、电传、传真和电子邮件等方式提出。行政许可申请以电报、电传、传真和电子邮件等方式提出的,申请人应当提供能够证明其申请文件效力的材料。

教育行政部门应当公开行政许可的承办机构、联系电话、传真、电子邮箱等,为申请人通过信函、电报、电传和电子邮件等方式提出行政许可申请提供便利。

第九条 实施行政许可需要由教育行政部门多个内设机构办理的,教育行政部门应当明确一个机构为主承办,并转告其他机构分别提出意见后统一办理。

第十条 教育行政部门接到行政许可申请后,应当按照以下规定进行是否受理的审查:

(一)申请事项是否依法需要取得行政许可;

（二）申请事项是否属于本机关职权范围；

（三）申请人是否具有不得提出行政许可申请的情形；

（四）申请人是否提交了法律、法规、规章规定的申请材料；

（五）申请人提供的申请材料是否齐全和符合法定形式。

第十一条　教育行政部门受理或者不予受理行政许可申请，应当自收到符合法定形式的全部行政许可申请材料后5日内，出具加盖本行政机关专用印章和注明日期的书面凭证。

申请材料不齐全或者不符合法定形式的，自收到全部补正申请材料之日起计算；行政机关未告知申请人需要补正的，自收到申请材料之日起计算。

第十二条　教育行政部门受理行政许可申请后，应当对申请人提交的申请材料进行审查。

申请人对其申请材料实质内容的真实性负责。根据法律、法规、规章的规定需要对申请材料的实质内容进行核实的，教育行政部门应当指派两名以上工作人员共同进行。核查人员核查时应当出示证件，根据核查的情况制作核查记录，并由核查人员与被核查方共同签字确认。被核查方拒绝签字的，核查人员应予注明。

第十三条　依法应当先经下一级教育行政部门初审的行政许可，除法律、法规另有规定的外，下一级教育行政部门应当自受理申请之日起20日内审查完毕，并在审查完毕后7日内将初审意见和全部申请材料直接报送上一级教育行政部门。

上级教育行政部门不得要求申请人重复提供申请材料。

第十四条　审查教育行政许可申请，对依法需要专家评审、考试、听证的，应当制作《教育行政许可特别程序通知书》，告知申请人所需时间，所需时间不计算在许可期限内。

第十五条　对依法需要进行专家评审的，教育行政部门应当按照国家有关规定组织承担评审职责的机构和人员，明确评审的依据、标准、规程、期限和要求。

评审工作完成后，承担评审任务的机构或者人员应当出具书面评审报告，送交组织评审的教育行政部门。

第十六条　对依法需要举行国家考试取得资格的行政许可的，教育行政部门应当依据行政许可法的规定，事先公布资格考试的报名条件、报考办法、考试科目以及考试大纲。不得组织强制性的资格考试的考前培训,不得指定教材或者其他助考材料。

通过考试,符合条件的,教育行政部门应当授予相应的资格或者颁发证书。

第十七条 对于属于听证范围的行政许可事项,经告知后申请人或利害关系人提出听证申请的,教育行政部门应当指派审查该行政许可申请的工作人员以外的人员担任听证主持人组织听证。

听证应当制作笔录。听证笔录包括以下主要内容:听证事项;听证举行的时间、地点;听证主持人、记录人;听证参加人;行政许可申请内容;承办业务机构的审查意见及相关证据、理由;申请人、利害关系人发表的意见,提出的证据、理由;审查人与申请人、利害关系人辩论、质证的情况和听证申请人最后陈述的意见等。

听证笔录由听证主持人和记录人签名,并经听证参加人确认无误后当场签名或者盖章。听证参加人对笔录内容有异议的,听证主持人应当告知其他参加人,各方认为异议成立的,应当予以补充或者更正;对异议有不同意见或者听证参加人拒绝签名、盖章的,听证主持人应当在听证笔录中予以载明。

教育行政部门应当根据听证笔录,作出准予行政许可或者不予行政许可的决定。

对听证笔录中没有认证、记载的事实、证据,教育行政部门不予采信。

第十八条 除法律、法规授权组织外,实施行政许可,应当以教育行政部门名义作出。

有关行政许可的文书、证件,应当以实施行政许可的教育行政部门名义签发并对外发布。

第十九条 教育行政部门作出准予行政许可的决定,应当制作格式化的准予行政许可决定书,并予以公开,公众有权查阅。需要颁发行政许可证件的,应当向申请人颁发加盖本行政机关印章的许可证、资格证、批准文件或者法律、法规规定的其他行政许可证件。

教育行政部门依法作出不予行政许可的书面决定的,应当向申请人书面说明理由,并告知申请人依法申请行政复议或者提起行政诉讼的途径和期限。

第二十条 教育行政部门送达行政许可决定以及其他行政许可文书,一般应当由受送达人直接领取。受送达人直接领取行政许可决定以及其他行政许可文书时,应当在送达回证上注明收到日期,并签名或者盖章。

受送达人不直接领取行政许可决定以及其他行政许可文书的，教育行政部门可以采取邮寄送达、委托送达等方式。无法采取上述方式送达，或者同一送达事项的受送达人众多的，可以在公告栏、受送达人住所地张贴公告，也可以在报刊上刊登公告。

第二十一条 申请人认为教育行政部门不依法实施行政许可的，可以依法向上级行政机关或者监察机关举报或者投诉，也可以依法申请行政复议或者提起行政诉讼。

第二十二条 上级教育行政部门发现下级教育行政部门有违反行政许可法规定设定或者实施行政许可的，应当责令其限期改正。

下级教育行政部门擅自改变上级教育行政部门作出的行政许可决定的，上级教育行政部门应当令其限期改正或者直接予以纠正；情节严重的，对直接负责的主管人员和其他直接责任人员依法给予行政处分。

第二十三条 教育行政部门应当按照行政许可法的规定，建立检查、备案、档案管理等制度。对被许可人从事行政许可事项的活动进行监督检查时，应当制作笔录，笔录归档后，公众有权查阅。

第二十四条 教育行政部门违法实施行政许可，给当事人的合法权益造成损害的，依照国家赔偿法的规定处理。

《关于加快推进独立学院转设工作的实施方案》（节录）

（2020 年 5 月 18 日教发厅〔2020〕2 号公布 自 2020 年 5 月 18 日起施行）

四、标准条件

把握设置标准，保证转设质量，统筹好从严把关和倾斜支持的关系。

（一）独立学院转设要达到《普通本科学校设置暂行规定》等文件规定的设置标准，学校各项办学条件指标，均须具备相关证明材料。

（二）独立学院转设要确保产权清晰，房屋所有权证和土地使用权证归属学校，证件编号、使用性质、土地面积等证件信息真实有效。举办高校和举办方要签订转设协议，明确资产权属、师生安置、债权债务、过渡安排等事宜，经费来源稳定可靠。学校要具有职称结构和学历结构合理的专任教师队伍，聘用合同、工资社保、授课记录、教学安排等师资信息完备准确。

（三）对符合法律法规、理清债权债务关系、已落实法人财产权的独立学院，可本着“从实际出发，有利于办学”的原则给予倾斜支持，在保证具有独立校园和基本办学设施、独立财务核算、独立师资队伍等办学条件的基础上，不过分强调土地、校舍面积。鼓励通过省内整体搬迁等方式改善办学条件后转设。

《国务院关于鼓励社会力量兴办教育促进民办教育健康发展的若干意见》（节录）

（2016年12月29日国发〔2016〕81号公布　自2016年12月29日起施行）

（七）放宽办学准入条件。社会力量投入教育，只要是不属于法律法规禁止进入以及不损害第三方利益、社会公共利益、国家安全的领域，政府不得限制。政府制定准入负面清单，列出禁止和限制的办学行为。各地要重新梳理民办学校准入条件和程序，进一步简政放权，吸引更多的社会资源进入教育领域。

（二十一）规范学校办学行为。民办学校要诚实守信、规范办学。办学条件应符合国家和地方规定的设置标准和有关要求，在校生数要控制在审批机关核定的办学规模内……

《国务院办公厅关于规范校外培训机构发展的意见》（节录）

（2018年8月6日国办发〔2018〕80号公布　自2018年8月6日起施行）

（三）确定设置标准。省级教育部门要会同有关部门，结合本地实际，研究制订校外培训机构设置的具体标准；省域内各地市差距大的，可授权地市级教育部门会同当地有关部门制订，并向省级教育部门及有关部门备案。

（四）遵循基本要求。各地标准必须达到以下基本要求。场所条件方面，校外培训机构必须有符合安全条件的固定场所，同一培训时段内生均面积不低于3平方米，确保不拥挤、易疏散；必须符合国家关于消防、环保、卫生、食品经营等管理规定要求。通过为参训对象购买人身安全保险等必要方式,防范和化解安全事故风险。师资条件方面,校外培训机构必须有相对稳定的师资队伍,不得聘用中小学在职教师。所聘从事培训工作的人员必须遵守宪法和法律,热爱教育事业,具有良好的思想品德和相应的培训能力;从事语文、数学、英语及物理、化学、生物等学科知识培训的教师应具有相应的教师资格。培训机构应当与所聘人员依法签订聘用合同、劳动合同或劳务协议。聘用外籍人员须符合国家有关规定。管理条件方面,校外培训机构必须坚持和加强党的领导,做到党的建设同步谋划、党的组织同步设置、党的工作同步开展,确保正确的办学方向。必须有规范的章程和相应的管理制度,明确培训宗旨、业务范围、议事决策机制、资金管理、保障条件和服务承诺等。

第十二条 【不同类别民办学校设立审批权限的划分】

举办实施学历教育、学前教育、自学考试助学及其他文化教育的民办学校,由县级以上人民政府教育行政部门按照国家规定的权限审批;举办实施以职业技能为主的职业资格培训、职业技能培训的民办学校,由县级以上人民政府人力资源社会保障行政部门按照国家规定的权限审批,并抄送同级教育行政部门备案。

关联规定

《中华人民共和国教育法》(节录)

(2021 年 4 月 29 日中华人民共和国主席令第 80 号公布 自 2021 年 4 月 30 日起施行)

第二十八条 学校及其他教育机构的设立、变更和终止,应当按照国家有关规定办理审核、批准、注册或者备案手续。

《中华人民共和国高等教育法》（节录）

（2018 年 12 月 29 日中华人民共和国主席令第 23 号公布　自 2018 年 12 月 29 日起施行）

第二十九条　设立实施本科及以上教育的高等学校，由国务院教育行政部门审批；设立实施专科教育的高等学校，由省、自治区、直辖市人民政府审批，报国务院教育行政部门备案；设立其他高等教育机构，由省、自治区、直辖市人民政府教育行政部门审批。审批设立高等学校和其他高等教育机构应当遵守国家有关规定。

审批设立高等学校，应当委托由专家组成的评议机构评议。

高等学校和其他高等教育机构分立、合并、终止，变更名称、类别和其他重要事项，由本条第一款规定的审批机关审批；修改章程，应当根据管理权限，报国务院教育行政部门或者省、自治区、直辖市人民政府教育行政部门核准。

《中华人民共和国职业教育法》（节录）

（2022 年 4 月 20 日中华人民共和国主席令第 112 号公布　自 2022 年 5 月 1 日起施行）

第三十三条第二款、第三款　设立中等职业学校，由县级以上地方人民政府或者有关部门按照规定的权限审批；设立实施专科层次教育的高等职业学校，由省、自治区、直辖市人民政府审批，报国务院教育行政部门备案；设立实施本科及以上层次教育的高等职业学校，由国务院教育行政部门审批。

专科层次高等职业学校设置的培养高端技术技能人才的部分专业，符合产教深度融合、办学特色鲜明、培养质量较高等条件的，经国务院教育行政部门审批，可以实施本科层次的职业教育。

《中华人民共和国学前教育法》（节录）

（2024 年 11 月 8 日中华人民共和国主席令第 34 号公布　自 2025 年 6 月 1 日起施行）

第三十条　设立幼儿园经县级人民政府教育行政部门依法审批、取得办学许可证后，依照有关法律、行政法规的规定进行相应法人登记。

《中华人民共和国民办教育促进法实施条例》（节录）

（2021 年 4 月 7 日中华人民共和国国务院令第 741 号公布　自 2021 年 9 月 1 日起施行）

第十五条第一款　设立民办学校的审批权限，依照有关法律、法规的规定执行。

《中华人民共和国中外合作办学条例》（节录）

（2019 年 3 月 2 日中华人民共和国国务院令第 709 号公布　自 2019 年 3 月 2 日起施行）

第十二条　申请设立实施本科以上高等学历教育的中外合作办学机构，由国务院教育行政部门审批；申请设立实施高等专科教育和非学历高等教育的中外合作办学机构，由拟设立机构所在地的省、自治区、直辖市人民政府审批。

申请设立实施中等学历教育和自学考试助学、文化补习、学前教育等的中外合作办学机构，由拟设立机构所在地的省、自治区、直辖市人民政府教育行政部门审批。

申请设立实施职业技能培训的中外合作办学机构，由拟设立机构所在地的省、自治区、直辖市人民政府劳动行政部门审批。

《普通高等学校设置暂行条例》(节录)

(1986年12月15日国发〔1986〕108号公布　自1986年12月15日起施行)

第二条　本条例所称的普通高等学校,是指以通过国家规定的专门入学考试的高级中学毕业学生为主要培养对象的全日制大学、独立设置的学院和高等专科学校、高等职业学校。

普通高等学校的设置,由国家教育委员会①审批。

第十六条　国家教育委员会每年第三季度办理设置普通高等学校的审批手续。设置普通高等学校的主管部门,应当在每年第三季度以前提出申请,逾期则延至下一年度审批时间办理。

第十七条　设置普通高等学校的审批程序,一般分为审批筹建和审批正式建校招生两个阶段。完全具备建校招生条件的,也可以直接申请正式建校招生。

《独立学院设置与管理办法》(节录)

(2015年11月10日中华人民共和国教育部令第38号公布　自2015年11月10日起施行)

第十七条　设立独立学院由参与举办独立学院的普通高等学校向拟设立的独立学院所在地的省级教育行政部门提出申请,按照普通本科高等学校设置程序,报国务院教育行政部门审批。

《成人中等专业学校暂行条例》(节录)

(1987年4月17日[87]教成字003号公布　自1987年4月17日起施行)

第十九条　申请举办成人中等专业学校,应先由办学单位聘请有关部门和中

---

① 国家教育委员会为教育部前身。——编者注

专以上学校有高级职务（或有同专业其它高级职务）的专家共同进行论证。论证的重点是：

（1）根据本地区、本行业生产（工作）需要和人才规划，以及本地区、本行业的教育事业现状，研究建校的必要性；

（2）是否切实具备本条例规定的成人中等专业学校的建校条件。

第二十条　设置成人中等专业学校的审批程序，一般分为审批筹建和批准正式建校招生两个阶段。完全具备建校招生条件的，也可直接申请正式建校招生。

第二十一条　各地举办成人中等专业学校，由办学单位申请，报送论证报告，经省、自治区、直辖市、计划单列市教育行政部门会同主管业务部门审核同意，报省、自治区、直辖市、计划单列市人民政府批准，并报国家教育委员会备查。

第二十四条　广播电视大学增设中专部，普通中等专业学校举办的干部中专班、职工中专班、函授班，应按学校隶属关系，向主管部门申请，由主管部门征得省、自治区、直辖市、计划单列市教育行政部门同意后批准，并报国家教育委员会备查。

第二十五条　经批准的学校，如停办或变更，应经原批准单位同意，并报国家教育委员会备查。

第二十六条　所设专业的名称应参照普通中专学校《专业目录》确定。开设《专业目录》外的新专业，应组织中专以上学校有高级职务（或有同专业其它高级职务）的有关专家论证。

调整或增设专业应报省、自治区、直辖市、计划单列市教育行政部门或主管部委教育司（局）审核批准。

《少年儿童体育学校管理办法》（节录）

（2011 年 9 月 2 日中华人民共和国国家体育总局、中华人民共和国教育部令第 15 号公布　自 2011 年 10 月 1 日起施行）

第十条　少体校的设立、变更、终止由县级以上体育行政部门提出意见，同级教育行政部门根据相关法律法规予以审批。

第十三条 【申请筹设民办学校提交的材料】

申请筹设民办学校，举办者应当向审批机关提交下列材料：

（一）申办报告，内容应当主要包括：举办者、培养目标、办学规模、办学层次、办学形式、办学条件、内部管理体制、经费筹措与管理使用等；

（二）举办者的姓名、住址或者名称、地址；

（三）资产来源、资金数额及有效证明文件，并载明产权；

（四）属捐赠性质的校产须提交捐赠协议，载明捐赠人的姓名、所捐资产的数额、用途和管理方法及相关有效证明文件。

关联规定

《中华人民共和国中外合作办学条例》（节录）

（2019年3月2日中华人民共和国国务院令第709号公布　自2019年3月2日起施行）

第十三条 设立中外合作办学机构，分为筹备设立和正式设立两个步骤。但是，具备办学条件，达到设置标准的，可以直接申请正式设立。

第十四条 申请筹备设立中外合作办学机构，应当提交下列文件：

（一）申办报告，内容应当主要包括：中外合作办学者、拟设立中外合作办学机构的名称、培养目标、办学规模、办学层次、办学形式、办学条件、内部管理体制、经费筹措与管理使用等；

（二）合作协议，内容应当包括：合作期限、争议解决办法等；

（三）资产来源、资金数额及有效证明文件，并载明产权；

（四）属捐赠性质的校产须提交捐赠协议，载明捐赠人的姓名、所捐资产的数额、用途和管理办法及相关有效证明文件；

（五）不低于中外合作办学者资金投入15%的启动资金到位证明。

《中华人民共和国中外合作办学条例实施办法》(节录)

(2004年6月2日中华人民共和国教育部令第20号公布　自2004年7月1日起施行)

第十四条　申请筹备设立或者直接申请正式设立中外合作办学机构,应当由中国教育机构提交《中外合作办学条例》规定的文件。其中,申办报告或者正式设立申请书应当按照国务院教育行政部门根据《中外合作办学条例》第十四条第(一)项和第十七条第(一)项,制定的《中外合作办学机构申请表》所规定的内容和格式填写。

第十八条　完成筹备,申请正式设立或者直接申请正式设立中外合作办学机构,除提交《中外合作办学条例》第十七条规定的相关材料外,还应当依据《中外合作办学条例》有关条款的规定,提交以下材料:

(一)首届理事会、董事会或者联合管理委员会组成人员名单及相关证明文件;

(二)聘任的外籍教师和外籍管理人员的相关资格证明文件。

《独立学院设置与管理办法》(节录)

(2015年11月10日中华人民共和国教育部令第38号公布　自2015年11月10日起施行)

第十八条　申请筹设独立学院,须提交下列材料:

(一)筹设申请书。内容包括:举办者、拟设立独立学院的名称、培养目标、办学规模、办学条件、内部管理体制、经费筹措与管理使用等。

(二)合作办学协议。

(三)普通高等学校的基本办学条件,专业设置、学科建设情况,在校学生、专任教师及管理人员状况,本科教学水平评估情况,博士点设置情况。

(四)社会组织或者个人的法人登记证书或者个人身份证明材料。

(五)资产来源、资金数额及有效证明文件,并载明产权。其中包括不少于

500 亩的国有土地使用证或国有土地建设用地规划许可证。

（六）普通高等学校主管部门审核同意的意见。

第十四条　【民办学校的筹设审批程序】

审批机关应当自受理筹设民办学校的申请之日起三十日内以书面形式作出是否同意的决定。

同意筹设的，发给筹设批准书。不同意筹设的，应当说明理由。

筹设期不得超过三年。超过三年的，举办者应当重新申报。

关联规定

《中华人民共和国民办教育促进法实施条例》（节录）

（2021 年 4 月 7 日中华人民共和国国务院令第 741 号公布　自 2021 年 9 月 1 日起施行）

第十七条　民办学校的举办者在获得筹设批准书之日起 3 年内完成筹设的，可以提出正式设立申请。

民办学校在筹设期内不得招生。

《中华人民共和国中外合作办学条例》（节录）

（2019 年 3 月 2 日中华人民共和国国务院令第 709 号公布　自 2019 年 3 月 2 日起施行）

第十五条　申请筹备设立中外合作办学机构的，审批机关应当自受理申请之日起 45 个工作日内作出是否批准的决定。批准的，发给筹备设立批准书；不批准的，应当书面说明理由。

第十六条　经批准筹备设立中外合作办学机构的，应当自批准之日起 3 年内提出正式设立申请；超过 3 年的，中外合作办学者应当重新申报。

筹备设立期内，不得招生。

《普通高等学校设置暂行条例》（节录）

（1986年12月15日国发〔1986〕108号公布 自1986年12月15日起施行）

第十八条 设置普通高等学校，应当由学校的主管部门邀请教育、计划、人才需求预测、劳动人事、财政、基本建设等有关部门和专家共同进行论证，并提出论证报告。

论证报告应当包括下列内容：

（一）拟建学校的名称、校址、学科门类、专业设置、人才培养目标、规模、领导体制、招生及分配面向地区；

（二）人才需求预测、办学效益、高等教育的布局；

（三）拟建学校的师资来源、经费来源、基建计划。

第十九条 凡经过论证，确需设置普通高等学校的，按学校隶属关系，由省、自治区、直辖市人民政府或国务院有关部门向国家教育委员会提出筹建普通高等学校申请书，并附交论证报告。

国务院有关部门申请筹建普通高等学校，还应当附交学校所在地的省、自治区、直辖市人民政府的意见书。

第二十条 普通高等学校的筹建期限，从批准之日起，应当不少于一年，但最长不得超过五年。

第二十一条 经批准筹建的普通高等学校，凡符合本条例第二章规定的，按学校隶属关系，由省、自治区、直辖市人民政府或国务院有关部门向国家教育委员会提出正式建校招生申请书，并附交筹建情况报告。

第二十二条 国家教育委员会在接到筹建普通高等学校申请书，或正式建校招生申请书后，应当进行审查，并做出是否准予筹建或正式建校招生的决定。

《独立学院设置与管理办法》(节录)

(2015 年 11 月 10 日中华人民共和国教育部令第 38 号公布　自 2015 年 11 月 10 日起施行)

第十六条　设立独立学院,分筹设和正式设立两个阶段。筹设期 1 至 3 年,筹设期内不得招生。筹设期满未申请正式设立的,自然终止筹设。

第十九条　申请筹设独立学院的,审批机关应当按照民办教育促进法规定的期限,作出是否批准的决定。批准的,发给筹设批准书;不批准的,应当说明理由。

第二十四条　国务院教育行政部门受理申请筹设和正式设立独立学院的时间为每年第三季度。省级教育行政部门应当在每年 9 月 30 日前完成审核工作并提出申请。

审批机关审批独立学院,应当组织专家评议。专家评议的时间,不计算在审批期限内。

第十五条　【申请正式设立民办学校应提交的材料】

申请正式设立民办学校的,举办者应当向审批机关提交下列材料:

(一)筹设批准书;

(二)筹设情况报告;

(三)学校章程、首届学校理事会、董事会或者其他决策机构组成人员名单;

(四)学校资产的有效证明文件;

(五)校长、教师、财会人员的资格证明文件。

关联规定

《中华人民共和国高等教育法》(节录)

(2018 年 12 月 29 日中华人民共和国主席令第 23 号公布　自 2018 年 12 月 29 日起施行)

第二十七条　申请设立高等学校的,应当向审批机关提交下列材料:

(一)申办报告;

(二)可行性论证材料;

(三)章程;

(四)审批机关依照本法规定要求提供的其他材料。

《中华人民共和国中外合作办学条例》(节录)

(2019年3月2日中华人民共和国国务院令第709号公布 自2019年3月2日起施行)

第十七条 完成筹备设立申请正式设立的,应当提交下列文件:

(一)正式设立申请书;

(二)筹备设立批准书;

(三)筹备设立情况报告;

(四)中外合作办学机构的章程,首届理事会、董事会或者联合管理委员会组成人员名单;

(五)中外合作办学机构资产的有效证明文件;

(六)校长或者主要行政负责人、教师、财会人员的资格证明文件。

直接申请正式设立中外合作办学机构的,应当提交前款第(一)项、第(四)项、第(五)项、第(六)项和第十四条第(二)项、第(三)项、第(四)项所列文件。

《独立学院设置与管理办法》(节录)

(2015年11月10日中华人民共和国教育部令第38号公布 自2015年11月10日起施行)

第二十条 完成筹设申请正式设立的,应当提交下列材料:

(一)正式设立申请书;

(二)筹设批准书;

(三)筹设情况报告;

(四)独立学院章程,理事会或董事会组成人员名单;

(五)独立学院资产的有效证明文件;

(六)独立学院院长、教师、财会人员的资格证明文件;

(七)省级教育行政部门组织的专家评审意见。

《中华人民共和国中外合作办学条例实施办法》(节录)

(2004 年 6 月 2 日中华人民共和国教育部令第 20 号公布　自 2004 年 7 月 1 日起施行)

第十六条　中外合作办学机构的章程应当规定以下事项:

(一)中外合作办学机构的名称、住所;

(二)办学宗旨、规模、层次、类别等;

(三)资产数额、来源、性质以及财务制度;

(四)中外合作办学者是否要求取得合理回报;

(五)理事会、董事会或者联合管理委员会的产生方法、人员构成、权限、任期、议事规则等;

(六)法定代表人的产生和罢免程序;

(七)民主管理和监督的形式;

(八)机构终止事由、程序和清算办法;

(九)章程修改程序;

(十)其他需要由章程规定的事项。

第十六条　【直接设立民办学校应提供的材料】

具备办学条件,达到设置标准的,可以直接申请正式设立,并应当提交本法第十三条和第十五条(三)、(四)、(五)项规定的材料。

关联规定

《中华人民共和国民办教育促进法实施条例》（节录）

（2021年4月7日中华人民共和国国务院令第741号公布　自2021年9月1日起施行）

第十八条　申请正式设立实施学历教育的民办学校的，审批机关受理申请后，应当组织专家委员会评议，由专家委员会提出咨询意见。

《普通高等学校设置暂行条例》（节录）

（1986年12月15日国发〔1986〕108号公布　自1986年12月15日起施行）

第十七条　设置普通高等学校的审批程序，一般分为审批筹建和审批正式建校招生两个阶段。完全具备建校招生条件的，也可以直接申请正式建校招生。

第十七条　【正式审批时限】

申请正式设立民办学校的，审批机关应当自受理之日起三个月内以书面形式作出是否批准的决定，并送达申请人；其中申请正式设立民办高等学校的，审批机关也可以自受理之日起六个月内以书面形式作出是否批准的决定，并送达申请人。

第十八条　【审批结果发放形式】

审批机关对批准正式设立的民办学校发给办学许可证。

审批机关对不批准正式设立的，应当说明理由。

关联规定

《中华人民共和国民办教育促进法实施条例》(节录)

(2021年4月7日中华人民共和国国务院令第741号公布 自2021年9月1日起施行)

第二十二条 对批准正式设立的民办学校,审批机关应当颁发办学许可证,并向社会公告。

办学许可的期限应当与民办学校的办学层次和类型相适应。民办学校在许可期限内无违法违规行为的,有效期届满可以自动延续、换领新证。

民办学校办学许可证的管理办法由国务院教育行政部门、人力资源社会保障行政部门依据职责分工分别制定。

《中华人民共和国中外合作办学条例》(节录)

(2019年3月2日中华人民共和国国务院令第709号公布 自2019年3月2日起施行)

第十八条 申请正式设立实施非学历教育的中外合作办学机构的,审批机关应当自受理申请之日起3个月内作出是否批准的决定;申请正式设立实施学历教育的中外合作办学机构的,审批机关应当自受理申请之日起6个月内作出是否批准的决定。批准的,颁发统一格式、统一编号的中外合作办学许可证;不批准的,应当书面说明理由。

中外合作办学许可证由国务院教育行政部门制定式样,由国务院教育行政部门和劳动行政部门按照职责分工分别组织印制;中外合作办学许可证由国务院教育行政部门统一编号,具体办法由国务院教育行政部门会同劳动行政部门确定。

第十九条 申请正式设立实施学历教育的中外合作办学机构的,审批机关受理申请后,应当组织专家委员会评议,由专家委员会提出咨询意见。

第二十条 中外合作办学机构取得中外合作办学许可证后,应当依照有关的法律、行政法规进行登记,登记机关应当依照有关规定即时予以办理。

《独立学院设置与管理办法》(节录)

(2015 年 11 月 10 日中华人民共和国教育部令第 38 号公布 自 2015 年 11 月 10 日起施行)

第二十三条 申请正式设立独立学院,审批机关应当按照民办教育促进法规定的期限,作出是否批准的决定。批准的,发给办学许可证;不批准的,应当说明理由。

依法设立的独立学院,应当按照国家有关规定办理法人登记。

第十九条 【分类登记】

民办学校的举办者可以自主选择设立非营利性或者营利性民办学校。但是,不得设立实施义务教育的营利性民办学校。

非营利性民办学校的举办者不得取得办学收益,学校的办学结余全部用于办学。

营利性民办学校的举办者可以取得办学收益,学校的办学结余依照公司法等有关法律、行政法规的规定处理。

民办学校取得办学许可证后,进行法人登记,登记机关应当依法予以办理。

关联规定

《中华人民共和国民法典》(节录)

(2020 年 5 月 28 日中华人民共和国主席令第 45 号公布 自 2021 年 1 月 1 日起施行)

第十七条 十八周岁以上的自然人为成年人。不满十八周岁的自然人为未成年人。

第十八条 成年人为完全民事行为能力人,可以独立实施民事法律行为。

十六周岁以上的未成年人,以自己的劳动收入为主要生活来源的,视为完全民事行为能力人。

第七十六条 以取得利润并分配给股东等出资人为目的成立的法人,为营利法人。

营利法人包括有限责任公司、股份有限公司和其他企业法人等。

第七十七条 营利法人经依法登记成立。

第七十八条 依法设立的营利法人,由登记机关发给营利法人营业执照。营业执照签发日期为营利法人的成立日期。

第八十七条 为公益目的或者其他非营利目的成立,不向出资人、设立人或者会员分配所取得利润的法人,为非营利法人。

非营利法人包括事业单位、社会团体、基金会、社会服务机构等。

第九十二条第一款 具备法人条件,为公益目的以捐助财产设立的基金会、社会服务机构等,经依法登记成立,取得捐助法人资格。

《中华人民共和国民办教育促进法实施条例》(节录)

(2021 年 4 月 7 日中华人民共和国国务院令第 741 号公布 自 2021 年 9 月 1 日起施行)

第七条第一款 实施义务教育的公办学校不得举办或者参与举办民办学校,也不得转为民办学校。其他公办学校不得举办或者参与举办营利性民办学校。但是,实施职业教育的公办学校可以吸引企业的资本、技术、管理等要素,举办或者参与举办实施职业教育的营利性民办学校。

第十条第二款 举办者可以依法募集资金举办营利性民办学校,所募集资金应当主要用于办学,不得擅自改变用途,并按规定履行信息披露义务。民办学校及其举办者不得以赞助费等名目向学生、学生家长收取或者变相收取与入学关联的费用。

第十三条第三款、第四款 同时举办或者实际控制多所民办学校的,应当保障所举办或者实际控制的民办学校依法独立开展办学活动,存续期间所有资产由学校依法管理和使用;不得改变所举办或者实际控制的非营利性民办学校的性质,直接或者间接取得办学收益;也不得滥用市场支配地位,排除、限制竞争。

任何社会组织和个人不得通过兼并收购、协议控制等方式控制实施义务教育的民办学校、实施学前教育的非营利性民办学校。

《国务院关于鼓励社会力量兴办教育促进民办教育健康发展的若干意见》(节录)

(2016年12月29日国发〔2016〕81号公布 自2016年12月29日起施行)

(二)基本原则。

……

分类管理,公益导向。实行非营利性和营利性分类管理,实施差别化扶持政策,积极引导社会力量举办非营利性民办学校。坚持教育的公益属性,无论是非营利性民办学校还是营利性民办学校都要始终把社会效益放在首位。

……

(五)建立分类管理制度。对民办学校(含其他民办教育机构)实行非营利性和营利性分类管理。非营利性民办学校举办者不取得办学收益,办学结余全部用于办学。营利性民办学校举办者可以取得办学收益,办学结余依据国家有关规定进行分配。民办学校依法享有法人财产权。

举办者自主选择举办非营利性民办学校或者营利性民办学校,依法依规办理登记。对现有民办学校按照举办者自愿的原则,通过政策引导,实现分类管理。

《民办学校分类登记实施细则》(节录)

(2016年12月30日教发〔2016〕19号公布 自2016年12月30日起施行)

第三条 民办学校分为非营利性民办学校和营利性民办学校。民办学校的设立应当依据《中华人民共和国民办教育促进法》等法律法规和国家有关规定进行审批。经批准正式设立的民办学校,由审批机关发给办学许可证后,依法依规分类到登记管理机关办理登记证或者营业执照。

第四条 设立民办学校应当具备《中华人民共和国教育法》《中华人民共和国民办教育促进法》和其他有关法律法规规定的条件,符合地方经济社会和教育发展的需要。

第五条 民办学校的设立应当参照国家同级同类学校设置标准,无相应设置标准的由县级以上人民政府按照国家有关规定制定。申请设立民办学校,应当提交《中华人民共和国民办教育促进法》等法律法规和学校设置标准规定的材料、学校党组织建设有关材料。

第六条 审批机关对批准正式设立的民办学校发给办学许可证;对不批准正式设立的,应当以书面形式向申请人说明理由。

第七条 正式批准设立的非营利性民办学校,符合《民办非企业单位登记管理暂行条例》等民办非企业单位登记管理有关规定的到民政部门登记为民办非企业单位,符合《事业单位登记管理暂行条例》等事业单位登记管理有关规定的到事业单位登记管理机关登记为事业单位。

第八条 实施本科以上层次教育的非营利性民办高等学校,由省级人民政府相关部门办理登记。实施专科以下层次教育的非营利性民办学校,由省级人民政府确定的县级以上人民政府相关部门办理登记。

第九条 正式批准设立的营利性民办学校,依据法律法规规定的管辖权限到工商行政管理部门办理登记。

第十条 登记管理机关对符合登记条件的民办学校,依法依规予以登记,并核发登记证或者营业执照;对不符合登记条件的,不予登记,并以书面形式向申请人说明理由。

第十一条 民办学校的名称应当符合国家有关规定,体现学校的办学层次和类别。

第十四条 现有民办学校选择登记为非营利性民办学校的,依法修改学校章程,继续办学,履行新的登记手续。

第十五条 现有民办学校选择登记为营利性民办学校的,应当进行财务清算,经省级以下人民政府有关部门和相关机构依法明确土地、校舍、办学积累等财产的权属并缴纳相关税费,办理新的办学许可证,重新登记,继续办学。

第十六条 民办学校变更登记类型的办法由省级人民政府根据国家有关规

定,结合地方实际制定。

第十七条 本细则所称现有民办学校为2016年11月7日《全国人民代表大会常务委员会关于修改〈中华人民共和国民办教育促进法〉的决定》公布前经批准设立的民办学校。本细则所称的审批机关包括县级以上教育、人力资源社会保障部门以及省级人民政府。本细则所称的登记管理机关包括县级以上民政、编制、工商行政管理部门。

《营利性民办学校监督管理实施细则》(节录)

(2016年12月30日教发〔2016〕20号公布 自2016年12月30日起施行)

第二条 社会组织或者个人可以举办营利性民办高等学校和其他高等教育机构、高中阶段教育学校和幼儿园,不得设立实施义务教育的营利性民办学校。

社会组织或者个人不得以财政性经费、捐赠资产举办或者参与举办营利性民办学校。

第五条 批准设立营利性民办学校参照国家同级同类学校设置标准,一般分筹设、正式设立两个阶段。经批准筹设的营利性民办学校,举办者应当自批准筹设之日起3年内提出正式设立申请,3年内未提出正式设立申请的,原筹设批复文件自然废止。

营利性民办学校在筹设期内不得招生。

第六条 审批机关应当坚持高水平、有特色导向批准设立营利性民办学校。设立营利性民办高等学校,应当纳入地方高等学校设置规划,按照学校设置标准、办学条件和学科专业数量等严格核定办学规模。中等以下层次营利性民办学校办学规模由省级人民政府根据当地实际制定。

第七条 营利性民办学校注册资本数额要与学校类别、层次、办学规模相适应。

第八条 举办营利性民办学校的社会组织或者个人应当具备与举办学校的层次、类型、规模相适应的经济实力,其净资产或者货币资金能够满足学校建设和发展的需要。

第九条 举办营利性民办学校的社会组织,应当具备下列条件:

（一）有中华人民共和国法人资格。

（二）信用状况良好，未被列入企业经营异常名录或严重违法失信企业名单，无不良记录。

（三）法定代表人有中华人民共和国国籍，在中国境内定居，信用状况良好，无犯罪记录，有政治权利和完全民事行为能力。

第十条　举办营利性民办学校的个人，应当具备下列条件：

（一）有中华人民共和国国籍，在中国境内定居。

（二）信用状况良好，无犯罪记录。

（三）有政治权利和完全民事行为能力。

第十一条　申请筹设营利性民办学校，举办者应当提交下列材料：

（一）筹设申请报告。内容主要包括：举办者的名称、地址或者姓名、住址及其资质，筹设学校的名称、地址、办学层次、办学规模、办学条件、培养目标、办学形式、内部管理机制、党组织设置、经费筹措与管理使用等。

（二）设立学校论证报告。

（三）举办者资质证明文件。举办者是社会组织的，应当包括社会组织的许可证、登记证或者营业执照、法定代表人有效身份证件复印件，决策机构、权力机构负责人及组成人员名单和有效身份证件复印件，有资质的会计师事务所出具的该社会组织近 2 年的年度财务会计报告审计结果，决策机构、权力机构同意投资举办学校的决议。举办者是个人的，应当包括有效身份证件复印件、个人存款、有本人签名的投资举办学校的决定等证明文件。

（四）资产来源、资金数额及有效证明文件，并载明产权。

（五）民办学校举办者再申请举办营利性民办学校的，还应当提交其举办或者参与举办的现有民办学校的办学许可证、登记证或者营业执照、组织机构代码证、校园土地使用权证、校舍房屋产权证明复印件，近 2 年年度检查的证明材料，有资质的会计师事务所出具的学校上年度财务会计报告审计结果。

（六）有两个以上举办者的，应当提交合作办学协议，明确各举办者的出资数额、出资方式、权利义务，举办者的排序、争议解决办法等内容。出资计入学校注册资本的，应当明确各举办者计入注册资本的出资数额、出资方式、占注册资本的比例。

第十二条　申请正式设立营利性民办学校，举办者应当提交下列材料：

（一）正式设立申请报告。

（二）筹设批准书。

（三）举办者资质证明文件。提交材料同本细则第十一条第（三）项。

（四）学校章程。

（五）学校首届董事会、监事（会）、行政机构负责人及组成人员名单和有效身份证件复印件。

（六）学校党组织负责人及组成人员名单和有效身份证件复印件，教职工党员名单。

（七）学校资产及其来源的有效证明文件。

（八）学校教师、财会人员名单及资格证明文件。

第十三条　直接申请正式设立营利性民办学校的，须提交本细则第十一条第（二）项规定的材料、第十二条除第（二）项以外的材料。

第十四条　审批机关对批准正式设立的营利性民办学校发给办学许可证；对不批准正式设立的，应当书面说明理由。经审批正式设立的营利性民办学校应当依法到工商行政管理部门登记。

《国务院办公厅关于规范校外培训机构发展的意见》（节录）

（2018年8月6日国办发〔2018〕80号公布　自2018年8月6日起施行）

三、依法审批登记

（五）确保证照齐全。校外培训机构必须经审批取得办学许可证后，登记取得营业执照（或事业单位法人证书、民办非企业单位登记证书，下同），才能开展培训。已取得办学许可证和营业执照的，如不符合设置标准，应当按标准要求整改，整改不到位的要依法吊销办学许可证，终止培训活动，并依法办理变更或注销登记。

（六）严格审批登记。校外培训机构审批登记实行属地化管理。县级教育部门负责审批颁发办学许可证，未经教育部门批准，任何校外培训机构不得以家教、咨询、文化传播等名义面向中小学生开展培训业务。校外培训机构在同一县域设立分支机构或培训点的，均须经过批准；跨县域设立分支机构或培训点的，需到分支机构或培训点所在地县级教育部门审批。中小学校不得举办或参与举办校外培训机构。

《关于进一步减轻义务教育阶段学生作业负担和校外培训负担的意见》(节录)

(2021 年 7 月 24 日公布　自 2021 年 7 月 24 日起施行)

13.坚持从严审批机构。各地不再审批新的面向义务教育阶段学生的学科类校外培训机构,现有学科类培训机构统一登记为非营利性机构。对原备案的线上学科类培训机构,改为审批制。各省(自治区、直辖市)要对已备案的线上学科类培训机构全面排查,并按标准重新办理审批手续。未通过审批的,取消原有备案登记和互联网信息服务业务经营许可证(ICP)。对非学科类培训机构,各地要区分体育、文化艺术、科技等类别,明确相应主管部门,分类制定标准、严格审批。依法依规严肃查处不具备相应资质条件、未经审批多址开展培训的校外培训机构。学科类培训机构一律不得上市融资,严禁资本化运作;上市公司不得通过股票市场融资投资学科类培训机构,不得通过发行股份或支付现金等方式购买学科类培训机构资产;外资不得通过兼并收购、受托经营、加盟连锁、利用可变利益实体等方式控股或参股学科类培训机构。已违规的,要进行清理整治。

《民政部社会组织管理局关于在校外培训机构登记审查中强化事先告知和捐资承诺等有关要求的通知》(节录)

(2021 年 9 月 8 日公布　自 2021 年 9 月 8 日起施行)

三、要结合《中华人民共和国民法典》《条例》[①]等法律法规和《意见》[②]要求,尽到告知义务,合理引导登记预期。向举办者、出资人说明民办非企业单位(社会服务机构)法人属于非营利法人中的捐助法人。审查申请登记材料时,应当要求举办者签收《民办非企业单位(社会服务机构)法人申请成立登记事先告知书》、出资人填写《民办非企业单位(社会服务机构)法人申请成立登记捐资承诺书》,

---

① 《民办非企业单位登记管理暂行条例》。——编者注

② 《关于进一步减轻义务教育阶段学生作业负担和校外培训负担的意见》。——编者注

并将告知书、捐资承诺书的具体内容告知举办者、出资人。各地民政部门可在我局制定的示范文本(见附件)基础上,结合本地实际进行完善。

《工商总局 教育部关于营利性民办学校名称登记管理有关工作的通知》

(2017年8月31日工商企注字〔2017〕156号公布 自2017年9月1日起施行)

各省、自治区、直辖市、工商行政管理局(市场监督管理部门)、教育厅(教委):

为进一步落实《营利性民办学校监督管理实施细则》(教发〔2016〕20号),根据《企业名称登记管理规定》及相关法规、规章和规范性文件,现就做好营利性民办学校(以下简称"民办学校")名称登记管理有关工作通知如下:

一、民办学校应当按照《中华人民共和国公司法》《中华人民共和国民办教育促进法》有关规定,登记为有限责任公司或者股份有限公司,其名称应当符合公司登记管理和教育相关法律法规的规定。

二、民办学校名称的行政区划、行业表述应当与学校办学所在地、类别、层次等相符合(详见附件)。达到国家规定条件的,可以不含行政区划。民办学校的行业表述由学科门类或者办学特色等加学校类别组成。按照国家有关规定或者行业习惯可以不加学科门类或者办学特色的,名称中可以不加学科门类或者办学特色。民办幼儿园、高中、特殊教育学校的行业表述应当符合教育规律和儿童身心发展规律,不得含有片面强调办学特色等误导家长或者引发歧义的内容和文字。

三、民办学校不得使用已登记的学校名称及其简称、特定称谓等作字号,但有投资关系或者经该学校授权,且使用该学校简称或者特定称谓的除外。该学校的简称或者特定称谓有其他含义或者指向不明确的,可以不经授权。

四、民办学校不得以个人姓名作字号,法律、法规和国务院决定另有规定的从其规定。

五、民办学校名称不得冠以"中国""中华""全国""国际""世界""全球"等字样。在名称中使用上述字样的,应当是行业的限定语并符合国家有关规定。

六、其他企业未经法律法规规定具有行政审批权限的审批机关审批并获得相应行政许可,名称中不得含有"大学""学院""学校""高中""幼儿园""进修""专修”等可能对公众造成误解或者引发歧义的内容和文字，但从事相关行业、作行业限定语等使用的除外。

七、申请筹设民办学校或者直接申请正式设立的，举办者应当向与民办学校审批机关同级的企业登记机关申请企业名称预先核准，以核准的名称向民办学校审批机关提出学校筹设或者正式设立的申请。

民办学校变更名称的，应当向与具有审批权限的民办学校审批机关同级的企业登记机关申请预先核准，以企业登记机关核准的名称向民办学校审批机关提出名称变更申请，经批准后，到企业登记机关办理名称变更手续，法律法规另有规定的从其规定。

企业登记机关可以根据需要，就民办学校的名称预核准事宜征求民办学校审批机关的意见。审批机关应当及时反馈，对于不同意的应当说明理由。

八、实施学历教育的民办学校和幼儿园可以在申请设立时向审批机关申请使用学校简称，并由审批机关在办学许可证或者批准筹设文件中予以注明。简称仅可省略学校的公司组织形式，并限用于学校牌匾、成绩单、学位证书、学历证书、招生广告和简章。在招生广告和简章中使用办学简称的，应当在显著位置标明学校营利性属性，并在学校介绍中标注学校全称。

九、本通知自2017年9月1日起执行。营利性民办培训机构名称登记管理参照本通知执行，法律法规和国务院决定另有规定的从其规定。

附件：营利性民办学校名称登记核准有关事宜对应

学校类别	行政区划	行业表述（学科门类或者办学特色等学校类型）	审批机关	学校名称登记、核准机关	备注
民办本科层次学校	一般加学校所在地的市级或省级行政区划；经教育部批准可以不含行政区划	（1）一般表述为：“××大学”或“××学院”，如，理工大学、电力学院等； （2）按照行业习惯或者国家规定，可以不加学科门类或者办学特色等表述，如，××省××（字号）大学、××省××（字号）学院等。 全称举例：××省××（字号）××大学有限责任公司、××省××（字号）××学院股份公司	国务院教育行政部门	由拟加行政区划的同级企业登记机关核准。不含行政区划的，由工商总局核准	根据学校的人才培养目标、办学层次、类型、学科门类、教学和科研水平、体制、所在地等，确定学校名称

续表

学校类别	行政区划	行业表述(学科门类或者办学特色等学校类型)	审批机关	学校名称登记、核准机关	备注
民办专科层次学校	一般加学校所在地的市级行政区划,经省级人民政府批准可以加所在地的省级行政区划	(1)一般表述为:“××职业技术学院”或“××职业学院”,如,信息职业技术学院、能源职业学院等; (2)按照行业习惯或者国家规定,可以不加学科门类或者办学特色等表述。 全称举例:××省××(字号)××职业技术学院有限公司、××省××(字号)××职业学院有限公司;××省××市××(字号)职业技术学院有限公司、××省××市××(字号)职业学院有限公司	省、自治区、直辖市人民政府	由拟加行政区划的同级企业登记机关核准	根据学校的人才培养目标、办学层次、类型、行业特点、所在地等,确定学校名称
民办中等职业学校	一般加学校所在地的县级行政区划;经市级教育行政部门审批设立的,可以加所在地的市级行政区划;经省级教育行政部门审批设立的,可以加所在地的省级行政区划	(1)一般表述为:“××中等职业技术学校”或“××职业高中”; (2)除行业习惯外,一般应当体现职业特点或者办学特色,如,会计职业技术学校、旅游职业高中等。 全称举例:××省××(字号)××中等职业技术学校有限公司、××省××(字号)××职业高中有限公司;××市××(字号)××中等职业技术学校有限公司、××市××(字号)××职业高中有限公司;××县××(字号)××中等职业技术学校有限公司、××县××(字号)××职业高中有限公司	县级以上人民政府教育行政部门	由拟加行政区划同级企业登记机关核准	

续表

学校类别	行政区划	行业表述(学科门类或者办学特色等学校类型)	审批机关	学校名称登记、核准机关	备注
民办高中	一般加学校所在地县级行政区划;设在乡镇的学校一般应在区县后加乡镇行政区划;经市级教育行政部门审批设立的,可以加所在地的市级行政区划;经省级教育行政部门审批设立的,可以加所在地的省级行政区划	(1)一般表述为:"××高级中学"或"××高中"等; (2)行业表述应当符合教育规律和儿童身心发展规律,不得含有片面强调办学特色等误导家长或者引发歧义的内容和文字。 全称举例:××省××(字号)高级中学有限公司、××省××(字号)高中有限公司;××市××(字号)高级中学有限公司、××市××(字号)高中有限公司;××县××(字号)高级中学有限公司、××县××(字号)高中有限公司;××县××镇××(字号)高级中学有限公司、××县××镇××(字号)高中有限公司	县级以上人民政府教育行政部门	由拟加行政区划的同级企业登记机关核准。设在乡镇、在县级区划加上乡镇区划的,由县级企业登记机关核准	
民办幼儿园	一般加学校所在地县级行政区划;设在乡镇的学校一般应在区县后加乡镇行政区划;经市级教育行政部门审批设立的,可以加所在地的市级行政区划;经省级教育行政部门审批设立的,可以加所在地的省级行政区划	(1)一般表述为:"××幼儿园"; (2)行业表述应当符合教育规律和儿童身心发展规律,不得含有片面强调办学特色等误导家长或者引发歧义的内容和文字。 全称举例:××省××(字号)幼儿园有限公司、××市××(字号)幼儿园有限公司、××县××(字号)幼儿园有限公司、××县××乡××(字号)幼儿园有限公司	县级以上人民政府教育行政部门	由拟加行政区划的同级企业登记机关核准。设在乡镇、在县级区划加上乡镇区划的,由县级企业登记机关核准	

续表

学校类别	行政区划	行业表述（学科门类或者办学特色等学校类型）	审批机关	学校名称登记、核准机关	备注
实施特殊教育的民办学校	一般加学校所在地县级行政区划；设在乡镇的学校一般应在区县后加乡镇行政区划；经市级教育行政部门审批设立的，可以加所在地的市级行政区划；经省级教育行政部门审批设立的，可以加所在地的省级行政区划	(1)一般表述为："××特殊教育学校"； (2)行业表述应当符合教育规律和儿童身心发展规律，不得含有片面强调办学特色等误导家长或者引发歧义的内容和文字。 全称举例：××省××(字号)特殊教育学校有限公司、××市××(字号)特殊教育学校有限公司、××县××(字号)特殊教育学校有限公司、××县××镇××(字号)特殊教育学校有限公司	县级以上人民政府教育行政部门	由拟加行政区划的同级企业登记机关核准。设在乡镇、在县级区划加上乡镇区划的，由县级企业登记机关核准	
实施高等教育自学考试助学的民办教育机构	一般加学校所在地的地市行政区划；经省级教育行政部门批准可以加所在地的省级行政区划	(1)一般表述为：××专修(研修、自修、自考、自修、自学考试补习、自学考试辅导)学院、学校或中心； (2)可以体现学科门类或者办学特色等表述，如，经济专修学院。 全称举例：××省××(字号)经济专修学院股份公司、××市××(字号)经济专修学院股份公司	省级人民政府教育行政部门	由拟加行政区划同级企业登记机关核准	不得简称为"××学校"、"××学院"或者"××中心"

续表

学校类别	行政区划	行业表述(学科门类或者办学特色等学校类型)	审批机关	学校名称登记、核准机关	备注
其他文化教育类民办教育机构	市级教育行政部门审批设立的机构可以加地市的行政区划;县级教育行政部门审批设立的机构可以加区县行政区划,设在乡镇的机构一般应在区县后加乡镇行政区划	(1)一般表述为:××培训(课外培训、课外教育、自修、自学、辅导、考试补习、补习)学校或中心; (2)可以体现学科门类或者办学特色等表述,如,英语培训学校。 全称举例:××市××(字号)培训学校有限公司、××县××(字号)辅导学校有限公司、××县××镇××(字号)培训学校有限公司	县级以上人民政府教育行政部门	由拟加行政区划的同级企业登记机关核准。设在乡镇、在县级区划加上乡镇区划的,由县级企业登记机关核准	不得简称为"××学校"或者"××中心"

本章相关案例

案例6　李某诉上海虹口区某某美术进修学校合同纠纷案

【裁判要旨】

1. 根据《民促法》等法律法规的规定,经教育部门许可并通过民政部门登记设立的民办学校,当事人以其系该民办学校的实际出资人为由诉请变更举办人身份的,属于行政许可范围,不属于民事诉讼的受案范围。

2. 对于经教育部门许可并通过民政部门登记设立的民办学校,当事人以其系该民办学校的实际出资人为由诉请确认其出资份额的,因该类民办学校系公益性组织,对该类学校的出资在本质上属于向社会的捐赠,民办学校对已投入的资产享有独立法人财产权,且投入的财产最终归属于社会而非归属于出资人,故出资人对学校财产不具有财产权益,其要求确认出资份额的诉请没有法律上的财产权依据。

3. 没有法律上的权利基础的事实确认,不能作为独立的诉讼请求。当事人诉请要求确认没有法律权利基础的某项事实的，人民法院应裁定不予受理或驳回起诉。

【案情简介】

原告李某因与被告上海虹口区某某美术进修学校（以下简称某某学校）发生合同纠纷，向上海市虹口区人民法院提起诉讼。

原告李某诉称：被告某某学校系2011年11月25日经上海市虹口区教育局和区民政局批准成立的民办非企业单位。原告在被告筹建期间即与被告的法定代表人陶某等共同合作有关被告筹建事宜。被告成立后，原告担任被告的董事兼副校长，全面负责学校工作。2012年3月9日，原告与被告的法定代表人陶某、案外人乐某及被告成立时的名义出资人上海意动互联艺术设计有限公司（以下简称意动公司）签订协议，确认原告、陶某、乐某为被告的实际出资人，出资比例分别为35%、40%、25%。协议签订后，原告于2012年7月3日分别将投资款12万元和75,000元打入陶某和乐某的银行账户。2014年7月8日，被告的法定代表人陶某无故解除了原告在被告处的董事和副校长职务，导致原告无法行使董事和实际出资人暨举办者的权利。故诉至法院请求确认原告为被告的出资人暨举办者，出资比例为35%。

被告某某学校辩称：不同意原告李某的诉讼请求。被告系民办非企业单位，其举办者暨出资人仅为意动公司，开办经费为50万元，全部系意动公司自有资金。原告仅系由意动公司作为举办者推荐至被告处担任董事的人员，并非原告所述系被告的实际出资人。根据被告的章程，被告有5名董事，不设股东会，最高权力机构是董事会，董事会会议应由2/3以上成员出席方为有效。乐某和被告的法定代表人陶某均为被告的董事。原告提交的两份所谓股东会决议，实为原告和陶某、乐某3位董事私下作出的董事会决议，该决议因不符合章程规定的董事会议事规则而无效，不能代表董事会的意志。原告于2012年7月3日转账给陶某的12万元并非对被告的出资，而系原告作为被告财务总管，被告的法定代表人陶某将被告需要对外支付的款项交付原告，由原告负责完成对外支付后，原告将剩余款项归还给陶某。故不同意原告的诉讼请求。

【裁判观点】

一审法院认为，民办非企业单位的举办者是一种身份，确认或否认民办学校举办者身份，是我国法律赋予有关行政主管部门特有的权力，属行政许可的内容，不能通过民事诉讼程序予以解决。原告李某以其与陶某、乐某等签订《股东会议》《股东管理制度修订版》等协议为由要求确认其为某某学校的举办者,不属于人民法院的受案范围。

上海市第二中级人民法院二审认为,根据我国《民促法》等法律规定,民办学校举办者的变更属于行政许可的范围,不属于民事诉讼的受理范围,李某如欲成为某某学校的举办者,应通过申请行政许可变更的途径解决。

上诉人李某在二审中改变对其诉讼请求的解释,认为其要求确认35%出资份额与举办者身份无关,此解释系将出资人身份与举办者身份相分离。民办学校的出资人仅诉请确认其对学校的出资份额是否属于民事诉讼范围,应以出资人对其出资份额是否拥有法律上的权利为前提。这种权利的一种可体现方式为身份上的权利,即出资人基于出资可以对学校享有决策管理权。民办学校的决策机构系董事会(或理事会),根据《民促法》第二十条的规定,校董事会由举办者(或其代表)、校长、教职工代表组成。可见,出资人若基于出资享有对学校的决策管理权,则该出资人身份必须与举办者身份合为一体,无法分割。而举办者身份的确认或变更属于行政许可的范围。

对于出资人是否可对出资份额单独享有财产权的问题,二审法院认为,属于民办非企业法人的民办学校不同于公司(或企业法人),其具有公益性和非营利性。属于民办非企业法人的民办学校对投入学校的资产和其积累享有独立的法人财产权,出资人对学校财产不享有所有权或共有权,出资人对学校也不享有类似于公司股东的财产权利。就本案而言,被上诉人某某学校在申请设立时,在由其举办者及全体董事(含李某)共同签章提交的申请许可和登记的学校《章程》中明确"举办者不要求回报","学校清偿后的剩余财产用于公益性或者非营利性目的,或者由登记管理机关转赠与本校性质、宗旨相同的组织,并向社会公告"。这是学校举办者和全体董事在学校设立时向社会作出的承诺,也是取得行政许可和民政登记的条件,亦符合《民促法》对投入民办学校的财产最终归属于社会而非归属出资人的立法本意。民办学校《章程》的内容是取得行政许可和登记的条件,在学校设立后,学校董事不能随意对章程作出有悖于学校公益性质的变更或另行作出与《章程》性质不符的约定。根据本案某某学校《章程》的规定和该校作为民办非企业法人的公益性质,该校的出资人(举办者)对其投入学校的资产不具有所有权,也不具有根据出资多少来获得回报、分配剩余财产等的其他财产权利。故李某要求确认其对某某学校的出资份额没有法律上的财产权基础，其要求确认出资份额只是要求确认一项事实，没有法律权利基础的事实确认不能作为独立的诉讼请求。

【裁判结果】

一审法院裁定：驳回原告李某的起诉。

二审法院裁定：驳回上诉，维持原裁定。

【案例评析】

本案中，原告诉请被告某某学校变更原告为举办者的事由，属于行政许可法调整的范围。民办非企业单位的举办者是一种身份，确认或否认民办学校举办者身份，是我国法律赋予有关行政主管部门的特有的权力，属行政许可的内容，不能通过民事诉讼程序予以解决。对此，法院应当裁定不予受理，已经受理的应当裁定驳回起诉。

案例7　周某焕与周口市教育体育局教育行政管理(教育)纠纷案

[(2019)豫1602行初130号]

【裁判要旨】

《教育部办公厅关于修订和换发民办学校办学许可证的通知》(教发厅〔2008〕2号)中规定举办者"最多填写三个出资者"。根据该规定，如果举办者超过3个人可以采取概括式进行申请。本案原办学许可证上面的举办者只有周某焕、王某芳两个人，将"周某焕、王某芳"书写成"王某芳等"的概括式描述，损害了举办者周某焕的合法权益，应当依法予以撤销。

【案情简介】

原告周某焕诉被告周口市教育体育局(以下简称周口市教体局)教育行政许可及批复一案，2019年11月15日向法院提起行政诉讼，法院2019年11月15日受理后，依法组成合议庭，于2020年4月16日公开开庭进行了审理。

2019年10月16日，被告周口市教体局针对商水县教体局的请示作出周教审批〔2019〕85号《关于商水县某中学换发办学许可证的批复》，根据《民促法》的批复同意商水县某中学换发办学许可证，举办者为王某芳等。同日，被告周口市教体局依申请审核批准将商水县某中学民办学校办学许可证中的举办者由"周某焕、王某芳”变更为“王某芳等”。被告将原告举办者身份变成待定前剥夺了原告享有陈述、申辩及听证的权利，程序严重违法，其行为已侵犯了原告的合法权益；被告为变更举办者所作出的周教审批〔2019〕85号文不但超越职权，而且事实不清，为保护原告的合法权益，为此请求：(1)撤销被告2019年10月16日将第三人商水县某中学民办学校办学许可证中的举办者由“周某焕、王某芳”变更为“王某芳等”的行政行为；(2)撤销被告2019年10月16日作出的周教审批〔2019〕85号《关于商水县某中学换发办学许可证的批复》。

【裁判观点】

法院认为，原告、第三人对被告周口市教体局依据《民促法》第八条、第十一条及《中华人民共和国民办教育促进法实施条例》第十七条享有颁发办学许可证的法定职权均无异议，法院予以确认。本案争执的焦点有两个：一是被告为商水县某中学换发办学许可证时，将举办者“周某焕、王某芳”换发成“王某芳等”的行为是原行政许可行为的延续还是对原行政许可行为进行了变更；二是被告作出的周教审批〔2019〕85号《关于商水县某中学换发办学许可证的批复》，事实是否清楚、是否侵犯原告周某焕的合法权益。

第一个焦点是：关于被告为商水县某中学换发办学许可证时，将举办者“周某焕、王某芳”换发成“王某芳等”的行为是原行政许可行为的延续还是对原行政许可行为进行了变更的问题。

《中华人民共和国行政许可法》第四十九条规定，“被许可人要求变更行政许可事项的，应当向作出行政许可决定的行政机关提出申请；符合法定条件、标准的，行政机关应当依法办理变更手续”，第五十条第一款规定，“被许可人需要延续依法取得的行政许可的有效期的，应当在该行政许可有效期限届满三十日前向作出行政许可决定的行政机关提出申请。但是，法律、法规、规章另有规定的，依照其规定”。由此可见，行政许可的变更是指，行政机关根据被许可人的请求，对许可事项的具体内容在许可被批准后加以变更的行为。而延续只是对行政许可有效期限的延长，不涉及对行政许可内容的改变。

本案中，从被告提供的相关证据及三方当事人均认可的事实来看，商水县某中学迟迟没有换发办学许可证的原因是王某芳、何某杰、胡某泉、王某堂及周某焕之间有股权纠纷，5人均主张自己是举办者，后在被告的督促下，商水县某中学才以“王某芳等”为举办者向被告提出换发许可证申请。由此可见，商水县某中学并不打算按原办学许可证上的举办者“周某焕、王某芳”进行换发办学许可证，而是为了化解王某芳、何某杰、胡某泉、王某堂及周某焕之间的矛盾，才采取折中的办法以“王某芳等”作为举办者提出换发许可证的申请。

商水县某中学向被告提出的申请书显示，其提出的是换发办学许可证申请，而实质上却是申请被告对办学许可事项的具体内容（举办者）加以变更的行为。被告受理商水县某中学的申请后，应当根据其申请的实质请求，按照举办者变更的程序进行审查。

《民促法》第五十四条规定，“民办学校举办者的变更，须由举办者提出，在进行财务清算后，经学校理事会或者董事会同意，报审批机关核准”。被告在商水县某中学没有进行财务清算的情况下，按照商水县某中学的申请将举办者由“周某焕、王某芳”变更为“王某芳等”的行为违反了上述法律的规定。

《教育部办公厅关于修订和换发民办学校办学许可证的通知》（教发厅〔2008〕2 号）中规定举办者“最多填写三个出资者”。根据该规定，如果举办者超过 3 个人可以采取概括式进行申请。本案原办学许可证上面的举办者只有“周某焕、王某芳”两个人。被告及第三人辩称，被告批准商水县某中学办学许可证上面由原办学许可证上的举办者“周某焕、王某芳”书写成“王某芳等”采用的是概括式，没有改变原举办者，与上述规定不符，其主张理由不足，法院不予支持。

第二个焦点是：关于被告作出的周教审批〔2019〕85 号《关于商水县某中学换发办学许可证的批复》，事实是否清楚、是否侵犯原告周某焕的合法权益问题。

学校举办者的变更是一种行政许可行为，应按照《中华人民共和国行政许可法》《民促法》的规定程序办理，由举办者提出申请，审批机关依法核准，而不是上下级行政机关的请示与批复形式。周口市教行〔2010〕30 号《关于换发民办学校办学许可证的通知》第五条规定，办学许可证如有变更事项，必须填写《变更事项审批表》并按有关规定完善一切手续。《中华人民共和国行政许可法》第三十六条规定，“行政机关对行政许可申请进行审查时，发现行政许可事项直接关系他人重大利益的，应当告知该利害关系人。申请人、利害关系人有权进行陈述和申辩。行政机关应当听取申请人、利害关系人的意见”；第四十七条中规定，“行政许可直接涉及申请人与他人之间重大利益关系的，行政机关在作出行政许可决定前，应当告知申请人、利害关系人享有要求听证的权利”。本案被告是根据商水县教体局的请示作出的同意举办者由“周某焕、王某芳”变更为“王某芳等”的周教审批

〔2019〕85号批复，该批复与原告周某焕有利害关系，周某焕有权提起行政诉讼。由于被告在作出被诉批复前并未按照上述规定办理，其批复事实不清、程序违法。

综上，商水县某中学内部的股权纠纷应由其通过司法程序解决，究竟谁符合举办者的特征，被告作为行政机关，对此进行判断，显属不妥。被告作出的同意举办者由“周某焕、王某芳”变更为“王某芳等”的批复及审核批准举办者由“周某焕、王某芳”变更为“王某芳等”的行为，认定事实不清、程序违法，依法应予以撤销。需要说明的是，本案原告诉请撤销的是案涉办学许可证中“举办者的变更”事项，并不要求撤销整个办学许可证，该举办者变更事项的撤销，并不涉及其正常办学的问题。

【裁判结果】

1. 撤销被告2019年10月16日将商水县某中学办学许可证中的举办者由“周某焕、王某芳”变更为“王某芳等”的行政许可行为。

2. 撤销被告2019年10月16日作出的周教审批〔2019〕85号《关于商水县某中学换发办学许可证的批复》。

【案例评析】

民办学校未经清算程序不得进行举办者变更，举办者变更是一种行政许可的行为，应当按照行政许可法中规定的内容进行变更。举办者变更时，办学许可证上应当载明明确的举办者姓名，诸如本案中的“王某芳等”字样的描述极易引发纠纷，举办者在办学过程中应尽可能的避免上述情形。

案例8　金某与常某合同纠纷案

[（2022）辽1421民初1392号]

【裁判要旨】

民办学校在转让的过程中，应当符合民促法、行政许可法中规定的内容进行变更登记。

民事法律行为部分无效，不影响其他部分效力的，其他部分仍然有效。本案中，原、被告双方涉及资产的转让不违反法律规定，应为合法有效。

【案情简介】

原告金某与被告常某合同纠纷一案，法院于2022年5月17日立案后，依法适用普通程序,公开开庭进行了审理。

原告金某向法院提出诉讼请求:(1)解除双方签订的《幼儿园转让合同》,被告返还幼儿园转让款230万元;(2)被告承担本案诉讼费。事实和理由:2018年6月22日,原、被告签订幼儿园转让合同,约定被告将自己创办的位于绥中县××镇××路××号××以230万元价格转让给原告,并约定如果原告由于自身原因不能继续经营管理,被告有责任按原价230万元收回,双方没有办理办学许可证变更手续。原告按照合同约定支付了转让款项,但目前原告孩子幼小,在外地生活,需要原告照顾,无法经营管理幼儿园。原告根据双方签订的转让合同约定,要求被告收回幼儿园,但被告拒不收回,也不返还原告转让款。原告为维护自己的合法权益,起诉至法院,望判如申请。

被告常某辩称:(1)原告在被告没有违约行为且不同意解除合同的情况下诉请解除合同不符合约定及法律规定,且解除合同对被告明显不公平。原告受让案涉幼儿园的合同目的是通过经营幼儿园获得经营性收入,原告合同目的的实现由取得幼儿园经营管理权、办学场所场地及配套设备设施使用权、所有权,以及幼儿园稳定的师资力量和生源组成。在2018年6月22日,双方完成了案涉幼儿园全部事务的转让、交接等工作且履行完毕。原告也收到了被告向其移交的学生花名册、教职工花名册及教职工工资明细等全部资料,对此,被告已全部履行了合同约定的义务,原告也按协议约定的付款时间向被告支付了转让尾款。案涉合同一直履行至今,没有任何证据表明在双方交接工作期间或完成后,原告行使上述权利时存在障碍导致其不能实现合同目的。(2)原告依据《幼儿园转让合同》第二条第四款要求解除合同的理由不成立。该条款约定:如果乙方由于自身原因不能继续经营管理,则甲方有责任按原价230万元收回。这一条款的约定不符合合同签订的基本原则,另外,案涉合同书是原告拟定好的具有格式条款的合同。那么根据规定,当合同条款产生歧义时,应根据司法解释的规定作出不利于拟定格式合同一方当事人的解释。本案如作出有利于原告的解释,则本合同的签订就显失公平,双方当事人的利益显著失衡,故本案中,原告利用其缔约优势地位免除己方责任、排除对方重大权利,并未遵循公平原则确定双方的权利义务,应属无效。(3)如果认可了原告依据《幼儿园转让合同》的约定,具有解除权,即违背合同严守的基本原则,更难以体现法律的公平公正。无论是合同双方当事人,还是国家社会,签订合同的目的都是希望合同得到完全的履行。即使出现种种原因导致合同难以履行,也不应解除了事,而应友好协商。综上所述,被告在合同履行过程中不存在过错,原告不能行使任意解除权,请求驳回原告的诉讼请求。

【裁判观点】

法院认为,本案的争议焦点有以下几个方面:(1)原告金某与被告常某签订的《幼儿园转让合同》是否合法有效;(2)应否解除双方签订的《幼儿园转让合同》;(3)被告应否给原告返还幼儿园转让款230万元。关于第一个争议焦点,依照法律规定,经营幼儿园,须取得行政许可。幼儿园转让合同签订后需经行政机关办理批准等手续才能生效。原告金某与被告常某于2018年6月22日签订的《幼儿园转让合同》约定:该幼儿园由甲方(被告)开办期间办理相应许可证,甲方保证按照国家法律要求,所转让的幼儿园证照齐全,幼儿园一切信息真实有效,乙方可以继续以甲方原有的名称经营幼儿园。该项约定实质是原告借用被告的经营许可继续经营被告依法经营的幼儿园,双方没有约定办理行政审批手续,违反了经营幼儿园须办理行政许可的强制性规定,双方在主观上均存在故意和过错,且双方在事实上也没有办理行政审批等手续,始终由原告借用被告的经营许可证经营幼儿园,故双方签订的幼儿园转让合同涉及经营权转让的部分无效;被告转让给原告幼儿园,除转让经营权外,还涉及幼儿园的资产(包括有形资产和无形资产)的转让。依照法律规定,民事法律行为部分无效,不影响其他部分效力的,其他部分仍然有效。原、被告双方涉及资产的转让不违反法律规定,应为合法有效,但双方均未提交转让幼儿园涉及的具体资产及相应价格的相关证据。关于第二个争议焦点,因《幼儿园转让合同》涉及的经营权转让部分无效,无须解除;涉及幼儿园资产的转让部分,经法院释明后,双方均未提交证据证实双方转让了哪些资产、价值多少,合同中没有明确,事后也没有形成转让的清单,但双方完成了转让资产的交付,合同已履行完毕。原告要求解除涉及资产部分的合同,没有事实及法律依据,本案不予支持。关于第三个争议焦点,原告要求被告返还幼儿园转让款230万元,因双方签订的《幼儿园转让合同》涉及的经营权转让部分无效,应予返还经营权的转让价款,但转让的经营权部分价值多少钱,双方并没有在合同中约定,事后也没有进行评估,该部分价款无法认定。其他资产情况双方也没有在合同中约定,事后也没有提供交接资产手续,更没有进行评估。所以,230万元转让款中涉及经营权转让的价值有多少钱不清楚,其他资产价值多少钱也不清楚,无法进行计算或扣减,故原告对幼儿园经营权转让款的主张,属于事实不清、证据不足,暂不予处理,以后可另行主张。

【裁判结果】

1. 原告金某与被告常某于 2018 年 6 月 22 日签订的《幼儿园转让合同》涉及经营权转让的部分无效。

2. 驳回原告金某解除涉及幼儿园资产内容部分的《幼儿园转让合同》的诉讼请求。

【案例评析】

本案中,争议的焦点在于,部分无效的办学转让合同是否应当认定为无效?转让合同是否应当解除?针对这个问题不同地区的法院给出的答案并不相同,从上述案例法院给出的裁判结果来看,被告常某没有为原告金某办理办学许可证的变更登记,法院依此认定转让合同是部分无效的,但民事法律行为的部分无效并不能直接否定合同本身的效力。并且就没有约定办理行政审批手续这一事项法院的裁判结果是认定双方在主观上均存在故意和过错。

值得一提的是,本案中的被告涉嫌擅自变更民办学校的举办者,或是涉嫌擅自买卖办学许可证,依据《民促法》第六十二条之规定,面临行政处罚或是刑事责任的风险。

案例 9　孙某良、刘某股权转让纠纷案

[(2019)鲁 14 民终 3784 号]

【裁判要旨】

未经批准设立的民办学校的股权转让协议,符合《中华人民共和国合同法》中关于无效合同认定的情形,应认定为无效。因此,原告(上诉人)主张的偿付股权转让款没有法律依据,法院不予支持。

【案情简介】

2015 年 12 月 28 日,本案原告与被告签订齐河某雯音乐学校(以下简称齐河某雯)股份合同书,合同书约定齐河某雯是一所股份制学校,其中第一条约定齐河某雯总资产金额为 40 万元。甲方(本案原告)投资金额为人民币 24 万元,所占比例为 60%。乙方(本案被告)投资金额为 16 万元,所占比例为 40%。乙方先支付人民币 5 万元剩余款于 2016 年 1 月 20 日前结清。第二条约定甲乙双方都已经阅

读，并愿意遵守、执行，若违反，双方都自愿承担相关责任。同时，原、被告二人签署了齐河某雯股东章程和股东名单份额书。2017年10月27日原、被告双方签订转让协议，转让协议约定孙某良将原有的60%股份（24万元）转给刘某，刘某将于2017年12月31日将24万元一次付清，逾期按1分利息计算。

孙某良上诉请求：（1）请求依法撤销山东省禹城市人民法院（2019）鲁1482民初1189号民事判决书，依法改判被上诉人偿付转让款24万元及利息（自2018年1月1日起按照月利率1分计算，至全部款项偿清之日止）；（2）涉及本案的费用由被上诉人承担。

刘某辩称：上诉人所提到的齐河某雯由上诉人与被上诉人共同出资是完全错误的。事实是该学校由上诉人于2014年个人独资（具体花费不详）建立，学校筹办期间被上诉人并没有参与该学校的一切筹建事宜，该学校运营一年后也就是2015年12月，被上诉人才从中购买40%的股份，一直到2017年12月都是双方共同经营，但是自2015年12月被上诉人给上诉人40%的股份金后，上诉人就再也没有履行过一个股东的义务，对学校不闻不问，拒绝承担共同义务，给被上诉人造成了重大经济损失，直至2017年10月被上诉人才找到上诉人，上诉人再次口头承诺办理学校的合法手续及房屋的续租问题，被上诉人才与上诉人又签订了剩余股份的收购协议，至今上诉人也没有办理各种合法手续和解决房屋续租问题，故而被上诉人不接受上诉人卖一个空壳学校给被上诉人。一审判决认定事实清楚，适用法律正确，请求二审法院驳回上诉，维持原判。

【裁判观点】

一审法院认为：齐河某雯系原告一手创办的民办学校，被告刘某是在后来加入的。从原、被告双方签订的股份合同书及股东章程和股东名册来看，齐河某雯属于股份合伙体制办学。那么，被告刘某对其加入齐河某雯之前的学校资产、财务、运营方式都应具有详细的知情权。事实上，被告刘某并不全部知晓。虽然双方履行了签约手续，具有表面文字意义的合法性，但是《民促法》第五十四条规定，“民办学校举办者的变更，须由举办者提出，在进行财务清算后，经学校理事会或者董事会同意，报审批机关核准”。显然，双方签署的合同、章程、转让协议缺乏相关的法律支持。而且，双方在签订股份合同至签署转让协议是2015年12月至2017年10月近两年的时间，期间的运转、资产折损、收入支出必定影响股东权益的变动，未经任何审计便以原始股转让、变动，确实有失公平。从社会主义核心价值观的和谐、公正的理念上考虑,原、被告双方应当本着和谐、公正的价值取向重新理算账目再做处理。本案原告之证据不足,不宜支持其诉讼请求。

二审法院认为:依据《民促法》第十一条、第十二条、第十三条的规定,民办学校的设立要经过审批机关审批,并由审批机关发放办学许可手续。本案中,齐河某雯自创办以来,未经过教育部门审批,上诉人在未取得办学许可相关手续的情况下,与被上诉人刘某于2017年10月27日签署股权转让协议,协议约定孙某良将其持有的齐河某雯60%的股权(24万元整)转给刘某。该协议违反《民促法》的相关规定,依据《中华人民共和国合同法》(已失效)第五十二条第五项规定,应认定为无效。因此,上诉人孙某良要求刘某偿付股权转让款24万元及利息的诉求无法律依据,一审判决驳回孙某良的诉讼请求正确,对孙某良的上诉理由不予支持。

【裁判结果】

一审法院判决:驳回原告孙某良的诉讼请求。

二审法院判决:驳回上诉,维持原判。

【案例评析】

本案中,齐河某雯作为《民促法》中规定的民办学校,设立时应当经过教育行政主管部门的审批。未经审批的民办学校的股权转让协议,违反了法律的强制性规定,应当认定为无效。本案的审理时间发生在《中华人民共和国民法典》颁布以前,从现在的主流裁判观点来看,部分无效的合同其他部分是否无效仍然是一个值得商榷的问题。值得一提的是,无论是营利性民办学校还是非营利性民办学校,均没有"股权"这一概念,与之对应的应为"举办权"。"股权"与"举办权"虽然形式上看着类似,但实质上却有本质的区别。一般而言,举办权是一种身份权,而股权是一种身份权和收益权的结合。举办者在办理变更登记时不仅需要变更教育行政部门的办学许可证,还需变更民政部门或是工商部门核发的民非登记证或是经营许可证;与之对应的是,股东在办理变更登记时,仅需要到工商登记部门办理变更。

第三章　学校的组织与活动

第二十条　【组织机构】

民办学校应当设立学校理事会、董事会或者其他形式的决策机构并建立相应的监督机制。

民办学校的举办者根据学校章程规定的权限和程序参与学校的办学和管理。

关联规定

《中华人民共和国民法典》(节录)

(2020年5月28日中华人民共和国主席令第45号公布　自2021年1月1日起施行)

第八十条　营利法人应当设权力机构。

权力机构行使修改法人章程,选举或者更换执行机构、监督机构成员,以及法人章程规定的其他职权。

第八十一条　营利法人应当设执行机构。

执行机构行使召集权力机构会议,决定法人的经营计划和投资方案,决定法人内部管理机构的设置,以及法人章程规定的其他职权。

执行机构为董事会或者执行董事的,董事长、执行董事或者经理按照法人章程的规定担任法定代表人;未设董事会或者执行董事的,法人章程规定的主要负责人为其执行机构和法定代表人。

第八十二条　营利法人设监事会或者监事等监督机构的,监督机构依法行使检查法人财务，监督执行机构成员、高级管理人员执行法人职务的行为，以及法人章程规定的其他职权。

第九十三条　设立捐助法人应当依法制定法人章程。

捐助法人应当设理事会、民主管理组织等决策机构，并设执行机构。理事长等负责人按照法人章程的规定担任法定代表人。

捐助法人应当设监事会等监督机构。

第九十四条第二款　捐助法人的决策机构、执行机构或者法定代表人作出决定的程序违反法律、行政法规、法人章程，或者决定内容违反法人章程的，捐助人等利害关系人或者主管机关可以请求人民法院撤销该决定。但是，捐助法人依据该决定与善意相对人形成的民事法律关系不受影响。

《中华人民共和国教育法》（节录）

（2021 年 4 月 29 日中华人民共和国主席令第 80 号公布　自 2021 年 4 月 30 日起施行）

第三十一条　学校及其他教育机构的举办者按照国家有关规定，确定其所举办的学校或者其他教育机构的管理体制。

学校及其他教育机构的校长或者主要行政负责人必须由具有中华人民共和国国籍、在中国境内定居、并具备国家规定任职条件的公民担任，其任免按照国家有关规定办理。学校的教学及其他行政管理，由校长负责。

学校及其他教育机构应当按照国家有关规定，通过以教师为主体的教职工代表大会等组织形式，保障教职工参与民主管理和监督。

《中华人民共和国高等教育法》（节录）

（2018 年 12 月 29 日中华人民共和国主席令第 23 号公布　自 2018 年 12 月 29 日起施行）

第三十七条　高等学校根据实际需要和精简、效能的原则，自主确定教学、科学研究、行政职能部门等内部组织机构的设置和人员配备；按照国家有关规定，评聘教师和其他专业技术人员的职务,调整津贴及工资分配。

第三十九条第二款 社会力量举办的高等学校的内部管理体制按照国家有关社会力量办学的规定确定。

《中华人民共和国学前教育法》(节录)

(2024年11月8日中华人民共和国主席令第34号公布 自2025年6月1日起施行)

第三十八条 幼儿园园长由其举办者或者决策机构依法任命或者聘任,并报县级人民政府教育行政部门备案。

幼儿园园长应当具有本法第三十七条规定的教师资格、大学专科以上学历、五年以上幼儿园教师或者幼儿园管理工作经历。

国家推行幼儿园园长职级制。幼儿园园长应当参加县级以上地方人民政府教育行政部门组织的园长岗位培训。

《中华人民共和国民办教育促进法实施条例》(节录)

(2021年4月7日中华人民共和国国务院令第741号公布 自2021年9月1日起施行)

第十九条 民办学校的章程应当规定下列主要事项:

(一)学校的名称、住所、办学地址、法人属性;

(二)举办者的权利义务,举办者变更、权益转让的办法;

(三)办学宗旨、发展定位、层次、类型、规模、形式等;

(四)学校开办资金、注册资本,资产的来源、性质等;

(五)理事会、董事会或者其他形式决策机构和监督机构的产生方法、人员构成、任期、议事规则等;

(六)学校党组织负责人或者代表进入学校决策机构和监督机构的程序;

(七)学校的法定代表人;

(八)学校自行终止的事由,剩余资产处置的办法与程序;

(九)章程修改程序。

民办学校应当将章程向社会公示,修订章程应当事先公告,征求利益相关方意见。完成修订后,报主管部门备案或者核准。

第二十七条 民办学校应当设立监督机构。监督机构应当有党的基层组织代表,且教职工代表不少于1/3。教职工人数少于20人的民办学校可以只设1至2名监事。

监督机构依据国家有关规定和学校章程对学校办学行为进行监督。监督机构负责人或者监事应当列席学校决策机构会议。

理事会、董事会或者其他形式决策机构组成人员及其近亲属不得兼任、担任监督机构组成人员或者监事。

《独立学院设置与管理办法》(节录)

(2015年11月10日中华人民共和国教育部令第38号公布 自2015年11月10日起施行)

第二十五条 独立学院设立理事会或者董事会,作为独立学院的决策机构。理事会或者董事会由参与举办独立学院的普通高等学校代表、社会组织或者个人代表、独立学院院长、教职工代表等人员组成。理事会或者董事会中,普通高等学校的代表不得少于五分之二。

理事会或者董事会由5人以上组成,设理事长或者董事长1人。理事长、理事或者董事长、董事名单报审批机关备案。

《营利性民办学校监督管理实施细则》(节录)

(2016年12月30日教发〔2016〕20号公布 自2016年12月30日起施行)

第十六条第一款 营利性民办学校应当建立董事会、监事(会)、行政机构,同时建立党组织、教职工(代表)大会和工会。

第十七条 营利性民办学校董事会、行政机构、校长应当依据国家有关法律法规和学校章程设立和行使职权。

第十九条 有犯罪记录、无民事行为能力或者限制行为能力者不得在学校董事会、监事会、行政机构任职。一个自然人不得同时在同一所学校的董事会、监事会任职。

第二十条 营利性民办学校应当切实加强党组织建设,强化党组织政治核心和政治引领作用,在事关学校办学方向、师生重大利益的重要决策中发挥指导、保障和监督作用。推进双向进入、交叉任职,党组织书记应当通过法定程序进入学校董事会和行政机构,党员校长、副校长等行政机构成员可按照党的有关规定进入党组织领导班子。监事会中应当有党组织领导班子成员。营利性民办学校应当加强共青团组织建设,充分发挥教职工(代表)大会和工会的作用。

《中等职业学校管理规程》(节录)

(2010年5月13日教职成〔2010〕6号公布　自2010年5月13日起施行)

第七条第二款 学校建立党组织,并确保党组织发挥监督、保障和参与重大决策的作用。学校应当在党组织领导下,建立共青团、学生会组织,组织开展生动有效的思想政治教育活动。

第八条 学校建立和完善教职工代表大会制度,依法保障教职工参与民主管理和监督的权利,发挥教职工代表大会参与学校重大决策的作用。学校建立工会组织,维护教职工合法权益。

第九条 学校根据国家有关政策,结合自身发展实际,合理设置内部管理机构,并明确其职责,规模较大的学校可以设置若干专业部(系),实行校、部(系)二级管理。

第二十一条 【决策机构的组成】

学校理事会或者董事会由举办者或者其代表、校长、教职工代表等人员组成。其中三分之一以上的理事或者董事应当具有五年以上教育教学经验。

学校理事会或者董事会由五人以上组成,设理事长或者董事长一人。理事长、理事或者董事长、董事名单报审批机关备案。

关联规定

《中华人民共和国民办教育促进法实施条例》（节录）

（2021年4月7日中华人民共和国国务院令第741号公布　自2021年9月1日起施行）

第十一条　举办者依法制定学校章程，负责推选民办学校首届理事会、董事会或者其他形式决策机构的组成人员。

举办者可以依据法律、法规和学校章程规定的程序和要求参加或者委派代表参加理事会、董事会或者其他形式决策机构，并依据学校章程规定的权限行使相应的决策权、管理权。

第二十五条第一款　民办学校理事会、董事会或者其他形式决策机构的负责人应当具有中华人民共和国国籍，具有政治权利和完全民事行为能力，在中国境内定居，品行良好，无故意犯罪记录或者教育领域不良从业记录。

第二十六条　民办学校的理事会、董事会或者其他形式决策机构应当由举办者或者其代表、校长、党组织负责人、教职工代表等共同组成。鼓励民办学校理事会、董事会或者其他形式决策机构吸收社会公众代表，根据需要设独立理事或者独立董事。实施义务教育的民办学校理事会、董事会或者其他形式决策机构组成人员应当具有中华人民共和国国籍，且应当有审批机关委派的代表。

《中华人民共和国中外合作办学条例》（节录）

（2019年3月2日中华人民共和国国务院令第709号公布　自2019年3月2日起施行）

第二十一条　具有法人资格的中外合作办学机构应当设立理事会或者董事会，不具有法人资格的中外合作办学机构应当设立联合管理委员会。理事会、董事会或者联合管理委员会的中方组成人员不得少于1/2。

理事会、董事会或者联合管理委员会由5人以上组成，设理事长、副理事长，董事长、副董事长或者主任、副主任各1人。中外合作办学者一方担任理事长、董事长或者主任的，由另一方担任副理事长、副董事长或者副主任。

具有法人资格的中外合作办学机构的法定代表人，由中外合作办学者协商，在理事长、董事长或者校长中确定。

第二十二条 中外合作办学机构的理事会、董事会或者联合管理委员会由中外合作办学者的代表、校长或者主要行政负责人、教职工代表等组成，其中1/3以上组成人员应当具有5年以上教育、教学经验。中外合作办学机构的理事会、董事会或者联合管理委员会组成人员名单应当报审批机关备案。

《营利性民办学校监督管理实施细则》（节录）

（2016年12月30日教发〔2016〕20号公布 自2016年12月30日起施行）

第十八条 营利性民办学校监事会中教职工代表不得少于1/3，主要履行以下职权：

（一）检查学校财务。

（二）监督董事会和行政机构成员履职情况。

（三）向教职工（代表）大会报告履职情况。

（四）国家法律法规和学校章程规定的其他职权。

《普通高等学校理事会规程（试行）》（节录）

（2014年7月16日中华人民共和国教育部令第37号公布 自2014年9月1日起施行）

第五条 理事会一般应包含以下方面的代表：

（一）学校举办者、主管部门、共建单位的代表；

（二）学校及职能部门相关负责人，相关学术组织负责人，教师、学生代表；

（三）支持学校办学与发展的地方政府、行业组织、企业事业单位和其他社会组织等理事单位的代表；

（四）杰出校友、社会知名人士、国内外知名专家等；

（五）学校邀请的其他代表。

各方面代表在理事会所占的比例应当相对均衡，有利于理事会充分、有效地发挥作用。

第六条　理事会组成人员一般不少于21人，可分为职务理事和个人理事。

职务理事由相关部门或者理事单位委派；理事单位和个人理事由学校指定机构推荐或者相关组织推选。学校主要领导和相关职能部门负责人可以确定为当然理事。

根据理事会组成规模及履行职能的需要和学校实际，可以设立常务理事、名誉理事等。

第十五条　已设立理事会或相关机构的普通高等学校，其组成或者职责与本规程不一致的，应依据本规程予以调整。

高等职业学校可以参照本章程组建理事会，并可以按照法律和国家相关规定，进一步明确行业企业代表在理事会的地位与作用。

民办高等学校理事会或者董事会依据《民办教育促进法》组建并履行职责，不适用本规程；但可参照本规程，适当扩大理事会组成人员的代表性。

第二十二条　【决策机构职权】

学校理事会或者董事会行使下列职权：

（一）聘任和解聘校长；

（二）修改学校章程和制定学校的规章制度；

（三）制定发展规划，批准年度工作计划；

（四）筹集办学经费，审核预算、决算；

（五）决定教职工的编制定额和工资标准；

（六）决定学校的分立、合并、终止；

（七）决定其他重大事项。

其他形式决策机构的职权参照本条规定执行。

关联规定

《中华人民共和国民办教育促进法实施条例》(节录)

(2021 年 4 月 7 日中华人民共和国国务院令第 741 号公布　自 2021 年 9 月 1 日起施行)

第二十六条第二款　民办学校的理事会、董事会或者其他形式决策机构每年至少召开 2 次会议。经 1/3 以上组成人员提议,可以召开理事会、董事会或者其他形式决策机构临时会议。讨论下列重大事项,应当经 2/3 以上组成人员同意方可通过:

(一)变更举办者;

(二)聘任、解聘校长;

(三)修改学校章程;

(四)制定发展规划;

(五)审核预算、决算;

(六)决定学校的分立、合并、终止;

(七)学校章程规定的其他重大事项。

《中华人民共和国中外合作办学条例》(节录)

(2019 年 3 月 2 日中华人民共和国国务院令第 709 号公布　自 2019 年 3 月 2 日起施行)

第二十三条　中外合作办学机构的理事会、董事会或者联合管理委员会行使下列职权:

(一)改选或者补选理事会、董事会或者联合管理委员会组成人员;

(二)聘任、解聘校长或者主要行政负责人;

(三)修改章程,制定规章制度;

(四)制定发展规划,批准年度工作计划;

(五)筹集办学经费,审核预算、决算;

(六)决定教职工的编制定额和工资标准;

（七）决定中外合作办学机构的分立、合并、终止；

（八）章程规定的其他职权。

第二十四条　中外合作办学机构的理事会、董事会或者联合管理委员会每年至少召开一次会议。经1/3以上组成人员提议，可以召开理事会、董事会或者联合管理委员会临时会议。

中外合作办学机构的理事会、董事会或者联合管理委员会讨论下列重大事项，应当经2/3以上组成人员同意方可通过：

（一）聘任、解聘校长或者主要行政负责人；

（二）修改章程；

（三）制定发展规划；

（四）决定中外合作办学机构的分立、合并、终止；

（五）章程规定的其他重大事项。

《独立学院设置与管理办法》（节录）

（2015年11月10日中华人民共和国教育部令第38号公布　自2015年11月10日起施行）

第二十六条　独立学院的理事会或者董事会每年至少召开2次会议。经三分之一以上组成人员提议，可以召开理事会或者董事会临时会议。

理事会或者董事会会议应由二分之一以上的理事或者董事出席方可举行。

第二十七条　独立学院理事会或者董事会应当对所议事项形成记录，出席会议的理事或者董事和记录员应当在记录上签名。

第二十八条　独立学院理事会或者董事会会议作出决议，须经全体理事或者董事的过半数通过。但是讨论下列重大事项，须经理事会或者董事会三分之二以上组成人员同意方可通过：

（一）聘任、解聘独立学院院长；

（二）修改独立学院章程；

（三）制定发展规划；

（四）审核预算、决算；

（五）决定独立学院的合并、终止；

（六）独立学院章程规定的其他重大事项。

《国务院关于鼓励社会力量兴办教育促进民办教育健康发展的若干意见》(节录)

(2016年12月29日国发〔2016〕81号公布　自2016年12月29日起施行)

(十九)完善学校法人治理。民办学校要依法制定章程,按照章程管理学校。健全董事会(理事会)和监事(会)制度,董事会(理事会)和监事(会)成员依据学校章程规定的权限和程序共同参与学校的办学和管理。董事会(理事会)应当优化人员构成,由举办者或者其代表、校长、党组织负责人、教职工代表等共同组成。监事会中应当有党组织领导班子成员。探索实行独立董事(理事)、监事制度。健全党组织参与决策制度,积极推进"双向进入、交叉任职",学校党组织领导班子成员通过法定程序进入学校决策机构和行政管理机构,党员校长、副校长等行政机构成员可按照党的有关规定进入党组织领导班子。学校党组织要支持学校决策机构和校长依法行使职权,督促其依法治教、规范管理。完善校长选聘机制,依法保障校长行使管理权。民办学校校长应熟悉教育及相关法律法规,具有5年以上教育管理经验和良好办学业绩,个人信用状况良好。学校关键管理岗位实行亲属回避制度。完善教职工代表大会和学生代表大会制度。

第二十三条　【民办学校法定代表人】

民办学校的法定代表人由理事长、董事长或者校长担任。

关联规定

《中华人民共和国高等教育法》(节录)

(2018年12月29日中华人民共和国主席令第23号公布　自2018年12月29日起施行)

第三十条　高等学校自批准设立之日起取得法人资格。高等学校的校长为高等学校的法定代表人。

高等学校在民事活动中依法享有民事权利，承担民事责任。

《中华人民共和国民办教育促进法实施条例》（节录）

（2021年4月7日中华人民共和国国务院令第741号公布 自2021年9月1日起施行）

第二十五条第二款 民办学校法定代表人应当由民办学校决策机构负责人或者校长担任。

《营利性民办学校监督管理实施细则》（节录）

（2016年12月30日教发〔2016〕20号公布 自2016年12月30日起施行）

第十六条第二款 营利性民办学校法定代表人由董事长或者校长担任。

第三十一条 营利性民办学校应当建立健全学校风险防范、安全管理制度和应急预警处理机制，保障学校师生权益、生命财产安全，维护学校安全稳定。学校法定代表人是学校安全稳定工作的第一责任人。

《民办高等学校办学管理若干规定》（节录）

（2015年11月10日中华人民共和国教育部令第38号公布 自2015年11月10日起施行）

第二十四条 民办高校的法定代表人为学校安全和稳定工作第一责任人。民办高校应当加强应急管理，建立健全安全稳定工作机制。推进学校安全保卫工作队伍建设，加强对学校教学、生活、活动设施的安全检查，落实各项安全防范措施，维护校园安全和教学秩序。

《独立学院设置与管理办法》(节录)

(2015年11月10日中华人民共和国教育部令第38号公布　自2015年11月10日起施行)

第三十二条　独立学院的法定代表人为学校安全稳定工作第一责任人。独立学院应当建立健全安全稳定工作机制,建立学校安全保卫工作队伍。落实各项维护安全稳定措施,开展校园及周边治安综合治理,维护校园安全和教学秩序。

参与举办独立学院的普通高等学校应当根据独立学院的实际情况,积极采取措施,做好安全稳定工作。

第二十四条　【民办学校校长】

民办学校参照同级同类公办学校校长任职的条件聘任校长,年龄可以适当放宽。

关联规定

《中华人民共和国义务教育法》(节录)

(2018年12月29日中华人民共和国主席令第22号公布　自2018年12月29日起施行)

第二十六条　学校实行校长负责制。校长应当符合国家规定的任职条件。校长由县级人民政府教育行政部门依法聘任。

《中华人民共和国中外合作办学条例》(节录)

(2019年3月2日中华人民共和国国务院令第709号公布　自2019年3月2日起施行)

第二十五条　中外合作办学机构的校长或者主要行政负责人,应当具有中华人民共和国国籍,在中国境内定居,热爱祖国,品行良好,具有教育、教学经验,并具备相应的专业水平。

第二十六条　中外合作办学机构的校长或者主要行政负责人行使下列职权:

(一)执行理事会、董事会或者联合管理委员会的决定;

(二)实施发展规划,拟订年度工作计划、财务预算和规章制度;

(三)聘任和解聘工作人员,实施奖惩;

(四)组织教育教学、科学研究活动,保证教育教学质量;

(五)负责日常管理工作;

(六)章程规定的其他职权。

《中华人民共和国中外合作办学条例实施办法》(节录)

(2004年6月2日中华人民共和国教育部令第20号公布　自2004年7月1日起施行)

第二十二条　中外合作办学机构应当聘任专职的校长或者主要行政负责人。中外合作办学机构的校长或者主要行政负责人依法独立行使教育教学和行政管理职权。

《国务院关于鼓励社会力量兴办教育促进民办教育健康发展的若干意见》(节录)

(2016年12月29日国发〔2016〕81号公布　自2016年12月29日起施行)

(十九)完善学校法人治理。民办学校要依法制定章程,按照章程管理学校。

健全董事会(理事会)和监事(会)制度,董事会(理事会)和监事(会)成员依据学校章程规定的权限和程序共同参与学校的办学和管理。董事会(理事会)应当优化人员构成,由举办者或者其代表、校长、党组织负责人、教职工代表等共同组成。监事会中应当有党组织领导班子成员。探索实行独立董事(理事)、监事制度。健全党组织参与决策制度,积极推进"双向进入、交叉任职",学校党组织领导班子成员通过法定程序进入学校决策机构和行政管理机构,党员校长、副校长等行政机构成员可按照党的有关规定进入党组织领导班子。学校党组织要支持学校决策机构和校长依法行使职权,督促其依法治教、规范管理。完善校长选聘机制,依法保障校长行使管理权。民办学校校长应熟悉教育及相关法律法规,具有5年以上教育管理经验和良好办学业绩,个人信用状况良好。学校关键管理岗位实行亲属回避制度。完善教职工代表大会和学生代表大会制度。

《民办高等学校办学管理若干规定》(节录)

(2015年11月10日中华人民共和国教育部令第38号公布　自2015年11月10日起施行)

第十条　民办高校校长应当具备国家规定的任职条件,具有10年以上从事高等教育管理经历,年龄不超过70岁。校长任期原则上为4年。

《独立学院设置与管理办法》(节录)

(2015年11月10日中华人民共和国教育部令第38号公布　自2015年11月10日起施行)

第二十九条　独立学院院长应当具备国家规定的任职条件,年龄不超过70岁,由参与举办独立学院的普通高等学校优先推荐,理事会或者董事会聘任。

独立学院院长负责独立学院的教育教学和行政管理工作。

《学校及其他教育机构聘用外籍专业人员管理办法》(节录)

(1996年1月29日外专发〔1996〕82号公布　自1996年1月29日起施行)

第十二条　学校及其他教育机构不聘用外籍专业人员担任各级主要行政领导职务。

《中等职业学校管理规程》(节录)

(2010年5月13日教职成〔2010〕6号公布　自2010年5月13日起施行)

第六条　学校应当依法制定学校章程,按照章程自主办学。学校实行校长负责制,聘任具备法定任职条件、熟悉职业教育规律、敬业创新、管理能力强的人员担任校长。新任校长应当经过岗前培训,持证上岗。学校章程中应当明确校长在学校发展规划、行政管理、教育教学管理、人事管理、财务管理等方面的责任、权利和义务。

学校建立健全校长考核及激励约束机制。

第七条　学校建立校长全面负责行政工作、党组织保障监督、教职工民主参与管理的内部管理体制。民办学校实行理事会或者董事会领导下的校长负责制。

……

第二十五条　【民办学校校长职权】

民办学校校长负责学校的教育教学和行政管理工作,行使下列职权:

(一)执行学校理事会、董事会或者其他形式决策机构的决定;

(二)实施发展规划,拟订年度工作计划、财务预算和学校规章制度;

(三)聘任和解聘学校工作人员,实施奖惩;

(四)组织教育教学、科学研究活动,保证教育教学质量;

(五)负责学校日常管理工作;

(六)学校理事会、董事会或者其他形式决策机构的其他授权。

关联规定

《中华人民共和国高等教育法》(节录)

(2018年12月29日中华人民共和国主席令第23号公布　自2018年12月29日起施行)

第四十条　高等学校的校长,由符合教育法规定的任职条件的公民担任。高等学校的校长、副校长按照国家有关规定任免。

第四十一条　高等学校的校长全面负责本学校的教学、科学研究和其他行政管理工作,行使下列职权:

(一)拟订发展规划,制定具体规章制度和年度工作计划并组织实施;

(二)组织教学活动、科学研究和思想品德教育;

(三)拟订内部组织机构的设置方案,推荐副校长人选,任免内部组织机构的负责人;

(四)聘任与解聘教师以及内部其他工作人员,对学生进行学籍管理并实施奖励或者处分;

(五)拟订和执行年度经费预算方案,保护和管理校产,维护学校的合法权益;

(六)章程规定的其他职权。

高等学校的校长主持校长办公会议或者校务会议,处理前款规定的有关事项。

《中华人民共和国职业教育法》(节录)

(2022年4月20日中华人民共和国主席令第112号公布　自2022年5月1日起施行)

第三十五条　公办职业学校实行中国共产党职业学校基层组织领导的校长负责制,中国共产党职业学校基层组织按照中国共产党章程和有关规定,全面领导学校工作,支持校长独立负责地行使职权。民办职业学校依法健全决策机制,强化学校的中国共产党基层组织政治功能,保证其在学校重大事项决策、监督、执行各环节有效发挥作用。

校长全面负责本学校教学、科学研究和其他行政管理工作。校长通过校长办公会或者校务会议行使职权，依法接受监督。

职业学校可以通过咨询、协商等多种形式，听取行业组织、企业、学校毕业生等方面代表的意见，发挥其参与学校建设、支持学校发展的作用。

《中华人民共和国民办教育促进法实施条例》（节录）

（2021年4月7日中华人民共和国国务院令第741号公布　自2021年9月1日起施行）

第二十八条　民办学校校长依法独立行使教育教学和行政管理职权。

民办学校内部组织机构的设置方案由校长提出，报理事会、董事会或者其他形式决策机构批准。

《中等职业学校管理规程》（节录）

（2010年5月13日教职成〔2010〕6号公布　自2010年5月13日起施行）

第七条　学校建立校长全面负责行政工作、党组织保障监督、教职工民主参与管理的内部管理体制。民办学校实行理事会或者董事会领导下的校长负责制。

学校建立党组织，并确保党组织发挥监督、保障和参与重大决策的作用。学校应当在党组织领导下，建立共青团、学生会组织，组织开展生动有效的思想政治教育活动。

第二十六条　【教学活动】

民办学校对招收的学生，根据其类别、修业年限、学业成绩，可以根据国家有关规定发给学历证书、结业证书或者培训合格证书。

对接受职业技能培训的学生，经备案的职业技能鉴定机构鉴定合格的，可以发给国家职业资格证书。

关联规定

《中华人民共和国义务教育法》(节录)

(2018年12月29日中华人民共和国主席令第22号公布　自2018年12月29日起施行)

第三十四条　教育教学工作应当符合教育规律和学生身心发展特点,面向全体学生,教书育人,将德育、智育、体育、美育等有机统一在教育教学活动中,注重培养学生独立思考能力、创新能力和实践能力,促进学生全面发展。

第三十五条　国务院教育行政部门根据适龄儿童、少年身心发展的状况和实际情况,确定教学制度、教育教学内容和课程设置,改革考试制度,并改进高级中等学校招生办法,推进实施素质教育。

学校和教师按照确定的教育教学内容和课程设置开展教育教学活动,保证达到国家规定的基本质量要求。

国家鼓励学校和教师采用启发式教育等教育教学方法,提高教育教学质量。

第三十六条　学校应当把德育放在首位,寓德育于教育教学之中,开展与学生年龄相适应的社会实践活动,形成学校、家庭、社会相互配合的思想道德教育体系,促进学生养成良好的思想品德和行为习惯。

第三十七条　学校应当保证学生的课外活动时间,组织开展文化娱乐等课外活动。社会公共文化体育设施应当为学校开展课外活动提供便利。

第三十八条　教科书根据国家教育方针和课程标准编写,内容力求精简,精选必备的基础知识、基本技能,经济实用,保证质量。

国家机关工作人员和教科书审查人员,不得参与或者变相参与教科书的编写工作。

第三十九条　国家实行教科书审定制度。教科书的审定办法由国务院教育行政部门规定。

未经审定的教科书,不得出版、选用。

第四十条　教科书价格由省、自治区、直辖市人民政府价格行政部门会同同级出版主管部门按照微利原则确定。

第四十一条　国家鼓励教科书循环使用。

《中华人民共和国高等教育法》（节录）

（2018 年 12 月 29 日中华人民共和国主席令第 23 号公布　自 2018 年 12 月 29 日起施行）

第三十一条　高等学校应当以培养人才为中心，开展教学、科学研究和社会服务，保证教育教学质量达到国家规定的标准。

第三十二条　高等学校根据社会需求、办学条件和国家核定的办学规模，制定招生方案，自主调节系科招生比例。

第三十三条　高等学校依法自主设置和调整学科、专业。

第三十四条　高等学校根据教学需要，自主制定教学计划、选编教材、组织实施教学活动。

第三十五条　高等学校根据自身条件，自主开展科学研究、技术开发和社会服务。

国家鼓励高等学校同企业事业组织、社会团体及其他社会组织在科学研究、技术开发和推广等方面进行多种形式的合作。

国家支持具备条件的高等学校成为国家科学研究基地。

第三十六条　高等学校按照国家有关规定，自主开展与境外高等学校之间的科学技术文化交流与合作。

《中华人民共和国职业教育法》（节录）

（2022 年 4 月 20 日中华人民共和国主席令第 112 号公布　自 2022 年 5 月 1 日起施行）

第三十六条　职业学校应当依法办学，依据章程自主管理。

职业学校在办学中可以开展下列活动：

（一）根据产业需求，依法自主设置专业；

（二）基于职业教育标准制定人才培养方案，依法自主选用或者编写专业课程教材；

（三）根据培养技术技能人才的需要，自主设置学习制度，安排教学过程；

（四）在基本学制基础上，适当调整修业年限，实行弹性学习制度；

（五）依法自主选聘专业课教师。

第三十七条　国家建立符合职业教育特点的考试招生制度。

中等职业学校可以按照国家有关规定，在有关专业实行与高等职业学校教育的贯通招生和培养。

高等职业学校可以按照国家有关规定，采取文化素质与职业技能相结合的考核方式招收学生；对有突出贡献的技术技能人才，经考核合格，可以破格录取。

省级以上人民政府教育行政部门会同同级人民政府有关部门建立职业教育统一招生平台，汇总发布实施职业教育的学校及其专业设置、招生情况等信息，提供查询、报考等服务。

第三十八条　职业学校应当加强校风学风、师德师风建设，营造良好学习环境，保证教育教学质量。

第三十九条　职业学校应当建立健全就业创业促进机制，采取多种形式为学生提供职业规划、职业体验、求职指导等就业创业服务，增强学生就业创业能力。

第四十条　职业学校、职业培训机构实施职业教育应当注重产教融合，实行校企合作。

职业学校、职业培训机构可以通过与行业组织、企业、事业单位等共同举办职业教育机构、组建职业教育集团、开展订单培养等多种形式进行合作。

国家鼓励职业学校在招生就业、人才培养方案制定、师资队伍建设、专业规划、课程设置、教材开发、教学设计、教学实施、质量评价、科学研究、技术服务、科技成果转化以及技术技能创新平台、专业化技术转移机构、实习实训基地建设等方面，与相关行业组织、企业、事业单位等建立合作机制。开展合作的，应当签订协议，明确双方权利义务。

《中华人民共和国学前教育法》（节录）

（2024年11月8日中华人民共和国主席令第34号公布　自2025年6月1日起施行）

第五十五条　国务院教育行政部门制定幼儿园教育指导纲要和学前儿童学

习与发展指南，地方各级人民政府教育行政部门依据职责组织实施，加强学前教育教学研究和业务指导。

幼儿园应当按照国家有关规定，科学实施符合学前儿童身心发展规律和年龄特点的保育和教育活动，不得组织学前儿童参与商业性活动。

第五十六条　幼儿园应当以学前儿童的生活为基础，以游戏为基本活动，发展素质教育，最大限度支持学前儿童通过亲近自然、实际操作、亲身体验等方式探索学习，促进学前儿童养成良好的品德、行为习惯、安全和劳动意识，健全人格、强健体魄，在健康、语言、社会、科学、艺术等各方面协调发展。

幼儿园应当以国家通用语言文字为基本保育教育语言文字，加强学前儿童普通话教育，提高学前儿童说普通话的能力。

第五十七条　幼儿园应当配备符合相关标准的玩教具和幼儿图书。

在幼儿园推行使用的课程教学类资源应当经依法审定，具体办法由国务院教育行政部门制定。

幼儿园应当充分利用家庭、社区的教育资源，拓展学前儿童生活和学习空间。

《中华人民共和国学位条例》（节录）

（2004 年 8 月 28 日中华人民共和国主席令第 27 号公布　自 2004 年 8 月 28 日起施行）

第二条　凡是拥护中国共产党的领导、拥护社会主义制度，具有一定学术水平的公民，都可以按照本条例的规定申请相应的学位。

第三条　学位分学士、硕士、博士三级。

第四条　高等学校本科毕业生，成绩优良，达到下述学术水平者，授予学士学位：

（一）较好地掌握本门学科的基础理论、专门知识和基本技能；

（二）具有从事科学研究工作或担负专门技术工作的初步能力。

第五条　高等学校和科学研究机构的研究生，或具有研究生毕业同等学力的人员，通过硕士学位的课程考试和论文答辩，成绩合格，达到下述学术水平者，授予硕士学位：

（一）在本门学科上掌握坚实的基础理论和系统的专门知识；

（二）具有从事科学研究工作或独立担负专门技术工作的能力。

第六条 高等学校和科学研究机构的研究生，或具有研究生毕业同等学力的人员，通过博士学位的课程考试和论文答辩，成绩合格，达到下述学术水平者，授予博士学位：

（一）在本门学科上掌握坚实宽广的基础理论和系统深入的专门知识；

（二）具有独立从事科学研究工作的能力；

（三）在科学或专门技术上做出创造性的成果。

第七条 国务院设立学位委员会，负责领导全国学位授予工作。学位委员会设主任委员一人，副主任委员和委员若干人。主任委员、副主任委员和委员由国务院任免。

第八条 学士学位，由国务院授权的高等学校授予；硕士学位、博士学位，由国务院授权的高等学校和科学研究机构授予。

授予学位的高等学校和科学研究机构（以下简称学位授予单位）及其可以授予学位的学科名单，由国务院学位委员会提出，经国务院批准公布。

第九条 学位授予单位，应当设立学位评定委员会，并组织有关学科的学位论文答辩委员会。

学位论文答辩委员会必须有外单位的有关专家参加，其组成人员由学位授予单位遴选决定。学位评定委员会组成人员名单由学位授予单位确定，报国务院有关部门和国务院学位委员会备案。

第十条 学位论文答辩委员会负责审查硕士和博士学位论文、组织答辩，就是否授予硕士学位或博士学位作出决议。决议以不记名投票方式，经全体成员三分之二以上通过，报学位评定委员会。

学位评定委员会负责审查通过学士学位获得者的名单；负责对学位论文答辩委员会报请授予硕士学位或博士学位的决议，作出是否批准的决定。决定以不记名投票方式，经全体成员过半数通过。决定授予硕士学位或博士学位的名单，报国务院学位委员会备案。

第十一条 学位授予单位，在学位评定委员会作出授予学位的决议后，发给学位获得者相应的学位证书。

第十二条 非学位授予单位应届毕业的研究生，由原单位推荐，可以就近向学位授予单位申请学位。经学位授予单位审查同意，通过论文答辩，达到本条例规定的学术水平者,授予相应的学位。

第十三条　对于在科学或专门技术上有重要的著作、发明、发现或发展者,经有关专家推荐,学位授予单位同意,可以免除考试,直接参加博士学位论文答辩。对于通过论文答辩者,授予博士学位。

第十四条　对于国内外卓越的学者或著名的社会活动家,经学位授予单位提名,国务院学位委员会批准,可以授予名誉博士学位。

第十五条　在我国学习的外国留学生和从事研究工作的外国学者,可以向学位授予单位申请学位。对于具有本条例规定的学术水平者,授予相应的学位。

第十六条　非学位授予单位和学术团体对于授予学位的决议和决定持有不同意见时,可以向学位授予单位或国务院学位委员会提出异议。学位授予单位和国务院学位委员会应当对提出的异议进行研究和处理。

第十七条　学位授予单位对于已经授予的学位,如发现有舞弊作伪等严重违反本条例规定的情况,经学位评定委员会复议,可以撤销。

第十八条　国务院对于已经批准授予学位的单位,在确认其不能保证所授学位的学术水平时,可以停止或撤销其授予学位的资格。

《中华人民共和国民办教育促进法实施条例》(节录)

(2021 年 4 月 7 日中华人民共和国国务院令第 741 号公布　自 2021 年 9 月 1 日起施行)

第十六条　国家鼓励民办学校利用互联网技术在线实施教育活动。

利用互联网技术在线实施教育活动应当符合国家互联网管理有关法律、行政法规的规定。利用互联网技术在线实施教育活动的民办学校应当取得相应的办学许可。

民办学校利用互联网技术在线实施教育活动,应当依法建立并落实互联网安全管理制度和安全保护技术措施,发现法律、行政法规禁止发布或者传输的信息的,应当立即停止传输,采取消除等处置措施,防止信息扩散,保存有关记录,并向有关主管部门报告。

外籍人员利用互联网技术在线实施教育活动,应当遵守教育和外国人在华工作管理等有关法律、行政法规的规定。

第二十九条 民办学校依照法律、行政法规和国家有关规定，自主开展教育教学活动；使用境外教材的，应当符合国家有关规定。

实施高等教育和中等职业技术学历教育的民办学校，可以按照办学宗旨和培养目标自主设置专业、开设课程、选用教材。

实施普通高中教育、义务教育的民办学校可以基于国家课程标准自主开设有特色的课程，实施教育教学创新，自主设置的课程应当报主管教育行政部门备案。实施义务教育的民办学校不得使用境外教材。

实施学前教育的民办学校开展保育和教育活动，应当遵循儿童身心发展规律，设置、开发以游戏、活动为主要形式的课程。

实施以职业技能为主的职业资格培训、职业技能培训的民办学校可以按照与培训专业（职业、工种）相对应的国家职业标准及相关职业培训要求开展培训活动，不得教唆、组织学员规避监管，以不正当手段获取职业资格证书、成绩证明等。

第三十条 民办学校应当按照招生简章或者招生广告的承诺，开设相应课程，开展教育教学活动，保证教育教学质量。

民办学校应当提供符合标准的校舍和教育教学设施设备。

第三十一条 实施学前教育、学历教育的民办学校享有与同级同类公办学校同等的招生权，可以在审批机关核定的办学规模内，自主确定招生的标准和方式，与公办学校同期招生。

实施义务教育的民办学校应当在审批机关管辖的区域内招生，纳入审批机关所在地统一管理。实施普通高中教育的民办学校应当主要在学校所在设区的市范围内招生，符合省、自治区、直辖市人民政府教育行政部门有关规定的可以跨区域招生。招收接受高等学历教育学生的应当遵守国家有关规定。

县级以上地方人民政府教育行政部门、人力资源社会保障行政部门应当为外地的民办学校在本地招生提供平等待遇，不得设置跨区域招生障碍实行地区封锁。

民办学校招收学生应当遵守招生规则，维护招生秩序，公开公平公正录取学生。实施义务教育的民办学校不得组织或者变相组织学科知识类入学考试，不得提前招生。

民办学校招收境外学生，按照国家有关规定执行。

第三十二条 实施高等学历教育的民办学校符合学位授予条件的，依照有关法律、行政法规的规定经审批同意后，可以获得相应的学位授予资格。

《国务院关于鼓励社会力量兴办教育促进民办教育健康发展的若干意见》(节录)

(2016 年 12 月 29 日国发〔2016〕81 号公布　自 2016 年 12 月 29 日起施行)

(四)加强和改进民办学校思想政治教育工作。把思想政治教育工作纳入学校事业发展规划,把思想政治工作队伍建设纳入学校人才队伍培养规划,全面提升思想政治教育工作水平。切实加强思想政治理论课和思想品德课课程、教材、教师队伍建设,深入推进中国特色社会主义理论体系进教材、进课堂、进头脑,把社会主义核心价值观融入教育教学全过程、教书育人各环节,不断增强广大师生中国特色社会主义道路自信、理论自信、制度自信、文化自信。提高思想政治教育的针对性、实效性和吸引力、感染力,切实加强理想信念、爱国主义、集体主义、中国特色社会主义教育和中华优秀传统文化、革命传统文化、民族团结教育,引导学生树立正确的世界观、人生观、价值观。大力开展社会实践和志愿服务,积极开展心理健康教育。创新网络思想政治教育方式,大力弘扬主旋律、传播正能量,全面提高教书育人、实践育人、科研育人、管理育人、服务育人的水平。

(十七)保障依法自主办学。扩大民办高等学校和中等职业学校专业设置自主权,鼓励学校根据国家战略需求和区域产业发展需要,依法依规设置和调整学科专业。民办中小学校在完成国家规定课程前提下,可自主开展教育教学活动。支持民办学校参与考试招生制度改革。社会声誉好、教学质量高、就业有保障的民办高等职业学校,可在核定的办学规模内自主确定招生范围和年度招生计划。中等以下层次民办学校按照国家有关规定,在核定的办学规模内,与当地公办学校同期面向社会自主招生。各地不得对民办学校跨区域招生设置障碍。

(二十三)明确学校办学定位。积极引导民办学校服务社会需求,更新办学理念,深化教育教学改革,创新办学模式,加强内涵建设,提高办学质量。学前教育阶段鼓励举办普惠性民办幼儿园,坚持科学保教,防止和纠正"小学化"现象。中小学校要执行国家课程方案和课程标准,坚持特色办学优质发展,满足多样化需求。职业院校应明确技术技能人才培养定位,服务区域经济和产业发展,深化产教融合、校企合作,提高技术技能型人才培养水平。鼓励举办应用技术类本科高等学校，培养适应经济结构调整、产业转型升级和新产业、新业态、新商业模式需要的人才。充分发挥民办教育在完善终身教育体系、构建学习型社会中的积极作用。

（二十五）引进培育优质教育资源。鼓励支持高水平有特色民办学校培育优质学科、专业、课程、师资、管理，整体提升教育教学质量，着力打造一批具有国际影响力和竞争力的民办教育品牌，着力培养一批有理想、有境界、有情怀、有担当的民办教育家。允许民办高等学校和中等职业学校与世界高水平同类学校在学科、专业、课程建设以及人才培养等方面开展交流。

《中华人民共和国中外合作办学条例》（节录）

（2019年3月2日中华人民共和国国务院令第709号公布　自2019年3月2日起施行）

第三十条　中外合作办学机构应当按照中国对同级同类教育机构的要求开设关于宪法、法律、公民道德、国情等内容的课程。

国家鼓励中外合作办学机构引进国内急需、在国际上具有先进性的课程和教材。

中外合作办学机构应当将所开设的课程和引进的教材报审批机关备案。

第三十一条　中外合作办学机构根据需要，可以使用外国语言文字教学，但应当以普通话和规范汉字为基本教学语言文字。

第三十二条　实施高等学历教育的中外合作办学机构招收学生，纳入国家高等学校招生计划。实施其他学历教育的中外合作办学机构招收学生，按照省、自治区、直辖市人民政府教育行政部门的规定执行。中外合作办学机构招收境外学生，按照国家有关规定执行。

第三十三条　中外合作办学机构的招生简章和广告应当报审批机关备案。

中外合作办学机构应当将办学类型和层次、专业设置、课程内容和招生规模等有关情况，定期向社会公布。

第三十四条　中外合作办学机构实施学历教育的，按照国家有关规定颁发学历证书或者其他学业证书；实施非学历教育的，按照国家有关规定颁发培训证书或者结业证书。对于接受职业技能培训的学生，经政府批准的职业技能鉴定机构鉴定合格的，可以按照国家有关规定颁发相应的国家职业资格证书。

中外合作办学机构实施高等学历教育的，可以按照国家有关规定颁发中国相应的学位证书。

中外合作办学机构颁发的外国教育机构的学历、学位证书，应当与该教育机构在其所属国颁发的学历、学位证书相同，并在该国获得承认。

中国对中外合作办学机构颁发的外国教育机构的学历、学位证书的承认，依照中华人民共和国缔结或者加入的国际条约办理，或者按照国家有关规定办理。

第三十五条　国务院教育行政部门或者省、自治区、直辖市人民政府教育行政部门及劳动行政部门等其他有关行政部门应当加强对中外合作办学机构的日常监督，组织或者委托社会中介组织对中外合作办学机构的办学水平和教育质量进行评估，并将评估结果向社会公布。

《营利性民办学校监督管理实施细则》（节录）

（2016年12月30日教发〔2016〕20号公布　自2016年12月30日起施行）

第二十一条　营利性民办学校应当以培养人才为中心，遵循教育规律，不断提高教育教学质量，增强受教育者的社会责任感、创新精神、实践能力。

第二十二条　营利性民办学校应当抓好思想政治教育和德育工作。加强思想政治理论课和思想品德课教学，推进中国特色社会主义理论体系进教材、进课堂、进头脑。深入开展理想信念、爱国主义、集体主义、中国特色社会主义教育和中华优秀传统文化、革命传统文化、民族团结教育，引导师生员工树立正确的世界观、人生观、价值观。

第二十三条　实施学历教育的营利性民办学校应当按照国家规定设置专业、开设课程、选用教材。营利性民办幼儿园应当依据国家和地方有关规定科学开展保育和教育活动。

第二十四条　营利性民办学校招收学历教育学生、境外学生应当遵守国家有关规定，招生简章和广告应当报审批机关备案。其中，本科高等学校的招生简章和广告应当报省级人民政府教育行政部门备案。

第二十五条　营利性民办学校聘任的教师应当具备国家规定的教师资格或

者相关专业技能资格，学校应当按照《中华人民共和国教师法》《中华人民共和国劳动合同法》等国家法律法规和有关规定与教职工签订劳动合同。学校应当加强教师师德建设和业务培训，依法保障教职工工资、福利待遇和其他合法权益。学校聘任外籍教师应当符合国家有关规定。

《独立学院设置与管理办法》（节录）

（2015 年 11 月 10 日中华人民共和国教育部令第 38 号公布　自 2015 年 11 月 10 日起施行）

第三十三条　独立学院应当按照国家核定的招生规模和国家有关规定招收学生，完善学籍管理制度，做好家庭经济困难学生的资助工作。

第三十四条　独立学院应当按照国家有关规定建立学生管理队伍。按不低于 1∶200 的师生比配备辅导员，每个班级配备 1 名班主任。

第三十五条　独立学院应当建立健全教学管理机构，加强教学管理队伍建设。改进教学方式方法，不断提高教育质量。

第三十六条　独立学院应当按照国家有关规定完善教师聘用和管理制度，依法落实和保障教师的相关待遇。

第三十七条　独立学院应当根据核定的办学规模充实办学条件，并符合普通本科高等学校基本办学条件指标的各项要求。

第三十八条　独立学院对学习期满且成绩合格的学生，颁发毕业证书，并以独立学院名称具印。

独立学院按照国家有关规定申请取得学士学位授予资格，对符合条件的学生颁发独立学院的学士学位证书。

《民办高等学校办学管理若干规定》（节录）

（2015 年 11 月 10 日中华人民共和国教育部令第 38 号公布　自 2015 年 11 月 10 日起施行）

第十九条　民办高校应当建立健全教学管理机构，加强教学管理队伍建设。

改进教学方式方法，不断提高教育质量。

不得以任何形式将承担的教育教学任务转交其他组织和个人。

《学校招收和培养国际学生管理办法》（节录）

（2017年3月20日中华人民共和国教育部、中华人民共和国外交部、中华人民共和国公安部令第42号公布　自2017年7月1日起施行）

第二条　本办法所称学校，是指中华人民共和国境内实施学前教育、初等教育、中等教育和高等教育的学校。

本办法所称国际学生，是指根据《中华人民共和国国籍法》不具有中国国籍且在学校接受教育的外国学生。

本办法第二至五章适用于高等学校。实施学前、初等、中等教育的学校，其对国际学生的招生、教学和校内管理，按照省、自治区、直辖市的规定执行。

第三条　学校招收和培养国际学生，应当遵守中国法律法规和国家政策；应当维护国家主权、安全和社会公共利益；应当规范管理、保证质量。

国际学生应当遵守中国法律法规，尊重中国风俗习惯，遵守学校规章制度，完成学校学习任务。

第四条　国务院教育行政部门统筹管理全国国际学生工作，负责制定招收、培养国际学生的宏观政策，指导、协调省、自治区、直辖市人民政府教育行政部门和学校开展国际学生工作，并可委托有关单位和行业组织承担国际学生的管理和服务工作。

国务院外交、公安等行政部门按照职责分工，做好国际学生的相关管理工作。

第五条　省、自治区、直辖市人民政府教育行政部门对本行政区域内国际学生工作进行指导、协调和监管，负责研究制定本行政区域内学前、初等、中等教育阶段国际学生工作的相关政策。

省、自治区、直辖市人民政府外事、公安等行政部门按照职责分工，做好国际学生的相关管理工作。

第六条　招收国际学生的学校，应当建立健全国际学生招收、培养、管理和服务制度，具体负责国际学生的招收与培养。

第七条　招收国际学生的高等学校，应当具备相应的教育教学条件和培养能力,并依照国家有关规定自主招收国际学生。

第八条 招收国际学生的高等学校,应当按照国务院教育行政部门规定的事项和程序进行备案。

第九条 高等学校招收国际学生,接受学历教育的类别为:专科生、本科生、硕士研究生和博士研究生;接受非学历教育的类别为:预科生、进修生和研究学者。

第十条 高等学校按照其办学条件和培养能力自主确定国际学生招生计划和专业,国家另有规定的除外。

第十一条 高等学校按照国家招生规定,制定和公布本校国际学生招生简章,并按照招生简章规定的条件和程序招收国际学生。

第十二条 高等学校应当对报名申请的外国公民的入学资格和经济保证证明进行审查,对其进行考试或者考核。国际学生的录取由学校决定;对不符合招生条件的,学校不得招收。

第十三条 高等学校经征得原招生学校同意,可以接收由其他学校录取或者转学的国际学生。

第十四条 高等学校对国际学生的收费项目和标准,按照国家有关规定执行。

高等学校应当公布对国际学生的收费项目、收费标准和退学、转学的退费规定。收费、退费以人民币计价。

第十五条 高等学校应当将国际学生教学计划纳入学校总体教学计划,选派适合国际学生教学的师资,建立健全教育教学质量保障制度。

第十六条 国际学生应当按照高等学校的课程安排和教学计划参加课程学习,并应当按照规定参加相应的毕业考试或者考核。学校应当如实记录其学习成绩和日常表现。

汉语和中国概况应当作为高等学历教育的必修课;政治理论应当作为学习哲学、政治学专业的国际学生的必修课。

第十七条 国际学生入学后,经学生申请、高等学校同意,国际学生可以转专业。转专业条件和程序由学校规定。

第十八条 中华人民共和国通用语言文字是高等学校培养国际学生的基本教学语言。对国家通用语言文字水平达不到学习要求的国际学生,学校可以提供必要的补习条件。

第十九条　具备条件的高等学校,可以为国际学生开设使用外国语言进行教学的专业课程。使用外国语言接受高等学历教育的国际学生,学位论文可以使用相应的外国文字撰写,论文摘要应为中文;学位论文答辩是否使用外国语言,由学校确定。

第二十条　高等学校按照教学计划组织国际学生参加教学实习和社会实践,选择实习、实践地点应当遵守国家有关规定。

第二十一条　高等学校根据国家有关规定为国际学生颁发学历证书或者其他学业证书。对接受高等学历教育的国际学生,高等学校应当及时为其办理学籍和毕业证书电子注册。

高等学校为符合学位授予条件的国际学生颁发学位证书。

《成人中等专业学校暂行条例》(节录)

(1987年4月17日[87]教成字003号公布　自1987年4月17日起施行)

第十三条　开展成人中等专业教育应调动各方面的积极因素,因地制宜,实行多形式、多渠道、多规格办学。

第十四条　要积极发展广播、电视、函授教育,扩大开放式教育容量。广播电视中等专业学校一般应由省、自治区、直辖市、计划单列市举办。中专函授教育一般应由办学条件较好的普通中等专业学校举办,有条件的成人中等专业学校也可以办。

第十五条　成人中等专业学校在办好全科班的同时,应充分挖掘潜力,根据实际需要,积极举办多种形式和不同内容的单科班、短训班、试办中专专修班,逐步开展岗位职务培训和实用技术培训。逐步实行成人中专的毕业证书、专业证书、单科证书三种证书制度(具体实施办法另定)。

第十六条　各种形式的成人中专学校,教学规格应基本统一,应互相沟通,协调发展,相同专业课程成绩应逐步做到互予承认。

第十七条　成人中等专业学校实行学年制或单科累计制。

第十八条　全日制的成人中等专业学校的学习年限,招生对象为初中毕业文化程度的，工科、医科为三年，文科、农科、林科某些专业一般为二年半。招生对象为高中毕业文化程度的学习年限，文、农科、林科一般为一年半，工科、医科为二年。业余学习的学习年限应适当延长。

岗位职务培训、实用技术培训的学习期限应根据实际需要由办学单位确定。

第二十七条 成人中等专业学校招收全科学习的学员，须按照国家教委、国家计委关于成人教育事业计划管理的规定，经批准纳入国家计划并正式下达后，方可进行。

第二十八条 成人中等专业学校主要招收具有与报考专业对口的、有实践经验的初中毕业文化程度或同等学力的干部、工人、农民和其他劳动者。脱产学习的全科班学员须具有二年以上工龄（农民中专的学员要具有一定的实践经验），年龄不超过35周岁，对确有学习条件的干部可适当放宽到45周岁。

第二十九条 地方举办的成人中等专业学校的招生考试，由省、自治区、直辖市教育行政部门统一组织。各部委举办的学校，一般应参加学校所在地的招生考试。

第三十条 成人中等专业学校的学员，学完全科教学计划规定的课程并完成实验、实习，成绩合格，发给毕业证书。毕业证书由省、自治区、直辖市、计划单列市教育行政部门或国务院部、委教育司（局）统一在证书上验印，由学校颁发，未经验印无效。

第三十一条 获得成人中等专业学校毕业证书者，国家承认其学历。

《少年儿童校外教育机构工作规程》（节录）

（2010年12月13日中华人民共和国教育部令第30号公布　自2010年12月13日起施行）

第十二条 校外教育机构开展各项活动不得以营利为目的，不得以少年儿童表演为手段，进行经营性展览、演出等活动。

第十三条 校外教育机构的活动应当包括以下基本内容：

（一）思想品德教育，应结合国内外大事、重大纪念日、民族传统节日、古今中外名人故事、新时期各行各业英雄模范先进人物的事迹对少年儿童进行爱国主义、集体主义和社会主义思想教育，近代史、现代史教育和国情教育、良好意志品格、遵纪守法和文明、有礼貌的行为习惯教育。

（二）科学技术知识普及教育，应通过组织开展科普知识传授、发明创造、科技制作、科学实验等活动，向少年儿童传递科学技术的新信息。引导他们从小爱科学、学科学、用科学。培养创新、献身、求实、协作的科学精神和严谨的科学态度。增强他们的科技意识和培养良好的科学素质。

（三）体育运动，应通过田径、球类、游泳、体操、武术、模型、无线电、棋艺和多种多样的军事体育运动的知识和技能技巧，培养他们勇敢、坚强、活泼的性格和健康的体魄。

（四）文化艺术教育，应通过课外读物、影视音乐、舞蹈、戏剧、绘画、书法、工艺制作以及集邮、摄影等活动，培养少年儿童具有正确的审美观念和审美能力，陶冶情操，提高文化艺术素养。

（五）游戏娱乐，应因地制宜地开展少年儿童喜闻乐见的、多种多样的活动，并要努力创造条件，建立多种游艺设施，让少年儿童愉快地玩乐。

（六）劳动与社会实践活动，凡有劳动实践基地的少年儿童校外教育机构，应按国家教委颁发的劳动教育纲要提出的各项要求，组织开展各种劳动实践活动。向学生进行热爱劳动、热爱劳动人民、热爱劳动成果和不怕苦、不怕脏、不怕累的教育，培养自立、自强品格，促进少年儿童全面发展。

第十四条　校外教育机构的活动可采取以下形式：

（一）开展群众性教育活动是面向广大少年儿童开展教育的一种重要形式。应根据少年儿童的特点，选择鲜明的主题，采取生动活泼的形式，如：举办展览、讲座、组织联欢、演出、开展各项比赛、夏（冬）令营以及各种社会实践活动，对学生进行有效的教育；

（二）开放适合少年儿童的各种活动场所。通过参加活动，开发智力，培养少年儿童的各种兴趣，使他们身心健康成长；

（三）组织专业兴趣小组。通过对少年儿童进行专业知识的传授和技能技巧的培训，使他们初步掌握一门科技、文艺、体育、社会服务等技能。

第十五条　社会公共文化体育设施应向少年儿童开放，安排内容丰富、健康向上的活动项目，并按有关规定对少年儿童实行减、免收费及其他优惠。

第十六条　博物馆、展览馆、图书馆、工人文化宫、艺术馆、文化馆（站）、体育场（馆）、科技馆、影剧院、园林、遗址、烈士陵园以及社会单位办的宫、馆、家、站等，可参照本规程规定的有关内容组织少年儿童活动。

《中小学教辅材料管理办法》(节录)

(2015 年 8 月 3 日新广出发〔2015〕45 号公布　自 2015 年 10 月 1 日起施行)

二、本办法所称中小学教辅材料是指与教科书配套,供中小学生使用的各种学习辅导、考试辅导等出版物,包括:教科书同步练习类出版物,寒暑假作业类出版物,中小学习题、试卷类出版物,省级以上新闻出版行政主管部门认定的其他供中小学生使用的学习、考试辅导类出版物。其产品形态包括图书、报纸、期刊、音像制品、电子出版物等。

五、中小学教辅材料发行管理

(一)中小学教辅材料须由新闻出版行政主管部门依法批准、取得《出版物经营许可证》的发行单位发行。未经批准,任何部门、单位和个人一律不得从事中小学教辅材料的发行。

(二)中小学教辅材料出版发行单位不得委托不具备发行资质的部门、单位和个人发行中小学教辅材料。

(三)在中小学教科书发行中,不得搭售中小学教辅材料。

八、中小学教辅材料选用管理

(一)中小学教辅材料的购买与使用实行自愿原则。任何部门和单位不得以任何形式强迫中小学校或学生订购教辅材料。

(二)各地市教材选用委员会根据当地教育实际和教科书使用情况,按照教科书选用的程序,从本省中小学教辅材料评议公告目录中,一个学科每个版本直接为各县(区)或学校推荐 1 套教辅材料供学生选用。地市教辅材料推荐结果报省级教育行政主管部门备案。

(三)学生自愿购买本地区评议公告目录内的中小学教辅材料并申请学校代购的,学校可以统一代购,但不得从中牟利。其他教辅材料由学生和家长自行在市场购买,学校不得统一征订或提供代购服务。

(四)任何单位和个人不得进入学校宣传、推荐和推销任何教辅材料。

九、中小学教辅材料价格管理

（一）各省、自治区、直辖市评议公告目录内的教辅材料价格管理按国家有关规定执行。

各省、自治区、直辖市物价主管部门要会同新闻出版行政主管部门，加强对列入本地区评议公告目录的教辅材料价格监管。

（二）对各省、自治区、直辖市评议公告目录以外的教辅材料，由出版单位自主定价。在每学期开学前，出版单位要在本单位互联网页显著位置，向社会公开所出版的所有中小学教辅材料价格情况，包括开本、印张数、印张单价、零售价格等情况，主动接受社会监督。

十、从事中小学教辅材料编写、出版、印制、发行活动的单位或个人须严格遵守《中华人民共和国著作权法》等有关法律法规，不得侵害著作权人的合法权益。

使用他人享有著作权的教科书等作品编写出版同步练习册等教辅材料，应依法取得著作权人的授权。

十一、中小学教辅材料监督管理

国家新闻出版广电总局、教育部、国家发展改革委及各省、自治区、直辖市新闻出版行政主管部门、教育行政主管部门、价格主管部门建立健全监督管理制度，接受社会监督。对群众举报和反映的有关教辅材料出版、印制、发行、使用和价格中的违规情况，由各级新闻出版行政主管部门、教育行政主管部门、价格主管部门根据本办法并按各自的管理职责调查处理。

（一）对违反本办法从事中小学教辅材料出版、印刷复制、发行活动的单位或个人，由新闻出版行政主管部门责令其纠正违法行为，依法给予行政处罚，按照相关规定追究有关单位和人员的行政责任。

（二）对违反本办法，强制或变相强制学校或学生购买教辅材料、不按规定代购、从代购教辅材料中收取回扣的单位和个人，由上级教育行政主管部门责令其纠正违规行为，按照相关规定追究有关单位和人员的行政责任。

（三）对违反本办法，擅自或变相提高进入评议公告目录的教辅材料定价标准的，由价格主管部门依照《价格法》、《价格违法行为行政处罚规定》有关法律法规给予处罚，追究有关人员和单位的行政责任。

（四）违反本办法构成犯罪的，由司法机关依法追究刑事责任。

《中等职业学校管理规程》(节录)

(2010 年 5 月 13 日教职成〔2010〕6 号公布　自 2010 年 5 月 13 日起施行)

第十五条　学校应当设立教学管理机构,制定教学管理制度,建立健全教学管理运行机制,保证教学计划的实施。

第十六条　学校实行工学结合的人才培养模式,坚持专业教育与生产实践相结合。

第十七条　学校根据经济社会发展和劳动力市场需求,按照《中等职业学校专业目录》设置的专业,应当经学校主管部门同意,地市级以上教育行政部门核准,报省级教育行政部门备案。设置《中等职业学校专业目录》外专业,应当经省级教育行政部门核准,报国家教育行政部门备案。

学校应当与行业企业紧密合作,共同建立专业建设委员会和专业教学指导委员会,加强专业建设和教学指导。

第十八条　学校根据国家教育行政部门发布的指导性教学文件,制订实施性教学计划。

学校依据国家教育行政部门发布的教学大纲或教学指导方案组织教学、检查教学质量、评价教学效果、选编教材和装备教学设施。加强课程管理,严格执行国家教育行政部门设置的公共基础课程和专业技能课程,设置必修课和选修课。

第十九条　学校应当建立严格规范的教材管理制度。优先选用国家规划教材。根据培养目标和产业发展需要,可以开发使用校本教材。

第二十条　学校应当加强教学过程管理。建立健全教学质量监控与评价制度,有部门专门负责教学督导工作,定期组织实施综合性教学质量检查。

第二十一条　学校应当加强校内外实习实训基地的建设,加强对实践性教学环节的管理,保证实践教学的质量。建立健全学生实习就业管理制度,学校应有相应机构负责学生实习就业工作,加强对学生的安全教育,增强学生安全意识,提高学生自我防护能力。学校应当做好学生实习责任保险工作。

第二十二条　学校应当积极推行学历证书与职业资格证书并举的“双证书”制度。专业技能课程的教学内容应当与职业资格标准相结合,突出职业技能训练。学校应当组织学生参加职业技能鉴定,开展技能竞赛活动。

第二十三条 学校应当设立教学研究机构,加强教研和科研工作,积极组织教师参与国家和地方的教研活动。

《国务院办公厅关于规范校外培训机构发展的意见》(节录)

(2018年8月6日国办发〔2018〕80号公布 自2018年8月6日起施行)

(七)细化培训安排。校外培训机构开展语文、数学、英语及物理、化学、生物等学科知识培训的内容、班次、招生对象、进度、上课时间等要向所在地县级教育部门备案并向社会公布;培训内容不得超出相应的国家课程标准,培训班次必须与招生对象所处年级相匹配,培训进度不得超过所在县(区)中小学同期进度。校外培训机构培训时间不得和当地中小学校教学时间相冲突,培训结束时间不得晚于20:30,不得留作业;严禁组织举办中小学生学科类等级考试、竞赛及进行排名。

《关于进一步减轻义务教育阶段学生作业负担和校外培训负担的意见》(节录)

(2021年7月24日公布 自2021年7月24日起施行)

二、全面压减作业总量和时长,减轻学生过重作业负担

4. 健全作业管理机制。学校要完善作业管理办法,加强学科组、年级组作业统筹,合理调控作业结构,确保难度不超国家课标。建立作业校内公示制度,加强质量监督。严禁给家长布置或变相布置作业,严禁要求家长检查、批改作业。

5. 分类明确作业总量。学校要确保小学一、二年级不布置家庭书面作业,可在校内适当安排巩固练习;小学三至六年级书面作业平均完成时间不超过60分钟,初中书面作业平均完成时间不超过90分钟。

6. 提高作业设计质量。发挥作业诊断、巩固、学情分析等功能,将作业设计纳入教研体系,系统设计符合年龄特点和学习规律、体现素质教育导向的基础性作业。鼓励布置分层、弹性和个性化作业,坚决克服机械、无效作业,杜绝重复性、惩

罚性作业。

7. 加强作业完成指导。教师要指导小学生在校内基本完成书面作业，初中生在校内完成大部分书面作业。教师要认真批改作业，及时做好反馈，加强面批讲解，认真分析学情，做好答疑辅导。不得要求学生自批自改作业。

8. 科学利用课余时间。学校和家长要引导学生放学回家后完成剩余书面作业，进行必要的课业学习，从事力所能及的家务劳动，开展适宜的体育锻炼，开展阅读和文艺活动。个别学生经努力仍完不成书面作业的，也应按时就寝。引导学生合理使用电子产品，控制使用时长，保护视力健康，防止网络沉迷。家长要积极与孩子沟通，关注孩子心理情绪，帮助其养成良好学习生活习惯。寄宿制学校要统筹安排好课余学习生活。

三、提升学校课后服务水平，满足学生多样化需求

9. 保证课后服务时间。学校要充分利用资源优势，有效实施各种课后育人活动，在校内满足学生多样化学习需求。引导学生自愿参加课后服务。课后服务结束时间原则上不早于当地正常下班时间；对有特殊需要的学生，学校应提供延时托管服务；初中学校工作日晚上可开设自习班。学校可统筹安排教师实行“弹性上下班制”。

10. 提高课后服务质量。学校要制定课后服务实施方案，增强课后服务的吸引力。充分用好课后服务时间，指导学生认真完成作业，对学习有困难的学生进行补习辅导与答疑，为学有余力的学生拓展学习空间，开展丰富多彩的科普、文体、艺术、劳动、阅读、兴趣小组及社团活动。不得利用课后服务时间讲新课。

11. 拓展课后服务渠道。课后服务一般由本校教师承担，也可聘请退休教师、具备资质的社会专业人员或志愿者提供。教育部门可组织区域内优秀教师到师资力量薄弱的学校开展课后服务。依法依规严肃查处教师校外有偿补课行为，直至撤销教师资格。充分利用社会资源，发挥好少年宫、青少年活动中心等校外活动场所在课后服务中的作用。

12. 做强做优免费线上学习服务。教育部门要征集、开发丰富优质的线上教育教学资源，利用国家和各地教育教学资源平台以及优质学校网络平台，免费向学生提供高质量专题教育资源和覆盖各年级各学科的学习资源，推动教育资源均衡发展，促进教育公平。各地要积极创造条件，组织优秀教师开展免费在线互动交流答疑。各地各校要加大宣传推广使用力度，引导学生用好免费线上优质教育资源。

《教育部办公厅关于做好中小学生课后服务工作的指导意见》（节录）

（2017年2月24日教基一厅〔2017〕2号公布　自2017年2月24日起施行）

一、充分发挥中小学校课后服务主渠道作用。广大中小学校要结合实际积极作为，充分利用学校在管理、人员、场地、资源等方面的优势，主动承担起学生课后服务责任。要强化学校管理，建立健全课后服务制度。要完善工作措施，认真做好具体组织实施工作。各地教育行政部门要加强统筹规划，指导辖区内中小学校具体做好课后服务工作，帮助解决实际困难。对确实不具备条件但有课后服务需求的，要积极协调学校、社区、校外活动中心等资源，做好课后服务工作。具体课后服务时间由各地根据实际自行确定。

二、课后服务必须坚持学生家长自愿原则。中小学生是否参加课后服务，由学生家长自愿选择。中小学校开展课后服务工作，要事先充分征求家长意见，主动向家长告知服务方式、服务内容、安全保障措施等，建立家长申请、班级审核、学校统一实施的工作机制。课后服务要优先保障留守儿童、进城务工人员随迁子女等亟需服务群体。对于家长要求在校外另行实施的，中小学校要主动提醒家长选择有资质、有保障的课后服务机构。

三、科学合理确定课后服务内容形式。课后服务工作要遵循教育规律和学生成长规律，有利于促进学生全面发展。课后服务内容主要是安排学生做作业、自主阅读、体育、艺术、科普活动，以及娱乐游戏、拓展训练、开展社团及兴趣小组活动、观看适宜儿童的影片等，提倡对个别学习有困难的学生给予免费辅导帮助。坚决防止将课后服务变相成为集体教学或“补课”。鼓励中小学校与校外活动场所联合组织开展学生综合实践活动，或组织学生就近到社区、企事业单位开展社会实践活动。

四、切实保障课后服务学生安全。要完善安全管理制度。明确课后服务人员责任，加强对师生安全卫生意识教育；强化活动场所安全检查和门卫登记管理制度，制定并落实严格的考勤、监管、交接班制度和应急预案措施。由学校组织在校外实施课后服务的，教育行政部门要加强与综治、公安、卫生、食药监督等部门的协调配合,切实消除在交通、场地、消防、食品卫生、安全保卫等方面的隐患,确保学生人身安全。

五、进一步加强对课后服务工作的领导。各地教育行政部门要进一步强化担当、落实责任,统筹规划各类资源和需求,调动各方面积极性,努力形成课后服务工作合力。要积极向本地区党委、政府汇报,加强与相关部门沟通协调,争取资金支持,不断完善经费保障机制,通过"政府购买服务""财政补贴"等方式对参与课后服务的学校、单位和教师给予适当补助,严禁以课后服务名义乱收费。要把课后服务工作纳入中小学校考评体系,加强督导检查。要创新工作机制和方法,积极探索形成各具特色的课后服务工作模式。

《教育部　外交部　公安部　国家旅游局关于进一步加强对中小学生出国参加夏(冬)令营等有关活动管理的通知》

(2012年4月24日教外监〔2012〕26号公布　自2012年4月24日起施行)

各省、自治区、直辖市教育厅(教委)、外办、公安厅(局)、旅游局:

近年来,随着我经济社会持续发展和对外交往的扩大,越来越多的中小学生出国参加夏(冬)令营等有关活动,这对培养我中小学生综合素质、开阔国际视野、了解不同文化和锻炼对外交往能力等具有积极意义。但随着交流团组人数迅速增加,一些团组组织管理不善,安全事故以及其他各种问题时有发生。为保障中小学生出国参加夏(冬)令营等有关活动健康有序安全进行,维护学生利益,现将有关事宜通知如下:

一、中小学生出国参加夏(冬)令营等有关活动系指在寒、暑假期间有组织地组织在校中小学生以团体形式出国参加夏(冬)令营、校园考察、文化体验、语言培训等交流活动。

二、组织中小学生参加出国夏(冬)令营等有关活动的主办单位应是中小学校、教育行政部门所属的对外教育交流机构或者共青团、少先队与妇联组织,可以委托国家旅游局许可经营出境旅游业务的旅行社承办。凡涉及与国际(或目的国)非政府组织开展交流的,应向上级外事主管部门请示报批和备案。

三、各地教育行政部门和学校要高度重视中小学生出国参加夏(冬)令营等有关活动的管理工作。要以学生为本，建立完善的安全责任机制、安全预警和突发事件应急机制，切实履行职责，对出现的问题苗头及时研究解决，严防重大涉外安全等事故发生。

四、主办单位要全面做好组织工作，不得以营利为目的组织出国夏（冬）令营等有关活动。与相关机构合作组织出国夏（冬）令营等有关活动要认真审查合作的境内外组团机构的资质，签署合作协议，细化活动安排，并指派专人随团负责团组工作，使夏（冬）令营等活动切实起到教育作用。要与学生家长签定委托协议书，明确各方的权利义务，细化安全保障和保险理赔等涉及学生切身利益的事宜。原则上不组织低年级学生出国参加夏（冬）令营等有关活动。

五、承接出国夏（冬）令营等活动的旅行社应当具备国家旅游局许可经营出境旅游业务的资质。要针对中小学生特殊群体完善管理制度，提高服务标准，增强服务的责任心，树立有爱心、有耐心的工作作风。要加强对中小学生心理和管理特点的了解，针对中小学生年龄较小，心智不成熟，较易发生意外事件的特殊性，增强风险防范意识。要加强对领队和导游处理营员发生意外事件能力的培训，提高处理突发事件的能力。

六、有关部门应通过多种途径，向学生及家长提供具备合法资质、信誉良好的机构的信息，引导家长和学生选择符合素质教育及学生身心健康发展的机构。中小学校应要求学生报告在寒暑假期间自行参加旅行社或其他组织举办的出国参加夏（冬）令营等有关活动的相关信息。

七、各主办单位要对出国参加夏（冬）令营等活动的学生和有关人员进行必要的法律、纪律、安全教育和中华传统文化的教育，增强抵御不良文化侵蚀的能力。要注意登录教育部、外交部和驻外使领馆网站查看所提供的安全预警信息，避免前往自然灾害、政局动荡或战乱地区参加夏（冬）令营等有关活动。要掌握我驻外使、领馆和当地相关部门的联系方式，以便遇紧急情况时寻求帮助。

八、各地教育、旅游行政管理部门要会同工商、公安等部门建立部门间信息沟通机制，对非法从事组织出国夏（冬）令营等有关活动的，要依法予以制止和处理；对违反有关规定造成参加学生人身伤害或者恶劣影响的，要追究有关单位及责任人员的责任。

第二十七条 【民办学校民主管理】

民办学校依法通过以教师为主体的教职工代表大会等形式，保障教职工参与民主管理和监督。

民办学校的教师和其他工作人员，有权依照工会法，建立工会组织，维护其合法权益。

关联规定

《中华人民共和国教育法》（节录）

（2021年4月29日中华人民共和国主席令第80号公布　自2021年4月30日起施行）

第三十一条第三款　学校及其他教育机构应当按照国家有关规定，通过以教师为主体的教职工代表大会等组织形式，保障教职工参与民主管理和监督。

《中华人民共和国高等教育法》（节录）

（2018年12月29日中华人民共和国主席令第23号公布　自2018年12月29日起施行）

第四十三条　高等学校通过以教师为主体的教职工代表大会等组织形式，依法保障教职工参与民主管理和监督，维护教职工合法权益。

《中华人民共和国学前教育法》（节录）

（2024年11月8日中华人民共和国主席令第34号公布　自2025年6月1日起施行）

第三十八条　幼儿园园长由其举办者或者决策机构依法任命或者聘任，并报县级人民政府教育行政部门备案。

幼儿园园长应当具有本法第三十七条规定的教师资格、大学专科以上学历、五年以上幼儿园教师或者幼儿园管理工作经历。

国家推行幼儿园园长职级制。幼儿园园长应当参加县级以上地方人民政府教育行政部门组织的园长岗位培训。

《中华人民共和国民办教育促进法实施条例》(节录)

(2021年4月7日中华人民共和国国务院令第741号公布 自2021年9月1日起施行)

第三十七条 教育行政部门应当会同有关部门建立民办幼儿园、中小学专任教师劳动、聘用合同备案制度,建立统一档案,记录教师的教龄、工龄,在培训、考核、专业技术职务评聘、表彰奖励、权利保护等方面,统筹规划、统一管理,与公办幼儿园、中小学聘任的教师平等对待。

民办职业学校、高等学校按照国家有关规定自主开展教师专业技术职务评聘。

教育行政部门应当会同有关部门完善管理制度,保证教师在公办学校和民办学校之间的合理流动;指导和监督民办学校建立健全教职工代表大会制度。

《独立学院设置与管理办法》(节录)

(2015年11月10日中华人民共和国教育部令第38号公布 自2015年11月10日起施行)

第三十一条 独立学院必须根据有关规定,建立健全中国共产党和中国共产主义青年团的基层组织。独立学院党组织应当发挥政治核心作用,独立学院团组织应当发挥团结教育学生的重要作用。

独立学院应当建立教职工代表大会制度,保障教职工参与民主管理和监督。

本章相关案例

案例10　胡某万、肖某红等合伙合同纠纷案

［(2022)粤02民终1107号］

【裁判要旨】

根据《中华人民共和国合同法》(已失效)第五十二条“有下列情形之一的,合同无效:(一)一方以欺诈、胁迫的手段订立合同,损害国家利益;(二)恶意串通,损害国家、集体或者第三人利益;(三)以合法形式掩盖非法目的;(四)损害社会公共利益;(五)违反法律、行政法规的强制性规定”的规定,本案中的办学协议书系胡某万、肖某红的真实意思表示,内容未违反法律、行政法规的强制性规定,合法有效。是否将理事长、理事或者董事长、董事名单报审批机关备案并非影响本案中的办学协议书效力的法定条件。

【案情简介】

2018年4月18日,胡某万(乙方)与肖某红(甲方)签订《乐昌市某某幼儿园合作办学协议书》,该协议书主要约定:(1)甲方(拥有乐昌市某某幼儿园100%的股份)决定通过稀释股份的形式与具有丰富办学经验的乙方进行合作办学;(2)目前乐昌市某某幼儿园总资产(固定资产和无形资产)价值400万元,甲方决定采用增资扩股的方式对乐昌市某某幼儿园进行改制,由乙方在合同签订2年内投入600万元用于乐昌市某某幼儿园建设改造、文化策划、教师培训和设施设备添置等,乙方投入600万元后,甲方占乐昌市某某幼儿园40%的股份,乙方占60%的股份,甲乙双方共同经营管理乐昌市某某幼儿园,在适宜机会甲乙双方通过注册成立公司,共同举办乐昌市某某幼儿园;(3)双方一致同意,以乙方实际投入的资金计算股份比例(乙方每一次的投入皆以转入乐昌市某某幼儿园账户为准),在没有最终确定双方股份比例时,乐昌市某某幼儿园不得分红,财务由双方共同监管,但乙方同意甲方每学期预支15万元分红,待确定股份比例分红时扣除;(4)乐昌市某某幼儿园将设立董事会,董事会成员7至9人,甲方应在本协议签订后15天内召开董事会全体会议,提名和选举乙方担任董事长,适时报相关部门备案,重大决策由董事会表决通过,董事长具有60%的投票表决权,乐昌市某某幼儿园实行董

事会领导下的园长负责制;(5)本协议签订2年内确定甲乙双方所占乐昌市某某幼儿园股份,并根据情况协商后分红,但不管乙方股份所占份额的多少,从协议签订起,乐昌市某某幼儿园管理的主导权都归乙方;(6)甲方应将乐昌市某某幼儿园近3年的全面财务状况真实毫无隐瞒地向乙方报告,乙方将委派代表进行审核结算和财产登记清点工作,协议签订10天内完成,甲乙双方确认签字后将财务移交财务人员,财务审核结算签字之日以前所有的债权债务归甲方,财务审核结算签字之日以后所有开支都必须执行甲乙双方共同确认的财务制度,2018年3月31日前的员工工资全部由甲方承担,所收取的费用也归属于甲方,2018年4月1日以后的费用则归甲乙双方共同经营的乐昌市某某幼儿园所有;(7)本协议签订后,甲方不再需要投资,其仍负责乐昌市某某幼儿园的日常园务管理,做好乐昌市某某幼儿园师生平稳过渡工作;(8)本协议签订后,乐昌市某某幼儿园所有的投资皆由乙方负责筹集垫付,甲方认同乙方的投资决策权,所有投资皆需要先进入乐昌市某某幼儿园账户(可作为往来款),甲方拥有监督权,乙方应根据本协议约定,新建项目和改造等必须按计划落实资金,保证在2020年4月前完成600万元的投入资金,若因为乐昌市某某幼儿园租赁期在双方共同努力下无法延长到17年,则乙方无须投入600万元;(9)乙方按照方案进行建设和改造,在具备建设条件的情况下保证2018年8月前完成第一期建设改造工程,投资200万元,乐昌市某某幼儿园所有投资由乙方负责,确保乐昌市某某幼儿园大幅提升办学条件,快速创建幼教品牌,因乙方的资金不到位影响乐昌市某某幼儿园发展作违约处理;(10)乙方不得在建设改造中途撤资离场;(11)本协议双方达成一致意见后,任何一方不得擅自违约,否则,违约方承担投资总额(1000万元)20%的违约金,并要补偿对方的投资损失。

2018年4月18日,胡某万(甲方)与案外人谢某干(乙方)签订《乐昌市某某幼儿园合作办学增加股东协议书》,该协议书主要约定:基于甲方与乐昌市某某幼儿园办学人肖某红签订的《乐昌市某某幼儿园合作办学协议书》,乙方认同甲方与肖某红的合作办学模式,甲乙双方协商,通过稀释甲方股份的形式,增加乙方为股东。

2018年7月5日,胡某万、肖某红与案外人谢某干签订《2018年乐昌市某某幼儿园董事会决议》,该决议主要载明:(1)本次会议出席董事3人,实到3人,完全符合《章程》规定的法定程序;(2)经全体董事会表决一致同意选举肖某红为乐昌市某某幼儿园执行董事，全面负责运营管理，直接对董事会负责，必须确保乐昌市某某幼儿园收入剔除上交给广东万威达实业投资有限公司品牌使用业务指导费用后还有所提升，以确保股东投资收益；(3)变更合作办学协议书的约定为“2018年8月3日前员工工资全部由甲方承担，所收取的费用也归属于甲方，产生的所有债权债务由甲方负责，结余部分全部归甲方，2018年9月1日以后的全部费用收支则归甲乙双方共同经营的幼儿园所有”；(4)肖某红执行董事必须于2018年8月10日前将乐昌市某某幼儿园过去一年的财务状况和详细的收支情况账册毫不隐瞒地移交董事会，财务监管由谢某干董事负责。

2018年9月20日，胡某万、肖某红与案外人谢某干签订《2018年乐昌市某某幼儿园董事会决议》，该决议载明：(1)再次明晰，乐昌市某某幼儿园总投资600万元，其中肖某红占比60%、胡某万占比20%，现胡某万已投入140万元，谢某干投入10万元，原乐昌市某某幼儿园估值400万元，谢某干应当再次投入110万元，其中给肖某红个人40万元，给胡某万20万元，投入乐昌市某某幼儿园50万元，在9月30日完成；(2)由谢某干接任乐昌市某某幼儿园的执行董事，经营管理乐昌市某某幼儿园；(3)董事会一致认同每学期先预支30万元给肖某红(其中每学期第一个月领20万元，每学期最后一个月领10万元)，在最终分红中结算；(4)执行董事每月补贴5000元，每月来乐昌市某某幼儿园4次，总时间达到10天；(5)执行董事有责任争取达到每年利润120万元，执行董事在确保董事会每年总利润超过120万元后，在有盈余利润的情况下，用总收入的5%给执行董事谢某干，不足也不补，超出总收入的5%部分按股比分配；(6)此决议从2018年9月1日结算；(7)以上事项经全体董事会成员一致表决同意通过，即日起开始执行。

2019年3月20日，胡某万(乙方)、肖某红(甲方)与案外人谢某干(丙方)签订《协议书》，该协议主要载明：(1)甲乙丙三方就合作投资经营乐昌市某某幼儿园事宜，现由于丙方原因提出退出投资合作，经甲乙丙三方协商一致，同意丙方退出合作；(2)同意丙方谢某干退出乐昌市某某幼儿园合作投资，于本协议签订之日起3个工作日退给谢某干48,000元，该费用从乐昌市某某幼儿园账户经费中支付；(3)甲乙丙三方确认丙方谢某干已对投资合作事宜无任何债权债务，丙方不得因合作投资事项对甲乙方主张权利，甲乙方也不得就合作投资事宜对丙方主张权利。

2019年3月20日，胡某万、肖某红与案外人谢某干签订《乐昌市某某幼儿园董事会决议》，该决议主要载明：(1)2018年9月20日上午在乐昌市某某幼儿园会议室召开董事会所确定的决议的所有项目无效;(2)同意谢某干退出乐昌市某某幼儿园投资,于本决议生效之日3个工作日退回谢某干剩余投资款4.8万元;(3)胡某万2018年4月25日转入乐昌市某某幼儿园40万元,2018年8月15日转入乐昌市某某幼儿园100万元,2019年2月1日转入乐昌市某某幼儿园50万元,合计投资190万元。

2018年4月25日,胡某万通过银行转账40万元至乐昌市某某幼儿园账户。2018年8月15日,胡某万通过银行转账两笔50万元共计100万元至乐昌市某某幼儿园账户。2019年2月1日,胡某万通过银行转账50万元至乐昌市某某幼儿园账户。胡某万合计投入190万元。

胡某万、肖某红因合伙事宜产生争议,胡某万遂于2019年10月17日诉至法院。原审诉讼过程中,胡某万、肖某红均确认胡某万雇请了邓某红在2018年4月至2018年9月,专门负责乐昌市某某幼儿园财务管理,邓某红辞职后由乐昌市某某幼儿园的副园长(老员工)刘某负责财务管理。

本案诉讼过程中,因肖某红表示双方的合作办学协议具备继续履行的现实条件,而胡某万亦表示同意按原来的协议履行,只是应由胡某万来执行合伙事务,法院遂依当事人申请,给予双方一定的调解期间。但双方因资金投入及合伙事务执行问题矛盾分歧较大,最终未能调解成功,在2021年7月6日的一审庭审中肖某红表示因合同无法继续履行,放弃要求继续履行《乐昌市某某幼儿园合作办学协议书》《2018年乐昌市某某幼儿园董事会决议》的反诉请求,并同意胡某万请求对乐昌市某某幼儿园从双方合作之日起至今的财务状况进行审计的申请。法院依法定程序委托广东诚安信会计师事务所(特殊普通合伙)对乐昌市某某幼儿园从2018年4月18日以来的财务状况进行审计,该所接受委托后发出《报价函》及《审计需提供材料清单》。法院收到该所发出的《报价函》及《审计需提供材料清单》后,向胡某万和肖某红发出书面通知,限胡某万7日内按《报价函》要求预交鉴定费66,000元,限肖某红、乐昌市某某幼儿园10日内按《审计需提供材料清单》提供相关资料。胡某万收到法院书面通知后,向法院提出补充意见,主张合作办学协议签订后,双方一直没有重新制定章程并经过相关部门的审批,肖某红、乐昌市某某幼儿园制定的章程依然有效,乐昌市某某幼儿园的董事成员也一直没有变更,胡某万依然不是乐昌市某某幼儿园的股东,由于胡某万与谢某干不是董事会成员,2018年7月5日和9月20日的董事会决议以及2019年3月20日的董事会决议都是无效的决议，肖某红没有经全体理事会的同意与胡某万签订合作办学协议，因此该协议无效。经询问，胡某万主张其是基于合作办学协议无效要求肖某红返还投资款，并不需要对乐昌市某某幼儿园资产进行审计，并明确表示不会预交审计的鉴定费。

肖某红、乐昌市某某幼儿园按照《审计需提供材料清单》的要求向法院提交了如下资料：乐昌市某某幼儿园2018年4月至2019年8月的账户交易明细；乐昌市某某幼儿园的财务账册；韶关市诺正会计师事务所出具的乐昌市某某幼儿园2018年、2019年、2020年的财务报表审计报告。胡某万质证认为：(1)对财务账册2018年5月至9月有邓某红签名的财务状况予以认可，其余财务状况是在肖某红控制之下的，不予认可；(2)乐昌市某某幼儿园账户交易明细显示在胡某万出资后短短半年时间，肖某红就从乐昌市某某幼儿园拿走了48万元，肖某红明知乐昌市某某幼儿园亏损还私自从乐昌市某某幼儿园拿走巨款，属于侵吞乐昌市某某幼儿园资产；(3)财务报表审计报告是肖某红单方委托的，账目情况不清楚，且审计报告所述的许多款项是双方合作之前产生，不是合作期间产生，对审计报告不予认可，不能作为本案定案的依据，如果采信则应责令肖某红将拿走的48万元返还乐昌市某某幼儿园，并将之前乐昌市某某幼儿园向银行借的160万元扣除。经法院多番释明，胡某万坚持主张其与肖某红签订的合作办学协议无效，没有必要对双方合伙期间的财务状况进行审计；肖某红认为其已初步举证证实胡某万投入的190万元资金已使用完毕，乐昌市某某幼儿园现在是负债的，是否还应返还胡某万投资款应由胡某万举证，亦不申请对双方合伙期间的财务状况进行审计。

【争议焦点】

1. 胡某万、肖某红于2018年4月18日签订的《乐昌市某某幼儿园合作办学协议书》的效力如何确定。

2. 肖某红、乐昌市某某幼儿园应否向胡某万退回其投资本金及利息。

3. 胡某万要求肖某红向其支付违约金200万元应否支持。

【裁判观点】

本案系合伙合同纠纷。根据《最高人民法院关于适用〈中华人民共和国民法典〉时间效力的若干规定》第一条“民法典施行后的法律事实引起的民事纠纷案件，适用民法典的规定。民法典施行前的法律事实引起的民事纠纷案件，适用当时的法律、司法解释的规定，但是法律、司法解释另有规定的除外。民法典施行前的法律事实持续至民法典施行后，该法律事实引起的民事纠纷案件，适用民法典的规定，但是法律、司法解释另有规定的除外”的规定，因引发本案纠纷的法律事实均发生在民法典施行前，故本案仍应适用当时的法律、司法解释。根据《中华人民共和国民事诉讼法》第一百七十五条“第二审人民法院应当对上诉请求的有关事实和适用法律进行审查”和《最高人民法院关于适用〈中华人民共和国民事诉讼法〉的解释》第三百二十一条第一款“第二审人民法院应当围绕当事人的上诉请求进行审理”的规定，法院将围绕胡某万上诉请求的有关事实和适用法律进行审查。针对各方当事人在二审中的诉辩意见，本案的争议焦点是：(1)胡某万、肖某红于2018年4月18日签订的《乐昌市某某幼儿园合作办学协议书》的效力如何确定。(2)肖某红、乐昌市某某幼儿园应否向胡某万退回其投资本金及利息。(3)胡某万要求肖某红向其支付违约金200万元应否支持。

1. 关于胡某万、肖某红于2018年4月18日签订的《乐昌市某某幼儿园合作办学协议书》的效力如何确定的问题。胡某万以上述办学协议书签订后未向审批机关备案理事长、理事或者董事长、董事名单为由，主张上述办学协议书无效，对此，法院认为，根据《中华人民共和国合同法》(已失效)第五十二条“有下列情形之一的，合同无效：(一)一方以欺诈、胁迫的手段订立合同，损害国家利益；(二)恶意串通，损害国家、集体或者第三人利益；(三)以合法形式掩盖非法目的；(四)损害社会公共利益；(五)违反法律、行政法规的强制性规定”的规定，上述办学协议书系胡某万、肖某红的真实意思表示，内容未违反法律、行政法规的强制性规定，合法有效。是否将理事长、理事或者董事长、董事名单报审批机关备案并非影响上述办学协议书效力的法定条件，故胡某万主张上述办学协议书无效的理由不能成立，法院不予支持。

2. 关于肖某红、乐昌市某某幼儿园应否向胡某万退回其投资本金及利息的问题。根据《中华人民共和国民法通则》(已失效)第三十二条“合伙人投入的财产，由合伙人统一管理和使用。合伙经营积累的财产，归合伙人共有”的规定，胡某万支出的190万元系对合伙开办的乐昌市某某幼儿园的投入，胡某万已实际参与乐昌市某某幼儿园的经营管理，涉案办学协议书已实际履行，双方合伙关系成立，在未进行清算的情况下，法院无法查清在胡某万、肖某红合伙期间乐昌市某某幼儿园的盈亏及资产状况。因此，胡某万要求肖某红、乐昌市某某幼儿园向其返还投资本金190万元及利息的主张缺乏事实和法律依据，一审法院不予支持并无不当，二审法院予以维持。对于胡某万主张涉案办学协议书未实际履行，其亦未实际经营乐昌市某某幼儿园的问题，从本案已查明的事实可知，胡某万在与肖某红签订涉案办学协议书后，就乐昌市某某幼儿园的运营管理模式等事项与肖某红、案外人谢某干先后签订了两份《2018年乐昌市某某幼儿园董事会决议》，其还雇请了邓某红负责乐昌市某某幼儿园2018年4月至2018年9月的财务管理工作，刘某负责乐昌市某某幼儿园财务管理期间亦向胡某万汇报了乐昌市某某幼儿园的相关情况，即胡某万、肖某红实际履行了涉案办学协议书，胡某万亦参与了乐昌市某某幼儿园的经营管理。据此，胡某万主张其未实际参与经营，涉案办学协议书未实际履行，进而要求返还投资款并支付利息的主张与事实不符，法院不予支持。对于胡某万退伙事宜，双方当事人可另循合法途径解决。

3. 关于胡某万要求肖某红向其支付违约金200万元应否支持的问题。本案中，胡某万以肖某红未选举其作为董事长及制定章程并进行备案、办学人更名，以及未告知其乐昌市某某幼儿园财务状况为由，主张肖某红违约，要求肖某红向其支付违约金200万元。对此，法院认为，根据《中华人民共和国合同法》(已失效)第七十七条第一款"当事人协商一致，可以变更合同"的规定，虽涉案办学协议书约定选举胡某万为董事长并进行备案，但胡某万与肖某红、案外人谢某干先后签订的两份《2018年乐昌市某某幼儿园董事会决议》，已对上述约定进行了变更。根据涉案办学协议书第四条第四款"双方重新制订《章程》报市教育行政部门审批，依据《章程》的规定，遵守法律法规的前提下确保甲乙双方依法享有相应权利"的约定，《章程》的制定应由胡某万、肖某红共同进行，胡某万并未提交证据证实系因肖某红的原因导致乐昌市某某幼儿园《章程》未制定及报批。至于胡某万主张肖某红未向其告知乐昌市某某幼儿园财务状况的问题，胡某万在合伙期间聘请了人员专门负责乐昌市某某幼儿园的财务管理工作，其与肖某红、案外人谢某干还就谢某干退伙事宜进行了结算，据此，胡某万主张其不知乐昌市某某幼儿园的财务状况与事实不符，法院不予采信。综上所述，胡某万主张肖某红违约的理由均不能成立，一审法院驳回胡某万要求肖某红向其支付违约金200万元的主张并无不当，法院予以维持。

至于胡某万上诉主张肖某红挪用、侵占乐昌市某某幼儿园资金48万元的问题，胡某万可另行向有关部门反映。

【裁判结果】

一审裁判结果：(1)确认胡某万与肖某红签订的《乐昌市某某幼儿园合作办学

协议书》《2018 年乐昌市某某幼儿园董事会决议》(2018 年 7 月 5 日)有效;(2)解除胡某万与肖某红签订的《乐昌市某某幼儿园合作办学协议书》《2018 年乐昌市某某幼儿园董事会决议》(2018 年 7 月 5 日);(3)驳回胡某万的诉讼请求;(4)驳回肖某红的其他反诉请求。

二审裁判结果:驳回上诉,维持原判。

【案例评析】

本案的核心争议便是胡某万、肖某红于 2018 年 4 月 18 日签订的《乐昌市某某幼儿园合作办学协议书》的效力如何确定。

在民商事审判领域内,本着尊重民事主体意思自治、鼓励交易原则,尽量维护合同效力已达成一种基本共识,符合立法本意和司法实践的发展趋势。关于合同效力问题,我国民事立法和司法实践的发展,经历了一个认识不断完善,界定逐渐合理的过程。从最初的《中华人民共和国民法通则》(已失效)第五十八条未对任意性规定和强制性规定加以区分,直接规定违反法律的民事法律行为一律无效,到《中华人民共和国合同法》(已失效)第五十二条第五项规定违反法律、行政法规的强制性规定而将管理性规定排除在外,这是认知变化的立法体现。《中华人民共和国民法总则》(已失效)第一百五十三条第一款规定:违反法律、行政法规的强制性规定不导致该民事法律行为无效的除外。根据《中华人民共和国民法总则》该条规定,强制性规定可分为导致民事法律行为无效和不导致民事法律行为无效两种类型,实际上这也是立法沿着前述指导思想的进一步发展。

虽然民法总则没有直接采纳将强制性规定区分为效力性强制性规定和管理性强制性规定的表述,但立法者传递出的并非所有违反法律、行政法规强制性规定的民事法律行为均无效的意思是很明确的。《中华人民共和国民法典》第一百五十三条第一款规定:"违反法律、行政法规的强制性规定的民事法律行为无效。但是,该强制性规定不导致该民事法律行为无效的除外。"这也表达了只有违反法律的强制性效力性规范,才会导致民事法律行为的无效,《民促法》第二十一条第二款规定,学校理事会或者董事会由五人以上组成,设理事长或者董事长一人。理事长、理事或者董事长、董事名单报审批机关备案。从性质上分析,应当是属于管理性规定而非效力性规定,违反管理性规定并不当然导致合同无效,故并不能导致《乐昌市某某幼儿园合作办学协议书》无效。

案例11　潍坊某某学校、潍坊某源旅游开发有限公司股东知情权纠纷案

［(2023)鲁07民终1119号］

【裁判要旨】

举办者与学校之间的知情权纠纷可参照适用公司法有关股东知情权的规定。潍坊某源旅游开发有限公司(以下简称某源公司)已于起诉前向潍坊某某学校(以下简称某某学校)发出了告知函,要求行使知情权,工商登记信息具有公示效力,应视为某源公司已经向某某学校提出了要求履行知情权的书面请求,某源公司已经履行了行使股东知情权的前置程序。某源公司有权查阅和摘抄某某学校会计账簿和会计凭证,查阅和摘抄某某学校食堂所有的会计账簿和会计凭证。某源公司主张的会计凭证中列明的其他材料,属于某某学校入账的会计凭证,某源公司享有查阅权,不再单独一一列明。

【案情简介】

某源公司捐赠500万元用于某某学校的设立,2016年12月1日已实缴货币出资500万元至某某学校。某某学校成立于2016年12月20日,开办资金500万元,某源公司出资比例100%,法定代表人为赵某平,担任校长。经营范围为小学、初中、高中教育。

2017年11月20日通过的某某学校办学章程第三条规定,学校性质为非营利性民办学历教育学校。第五条规定,学校的登记管理机关是潍坊市民政局,业务主管单位是潍坊市高新区教育局。第六条规定,学校地址为山东省潍坊市高新区潍县某路某街某号。第八条规定,学校的举办者是某源公司。第九条规定,举办者享有以下权利:(1)了解学校经营状况和财务状况;(2)推荐理、董事和监事;(3)有权查阅董事会会议记录和学校财务会计报告。第十条规定,学校开办资金500万元人民币,出资者为某源公司。第十二条规定,学校的业务范围包括:(1)小学教育;(2)初中教育;(3)高中教育。第十三条规定,学校设立董事会,其成员为5人。董事会是学校的决策机构。董事由举办者(包括出资者)、职工代表(由全体职工推举产生)及有关单位(业务主管单位)推选产生。董事每届任期3年,任期届满,连选可以连任。第十四条规定,董事会行使下列事项的决定权:

(1)修改章程;(2)业务活动计划;(3)年度财务预算、决算方案;(4)增加开办资金的方案;(5)学校的分立、合并或终止;(6)聘任或者解聘学校校长和其提名聘任或者解聘的学校副校长及财务负责人;(7)罢免、增补董事;(8)内部机构的设置;(9)制定内部管理制度;(10)从业人员的工资报酬;(11)其他应该由董事会行使决定权的事项。第二十三条规定,学校的法定代表人为校长。某某学校在民办非企业单位登记证书上记载的法定代表人为赵某平。在某某学校网站上公示赵某平为某某学校的总校长,李某森为执行校长。

2022年8月5日,某源公司向赵某平在潍坊市峡山生态经济发展区市场监督管理局预留的电子邮箱发送了电子邮件,邮件主题为关于某某学校、双语小学查账事宜,邮件内容为:赵校长,您好! 因多次请求查阅学校的财务资料都没有实现,我们已向法院提起诉讼。为避免开庭后对学校产生负面影响,请您在7日内提供某某学校、潍坊峡山生态经济开发区二七一双语小学成立至今的如下资料,以供查阅、复制、审计:(1)章程、董事会(理事会)决议、监事会决议;(2)学校及学校餐厅的报表、审计报告、财务会计账簿(含电子账)、会计凭证、银行对账单、所有合同——尤其是关联交易合同等。

2022年8月6日,某源公司通过顺丰快递向某某学校的赵某平、李某森邮寄《告知函》,内容为:某某学校、潍坊高新区瀚声幼儿园、赵校长您好! 因多次请求查阅学校的财务资料都没有实现,我们已向法院提起诉讼。为避免开庭后对学校产生负面影响,请在7日内提供贵校及幼儿园成立至今的如下资料,以供查阅、复制、审计:(1)章程、董事会(理事会)决议、监事会决议;(2)学校及学校餐厅的报表、审计报告、财务会计账簿(含电子账)、会计凭证、银行对账单、所有合同——尤其是关联交易合同等。赵某平于2022年8月8日拒收上述邮件;李某森于2022年8月15日签收上述邮件。

某源公司主张某某学校的法定代表人赵某平和山东某集团实际控制某某学校,非法干预学校的管理和决策,并利用关联交易损害学校利益。某某学校对某源公司提供的某某教育管理财务中心工作标准细则及记录表格、某某教育管理财务中心项目书有异议,认为与知情权无关。

【争议焦点】

一是某源公司对某某学校开办经营情况是否享有知情权,行使知情权时能否参照公司法的相关规定;二是某源公司行使知情权时,是否履行了法定的前置程序;三是一审判决关于某源公司查阅、复制、摘抄范围的认定是否符合法律规定。

【裁判观点】

一审法院认为,关于争议焦点一,某源公司作为民办学校举办者,能否参照公司法的规定行使知情权的问题。《民促法》第五条第二款规定,国家保障民办学校举办者、校长、教职工和受教育者的合法权益。某某学校的章程规定了举办者享有以下权利:(1)了解学校经营状况和财务状况;(2)推荐理(董)事和监事;(3)有权查阅理(董)事会(局)会议记录和学校财务会计报告。由此可知,作为举办者的某源公司享有对某某学校经营状况和财务状况的知情权,也有权查阅会议记录和财务会计报告。《民促法》并未有知情权的相关规定,章程也只作了概括性、原则性规定,某某学校作为非营利性民办学校,除了设立目的——举办者不得取得办学收益外,设立模式、组织机构、治理方式等与公司法规定的有限责任公司最为类似,举办者与学校的关系在一定程度上也与股东与公司之间的关系类似,一审法院认为,举办者与学校之间的知情权纠纷可参照适用公司法有关股东知情权的规定。

关于争议焦点二,某源公司是否已经履行了行使股东知情权的前置程序的问题。《中华人民共和国公司法》第三十三条规定,股东有权查阅、复制公司章程、股东会会议记录、董事会会议决议、监事会会议决议和财务会计报告。股东可以要求查阅公司会计账簿。股东要求查阅公司会计账簿的,应当向公司提出书面请求,说明目的。公司有合理根据认为股东查阅会计账簿有不正当目的,可能损害公司合法利益的,可以拒绝提供查阅,并应当自股东提出书面请求之日起十五日内书面答复股东并说明理由。公司拒绝提供查阅的,股东可以请求人民法院要求公司提供查阅。某源公司已经向某某学校在工商登记信息中预留的电子邮箱发送了告知函,又通过顺丰快递向某某学校的法定代表人赵某平、执行校长李某森邮寄了书面告知函,赵某平、李某森拒收该邮件。一审法院认为,某源公司已于起诉前向某某学校发出了告知函,要求行使知情权,工商登记信息具有公示效力,应视为某源公司已经向某某学校提出了要求履行知情权的书面请求,某源公司已经履行了行使股东知情权的前置程序。

关于争议焦点三,某源公司作为某某学校的举办者,行使知情权的方式的问题。公司法规定,股东有权查阅、复制公司章程、股东会会议记录、董事会会议决议、监事会会议决议和财务会计报告。因此,对某源公司要求查阅、复制章程(含章程修正案)、董事会会议决议、理事会会议决议、监事会会议决议、财务会计报告(包括但不限于资产负债表、利润表、现金流量表、所有者权益变动表及附注)、审计报告,查阅、复制教学工作计划、招生工作计划、对外合作文件、工作总结、领导履职情况、离任审计报告、学校教职工花名册、薪酬制度及配套的薪酬统计表等教学管理、经营管理的相关资料的主张,依法予以支持。公司法规定,股东可以要求查阅公司会计账簿。《最高人民法院关于适用〈中华人民共和国公司法〉若干问题的规定(四)》第十条规定,人民法院审理股东请求查阅或者复制公司特定文件材料的案件,对原告诉讼请求予以支持的,应当在判决中明确查阅或者复制公司特定文件材料的时间、地点和特定文件材料的名录。股东依据人民法院生效判决查阅公司文件材料的,在该股东在场的情况下,可以由会计师、律师等依法或者依据执业行为规范负有保密义务的中介机构执业人员辅助进行。《中华人民共和国会计法》第十三条第一款、第二款规定,会计凭证、会计账簿、财务会计报告和其他会计资料,必须符合国家统一的会计制度的规定。使用电子计算机进行会计核算的,其软件及其生成的会计凭证、会计账簿、财务会计报告和其他会计资料,也必须符合国家统一的会计制度的规定。从法律规定可以看出,会计凭证、会计账簿包含大量数据信息,若仅允许查看而禁止摘抄,可能会导致依据判决所救济的查阅权落空,为保障股东查阅的有效性,查阅的文意应理解为允许摘抄。故,某源公司有权查阅和摘抄某某学校会计账簿和会计凭证,查阅和摘抄某某学校食堂所有的会计账簿和会计凭证。

关于争议焦点四,某源公司作为某某学校的举办者,行使知情权的范围的问题。《中华人民共和国会计法》第九条第一款规定,各单位必须根据实际发生的经济业务事项进行会计核算,填制会计凭证,登记会计账簿,编制财务会计报告。第十四条第一款、第二款、第五款规定,会计凭证包括原始凭证和记账凭证。办理本法第十条所列的经济业务事项,必须填制或者取得原始凭证并及时送交会计机构。记账凭证应当根据经过审核的原始凭证及有关资料编制。第十五条第一款规定,会计账簿登记,必须以经过审核的会计凭证为依据,并符合有关法律、行政法规和国家统一的会计制度的规定。会计账簿包括总账、明细账、日记账和其他辅助性账簿。因此,学校的具体经营状况和财务状况只有通过查阅原始凭证才能知晓,否则无法准确了解真正的经营状况和财务状况,某源公司的该项主张符合会计准则。某源公司请求查阅和摘抄某某学校自成立之日起的所有会计账簿(含总账、明细账、日记账和其他辅助性账簿和财务软件中的电子账)及会计凭证(包括原始凭证、记账凭证、经过审核的原始凭证和有关资料),查阅和摘抄食堂所有的会计账簿(含总账、明细账、日记账和其他辅助性账簿和财务软件中的电子账)及会计凭证(包括原始凭证、记账凭证、经过审核的原始凭证和有关资料),符合法律规定,一审法院予以支持。发票作为原始会计凭证,无须单独赘述。经济合同只有实际履行并入账后才作为会计凭证备查。因此,已履行的经济合同可以属于查阅的范围。某源公司主张的会计凭证中列明的其他材料,属于某某学校入账的会计凭证,某源公司享有查阅权,不再单独列明。某源公司要求某某学校提供资料供其复制、审计没有法律依据,一审法院依法不予支持。

关于争议焦点五,行使知情权的场所和时间的问题。关于查阅和复制或查阅和摘抄的场所和时间,法律无明文规定。某源公司要求在某某学校的办公场所的正常业务时间内,每日不少于8小时,查阅和复制或查阅和摘抄时间为不超过25个工作日,并可以委托会计师、律师进行辅助,符合常理及公司法司法解释的规定,一审法院依法予以支持。关于某源公司要求某某学校在查阅场所提供办公桌椅与电源且面积不少于20平方米的办公室的请求,因缺乏相关法律依据,一审法院不予支持。

某源公司主张某某学校的法定代表人赵某平和山东某集团实际控制某某学校,非法干预学校的管理和决策,并利用关联交易损害学校利益,与本案不属于同一法律关系,在本案中不予处理。

二审法院认为,关于争议焦点一,《民促法》第五条第二款规定民办学校举办者的合法权益应受保障,某某学校章程第七条亦规定某源公司作为学校的举办者有权"了解本单位经营状况和财务状况、查阅董事会会议记录和学校财务会计报告",因此,某源公司对某某学校的开办经营情况享有知情权。某某学校以某源公司作为举办者未依约履行出资义务为由主张某源公司不享有知情权,因未提交相应证据证明,法院不予采信。某源公司作为某某学校的举办者,若要全面了解某某学校的经营状况与财务状况,不应局限于理(董)事会会议记录和单位财务会计报告,某某学校章程也没有限定举办者行使知情权的范围仅限于上述内容,因此,在没有具体法律规定的情况下,一审法院以与某某学校设立模式、组织机构、治理方式等最为接近的有限责任公司中股东享有知情权的范围,参照公司法的相关规定,确定某源公司在本案中相应的行权范围,并无不当。

关于争议焦点二,根据查明的事实,某源公司向赵某平、李某森邮寄《告知函》的时间早于一审立案时间,故某源公司提起本案诉讼时已经履行了行使知情权的前置程序,某某学校关于应当以此驳回某源公司起诉的上诉理由不成立。

关于争议焦点问题三,某源公司行使知情权的范围是否包括会计凭证的问题。《中华人民共和国会计法》第九条第一款规定:“各单位必须根据实际发生的经济业务事项进行会计核算,填制会计凭证,登记会计帐簿,编制财务会计报告。”第十四条第一款、第二款、第五款规定:“会计凭证包括原始凭证和记帐凭证。办理本法第十条所列的经济业务事项,必须填制或者取得原始凭证并及时送交会计机构。”“记帐凭证应当根据经过审核的原始凭证及有关资料编制。”第十五条第一款规定:“会计帐簿登记,必须以经过审核的会计凭证为依据,并符合有关法律、行政法规和国家统一的会计制度的规定。会计帐簿包括总帐、明细帐、日记帐和其他辅助性帐簿。”因此,会计凭证可以视为会计账簿的附件,虽然《公司法》第三十三条第二款在规定股东可以查阅公司会计账簿时,对于能否一并查阅原始会计凭证未予明确,但是原始会计凭证是公司经营状况最真实的反映,不允许查阅原始会计凭证,股东无法准确了解公司真正的经营状况,造成股东知情权的落空。根据二审法院及一审法院查明的事实,某源公司完成了行使股东知情权的前置程序,因此一审法院支持某源公司关于查阅、摘抄会计凭证的主张并无不当。

关于某源公司要求查阅、复制教学工作计划、招生工作计划、对外合作文件、工作总结、领导履职情况、离任审计报告、学校教职工花名册、薪酬制度及配套的薪酬统计表等教学管理、经营管理的相关资料的内容,无法律依据,一审法院予以支持不当,二审法院予以纠正。

【裁判结果】

一审判决如下:

1. 某某学校于判决生效之日起 10 日内在某某学校办公场所提供自 2016 年 12 月 20 日起至实际提供之日止的所有章程(含章程修正案)、董事会会议决议、理事会会议决议、监事会会议决议、财务会计报告(包括但不限于资产负债表、利润表、现金流量表、所有者权益变动表和附注)、审计报告供某源公司查阅、复制,在某源公司的法定代表人在场的情况下,可以委托会计师、律师进行辅助。

2. 某某学校于判决生效之日起 10 日内在某某学校办公场所提供自 2016 年 12 月 20 日起至实际提供之日止的所有会计账簿(含总账、明细账、日记账和其他辅助性账簿和财务软件中的电子账)及会计凭证(包括原始凭证、记账凭证、经过审核的原始凭证和有关资料)供某源公司查阅、摘抄,在某源公司的法定代表人在场的情况下,可以委托会计师、律师进行辅助。

3. 某某学校于判决生效之日起10日内在某某学校办公场所提供自2016年12月20日起至实际提供之日止的教学工作计划、招生工作计划、对外合作文件、工作总结、领导履职情况、离任审计报告、学校教职工花名册、薪酬制度及配套的薪酬统计表等教学管理、经营管理的相关资料供某源公司查阅、复制,在某源公司的法定代表人在场的情况下,可以委托会计师、律师进行辅助。

4. 某某学校于判决生效之日起10日内在某某学校办公场所提供自2016年12月20日成立之日起至实际提供之日止的所有食堂会计账簿(含总账、明细账、日记账和其他辅助性账册和财务软件中的电子账)及会计凭证(包括原始凭证、记账凭证、经过审核的原始凭证和有关资料)供某源公司查阅、摘抄,在某源公司的法定代表人在场的情况下,可以委托会计师、律师进行辅助。

5. 某源公司应当在某某学校提供上述4项资料之日起,连续25个工作日内,在某某学校办公场所完成查阅、复制或查阅、摘抄工作,每个工作日查阅、复制或查阅、摘抄时间不少于8小时(上午8时至12时,下午14时至18时)。

6. 驳回某源公司的其他诉讼请求。

二审判决如下:

1. 维持山东省潍坊高新技术产业开发区人民法院(2022)鲁0791民初2633号民事判决第一项、第二项和第四项,即"一、潍坊某某学校于判决生效之日起十日内在潍坊某某学校办公场所提供自2016年12月20日起至实际提供之日止的所有章程(含章程修正案)、董事会会议决议、理事会会议决议、监事会会议决议、财务会计报告(包括但不限于资产负债表、利润表、现金流量表、所有者权益变动表及附注)、审计报告供潍坊某源旅游开发有限公司查阅、复制,在潍坊某源旅游开发有限公司的法定代表人在场的情况下,可以委托会计师、律师进行辅助"、"二、潍坊某某学校于判决生效之日起十日内在潍坊某某学校办公场所提供自2016年12月20日起至实际提供之日止的所有会计账簿(含总账、明细账、日记账和其他辅助性账簿及财务软件中的电子账)及会计凭证(包括原始凭证、记账凭证、经过审核的原始凭证及有关资料)供潍坊某源旅游开发有限公司查阅、摘抄,在潍坊某源旅游开发有限公司的法定代表人在场的情况下,可以委托会计师、律师进行辅助”和“四、潍坊某某学校于判决生效之日起十日内在潍坊某某学校办公场所提供自2016年12月20日成立之日起至实际提供之日止的所有食堂会计账簿(含总账、明细账、日记账和其他辅助性账册及财务软件中的电子账)及会计凭证(包括原始凭证、记账凭证、经过审核的原始凭证及有关资料)供潍坊某源旅游开发有限公司查阅、摘抄,在潍坊某源旅游开发有限公司的法定代表人在场的情况下,可以委托会计师、律师进行辅助”。

2.撤销山东省潍坊高新技术产业开发区人民法院(2022)鲁0791民初2633号民事判决第三项、第五项、第六项,即“三、潍坊某某学校于判决生效之日起十日内在潍坊某某学校办公场所提供自2016年12月20日起至实际提供之日止的教学工作计划、招生工作计划、对外合作文件、工作总结、领导履职情况、离任审计报告、学校教职工花名册、薪酬制度及配套的薪酬统计表等教学管理、经营管理的相关资料供某源公司潍坊某源旅游开发有限公司查阅、复制,在潍坊某源旅游开发有限公司的法定代表人在场的情况下,可以委托会计师、律师进行辅助”、“五、潍坊某源旅游开发有限公司应当在潍坊某某学校提供上述第一至四项资料之日起,连续二十五个工作日内,在潍坊某某学校办公场所完成查阅、复制或查阅、摘抄工作,每个工作日查阅、复制或查阅、摘抄时间不少于八小时(上午8时至12时,下午14时至18时)”和“六、驳回潍坊某源旅游开发有限公司的其他诉讼请求”。

3.某源公司应当在某某学校按照上述判决主文第一项确定的义务自提供资料之日起,连续25个工作日内,在某某学校办公场所完成查阅、复制或查阅、摘抄工作,每个工作日查阅、复制或查阅、摘抄时间不少于8小时(上午8时至12时,下午14时至18时)。

4.驳回某源公司的其他诉讼请求。

【案例评析】

本案的核心争议是某源公司作为民办学校举办者,能否参照公司法的规定行使知情权,对此问题,笔者的意见是《中华人民共和国民法典》第九十四条第一款规定:“捐助人有权向捐助法人查询捐助财产的使用、管理情况,并提出意见和建议,捐助法人应当及时、如实答复”,即《中华人民共和国民法典》保护了捐助人对捐助法人的知情权。在民政部出台的《民政部社会组织管理局关于在校外培训机构登记审查中强化事先告知和捐资承诺等有关要求的通知》中明确规定:“要结合《中华人民共和国民法典》《条例》等法律法规和《意见》要求,尽到告知义务,合理引导登记预期。向举办者、出资人说明民办非企业单位(社会服务机构)法人属于非营利法人中的捐助法人。”

如果将其对应到民办学校问题上就是,非营利学校属于《中华人民共和国民法典》所规定的捐助法人,而举办者或者说“股东”属于《中华人民共和国民法典》所规定的捐助人,基于此捐助人对于捐助法人的知情权便能受到《中华人民共和国民法典》的保护。

第四章 教师与受教育者

第二十八条 【民办学校的教师、受教育者法律地位】

民办学校的教师、受教育者与公办学校的教师、受教育者具有同等的法律地位。

关联规定

《中华人民共和国教师法》(节录)

(2009 年 8 月 27 日中华人民共和国主席令第 18 号公布 自 2009 年 8 月 27 日起施行)

第三条 教师是履行教育教学职责的专业人员,承担教书育人,培养社会主义事业建设者和接班人、提高民族素质的使命。教师应当忠诚于人民的教育事业。

第四条 各级人民政府应当采取措施,加强教师的思想政治教育和业务培训,改善教师的工作条件和生活条件,保障教师的合法权益,提高教师的社会地位。

第七条 教师享有下列权利:

(一)进行教育教学活动,开展教育教学改革和实验;

(二)从事科学研究、学术交流,参加专业的学术团体,在学术活动中充分发表意见;

(三)指导学生的学习和发展,评定学生的品行和学业成绩;

(四)按时获取工资报酬,享受国家规定的福利待遇以及寒暑假期的带薪休假;

（五）对学校教育教学、管理工作和教育行政部门的工作提出意见和建议，通过教职工代表大会或者其他形式，参与学校的民主管理；

（六）参加进修或者其他方式的培训。

第八条 教师应当履行下列义务：

（一）遵守宪法、法律和职业道德，为人师表；

（二）贯彻国家的教育方针，遵守规章制度，执行学校的教学计划，履行教师聘约，完成教育教学工作任务；

（三）对学生进行宪法所确定的基本原则的教育和爱国主义、民族团结的教育，法制教育以及思想品德、文化、科学技术教育，组织、带领学生开展有益的社会活动；

（四）关心、爱护全体学生，尊重学生人格，促进学生在品德、智力、体质等方面全面发展；

（五）制止有害于学生的行为或者其他侵犯学生合法权益的行为，批评和抵制有害于学生健康成长的现象；

（六）不断提高思想政治觉悟和教育教学业务水平。

《中华人民共和国教育法》（节录）

（2021 年 4 月 29 日中华人民共和国主席令第 80 号公布　自 2021 年 4 月 30 日起施行）

第三十五条 国家实行教师资格、职务、聘任制度，通过考核、奖励、培养和培训，提高教师素质，加强教师队伍建设。

第四十三条 受教育者享有下列权利：

（一）参加教育教学计划安排的各种活动，使用教育教学设施、设备、图书资料；

（二）按照国家有关规定获得奖学金、贷学金、助学金；

（三）在学业成绩和品行上获得公正评价，完成规定的学业后获得相应的学业证书、学位证书；

（四）对学校给予的处分不服向有关部门提出申诉，对学校、教师侵犯其人身权、财产权等合法权益，提出申诉或者依法提起诉讼；

（五）法律、法规规定的其他权利。

第四十四条　受教育者应当履行下列义务：

（一）遵守法律、法规；

（二）遵守学生行为规范，尊敬师长，养成良好的思想品德和行为习惯；

（三）努力学习，完成规定的学习任务；

（四）遵守所在学校或者其他教育机构的管理制度。

《中华人民共和国义务教育法》（节录）

（2018 年 12 月 29 日中华人民共和国主席令第 22 号公布　自 2018 年 12 月 29 日起施行）

第二十八条第二款　全社会应当尊重教师。

第二十九条　教师在教育教学中应当平等对待学生，关注学生的个体差异，因材施教，促进学生的充分发展。

教师应当尊重学生的人格，不得歧视学生，不得对学生实施体罚、变相体罚或者其他侮辱人格尊严的行为，不得侵犯学生合法权益。

《中华人民共和国高等教育法》（节录）

（2018 年 12 月 29 日中华人民共和国主席令第 23 号公布　自 2018 年 12 月 29 日起施行）

第四十五条　高等学校的教师及其他教育工作者享有法律规定的权利，履行法律规定的义务，忠诚于人民的教育事业。

第五十条　国家保护高等学校教师及其他教育工作者的合法权益，采取措施改善高等学校教师及其他教育工作者的工作条件和生活条件。

第五十一条第一款　高等学校应当为教师参加培训、开展科学研究和进行学术交流提供便利条件。

《中华人民共和国职业教育法》(节录)

(2022年4月20日中华人民共和国主席令第112号公布　自2022年5月1日起施行)

第四十四条　国家保障职业教育教师的权利,提高其专业素质与社会地位。

县级以上人民政府及其有关部门应当将职业教育教师的培养培训工作纳入教师队伍建设规划,保证职业教育教师队伍适应职业教育发展的需要。

第四十五条　国家建立健全职业教育教师培养培训体系。

各级人民政府应当采取措施,加强职业教育教师专业化培养培训,鼓励设立专门的职业教育师范院校,支持高等学校设立相关专业,培养职业教育教师;鼓励行业组织、企业共同参与职业教育教师培养培训。

产教融合型企业、规模以上企业应当安排一定比例的岗位,接纳职业学校、职业培训机构教师实践。

《中华人民共和国未成年人保护法》(节录)

(2024年4月26日中华人民共和国主席令第24号公布　自2024年4月26日起施行)

第二十五条　学校应当全面贯彻国家教育方针,坚持立德树人,实施素质教育,提高教育质量,注重培养未成年学生认知能力、合作能力、创新能力和实践能力,促进未成年学生全面发展。

学校应当建立未成年学生保护工作制度,健全学生行为规范,培养未成年学生遵纪守法的良好行为习惯。

第二十六条　幼儿园应当做好保育、教育工作,遵循幼儿身心发展规律,实施启蒙教育,促进幼儿在体质、智力、品德等方面和谐发展。

第二十七条　学校、幼儿园的教职员工应当尊重未成年人人格尊严,不得对未成年人实施体罚、变相体罚或者其他侮辱人格尊严的行为。

第二十八条　学校应当保障未成年学生受教育的权利,不得违反国家规定开除、变相开除未成年学生。

学校应当对尚未完成义务教育的辍学未成年学生进行登记并劝返复学；劝返无效的，应当及时向教育行政部门书面报告。

第二十九条　学校应当关心、爱护未成年学生，不得因家庭、身体、心理、学习能力等情况歧视学生。对家庭困难、身心有障碍的学生，应当提供关爱；对行为异常、学习有困难的学生，应当耐心帮助。

学校应当配合政府有关部门建立留守未成年学生、困境未成年学生的信息档案，开展关爱帮扶工作。

第三十条　学校应当根据未成年学生身心发展特点，进行社会生活指导、心理健康辅导、青春期教育和生命教育。

第三十一条　学校应当组织未成年学生参加与其年龄相适应的日常生活劳动、生产劳动和服务性劳动，帮助未成年学生掌握必要的劳动知识和技能，养成良好的劳动习惯。

第三十二条　学校、幼儿园应当开展勤俭节约、反对浪费、珍惜粮食、文明饮食等宣传教育活动，帮助未成年人树立浪费可耻、节约为荣的意识，养成文明健康、绿色环保的生活习惯。

第三十三条　学校应当与未成年学生的父母或者其他监护人互相配合，合理安排未成年学生的学习时间，保障其休息、娱乐和体育锻炼的时间。

学校不得占用国家法定节假日、休息日及寒暑假期，组织义务教育阶段的未成年学生集体补课，加重其学习负担。

幼儿园、校外培训机构不得对学龄前未成年人进行小学课程教育。

第三十四条　学校、幼儿园应当提供必要的卫生保健条件，协助卫生健康部门做好在校、在园未成年人的卫生保健工作。

第三十五条　学校、幼儿园应当建立安全管理制度，对未成年人进行安全教育，完善安保设施、配备安保人员，保障未成年人在校、在园期间的人身和财产安全。

学校、幼儿园不得在危及未成年人人身安全、身心健康的校舍和其他设施、场所中进行教育教学活动。

学校、幼儿园安排未成年人参加文化娱乐、社会实践等集体活动，应当保护未成年人的身心健康，防止发生人身伤害事故。

第三十六条 使用校车的学校、幼儿园应当建立健全校车安全管理制度，配备安全管理人员，定期对校车进行安全检查，对校车驾驶人进行安全教育，并向未成年人讲解校车安全乘坐知识，培养未成年人校车安全事故应急处理技能。

第三十七条 学校、幼儿园应当根据需要，制定应对自然灾害、事故灾难、公共卫生事件等突发事件和意外伤害的预案，配备相应设施并定期进行必要的演练。

未成年人在校内、园内或者本校、本园组织的校外、园外活动中发生人身伤害事故的，学校、幼儿园应当立即救护，妥善处理，及时通知未成年人的父母或者其他监护人，并向有关部门报告。

第三十八条 学校、幼儿园不得安排未成年人参加商业性活动，不得向未成年人及其父母或者其他监护人推销或者要求其购买指定的商品和服务。

学校、幼儿园不得与校外培训机构合作为未成年人提供有偿课程辅导。

第三十九条 学校应当建立学生欺凌防控工作制度，对教职员工、学生等开展防治学生欺凌的教育和培训。

学校对学生欺凌行为应当立即制止，通知实施欺凌和被欺凌未成年学生的父母或者其他监护人参与欺凌行为的认定和处理；对相关未成年学生及时给予心理辅导、教育和引导；对相关未成年学生的父母或者其他监护人给予必要的家庭教育指导。

对实施欺凌的未成年学生，学校应当根据欺凌行为的性质和程度，依法加强管教。对严重的欺凌行为，学校不得隐瞒，应当及时向公安机关、教育行政部门报告，并配合相关部门依法处理。

第四十条 学校、幼儿园应当建立预防性侵害、性骚扰未成年人工作制度。对性侵害、性骚扰未成年人等违法犯罪行为，学校、幼儿园不得隐瞒，应当及时向公安机关、教育行政部门报告，并配合相关部门依法处理。

学校、幼儿园应当对未成年人开展适合其年龄的性教育，提高未成年人防范性侵害、性骚扰的自我保护意识和能力。对遭受性侵害、性骚扰的未成年人，学校、幼儿园应当及时采取相关的保护措施。

第四十一条 婴幼儿照护服务机构、早期教育服务机构、校外培训机构、校外托管机构等应当参照本章有关规定，根据不同年龄阶段未成年人的成长特点和规律，做好未成年人保护工作。

《中华人民共和国民办教育促进法实施条例》(节录)

(2021 年 4 月 7 日中华人民共和国国务院令第 741 号公布　自 2021 年 9 月 1 日起施行)

第三十九条　民办学校及其教师、职员、受教育者申请政府设立的有关科研项目、课题等,享有与同级同类公办学校及其教师、职员、受教育者同等的权利。相关项目管理部门应当按规定及时足额拨付科研项目、课题资金。

各级人民政府应当保障民办学校的受教育者在升学、就业、社会优待、参加先进评选,以及获得助学贷款、奖助学金等国家资助等方面,享有与同级同类公办学校的受教育者同等的权利。

实施学历教育的民办学校应当建立学生资助、奖励制度,并按照不低于当地同级同类公办学校的标准,从学费收入中提取相应资金用于资助、奖励学生。

第四十条　教育行政部门、人力资源社会保障行政部门和其他有关部门,组织有关的评奖评优、文艺体育活动和课题、项目招标,应当为民办学校及其教师、职员、受教育者提供同等的机会。

《中华人民共和国中外合作办学条例》(节录)

(2019 年 3 月 2 日中华人民共和国国务院令第 709 号公布　自 2019 年 3 月 2 日起施行)

第二十七条　中外合作办学机构依法对教师、学生进行管理。

中外合作办学机构聘任的外籍教师和外籍管理人员,应当具备学士以上学位和相应的职业证书,并具有 2 年以上教育、教学经验。

外方合作办学者应当从本教育机构中选派一定数量的教师到中外合作办学机构任教。

第二十八条　中外合作办学机构应当依法维护教师、学生的合法权益,保障教职工的工资、福利待遇,并为教职工缴纳社会保险费。

中外合作办学机构的教职工依法建立工会等组织,并通过教职工代表大会等形式,参与中外合作办学机构的民主管理。

第二十九条 中外合作办学机构的外籍人员应当遵守外国人在中国就业的有关规定。

《学校招收和培养国际学生管理办法》(节录)

(2017年3月20日中华人民共和国教育部、中华人民共和国外交部、中华人民共和国公安部令第42号公布 自2017年7月1日起施行)

第三十二条 中国政府为接受高等教育的国际学生设立中国政府奖学金,并鼓励地方人民政府设立国际学生奖学金。

中国政府奖学金的管理办法,由国务院有关行政部门制定。

第三十三条 国务院教育行政部门择优委托高等学校培养中国政府奖学金生。承担中国政府奖学金生培养任务的高等学校,应当优先招收中国政府奖学金生。

第三十四条 高等学校可以为国际学生设立奖学金。鼓励企事业单位、社会团体及其他社会组织和个人设立国际学生奖学金,但不得附加不合理条件。

第三十五条 外国人申请到本办法第二条所指的学校学习的,应当在入境前根据其学习期限向中国驻其国籍国或居住地国使领馆或外交部委托的其他驻外机构申请办理X1字或X2字签证,按照规定提交经教育主管部门备案的证明和学校出具的录取通知书等相关材料。

第三十六条 国际学生所持学习类签证注明入境后需要办理居留证件的,应当自入境之日起三十日内,向拟居留地公安机关出入境管理部门申请办理学习类外国人居留证件。

第三十七条 外交部对外国驻华外交代表机构、领事机构及国际组织驻华代表机构人员及其随任家属申请到学校学习另有规定的,依照外交部规定执行。未按规定办理相关手续的,学校不得招收。

第三十八条 学校招收未满十八周岁且父母不在中国境内常住的国际学生,须要求其父母正式委托在中国境内常住的外国人或者中国人作为该国际学生的监护人,并提供相关证明材料。

学校可以接受以团组形式短期学习的国际学生,但应当预先与外方派遣单位签订协议。实施初等、中等教育的学校接受团组形式短期学习国际学生的,外方派遣单位应当按照其所在国法律规定,预先办理有关组织未成年人出入境所需的法律手续,并应当派人随团并担任国际学生在学校学习期间的监护人。

第三十九条　国际学生入学时应当按照中国卫生行政部门的规定到中国卫生检疫部门办理《外国人体格检查记录》确认手续或者进行体检。经体检确认患有《中华人民共和国出境入境管理法》规定的严重精神障碍、传染性肺结核病或者有可能对公共卫生造成重大危害的其他传染病的,由公安部门依法处理。

第四十条　学校实行国际学生全员保险制度。国际学生必须按照国家有关规定和学校要求投保。对未按照规定购买保险的,应限期投保,逾期不投保的,学校不予录取;对于已在学校学习的,应予退学或不予注册。

《教育部等六部门关于加强新时代高校教师队伍建设改革的指导意见》(节录)

(2020年12月24日教师〔2020〕10号公布　自2020年12月24日起施行)

八、强化工作保障,确保各项政策举措落地见效

20.健全组织保障体系。将建设高素质教师队伍作为高校建设的基础性工作,强化学校主体责任,健全党委统一领导、统筹协调,教师工作、组织、宣传、人事、教务、科研等部门各负其责、协同配合的工作机制。建立领导干部联系教师制度,定期听取教师意见和建议。落实教职工代表大会制度,依法保障教师知情权、参与权、表达权和监督权。加强民办高校教师队伍建设,依法保障民办高校教师与公办高校教师同等法律地位和同等权利。强化督导考核,把加强教师队伍建设工作纳入高校巡视、"双一流"建设、教学科研评估范围,作为各级党组织和党员干部工作考核的重要内容。加强优秀教师和工作典型宣传,维护教师合法权益,营造关心支持教师发展的社会环境,形成全社会尊师重教的良好氛围。

《中共中央　国务院关于学前教育深化改革规范发展的若干意见》(节录)

(2018 年 11 月 7 日公布　自 2018 年 11 月 7 日起施行)

五、大力加强幼儿园教师队伍建设

(十四)依法保障幼儿园教师地位和待遇。各地要认真落实公办园教师工资待遇保障政策,统筹工资收入政策、经费支出渠道,确保教师工资及时足额发放、同工同酬。有条件的地方可试点实施乡村公办园教师生活补助政策。按照政府购买服务范围的规定,可将公办园中保育员、安保、厨师等服务纳入政府购买服务范围,所需资金从地方财政预算中统筹安排。民办园要参照当地公办园教师工资收入水平,合理确定相应教师的工资收入。各类幼儿园依法依规足额足项为教职工缴纳社会保险和住房公积金。各地要根据学前教育特点和幼儿园教师专业标准,完善幼儿园教师职称评聘标准,畅通职称评聘通道,提高高级职称比例。对作出突出贡献的幼儿园园长、教师,按照国家有关规定予以表彰和奖励。

第二十九条　【民办学校教师资格】

民办学校聘任的教师,应当具有国家规定的任教资格。

关联规定

《中华人民共和国刑法》(节录)

(2023 年 12 月 29 日中华人民共和国主席令第 18 号公布　自 2024 年 3 月 1 日起施行)

第三十七条之一　因利用职业便利实施犯罪,或者实施违背职业要求的特定义务的犯罪被判处刑罚的,人民法院可以根据犯罪情况和预防再犯罪的需要,禁止其自刑罚执行完毕之日或者假释之日起从事相关职业,期限为三年至五年。

被禁止从事相关职业的人违反人民法院依照前款规定作出的决定的，由公安机关依法给予处罚；情节严重的，依照本法第三百一十三条的规定定罪处罚。

其他法律、行政法规对其从事相关职业另有禁止或者限制性规定的，从其规定。

《中华人民共和国未成年人保护法》（节录）

（2024 年 4 月 26 日中华人民共和国主席令第 24 号公布　自 2024 年 4 月 26 日起施行）

第六十二条　密切接触未成年人的单位招聘工作人员时，应当向公安机关、人民检察院查询应聘者是否具有性侵害、虐待、拐卖、暴力伤害等违法犯罪记录；发现其具有前述行为记录的，不得录用。

密切接触未成年人的单位应当每年定期对工作人员是否具有上述违法犯罪记录进行查询。通过查询或者其他方式发现其工作人员具有上述行为的，应当及时解聘。

《中华人民共和国教育法》（节录）

（2021 年 4 月 29 日中华人民共和国主席令第 80 号公布　自 2021 年 4 月 30 日起施行）

第三十五条　国家实行教师资格、职务、聘任制度，通过考核、奖励、培养和培训，提高教师素质，加强教师队伍建设。

《中华人民共和国教师法》（节录）

（2009 年 8 月 27 日中华人民共和国主席令第 18 号公布　自 2009 年 8 月 27 日起施行）

第十条　国家实行教师资格制度。

中国公民凡遵守宪法和法律，热爱教育事业，具有良好的思想品德，具备本法规定的学历或者经国家教师资格考试合格,有教育教学能力,经认定合格的,可以取得教师资格。

第十一条 取得教师资格应当具备的相应学历是:

(一)取得幼儿园教师资格,应当具备幼儿师范学校毕业及其以上学历;

(二)取得小学教师资格,应当具备中等师范学校毕业及其以上学历;

(三)取得初级中学教师、初级职业学校文化、专业课教师资格,应当具备高等师范专科学校或者其他大学专科毕业及其以上学历;

(四)取得高级中学教师资格和中等专业学校、技工学校、职业高中文化课、专业课教师资格,应当具备高等师范院校本科或者其他大学本科毕业及其以上学历;取得中等专业学校、技工学校和职业高中学生实习指导教师资格应当具备的学历,由国务院教育行政部门规定;

(五)取得高等学校教师资格,应当具备研究生或者大学本科毕业学历;

(六)取得成人教育教师资格,应当按照成人教育的层次、类别,分别具备高等、中等学校毕业及其以上学历。

不具备本法规定的教师资格学历的公民,申请获取教师资格,必须通过国家教师资格考试。国家教师资格考试制度由国务院规定。

第十二条 本法实施前已经在学校或者其他教育机构中任教的教师,未具备本法规定学历的,由国务院教育行政部门规定教师资格过渡办法。

第十三条 中小学教师资格由县级以上地方人民政府教育行政部门认定。中等专业学校、技工学校的教师资格由县级以上地方人民政府教育行政部门组织有关主管部门认定。普通高等学校的教师资格由国务院或者省、自治区、直辖市教育行政部门或者由其委托的学校认定。

具备本法规定的学历或者经国家教师资格考试合格的公民,要求有关部门认定其教师资格的,有关部门应当依照本法规定的条件予以认定。

取得教师资格的人员首次任教时,应当有试用期。

第十四条 受到剥夺政治权利或者故意犯罪受到有期徒刑以上刑事处罚的,不能取得教师资格;已经取得教师资格的,丧失教师资格。

第十五条 各级师范学校毕业生,应当按照国家有关规定从事教育教学工作。

国家鼓励非师范高等学校毕业生到中小学或者职业学校任教。

第十六条　国家实行教师职务制度，具体办法由国务院规定。

第十七条　学校和其他教育机构应当逐步实行教师聘任制。教师的聘任应当遵循双方地位平等的原则，由学位和教师签订聘任合同，明确规定双方的权利、义务和责任。

实施教师聘任制的步骤、办法由国务院教育行政部门规定。

《中华人民共和国义务教育法》（节录）

（2018年12月29日中华人民共和国主席令第22号公布　自2018年12月29日起施行）

第二十四条　学校应当建立、健全安全制度和应急机制，对学生进行安全教育，加强管理，及时消除隐患，预防发生事故。

县级以上地方人民政府定期对学校校舍安全进行检查；对需要维修、改造的，及时予以维修、改造。

学校不得聘用曾经因故意犯罪被依法剥夺政治权利或者其他不适合从事义务教育工作的人担任工作人员。

第三十条　教师应当取得国家规定的教师资格。

国家建立统一的义务教育教师职务制度。教师职务分为初级职务、中级职务和高级职务。

《中华人民共和国高等教育法》（节录）

（2018年12月29日中华人民共和国主席令第23号公布　自2018年12月29日起施行）

第四十六条　高等学校实行教师资格制度。中国公民凡遵守宪法和法律，热爱教育事业，具有良好的思想品德，具备研究生或者大学本科毕业学历，有相应的教育教学能力，经认定合格，可以取得高等学校教师资格。不具备研究生或者大学本科毕业学历的公民，学有所长，通过国家教师资格考试，经认定合格，也可以取得高等学校教师资格。

第四十七条 高等学校实行教师职务制度。高等学校教师职务根据学校所承担的教学、科学研究等任务的需要设置。教师职务设助教、讲师、副教授、教授。

高等学校的教师取得前款规定的职务应当具备下列基本条件:

(一)取得高等学校教师资格;

(二)系统地掌握本学科的基础理论;

(三)具备相应职务的教育教学能力和科学研究能力;

(四)承担相应职务的课程和规定课时的教学任务。

教授、副教授除应当具备以上基本任职条件外,还应当对本学科具有系统而坚实的基础理论和比较丰富的教学、科学研究经验,教学成绩显著,论文或者著作达到较高水平或者有突出的教学、科学研究成果。

高等学校教师职务的具体任职条件由国务院规定。

第四十八条 高等学校实行教师聘任制。教师经评定具备任职条件的,由高等学校按照教师职务的职责、条件和任期聘任。

高等学校的教师的聘任,应当遵循双方平等自愿的原则,由高等学校校长与受聘教师签订聘任合同。

第四十九条 高等学校的管理人员,实行教育职员制度。高等学校的教学辅助人员及其他专业技术人员,实行专业技术职务聘任制度。

《中华人民共和国职业教育法》(节录)

(2022年4月20日中华人民共和国主席令第112号公布 自2022年5月1日起施行)

第四十六条 国家建立健全符合职业教育特点和发展要求的职业学校教师岗位设置和职务(职称)评聘制度。

职业学校的专业课教师(含实习指导教师)应当具有一定年限的相应工作经历或者实践经验,达到相应的技术技能水平。

具备条件的企业、事业单位经营管理和专业技术人员,以及其他有专业知识或者特殊技能的人员,经教育教学能力培训合格的,可以担任职业学校的专职或者兼职专业课教师;取得教师资格的,可以根据其技术职称聘任为相应的教师职务。取得职业学校专业课教师资格可以视情况降低学历要求。

第四十七条　国家鼓励职业学校聘请技能大师、劳动模范、能工巧匠、非物质文化遗产代表性传承人等高技能人才，通过担任专职或者兼职专业课教师、设立工作室等方式，参与人才培养、技术开发、技能传承等工作。

第四十八条　国家制定职业学校教职工配备基本标准。省、自治区、直辖市应当根据基本标准，制定本地区职业学校教职工配备标准。

县级以上地方人民政府应当根据教职工配备标准、办学规模等，确定公办职业学校教职工人员规模，其中一定比例可以用于支持职业学校面向社会公开招聘专业技术人员、技能人才担任专职或者兼职教师。

《中华人民共和国学前教育法》（节录）

（2024年11月8日中华人民共和国主席令第34号公布　自2025年6月1日起施行）

第三十六条　幼儿园教师应当爱护儿童，具备优良品德和专业能力，为人师表，忠诚于人民的教育事业。

全社会应当尊重幼儿园教师。

第三十七条　担任幼儿园教师应当取得幼儿园教师资格；已取得其他教师资格并经县级以上地方人民政府教育行政部门组织的学前教育专业培训合格的，可以在幼儿园任教。

第三十八条　幼儿园园长由其举办者或者决策机构依法任命或者聘任，并报县级人民政府教育行政部门备案。

幼儿园园长应当具有本法第三十七条规定的教师资格、大学专科以上学历、五年以上幼儿园教师或者幼儿园管理工作经历。

国家推行幼儿园园长职级制。幼儿园园长应当参加县级以上地方人民政府教育行政部门组织的园长岗位培训。

第三十九条　保育员应当具有国家规定的学历，并经过幼儿保育职业培训。

卫生保健人员包括医师、护士和保健员，医师、护士应当取得相应执业资格，保健员应当具有国家规定的学历，并经过卫生保健专业知识培训。

幼儿园其他工作人员的任职资格条件，按照有关规定执行。

第四十条　幼儿园教师职务（职称）分为初级、中级和高级。

幼儿园教师职务（职称）评审标准应当符合学前教育的专业特点和要求。

幼儿园卫生保健人员中的医师、护士纳入卫生专业技术人员职称系列，由人力资源社会保障、卫生健康行政部门组织评审。

第四十一条 国务院教育行政部门会同有关部门制定幼儿园教职工配备标准。地方各级人民政府及有关部门按照相关标准保障公办幼儿园及时补充教师，并应当优先满足农村地区、革命老区、民族地区、边疆地区和欠发达地区公办幼儿园的需要。幼儿园及其举办者应当按照相关标准配足配齐教师和其他工作人员。

第四十二条 幼儿园园长、教师、保育员、卫生保健人员、安全保卫人员和其他工作人员应当遵守法律法规和职业道德规范，尊重、爱护和平等对待学前儿童，不断提高专业素养。

第四十三条 幼儿园应当与教职工依法签订聘用合同或者劳动合同，并将合同信息报县级人民政府教育行政部门备案。

第四十四条 幼儿园聘任（聘用）园长、教师、保育员、卫生保健人员、安全保卫人员和其他工作人员时，应当向教育、公安等有关部门查询应聘者是否具有虐待、性侵害、性骚扰、拐卖、暴力伤害、吸毒、赌博等违法犯罪记录；发现其有前述行为记录，或者有酗酒、严重违反师德师风行为等其他可能危害儿童身心安全情形的，不得聘任（聘用）。

幼儿园发现在岗人员有前款规定可能危害儿童身心安全情形的，应当立即停止其工作，依法与其解除聘用合同或者劳动合同，并向县级人民政府教育行政部门进行报告；县级人民政府教育行政部门可以将其纳入从业禁止人员名单。

有本条第一款规定可能危害儿童身心安全情形的个人不得举办幼儿园；已经举办的，应当依法变更举办者。

第四十五条 幼儿园应当关注教职工的身体、心理状况。幼儿园园长、教师、保育员、卫生保健人员、安全保卫人员和其他工作人员，应当在入职前和入职后每年进行健康检查。

第四十六条 幼儿园及其举办者应当按照国家规定保障教师和其他工作人员的工资福利，依法缴纳社会保险费，改善工作和生活条件，实行同工同酬。

县级以上地方人民政府应当将公办幼儿园教师工资纳入财政保障范围，统筹工资收入政策和经费支出渠道，确保教师工资及时足额发放。民办幼儿园可以参考当地公办幼儿园同类教师工资收入水平合理确定教师薪酬标准，依法保障教师工资待遇。

第四十七条　幼儿园教师在职称评定、岗位聘任（聘用）等方面享有与中小学教师同等的待遇。

符合条件的幼儿园教师按照有关规定享受艰苦边远地区津贴、乡镇工作补贴等津贴、补贴。

承担特殊教育任务的幼儿园教师按照有关规定享受特殊教育津贴。

第四十八条　国务院教育行政部门应当制定高等学校学前教育专业设置标准、质量保证标准和课程教学标准体系，组织实施学前教育专业质量认证，建立培养质量保障机制。

省级人民政府应当根据普及学前教育的需要，制定学前教育师资培养规划，支持高等学校设立学前教育专业，合理确定培养规模，提高培养层次和培养质量。

制定公费师范生培养计划，应当根据学前教育发展需要专项安排学前教育专业培养计划。

第四十九条　县级以上人民政府教育、卫生健康等有关部门应当按照职责分工制定幼儿园园长、教师、保育员、卫生保健人员等工作人员培训规划，建立培训支持服务体系，开展多种形式的专业培训。

《中华人民共和国民办教育促进法实施条例》（节录）

（2021年4月7日中华人民共和国国务院令第741号公布　自2021年9月1日起施行）

第三十三条　民办学校聘任的教师或者教学人员应当具备相应的教师资格或者其他相应的专业资格、资质。

民办学校应当有一定数量的专任教师；其中，实施学前教育、学历教育的民办学校应当按照国家有关规定配备专任教师。

鼓励民办学校创新教师聘任方式，利用信息技术等手段提高教学效率和水平。

《教师资格条例》(节录)

(1995 年 12 月 12 日中华人民共和国国务院令第 188 号公布　自 1995 年 12 月 12 日起施行)

第四条　教师资格分为:

(一)幼儿园教师资格;

(二)小学教师资格;

(三)初级中学教师和初级职业学校文化课、专业课教师资格(以下统称初级中学教师资格);

(四)高级中学教师资格;

(五)中等专业学校、技工学校、职业高级中学文化课、专业课教师资格(以下统称中等职业学校教师资格);

(六)中等专业学校、技工学校、职业高级中学实习指导教师资格(以下统称中等职业学校实习指导教师资格);

(七)高等学校教师资格。

成人教育的教师资格,按照成人教育的层次,依照上款规定确定类别。

第六条　教师资格条件依照教师法第十条第二款的规定执行,其中"有教育教学能力"应当包括符合国家规定的从事教育教学工作的身体条件。

第七条　取得教师资格应当具备的相应学历,依照教师法第十一条的规定执行。

取得中等职业学校实习指导教师资格,应当具备国务院教育行政部门规定的学历,并应当具有相当助理工程师以上专业技术职务或者中级以上工人技术等级。

第十六条　教育行政部门或者受委托的高等学校在接到公民的教师资格认定申请后,应当对申请人的条件进行审查;对符合认定条件的,应当在受理期限终止之日起 30 日内颁发相应的教师资格证书;对不符合认定条件的,应当在受理期限终止之日起 30 日内将认定结论通知本人。

非师范院校毕业或者教师资格考试合格的公民申请认定幼儿园、小学或者其他教师资格的,应当进行面试和试讲,考察其教育教学能力;根据实际情况和需要,教育行政部门或者受委托的高等学校可以要求申请人补修教育学、心理学等课程。

教师资格证书在全国范围内适用。教师资格证书由国务院教育行政部门统一印制。

第十八条　依照教师法第十四条的规定丧失教师资格的,不能重新取得教师资格,其教师资格证书由县级以上人民政府教育行政部门收缴。

第十九条　有下列情形之一的,由县级以上人民政府教育行政部门撤销其教师资格:

(一)弄虚作假、骗取教师资格的;

(二)品行不良、侮辱学生,影响恶劣的。

被撤销教师资格的,自撤销之日起5年内不得重新申请认定教师资格,其教师资格证书由县级以上人民政府教育行政部门收缴。

《中共中央　国务院关于全面深化新时代教师队伍建设改革的意见》(节录)

(2018年1月20日公布　自2018年1月20日起施行)

16. 完善中小学教师准入和招聘制度。完善教师资格考试政策,逐步将修习教师教育课程、参加教育教学实践作为认定教育教学能力、取得教师资格的必备条件。新入职教师必须取得教师资格。严格教师准入,提高入职标准,重视思想政治素质和业务能力,根据教育行业特点,分区域规划,分类别指导,结合实际,逐步将幼儿园教师学历提升至专科,小学教师学历提升至师范专业专科和非师范专业本科,初中教师学历提升至本科,有条件的地方将普通高中教师学历提升至研究生。建立符合教育行业特点的中小学、幼儿园教师招聘办法,遴选乐教适教善教的优秀人才进入教师队伍。按照中小学校领导人员管理暂行办法,明确任职条件和资格,规范选拔任用工作,激发办学治校活力。

17. 深化中小学教师职称和考核评价制度改革。适当提高中小学中级、高级教师岗位比例,畅通教师职业发展通道。完善符合中小学特点的岗位管理制度,实现职称与教师聘用衔接。将中小学教师到乡村学校、薄弱学校任教1年以上的经历作为申报高级教师职称和特级教师的必要条件。推行中小学校长职级制改革,拓展职业发展空间,促进校长队伍专业化建设。

进一步完善职称评价标准,建立符合中小学教师岗位特点的考核评价指标体系,坚持德才兼备、全面考核,突出教育教学实绩,引导教师潜心教书育人。加强聘后管理,激发教师的工作活力。完善相关政策,防止形式主义的考核检查干扰正常教学。不简单用升学率、学生考试成绩等评价教师。实行定期注册制度,建立完善教师退出机制,提升教师队伍整体活力。加强中小学校长考核评价,督促提高素质能力,完善优胜劣汰机制。

18. 健全职业院校教师管理制度。根据职业教育特点,有条件的地方研究制定中等职业学校人员配备规范。完善职业院校教师资格标准,探索将行业企业从业经历作为认定教育教学能力、取得专业课教师资格的必要条件。落实职业院校用人自主权,完善教师招聘办法。推动固定岗和流动岗相结合的职业院校教师人事管理制度改革。支持职业院校专设流动岗位,适应产业发展和参与全球产业竞争需求,大力引进行业企业一流人才,吸引具有创新实践经验的企业家、高科技人才、高技能人才等兼职任教。完善职业院校教师考核评价制度,双师型教师考核评价要充分体现技能水平和专业教学能力。

19. 深化高等学校教师人事制度改革。积极探索实行高等学校人员总量管理。严把高等学校教师选聘入口关,实行思想政治素质和业务能力双重考察。严格教师职业准入,将新入职教师岗前培训和教育实习作为认定教育教学能力、取得高等学校教师资格的必备条件。适应人才培养结构调整需要,优化高等学校教师结构,鼓励高等学校加大聘用具有其他学校学习工作和行业企业工作经历教师的力度。配合外国人永久居留制度改革,健全外籍教师资格认证、服务管理等制度。帮助高等学校青年教师解决住房等困难。

推动高等学校教师职称制度改革,将评审权直接下放至高等学校,由高等学校自主组织职称评审、自主评价、按岗聘任。条件不具备、尚不能独立组织评审的高等学校,可采取联合评审的方式。推行高等学校教师职务聘任制改革,加强聘期考核,准聘与长聘相结合,做到能上能下、能进能出。教育、人力资源社会保障等部门要加强职称评聘事中事后监管。深入推进高等学校教师考核评价制度改革,突出教育教学业绩和师德考核,将教授为本科生上课作为基本制度。坚持正确导向,规范高层次人才合理有序流动。

《中小学教师违反职业道德行为处理办法》(节录)

(2018年11月8日教师〔2018〕18号公布　自2018年11月8日起施行)

第三条　本办法所称处理包括处分和其他处理。处分包括警告、记过、降低岗位等级或撤职、开除。警告期限为6个月,记过期限为12个月,降低岗位等级或撤职期限为24个月。是中共党员的,同时给予党纪处分。

其他处理包括给予批评教育、诫勉谈话、责令检查、通报批评,以及取消在评奖评优、职务晋升、职称评定、岗位聘用、工资晋级、申报人才计划等方面的资格。取消相关资格的处理执行期限不得少于24个月。

第十条　教师受到处分的,符合《教师资格条例》第十九条规定的,由县级以上教育行政部门依法撤销其教师资格。

教师受处分期间暂缓教师资格定期注册。依据《中华人民共和国教师法》第十四条规定丧失教师资格的,不能重新取得教师资格。

教师受记过以上处分期间不能参加专业技术职务任职资格评审。

第十一条　教师被依法判处刑罚的,依据《事业单位工作人员处分暂行规定》给予降低岗位等级或者撤职以上处分。其中,被依法判处有期徒刑以上刑罚的,给予开除处分。教师受到剥夺政治权利或者故意犯罪受到有期徒刑以上刑事处罚的,丧失教师资格。

《幼儿园教师违反职业道德行为处理办法》(节录)

(2018年11月8日教师〔2018〕19号公布　自2018年11月8日起施行)

第三条　本办法所称处理包括处分和其他处理。处分包括警告、记过、降低岗位等级或撤职、开除。警告期限为6个月,记过期限为12个月,降低岗位等级或撤职期限为24个月。是中共党员的,同时给予党纪处分。

其他处理包括给予批评教育、诫勉谈话、责令检查、通报批评,以及取消在评奖评优、职务晋升、职称评定、岗位聘用、工资晋级、申报人才计划等方面的资格。取消相关资格的处理执行期限不得少于24个月。

教师涉嫌违法犯罪的,及时移送司法机关依法处理。

第十条 教师受到处分的,符合《教师资格条例》第十九条规定的,由县级以上教育行政部门依法撤销其教师资格。

教师受处分期间暂缓教师资格定期注册。依据《中华人民共和国教师法》第十四条规定丧失教师资格的,不能重新取得教师资格。

教师受记过以上处分期间不能参加专业技术职务任职资格评审。

《教育部关于印发〈新时代高校教师职业行为十项准则〉〈新时代中小学教师职业行为十项准则〉〈新时代幼儿园教师职业行为十项准则〉的通知》

(2018年11月8日教师〔2018〕16号公布 自2018年11月8日起施行)

三、把准则要求落实到教师管理具体工作中。要把好教师入口关,在教师招聘、引进时组织开展准则的宣讲,确保每位新入职教师知准则、守底线。要将准则要求体现在教师聘用、聘任合同中,明确有关责任。要强化考核,在教师年度考核、职称评聘、推优评先、表彰奖励等工作中必须进行师德考核,实行师德失范"一票否决"。改进师德考核方式方法,避免形式化、随意化。完善师德考核指标体系,提高科学性、实效性。

四、以有力措施坚决查处师德违规行为。各地各校要按照准则及相应的处理指导意见、处理办法要求,严格举报受理和违规查处。对于发生准则中禁止行为的,要态度坚决,一查到底,依法依规严肃惩处,绝不姑息。对于有虐待、猥亵、性骚扰等严重侵害学生行为的,一经查实,要撤销其所获荣誉、称号,追回相关奖金,依法依规撤销教师资格、解除教师职务、清除出教师队伍,同时还要录入全国教师管理信息系统,任何学校不得再聘任其从事教学、科研及管理等工作。涉嫌违法犯罪的要及时移送司法机关依法处理。要严格落实学校主体责任,建立师德建设责任追究机制,对师德违规行为监管不力、拒不处分、拖延处分或推诿隐瞒等失职失责问题,造成不良影响或严重后果的,要按照干部管理权限严肃追究责任。

《营利性民办学校监督管理实施细则》(节录)

(2016年12月30日教发〔2016〕20号公布　自2016年12月30日起施行)

第二十五条　营利性民办学校聘任的教师应当具备国家规定的教师资格或者相关专业技能资格,学校应当按照《中华人民共和国教师法》《中华人民共和国劳动合同法》等国家法律法规和有关规定与教职工签订劳动合同。学校应当加强教师师德建设和业务培训,依法保障教职工工资、福利待遇和其他合法权益。学校聘任外籍教师应当符合国家有关规定。

《〈教师资格条例〉实施办法》(节录)

(2000年9月23日中华人民共和国教育部令第10号公布　自2000年9月23日起施行)

第一条　为实施教师资格制度,依据《中华人民共和国教师法》(以下简称《教师法》)和《教师资格条例》,制定本办法。

第二条　符合《教师法》规定学历的中国公民申请认定教师资格,适用本办法。

第三条　中国公民在各级各类学校和其他教育机构中专门从事教育教学工作,应当具备教师资格。

第四条　国务院教育行政部门负责全国教师资格制度的组织实施和协调监督工作;县级以上(包括县级,下同)地方人民政府教育行政部门根据《教师资格条例》规定权限负责本地教师资格认定和管理的组织、指导、监督和实施工作。

第五条　依法受理教师资格认定申请的县级以上地方人民政府教育行政部门,为教师资格认定机构。

第六条　申请认定教师资格者应当遵守宪法和法律,热爱教育事业,履行《教师法》规定的义务，遵守教师职业道德。

第七条 中国公民依照本办法申请认定教师资格应当具备《教师法》规定的相应学历。

申请认定中等职业学校实习指导教师资格者应当具备中等职业学校毕业及其以上学历，对于确有特殊技艺者，经省级以上人民政府教育行政部门批准，其学历要求可适当放宽。

第八条 申请认定教师资格者的教育教学能力应当符合下列要求：

（一）具备承担教育教学工作所必须的基本素质和能力。具体测试办法和标准由省级教育行政部门制定。

（二）普通话水平应当达到国家语言文字工作委员会颁布的《普通话水平测试等级标准》二级乙等以上标准。

少数方言复杂地区的普通话水平应当达到三级甲等以上标准；使用汉语和当地民族语言教学的少数民族自治地区的普通话水平，由省级人民政府教育行政部门规定标准。

（三）具有良好的身体素质和心理素质，无传染性疾病，无精神病史，适应教育教学工作的需要，在教师资格认定机构指定的县级以上医院体检合格。

第九条 高等学校拟聘任副教授以上教师职务或具有博士学位者申请认定高等学校教师资格，只需具备本办法第六条、第七条、第八条（三）项规定的条件。

第十条 教师资格认定机构和依法接受委托的高等学校每年春季、秋季各受理一次教师资格认定申请。具体受理时间由省级人民政府教育行政部门统一规定，并通过新闻媒体等形式予以公布。

第十一条 申请认定教师资格者，应当在受理申请期限内向相应的教师资格认定机构或者依法接受委托的高等学校提出申请，领取有关资料和表格。

第十二条 申请认定教师资格者应当在规定时间向教师资格认定机构或者依法接受委托的高等学校提交下列基本材料：

（一）由本人填写的《教师资格认定申请表》（见附件一）一式两份；

（二）身份证原件和复印件；

（三）学历证书原件和复印件；

（四）由教师资格认定机构指定的县级以上医院出具的体格检查合格证明；

（五）普通话水平测试等级证书原件和复印件；

(六)思想品德情况的鉴定或者证明材料。

第十三条　体检项目由省级人民政府教育行政部门规定,其中必须包含“传染病”、“精神病史”项目。

申请认定幼儿园和小学教师资格的,参照《中等师范学校招生体检标准》的有关规定执行;申请认定初级中学及其以上教师资格的,参照《高等师范学校招生体检标准》的有关规定执行。

第十四条　普通话水平测试由教育行政部门和语言文字工作机构共同组织实施,对合格者颁发由国务院教育行政部门统一印制的《普通话水平测试等级证书》。

第十五条　申请人思想品德情况的鉴定或者证明材料按照《申请人思想品德鉴定表》(见附件二)要求填写。在职申请人,该表由其工作单位填写;非在职申请人,该表由其户籍所在地街道办事处或者乡级人民政府填写。应届毕业生由毕业学校负责提供鉴定。必要时,有关单位可应教师资格认定机构要求提供更为详细的证明材料。

第十六条　各级各类学校师范教育类专业毕业生可以持毕业证书,向任教学校所在地或户籍所在地教师资格认定机构申请直接认定相应的教师资格。

第十七条　申请认定教师资格者应当按照国家规定缴纳费用。但各级各类学校师范教育类专业毕业生不缴纳认定费用。

第十八条　教师资格认定机构或者依法接受委托的高等学校应当及时根据申请人提供的材料进行初步审查。

第十九条　教师资格认定机构或者依法接受委托的高等学校应当组织成立教师资格专家审查委员会。教师资格专家审查委员会根据需要成立若干小组,按照省级教育行政部门制定的测试办法和标准组织面试、试讲,对申请人的教育教学能力进行考查,提出审查意见,报教师资格认定机构或者依法接受委托的高等学校。

第二十条　教师资格认定机构根据教师资格专家审查委员会的审查意见,在受理申请期限终止之日起30个法定工作日内作出是否认定教师资格的结论,并将认定结果通知申请人。符合法定的认定条件者,颁发相应的《教师资格证书》。

第二十一条　县级以上地方人民政府教育行政部门按照《教师资格条例》第

十三条规定的权限，认定相应的教师资格。

高等学校教师资格，由申请人户籍所在地或者申请人拟受聘高等学校所在地的省级人民政府教育行政部门认定；省级人民政府教育行政部门可以委托本行政区域内经过国家批准实施本科学历教育的普通高等学校认定本校拟聘人员的高等学校教师资格。

第二十二条 各级人民政府教育行政部门应当加强对教师资格证书的管理。教师资格证书作为持证人具备国家认定的教师资格的法定凭证，由国务院教育行政部门统一印制。《教师资格认定申请表》由国务院教育行政部门统一格式。

《教师资格证书》和《教师资格认定申请表》由教师资格认定机构按国家规定统一编号，加盖相应的政府教育行政部门公章、钢印后生效。

第二十三条 取得教师资格的人员，其《教师资格认定申请表》一份存入本人的人事档案，其余材料由教师资格认定机构归档保存。教师资格认定机构建立教师资格管理数据库。

第二十四条 教师资格证书遗失或者损毁影响使用的，由本人向原发证机关报告，申请补发。原发证机关应当在补发的同时收回损毁的教师资格证书。

第二十五条 丧失教师资格者，由其工作单位或者户籍所在地相应的县级以上人民政府教育行政部门按教师资格认定权限会同原发证机关办理注销手续，收缴证书，归档备案。丧失教师资格者不得重新申请认定教师资格。

第二十六条 按照《教师资格条例》应当被撤销教师资格者，由县级以上人民政府教育行政部门按教师资格认定权限会同原发证机关撤销资格，收缴证书，归档备案。被撤销教师资格者自撤销之日起5年内不得重新取得教师资格。

第二十七条 对使用假资格证书的，一经查实，按弄虚作假、骗取教师资格处理，5年内不得申请认定教师资格，由教育行政部门没收假证书。对变造、买卖教师资格证书的，依法追究法律责任。

《学校及其他教育机构聘用外籍专业人员管理办法》（节录）

（1996年1月29日外专发〔1996〕82号公布　自1996年1月29日起施行）

第二条 本办法适用于各级各类学校及其他教育机构聘用外籍专业人员的

管理。

第三条　“外籍专业人员”是指应聘在我各级各类学校及其他教育机构中工作的外国专家、外籍教师及教学和项目管理人员。

第四条　学校及其他教育机构聘用外籍专业人员工作是我国引进国外智力和外国专家工作的组成部分，其管理工作纳入国家对聘用外国文教专家（即在我境内从事教育、新闻、出版、文化、艺术、卫生、体育工作的外籍专业人员）的管理系统，实施统一和归口管理。

第八条　实施学前教育和九年义务教育阶段的学校及其他教育机构，原则上不聘用外籍专业人员，因特殊情况（如外语学校、执行友好城市协议的学校、担任教学改革实验任务的学校等）确需聘用外籍专业人员担任外语口语教学的，可个案申报，从严审批。

第九条　实施高中教育、高中后教育以及相应程度的职业、成人教育的学校及其他教育机构，确有需要且具备条件的，可以聘用外籍专业人员。职业教育机构聘用外籍专业人员可用于加强语言教学、专业理论教学、专业技能培训以及课程和教材的研究开发，注意学习国际上先进的职业教育理论、教学模式和方法。成人教育聘用外籍专业人员主要用于岗位培训和在职培训。

第十条　严禁以聘有外国专家和外籍教师为招牌，高额收费招生，牟取暴利。

第十一条　学校及其他教育机构聘用外籍专业人员的数量应与本单位中方人员的数量保持适当的比例。

第十二条　学校及其他教育机构不聘用外籍专业人员担任各级主要行政领导职务。

第十三条　学校及其他教育机构聘用外籍专业人员须达到《聘请外国文教专家单位资格认可标准》：

一、管理机构设置和职能部门工作人员的状况

1. 聘用单位必须具有独立的法人资格，能够协调本单位聘用外籍专业人员的工作。

2. 有固定的管理机构负责管理工作，涉及其它职能部门的工作也有明确分工，有专职或兼职的工作人员。

3. 管理职能部门工作人员具有良好的业务素质。

4. 为外籍专业人员配备业务素质良好的中方合作人员。

二、各项管理制度的建立和运行状况

1. 外籍专业人员管理制度健全，外籍专业人员的责任、权利和义务明确。

2. 聘用目标明确。

3. 有教学（科研）评估和鉴定制度。

4. 有请示报告和统计制度，按时上报各种材料和统计报表。

三、工作和生活的条件

有基本的工作、生活条件和基本的外事接待、安全保卫能力（执行各省、自治区、直辖市规定的具体标准）。

四、聘用经费的保障

1. 聘用外籍专业人员的经费有保证。

2. 聘用外籍专业人员的人均年经费不低于本地区规定数额。

3. 外籍专业人员的工资能保证其基本生活开支。

五、聘用外籍专业人员渠道情况

有聘用外籍专业人员的合法渠道并了解其主要业务活动情况。

第十四条 各省、自治区、直辖市教育委员会的外事主管部门和国务院各部委的教育管理部门是所属学校及其他教育机构聘用外籍专业人员工作的主管部门，各省、自治区、直辖市人民政府的外事办公室是本地区聘用外国文教专家工作的归口管理部门。

第十五条 学校及其他教育机构，必须达到我国对聘用外国文教专家单位资格认可的标准，经国家外国专家局批准，取得《资格认可证书》后，方可开展聘用外籍专业人员的工作。

第十六条 聘用外籍专业人员的申请和审批依据以下程序：

一、拟聘用外籍专业人员的学校及其他教育机构，向其所属省、自治区、直辖市或部委的教育管理部门提出资格认可的申请。

二、各省、自治区、直辖市教育委员会的外事主管部门或国务院各部委的教育管理部门负责受理学校及其他教育机构有关聘用外籍专业人员资格认可的申请，对申请材料进行初审后，送申请单位所在省、自治区、直辖市外事办公室办理资格认可手续。

国务院各部委的教育管理部门可以委托有关省、自治区、直辖市教育委员会代办所属学校及其他教育机构聘用外籍专业人员的资格认可手续。

三、各省、自治区、直辖市外事办公室会同教育、公安等部门依据国家外国专家局、外交部、公安部联合颁发的《聘请外国文教专家单位资格认可办法》规定的程序和有关标准，对申请单位审核认可后，报国家外国专家局批准。

四、国家外国专家局审定批准申请单位的资格认可，签发《资格认可证书》，必要时与国家教育委员会联合审定。

第十七条　中外合作办学机构，须经主管部门批准其办学申请并正式注册后，方可按照上述程序申请聘用外籍专业人员。

《最高人民法院　最高人民检察院　教育部关于落实从业禁止制度的意见》

（2022年11月10日法发〔2022〕32号公布　自2022年11月15日起施行）

为贯彻落实学校、幼儿园等教育机构、校外培训机构教职员工违法犯罪记录查询制度，严格执行犯罪人员从业禁止制度，净化校园环境，切实保护未成年人，根据《中华人民共和国刑法》（以下简称《刑法》）、《中华人民共和国未成年人保护法》（以下简称《未成年人保护法》）、《中华人民共和国教师法》（以下简称《教师法》）等法律规定，提出如下意见：

一、依照《刑法》第三十七条之一的规定，教职员工利用职业便利实施犯罪，或者实施违背职业要求的特定义务的犯罪被判处刑罚的，人民法院可以根据犯罪情况和预防再犯罪的需要，禁止其在一定期限内从事相关职业。其他法律、行政法规对其从事相关职业另有禁止或者限制性规定的，从其规定。

《未成年人保护法》、《教师法》属于前款规定的法律，《教师资格条例》属于前款规定的行政法规。

二、依照《未成年人保护法》第六十二条的规定，实施性侵害、虐待、拐卖、暴力伤害等违法犯罪的人员，禁止从事密切接触未成年人的工作。

依照《教师法》第十四条、《教师资格条例》第十八条规定，受到剥夺政治权利或者故意犯罪受到有期徒刑以上刑罚的，不能取得教师资格；已经取得教师资格的，丧失教师资格，且不能重新取得教师资格。

三、教职员工实施性侵害、虐待、拐卖、暴力伤害等犯罪的，人民法院应当依照

《未成年人保护法》第六十二条的规定，判决禁止其从事密切接触未成年人的工作。

教职员工实施前款规定以外的其他犯罪，人民法院可以根据犯罪情况和预防再犯罪的需要，依照《刑法》第三十七条之一第一款的规定，判决禁止其自刑罚执行完毕之日或者假释之日起从事相关职业，期限为三年至五年；或者依照《刑法》第三十八条第二款、第七十二条第二款的规定，对其适用禁止令。

四、对有必要禁止教职员工从事相关职业或者适用禁止令的，人民检察院在提起公诉时，应当提出相应建议。

五、教职员工犯罪的刑事案件，判决生效后，人民法院应当在三十日内将裁判文书送达被告人单位所在地的教育行政部门；必要时，教育行政部门应当将裁判文书转送有关主管部门。

因涉及未成年人隐私等原因，不宜送达裁判文书的，可以送达载明被告人的自然情况、罪名及刑期的相关证明材料。

六、教职员工犯罪，人民法院作出的判决生效后，所在单位、教育行政部门或者有关主管部门可以依照《未成年人保护法》、《教师法》、《教师资格条例》等法律法规给予相应处理、处分和处罚。

符合丧失教师资格或者撤销教师资格情形的，教育行政部门应当及时收缴其教师资格证书。

七、人民检察院应当对从业禁止和禁止令执行落实情况进行监督。

八、人民法院、人民检察院发现有关单位未履行犯罪记录查询制度、从业禁止制度的，应当向该单位提出建议。

九、本意见所称教职员工，是指在学校、幼儿园等教育机构工作的教师、教育教学辅助人员、行政人员、勤杂人员、安保人员，以及校外培训机构的相关工作人员。

学校、幼儿园等教育机构、校外培训机构的举办者、实际控制人犯罪，参照本意见执行。

十、本意见自 2022 年 11 月 15 日起施行。

《最高人民法院　最高人民检察院　公安部　司法部关于办理性侵害未成年人刑事案件的意见》(节录)

(2023年5月24日高检发〔2023〕4号公布　自2023年6月1日起施行)

第二条　办理性侵害未成年人刑事案件,应当坚持以下原则:

(一)依法从严惩处性侵害未成年人犯罪;

(二)坚持最有利于未成年人原则,充分考虑未成年人身心发育尚未成熟、易受伤害等特点,切实保障未成年人的合法权益;

(三)坚持双向保护原则,对于未成年人实施性侵害未成年人犯罪的,在依法保护未成年被害人的合法权益时,也要依法保护未成年犯罪嫌疑人、未成年被告人的合法权益。

第四条　人民法院、人民检察院在办理性侵害未成年人刑事案件中发现社会治理漏洞的,依法提出司法建议、检察建议。

人民检察院依法对涉及性侵害未成年人的诉讼活动等进行监督,发现违法情形的,应当及时提出监督意见。发现未成年人合法权益受到侵犯,涉及公共利益的,应当依法提起公益诉讼。

《少年儿童校外教育机构工作规程》(节录)

(2010年12月13日中华人民共和国教育部令第30号公布　自2010年12月13日起施行)

第十七条　校外教育机构工作人员应当拥护和坚持党的基本路线,热爱校外教育事业,热爱少年儿童,遵守教师职业道德规范,努力钻研专业知识,不断提高专业文化水平,身体健康。

第十八条　校外教育机构按照编制标准设主任(馆、校、园长)、副主任(副馆、校、园长)、辅导员(教师、教练员)和其他工作人员。

第十九条　校外教育机构主任(馆、校、园长)除应符合本规程第十七条的要求外,还应具有一定组织管理能力和实际工作经验,其学历要求可按当地具体聘任文件执行。

校外教育机构主任(馆、校、园长)由主管部门任命或聘任。

第二十条 校外教育机构主任(馆、校、园长)负责本单位的全面工作。其主要职责是:

(一)贯彻执行国家的有关法律、法规、方针、政策和上级主管部门的规定;

(二)负责本机构的行政管理工作;

(三)负责组织制定并执行本单位各种规章制度;

(四)负责聘任、调配工作人员,指导教师、教练员、辅导员和其他工作人员的工作;

(五)加强全员的思想政治工作,组织政治、业务学习,并为他们的政治、文化、业务进修创造条件;

(六)管理和规划机构内各项设施、经费的合理利用。

第二十一条 少年儿童校外教育机构教师应依照《教师法》的规定取得教师资格。校外教育机构教师实行聘任制或任命制。

第二十二条 少年儿童校外教育机构教师应履行《教师法》规定的义务,做到:

(一)关心、爱护少年儿童,尊重他们的人格,促进他们在品德、智力、体质等方面全面发展;

(二)制止有害于少年儿童的行为或者其他侵犯少年儿童合法权益的行为,批评和抵制有害于少年儿童健康成长的现象;

(三)对本单位工作提出建议。

第二十三条 校外教育机构其他工作人员的资格和职责,参照国家的有关规定执行。

第二十四条 校外教育机构应重视工作人员的职前培训并为在职培训创造条件。

第二十五条 校外教育机构要主动争取各级各类关心下一代工作委员会(协会)中的老干部、老专家、老文艺工作者、老科技工作者、老教师、老工人、老党员、老模范等老同志的支持,定期和不定期的聘请他们做少年儿童校外教育专、兼职辅导员。

《中等职业学校管理规程》(节录)

(2010年5月13日教职成〔2010〕6号公布 自2010年5月13日起施行)

第十条 学校按照人事管理规定,科学设置各类岗位,公共基础课教师和专业技能课教师保持合理比例,实行固定岗位和流动岗位相结合、专职岗位和兼职岗位相结合的岗位管理办法,逐步提高同时具有教师资格证书和职业资格证书的"双师型"教师比例,不断优化教职工队伍结构。

第十一条 学校实行教师聘任制。根据《中华人民共和国教师法》和国家关于事业单位人员聘用制度的有关规定,科学制定学校教师聘任管理制度和具体管理办法。按照公开、平等、竞争、择优的原则,在定员、定岗、定责的基础上聘任、解聘或辞退教职工。学校应当建立健全保障教职工合法权益的程序和制度。

第十二条 学校实行教师职务制度。逐步提高同时具有中等职业学校教师职务和职业资格证书的专业课教师比例,实习指导教师应当具有相当于助理工程师及以上专业技术职务或者中级及以上工人技术等级。

学校建立有利于引进企业优秀专业技术人才到学校担任专、兼职教师的聘任制度。学校可以根据需要通过"特岗、特聘、特邀"等形式,向行业组织、企业和事业单位聘任专业课教师或实习指导教师。

第十三条 学校建立教师到企业实践制度。专业技能课教师、实习指导教师每两年应当有两个月以上时间到企业或生产服务一线实践。鼓励教师参加高一级学历进修或提高业务能力的培训。

第十四条 学校按照国家有关规定要求,建立健全师德考评奖励机制,开展师德师风教育、法制教育和安全教育。

学校应当加强班主任队伍建设,建立健全班主任业绩考核和激励约束机制。

第三十条 【民办学校教师教育和培训】

民办学校应当对教师进行思想品德教育和业务培训。

关联规定

《中华人民共和国教育法》(节录)

(2021年4月29日中华人民共和国主席令第80号公布　自2021年4月30日起施行)

第三条　国家坚持中国共产党的领导,坚持以马克思列宁主义、毛泽东思想、邓小平理论、“三个代表”重要思想、科学发展观、习近平新时代中国特色社会主义思想为指导,遵循宪法确定的基本原则,发展社会主义的教育事业。

第五条　教育必须为社会主义现代化建设服务、为人民服务,必须与生产劳动和社会实践相结合,培养德智体美劳全面发展的社会主义建设者和接班人。

第六条　教育应当坚持立德树人,对受教育者加强社会主义核心价值观教育,增强受教育者的社会责任感、创新精神和实践能力。

国家在受教育者中进行爱国主义、集体主义、中国特色社会主义的教育,进行理想、道德、纪律、法治、国防和民族团结的教育。

第三十三条　教师享有法律规定的权利,履行法律规定的义务,忠诚于人民的教育事业。

第三十五条　国家实行教师资格、职务、聘任制度,通过考核、奖励、培养和培训,提高教师素质,加强教师队伍建设。

《中华人民共和国教师法》(节录)

(2009年8月27日中华人民共和国主席令第18号公布　自2009年8月27日起施行)

第一条　为了保障教师的合法权益,建设具有良好思想品德修养和业务素质的教师队伍,促进社会主义教育事业的发展,制定本法。

第四条　各级人民政府应当采取措施,加强教师的思想政治教育和业务培训,改善教师的工作条件和生活条件,保障教师的合法权益,提高教师的社会地位。

第十条第二款　中国公民凡遵守宪法和法律,热爱教育事业,具有良好的思想品德,具备本法规定的学历或者经国家教师资格考试合格,有教育教学能力,经认定合格的,可以取得教师资格。

第十八条　各级人民政府和有关部门应当办好师范教育,并采取措施,鼓励优秀青年进入各级师范学校学习。各级教师进修学校承担培训中小学教师的任务。

非师范学校应当承担培养和培训中小学教师的任务。

各级师范学校学生享受专业奖学金。

第十九条　各级人民政府教育行政部门、学校主管部门和学校应当制定教师培训规划,对教师进行多种形式的思想政治、业务培训。

《中华人民共和国义务教育法》(节录)

(2018 年 12 月 29 日中华人民共和国主席令第 22 号公布　自 2018 年 12 月 29 日起施行)

第三十二条　县级以上人民政府应当加强教师培养工作,采取措施发展教师教育。

县级人民政府教育行政部门应当均衡配置本行政区域内学校师资力量,组织校长、教师的培训和流动,加强对薄弱学校的建设。

《中华人民共和国高等教育法》(节录)

(2018 年 12 月 29 日中华人民共和国主席令第 23 号公布　自 2018 年 12 月 29 日起施行)

第五十一条　高等学校应当为教师参加培训、开展科学研究和进行学术交流提供便利条件。

高等学校应当对教师、管理人员和教学辅助人员及其他专业技术人员的思想政治表现、职业道德、业务水平和工作实绩进行考核,考核结果作为聘任或者解聘、晋升、奖励或者处分的依据。

《中华人民共和国职业教育法》（节录）

（2022 年 4 月 20 日中华人民共和国主席令第 112 号公布　自 2022 年 5 月 1 日起施行）

第二十一条　县级以上地方人民政府应当举办或者参与举办发挥骨干和示范作用的职业学校、职业培训机构，对社会力量依法举办的职业学校和职业培训机构给予指导和扶持。

国家根据产业布局和行业发展需要，采取措施，大力发展先进制造等产业需要的新兴专业，支持高水平职业学校、专业建设。

国家采取措施，加快培养托育、护理、康养、家政等方面技术技能人才。

第二十二条　县级人民政府可以根据县域经济社会发展的需要，设立职业教育中心学校，开展多种形式的职业教育，实施实用技术培训。

教育行政部门可以委托职业教育中心学校承担教育教学指导、教育质量评价、教师培训等职业教育公共管理和服务工作。

第二十三条　行业主管部门按照行业、产业人才需求加强对职业教育的指导，定期发布人才需求信息。

行业主管部门、工会和中华职业教育社等群团组织、行业组织可以根据需要，参与制定职业教育专业目录和相关职业教育标准，开展人才需求预测、职业生涯发展研究及信息咨询，培育供需匹配的产教融合服务组织，举办或者联合举办职业学校、职业培训机构，组织、协调、指导相关企业、事业单位、社会组织举办职业学校、职业培训机构。

《中华人民共和国学前教育法》（节录）

（2024 年 11 月 8 日中华人民共和国主席令第 34 号公布　自 2025 年 6 月 1 日起施行）

第四十八条　国务院教育行政部门应当制定高等学校学前教育专业设置标准、质量保证标准和课程教学标准体系，组织实施学前教育专业质量认证，建立培养质量保障机制。

省级人民政府应当根据普及学前教育的需要，制定学前教育师资培养规划，支持高等学校设立学前教育专业，合理确定培养规模，提高培养层次和培养质量。

制定公费师范生培养计划，应当根据学前教育发展需要专项安排学前教育专业培养计划。

第四十九条　县级以上人民政府教育、卫生健康等有关部门应当按照职责分工制定幼儿园园长、教师、保育员、卫生保健人员等工作人员培训规划，建立培训支持服务体系，开展多种形式的专业培训。

《中华人民共和国民办教育促进法实施条例》(节录)

(2021 年 4 月 7 日中华人民共和国国务院令第 741 号公布　自 2021 年 9 月 1 日起施行)

第三十五条　民办学校应当建立教师培训制度，为受聘教师接受相应的思想政治培训和业务培训提供条件。

《中学班主任工作暂行规定》(节录)

(1988 年 8 月 20 日[88]教中字 013 号公布　自 1988 年 9 月 1 日起施行)

第十四条　教育行政部门和学校应有计划地对班主任进行培训，组织班主任学习教育理论、交流工作经验，不断补充进行思想教育所需要的新知识，努力提高班主任队伍的思想水平和业务能力。对于连续担任班主任工作达一定年限的教师，应给予休整、总结、提高的机会。

《小学班主任工作暂行规定(试行)》(节录)

(1988 年 8 月 10 日[88]教初字 013 号公布　自 1988 年 8 月 10 日起施行)

二十二、教育行政部门应加强对班主任工作的管理和指导，有计划地开展培训,帮助学校组织班主任学习教育理论,交流工作经验,不断提高业务能力。

教育科研部门应开展对班主任工作的研究活动,使班主任在教育科学理论的指导下,遵循规律开展工作。

《国务院办公厅关于加快中西部教育发展的指导意见》(节录)

(2016年5月11日国办发〔2016〕37号公布　自2016年5月11日起施行)

二、重点任务

……

全面加强乡村教师队伍建设。扩大农村教师特岗计划中乡村学校特设岗位数量,增加优秀大学毕业生到乡村学校任教比例。以地方师范院校为基地,采取免费教育、学费补偿、贷款代偿等多种方式,为乡村学校定向培养更多的合格、优秀教师。鼓励研究生支教团、优秀退休教师到乡村学校支教。全面推进义务教育教师队伍"县管校聘"管理体制改革,加大教师交流力度,优先保障村小学和教学点需求,确保一定比例的骨干教师到村小学和教学点任教。补充音体美等紧缺学科教师,创新教学、管理方式,确保合格教师授课。加大乡村教师培训力度,"国培计划"集中支持乡村教师培训。扩大农村学校教育硕士师资培养计划规模。推行校长职级制,选好配强乡村学校校长。落实好集中连片特殊困难地区乡村教师生活补助政策。对在乡村学校任教3年以上、表现优秀并符合条件的教师,职称评定时同等条件下优先。各地对在村小学和教学点工作满10年、继续在村小学和教学点工作的优秀教师给予奖励。国家对在村小学和教学点工作满30年并作出突出贡献的优秀教师给予表彰奖励。

……

多种形式开展高校对口支援。鼓励高水平大学尤其是东部高校扩大对口支援范围,提高中部省属高校受援比例。深化团队式支援,鼓励多所高校联合支援一所或几所中西部高校。支援高校要制订相应计划,通过多种方式帮助受援高校培养、培训在职教师,着力提升受援高校教师的教学科研水平。支援高校可向相关部门申请定向培养博士、硕士研究生单列招生指标,用于受援高校现有师资队伍的培养。国家公派出国留学继续采取倾斜政策,使中西部高校教师有更多的出国进修学习培训机会。鼓励支援高校与受援高校有计划、有重点地开展联合培养研究生和本科生工作,建设相应学科专业学位点科研基地。支援高校积极参与受援高校的科研合作,努力提供人力、物力和技术支持,不断提升受援高校服务经济社会发展的能力和水平。积极鼓励支援高校与受援高校联合申报各层次科研项目,合作开展研究。形成阶梯式支援格局,第一阶梯由 100 所左右高水平大学支援中西部 75 所地方高校,第二阶梯由 75 所受援高校和部省共建高校支援中西部 100 所左右地方本科高校。

……

补充学前教育师资队伍。各地要按照幼儿园教职工配备标准,在地方事业单位编制总量内,合理调配,配齐农村公办幼儿园教职工,落实每班“两教一保”要求。鼓励各地因地制宜实施地方特岗计划,引进优秀毕业生到农村幼儿园任教。鼓励地方高校扩大免费师范生招生规模,办好中等幼儿师范学校和高等师范专科学校学前教育专业,为农村学前教育培养更多的合格教师。开展对农村幼儿园教师的全员培训,提高教师专业水平。通过生均财政拨款、专项补助等方式,支持解决好公办园非在编教师、集体办幼儿园教师工资待遇问题,逐步实现同工同酬。对长期在农村幼儿园工作的教师,在职务(职称)评聘等方面给予倾斜。采取“政府组织、中心园实施、志愿服务”模式,开展教师巡回支教,缓解当前师资紧缺状况。

……

实施万名教师支教计划。组织内地优秀教师到西藏、新疆支教,在每所中学形成稳定的理科教学团队。在对口支援机制下,每期选派 1 万名内地教师赴西藏、新疆任教。支教教师发挥骨干示范作用,主要承担一线教学任务,组织教研活动,开展业务培训和教学指导,与当地教师组成教学团队,整体提升学校理科教学水平。每年置换出 1 万名当地理科教师,通过集中培训、专题研修、跟岗学习等方式,提高学科教学能力。到 2020 年,共组织内地 3 万名教师赴西藏、新疆支教,置换出当地 90% 以上理科教师脱产培训。

《幼儿园工作规程》(节录)

(2016年1月5日中华人民共和国教育部令第39号公布　自2016年3月1日起施行)

第三十八条　幼儿园按照国家相关规定设园长、副园长、教师、保育员、卫生保健人员、炊事员和其他工作人员等岗位,配足配齐教职工。

第三十九条　幼儿园教职工应当贯彻国家教育方针,具有良好品德,热爱教育事业,尊重和爱护幼儿,具有专业知识和技能以及相应的文化和专业素养,为人师表,忠于职责,身心健康。

幼儿园教职工患传染病期间暂停在幼儿园的工作。有犯罪、吸毒记录和精神病史者不得在幼儿园工作。

第四十条　幼儿园园长应当符合本规程第三十九条规定,并应当具有《教师资格条例》规定的教师资格、具备大专以上学历、有三年以上幼儿园工作经历和一定的组织管理能力,并取得幼儿园园长岗位培训合格证书。

幼儿园园长由举办者任命或者聘任,并报当地主管的教育行政部门备案。

……

第三十一条　【民办学校依法保障教职工待遇】

民办学校应当依法保障教职工的工资、福利待遇和其他合法权益,并为教职工缴纳社会保险费。

国家鼓励民办学校按照国家规定为教职工办理补充养老保险。

关联规定

《中华人民共和国教师法》(节录)

(2009年8月27日中华人民共和国主席令第18号公布　自2009年8月27日起施行)

第七条　教师享有下列权利:

……

（四）按时获取工资报酬，享受国家规定的福利待遇以及寒暑假期的带薪休假。

第二十五条　教师的平均工资水平应当不低于或者高于国家公务员的平均工资水平，并逐步提高。建立正常晋级增薪制度，具体办法由国务院规定。

第二十六条　中小学教师和职业学校教师享受教龄津贴和其他津贴，具体办法由国务院教育行政部门会同有关部门制定。

第二十七条　地方各级人民政府对教师以及具有中专以上学历的毕业生到少数民族地区和边远贫困地区从事教育教学工作的，应当予以补贴。

第二十八条　地方各级人民政府和国务院有关部门，对城市教师住房的建设、租赁、出售实行优先、优惠。

县、乡两级人民政府应当为农村中小学教师解决住房提供方便。

第二十九条　教师的医疗同当地国家公务员享受同等的待遇；定期对教师进行身体健康检查，并因地制宜安排教师进行休养。

医疗机构应当对当地教师的医疗提供方便。

第三十条　教师退休或者退职后，享受国家规定的退休或者退职待遇。

县级以上地方人民政府可以适当提高长期从事教育教学工作的中小学退休教师的退休金比例。

第三十一条　各级人民政府应当采取措施，改善国家补助、集体支付工资的中小学教师的待遇，逐步做到在工资收入上与国家支付工资的教师同工同酬，具体办法由地方各级人民政府根据本地区的实际情况规定。

第三十二条　社会力量所办学校的教师的待遇，由举办者自行确定并予以保障。

《中华人民共和国教育法》（节录）

（2021 年 4 月 29 日中华人民共和国主席令第 80 号公布　自 2021 年 4 月 30 日起施行）

第三十条　学校及其他教育机构应当履行下列义务：

……

（三）维护受教育者、教师及其他职工的合法权益。

第三十六条 学校及其他教育机构中的管理人员，实行教育职员制度。

学校及其他教育机构中的教学辅助人员和其他专业技术人员，实行专业技术职务聘任制度。

《中华人民共和国义务教育法》（节录）

（2018年12月29日中华人民共和国主席令第22号公布 自2018年12月29日起施行）

第三十一条 各级人民政府保障教师工资福利和社会保险待遇，改善教师工作和生活条件；完善农村教师工资经费保障机制。

教师的平均工资水平应当不低于当地公务员的平均工资水平。

特殊教育教师享有特殊岗位补助津贴。在民族地区和边远贫困地区工作的教师享有艰苦贫困地区补助津贴。

《中华人民共和国高等教育法》（节录）

（2018年12月29日中华人民共和国主席令第23号公布 自2018年12月29日起施行）

第四十三条 高等学校通过以教师为主体的教职工代表大会等组织形式，依法保障教职工参与民主管理和监督，维护教职工合法权益。

《中华人民共和国学前教育法》（节录）

（2024年11月8日中华人民共和国主席令第34号公布 自2025年6月1日起施行）

第四十二条 幼儿园园长、教师、保育员、卫生保健人员、安全保卫人员和其他工作人员应当遵守法律法规和职业道德规范，尊重、爱护和平等对待学前儿童，不断提高专业素养。

第四十三条　幼儿园应当与教职工依法签订聘用合同或者劳动合同，并将合同信息报县级人民政府教育行政部门备案。

第四十六条　幼儿园及其举办者应当按照国家规定保障教师和其他工作人员的工资福利，依法缴纳社会保险费，改善工作和生活条件，实行同工同酬。

县级以上地方人民政府应当将公办幼儿园教师工资纳入财政保障范围，统筹工资收入政策和经费支出渠道，确保教师工资及时足额发放。民办幼儿园可以参考当地公办幼儿园同类教师工资收入水平合理确定教师薪酬标准，依法保障教师工资待遇。

第四十七条　幼儿园教师在职称评定、岗位聘任（聘用）等方面享有与中小学教师同等的待遇。

符合条件的幼儿园教师按照有关规定享受艰苦边远地区津贴、乡镇工作补贴等津贴、补贴。

承担特殊教育任务的幼儿园教师按照有关规定享受特殊教育津贴。

《中华人民共和国劳动法》（节录）

（2018 年 12 月 29 日中华人民共和国主席令第 24 号公布　自 2018 年 12 月 29 日起施行）

第三条　劳动者享有平等就业和选择职业的权利、取得劳动报酬的权利、休息休假的权利、获得劳动安全卫生保护的权利、接受职业技能培训的权利、享受社会保险和福利的权利、提请劳动争议处理的权利以及法律规定的其他劳动权利。

……

第七十条　国家发展社会保险事业，建立社会保险制度，设立社会保险基金，使劳动者在年老、患病、工伤、失业、生育等情况下获得帮助和补偿。

第七十二条　社会保险基金按照保险类型确定资金来源，逐步实行社会统筹。用人单位和劳动者必须依法参加社会保险，缴纳社会保险费。

第七十六条　国家发展社会福利事业，兴建公共福利设施，为劳动者休息、休养和疗养提供条件。

用人单位应当创造条件，改善集体福利，提高劳动者的福利待遇。

《中华人民共和国民办教育促进法实施条例》(节录)

(2021 年 4 月 7 日中华人民共和国国务院令第 741 号公布　自 2021 年 9 月 1 日起施行)

第三十四条　民办学校自主招聘教师和其他工作人员,并应当与所招聘人员依法签订劳动或者聘用合同,明确双方的权利义务等。

民办学校聘任专任教师,在合同中除依法约定必备条款外,还应当对教师岗位及其职责要求、师德和业务考核办法、福利待遇、培训和继续教育等事项作出约定。

公办学校教师未经所在学校同意不得在民办学校兼职。

民办学校聘任外籍人员,按照国家有关规定执行。

第三十六条　民办学校应当依法保障教职工待遇,按照学校登记的法人类型,按时足额支付工资,足额缴纳社会保险费和住房公积金。国家鼓励民办学校按照有关规定为教职工建立职业年金或者企业年金等补充养老保险。

实施学前教育、学历教育的民办学校应当从学费收入中提取一定比例建立专项资金或者基金,由学校管理,用于教职工职业激励或者增加待遇保障。

第五十九条　县级以上地方人民政府可以采取政府补贴、以奖代补等方式鼓励、支持非营利性民办学校保障教师待遇。

《中华人民共和国中外合作办学条例》(节录)

(2019 年 3 月 2 日中华人民共和国国务院令第 709 号公布　自 2019 年 3 月 2 日起施行)

第二十八条　中外合作办学机构应当依法维护教师、学生的合法权益,保障教职工的工资、福利待遇,并为教职工缴纳社会保险费。

中外合作办学机构的教职工依法建立工会等组织,并通过教职工代表大会等形式,参与中外合作办学机构的民主管理。

《独立学院设置与管理办法》(节录)

(2015 年 11 月 10 日中华人民共和国教育部令第 38 号公布　自 2015 年 11 月 10 日起施行)

第三十六条　独立学院应当按照国家有关规定完善教师聘用和管理制度,依法落实和保障教师的相关待遇。

《教育督导问责办法》(节录)

(2021 年 7 月 20 日国教督〔2021〕2 号公布　自 2021 年 9 月 1 日起施行)

第六条第一项　被督导的地方各级人民政府和相关职能部门及其相关责任人有下列情形之一的,应当予以问责:

(一)贯彻落实党的教育方针和党中央、国务院教育决策部署不力,对学校思想政治教育不重视,履行规划、建设、投入、人员编制、待遇保障、监督管理、语言文字工作等教育职责不到位,严重影响本地区教育发展。

《教育部等六部门关于加强新时代高校教师队伍建设改革的指导意见》(节录)

(2020 年 12 月 24 日教师〔2020〕10 号公布　自 2020 年 12 月 24 日起施行)

14. 推进高校薪酬制度改革。落实以增加知识价值为导向的收入分配政策,扩大高校工资分配自主权,探索建立符合高校特点的薪酬制度。探索建立高校薪酬水平调查比较制度,健全完善高校工资水平决定和正常增长机制,在保障基本工资水平正常调整的基础上,合理确定高校教师工资收入水平,并向高层次人才密集、承担教学科研任务较重的高校加大倾斜力度。高校教师依法取得的职务科技成果转化现金奖励计入当年本单位绩效工资总量,但不受总量限制,不纳入总量基数。落实高层次人才工资收入分配激励、兼职兼薪和离岗创业等政策规定。鼓励高校设立由第三方出资的讲席教授岗位。

15.完善高校内部收入分配激励机制。落实高校内部分配自主权,高校要结合实际健全内部收入分配机制,完善绩效考核办法,向扎根教学一线、业绩突出的教师倾斜,向承担急难险重任务、作出突出贡献的教师倾斜,向从事基础前沿研究、国防科技等领域的教师倾斜。把参与教研活动,编写教材案例,承担命题监考任务,指导学生毕业设计、就业、创新创业、社会实践、学生社团、竞赛展演等情况计入工作量。激励优秀教师承担继续教育的教学工作,将相关工作量纳入绩效考核体系。不将论文数、专利数、项目数、课题经费等科研量化指标与绩效工资分配、奖励直接挂钩,切实发挥收入分配政策的激励导向作用。

19.解决青年教师后顾之忧。地方和高校要加强统筹协调,对符合公租房保障条件的,按政策规定予以保障,同时,通过发展租赁住房、盘活挖掘校内存量资源、发放补助等多种方式,切实解决青年教师的住房困难。鼓励采取多种办法提高青年教师待遇,确保青年教师将精力放在教学科研上。鼓励高校与社会力量、政府合作举办幼儿园和中小学,解决青年教师子女入托入学问题。重视青年教师身心健康,关心关爱青年教师。

《支持地方高校改革发展资金管理办法》(节录)

(2021年12月31日财教〔2021〕315号公布　自2021年12月31日起施行)

第十二条　支持地方高校改革发展资金不得用于基本建设、对外投资、偿还债务、支付利息、支付罚款、捐赠赞助等支出,不得用于在全校范围内普遍提高人员薪酬待遇,不得作为其他项目的配套资金,不得提取工作经费或管理经费,也不得用于按照国家规定不得开支的其他支出。

《中学班主任工作暂行规定》(节录)

(1988年8月20日[88]教中字013号公布　自1988年9月1日起施行)

第十一条　班主任任职期间一律享受班主任津贴(包括民办教师)。各地可根据实际情况,在国家拨发的班主任津贴基础上,适当增加津贴。

第十二条　建立班主任表彰制度。各地应根据实际情况对教育思想正确,班主任工作成绩显著的优秀班主任进行表彰奖励。国家教委对成绩突出,贡献卓著的优秀班主任予以表彰和奖励。

《小学班主任工作暂行规定(试行)》(节录)

(1988年8月10日[88]教初字013号公布　自1988年8月10日起施行)

第十八条　班主任任职期间,享受班主任津贴。各地可根据财力实际情况,对国家原规定的津贴标准适当提高。民办教师享受与公办教师同等的班主任律贴。所需费用,可由乡人民政府列入教育事业费附加中计征,也可由各地通过其他方法筹措。

第十九条　建立班主任表彰制度。各地对在工作中做出显著成绩的优秀班主任,要进行表彰和奖励,并作为考核晋级的依据。国家教委对成绩优异有突出贡献的班主任授予荣誉称号。

《中小学班主任工作规定》(节录)

(2009年8月12日教基一〔2009〕12号公布　自2009年8月12日起施行)

第十三条　学校在教育管理工作中应充分发挥班主任的骨干作用,注重听取班主任意见。

第十四条　班主任工作量按当地教师标准课时工作量的一半计入教师基本工作量。各地要合理安排班主任的课时工作量,确保班主任做好班级管理工作。

第十五条　班主任津贴纳入绩效工资管理。在绩效工资分配中要向班主任倾斜。对于班主任承担超课时工作量的,以超课时补贴发放班主任津贴。

第十六条　班主任在日常教育教学管理中,有采取适当方式对学生进行批评教育的权利。

《少年儿童校外教育机构工作规程》(节录)

(2010 年 12 月 13 日中华人民共和国教育部令第 30 号公布　自 2010 年 12 月 13 日起施行)

第二十七条　校外教育机构的经费应列入各主管部门财政专项开支,随着当地经济建设和校外教育事业的发展,不断增加。

第二十八条　校外教育机构的工作人员的工资待遇、职称评定等,要按《教师法》及国家有关规定执行。属于教育事业编制、成建制的校外教育机构中的教师依照《教师法》规定执行。

第二十九条　校外教育机构在不影响正常教育活动下,不削弱骨干力量、不占用主要活动场地,并经当地主管部门批准,可适当开展社会服务,其收入应全部用于补充活动经费。

第三十二条　【民办学校教职工与公办学校教职工享有同等权利】

民办学校教职工在业务培训、职务聘任、教龄和工龄计算、表彰奖励、社会活动等方面依法享有与公办学校教职工同等权利。

关联规定

《中华人民共和国教育法》(节录)

(2021 年 4 月 29 日中华人民共和国主席令第 80 号公布　自 2021 年 4 月 30 日起施行)

第十三条　国家对发展教育事业做出突出贡献的组织和个人,给予奖励。

第三十五条　国家实行教师资格、职务、聘任制度,通过考核、奖励、培养和培训,提高教师素质,加强教师队伍建设。

《中华人民共和国教师法》(节录)

(2009 年 8 月 27 日中华人民共和国主席令第 18 号公布　自 2009 年 8 月 27 日起施行)

第十七条　学校和其他教育机构应当逐步实行教师聘任制。教师的聘任应当遵循双方地位平等的原则,由学位和教师签订聘任合同,明确规定双方的权利、义务和责任。

实施教师聘任制的步骤、办法由国务院教育行政部门规定。

第三十三条　教师在教育教学、培养人才、科学研究、教学改革、学校建设、社会服务、勤工俭学等方面成绩优异的,由所在学校予以表彰、奖励。

国务院和地方各级人民政府及其有关部门对有突出贡献的教师,应当予以表彰、奖励。

对有重大贡献的教师,依照国家有关规定授予荣誉称号。

第三十四条　国家支持和鼓励社会组织或者个人向依法成立的奖励教师的基金组织捐助资金,对教师进行奖励。

《中华人民共和国义务教育法》(节录)

(2018 年 12 月 29 日中华人民共和国主席令第 22 号公布　自 2018 年 12 月 29 日起施行)

第三十一条　各级人民政府保障教师工资福利和社会保险待遇,改善教师工作和生活条件;完善农村教师工资经费保障机制。

教师的平均工资水平应当不低于当地公务员的平均工资水平。

特殊教育教师享有特殊岗位补助津贴。在民族地区和边远贫困地区工作的教师享有艰苦贫困地区补助津贴。

《中华人民共和国高等教育法》(节录)

(2018 年 12 月 29 日中华人民共和国主席令第 23 号公布　自 2018 年 12 月 29 日起施行)

第五十一条　高等学校应当为教师参加培训、开展科学研究和进行学术交流提供便利条件。

高等学校应当对教师、管理人员和教学辅助人员及其他专业技术人员的思想政治表现、职业道德、业务水平和工作实绩进行考核,考核结果作为聘任或者解聘、晋升、奖励或者处分的依据。

《中华人民共和国职业教育法》(节录)

(2022 年 4 月 20 日中华人民共和国主席令第 112 号公布　自 2022 年 5 月 1 日起施行)

第五十三条　职业学校学生在升学、就业、职业发展等方面与同层次普通学校学生享有平等机会。

高等职业学校和实施职业教育的普通高等学校应当在招生计划中确定相应比例或者采取单独考试办法,专门招收职业学校毕业生。

各级人民政府应当创造公平就业环境。用人单位不得设置妨碍职业学校毕业生平等就业、公平竞争的报考、录用、聘用条件。机关、事业单位、国有企业在招录、招聘技术技能岗位人员时,应当明确技术技能要求,将技术技能水平作为录用、聘用的重要条件。事业单位公开招聘中有职业技能等级要求的岗位,可以适当降低学历要求。

《中华人民共和国民办教育促进法实施条例》(节录)

(2021 年 4 月 7 日中华人民共和国国务院令第 741 号公布　自 2021 年 9 月 1 日起施行)

第三十七条第一款　教育行政部门应当会同有关部门建立民办幼儿园、中小学专任教师劳动、聘用合同备案制度，建立统一档案，记录教师的教龄、工龄，在培训、考核、专业技术职务评聘、表彰奖励、权利保护等方面，统筹规划、统一管理，与公办幼儿园、中小学聘任的教师平等对待。

《中学班主任工作暂行规定》（节录）

（1988年8月20日［88］教中字013号公布　自1988年9月1日起施行）

第十一条　班主任任职期间一律享受班主任津贴（包括民办教师）。各地可根据实际情况，在国家拨发的班主任津贴基础上，适当增加津贴。

第十二条　建立班主任表彰制度。各地应根据实际情况对教育思想正确，班主任工作成绩显著的优秀班主任进行表彰奖励。国家教委对成绩突出，贡献卓著的优秀班主任予以表彰和奖励。

《国务院关于鼓励社会力量兴办教育促进民办教育健康发展的若干意见》（节录）

（2016年12月29日国发〔2016〕81号公布　自2016年12月29日起施行）

（十八）保障学校师生权益。完善学校、个人、政府合理分担的民办学校教职工社会保障机制。民办学校应依法为教职工足额缴纳社会保险费和住房公积金。鼓励民办学校按规定为教职工建立补充养老保险，改善教职工退休后的待遇。落实跨统筹地区社会保险关系转移接续政策，完善民办学校教师户籍迁移等方面的服务政策，探索建立民办学校教师人事代理制度和交流制度，促进教师合理流动。民办学校教师在资格认定、职务评聘、培养培训、评优表彰等方面与公办学校教师享有同等权利。非营利性民办学校教师享受当地公办学校同等的人才引进政策。民办学校学生在评奖评优、升学就业、社会优待、医疗保险等方面与同级同类公办学校学生享有同等权利。依法落实民办学校师生对学校办学管理的知情权、参与权，保障师生参与民主管理和民主监督的权利。完善民办学校师生争议处理机制，维护师生的合法权益。

《中央有关部门贯彻实施〈国务院关于鼓励社会力量兴办教育促进民办教育健康发展的若干意见〉任务分工方案》(节录)

(2017年7月7日教发函〔2017〕88号公布 自2017年7月7日起施行)

27. 民办学校教师在资格认定、职务评聘、培养培训、评优表彰等方面与公办学校教师享有同等权利。(教育部、人力资源社会保障部)

《教育部等六部门关于加强新时代高校教师队伍建设改革的指导意见》(节录)

(2020年12月24日教师〔2020〕10号公布 自2020年12月24日起施行)

20. 健全组织保障体系。将建设高素质教师队伍作为高校建设的基础性工作,强化学校主体责任,健全党委统一领导、统筹协调,教师工作、组织、宣传、人事、教务、科研等部门各负其责、协同配合的工作机制。建立领导干部联系教师制度,定期听取教师意见和建议。落实教职工代表大会制度,依法保障教师知情权、参与权、表达权和监督权。加强民办高校教师队伍建设,依法保障民办高校教师与公办高校教师同等法律地位和同等权利。强化督导考核,把加强教师队伍建设工作纳入高校巡视、"双一流"建设、教学科研评估范围,作为各级党组织和党员干部工作考核的重要内容。加强优秀教师和工作典型宣传,维护教师合法权益,营造关心支持教师发展的社会环境,形成全社会尊师重教的良好氛围。

第三十三条 【民办学校保障受教育者合法权益】

民办学校依法保障受教育者的合法权益。

民办学校按照国家规定建立学籍管理制度,对受教育者实施奖励或者处分。

关联规定

《中华人民共和国教育法》（节录）

（2021年4月29日中华人民共和国主席令第80号公布　自2021年4月30日起施行）

第二十九条　学校及其他教育机构行使下列权利：

……

（四）对受教育者进行学籍管理，实施奖励或者处分；

（五）对受教育者颁发相应的学业证书；

……

第三十七条　受教育者在入学、升学、就业等方面依法享有平等权利。

学校和有关行政部门应当按照国家有关规定，保障女子在入学、升学、就业、授予学位、派出留学等方面享有同男子平等的权利。

第三十八条　国家、社会对符合入学条件、家庭经济困难的儿童、少年、青年，提供各种形式的资助。

第三十九条　国家、社会、学校及其他教育机构应当根据残疾人身心特性和需要实施教育，并为其提供帮助和便利。

第四十条　国家、社会、家庭、学校及其他教育机构应当为有违法犯罪行为的未成年人接受教育创造条件。

第四十三条　受教育者享有下列权利：

（一）参加教育教学计划安排的各种活动，使用教育教学设施、设备、图书资料；

（二）按照国家有关规定获得奖学金、贷学金、助学金；

（三）在学业成绩和品行上获得公正评价，完成规定的学业后获得相应的学业证书、学位证书；

（四）对学校给予的处分不服向有关部门提出申诉，对学校、教师侵犯其人身权、财产权等合法权益，提出申诉或者依法提起诉讼；

（五）法律、法规规定的其他权利。

《中华人民共和国义务教育法》(节录)

(2018 年 12 月 29 日中华人民共和国主席令第 22 号公布　自 2018 年 12 月 29 日起施行)

第十一条　凡年满六周岁的儿童,其父母或者其他法定监护人应当送其入学接受并完成义务教育;条件不具备的地区的儿童,可以推迟到七周岁。

适龄儿童、少年因身体状况需要延缓入学或者休学的,其父母或者其他法定监护人应当提出申请,由当地乡镇人民政府或者县级人民政府教育行政部门批准。

第十二条　适龄儿童、少年免试入学。地方各级人民政府应当保障适龄儿童、少年在户籍所在地学校就近入学。

父母或者其他法定监护人在非户籍所在地工作或者居住的适龄儿童、少年,在其父母或者其他法定监护人工作或者居住地接受义务教育的,当地人民政府应当为其提供平等接受义务教育的条件。具体办法由省、自治区、直辖市规定。

县级人民政府教育行政部门对本行政区域内的军人子女接受义务教育予以保障。

第十三条　县级人民政府教育行政部门和乡镇人民政府组织和督促适龄儿童、少年入学,帮助解决适龄儿童、少年接受义务教育的困难,采取措施防止适龄儿童、少年辍学。

居民委员会和村民委员会协助政府做好工作,督促适龄儿童、少年入学。

第十四条　禁止用人单位招用应当接受义务教育的适龄儿童、少年。

根据国家有关规定经批准招收适龄儿童、少年进行文艺、体育等专业训练的社会组织,应当保证所招收的适龄儿童、少年接受义务教育;自行实施义务教育的,应当经县级人民政府教育行政部门批准。

《中华人民共和国高等教育法》(节录)

(2018 年 12 月 29 日中华人民共和国主席令第 23 号公布　自 2018 年 12 月 29 日起施行)

第五十三条　高等学校的学生应当遵守法律、法规,遵守学生行为规范和学校的各项管理制度，尊敬师长，刻苦学习，增强体质，树立爱国主义、集体主义和社会主义思想，努力学习马克思列宁主义、毛泽东思想、邓小平理论，具有良好的思想品德，掌握较高的科学文化知识和专业技能。

高等学校学生的合法权益，受法律保护。

第五十四条　高等学校的学生应当按照国家规定缴纳学费。

家庭经济困难的学生，可以申请补助或者减免学费。

第五十五条　国家设立奖学金，并鼓励高等学校、企业事业组织、社会团体以及其他社会组织和个人按照国家有关规定设立各种形式的奖学金，对品学兼优的学生、国家规定的专业的学生以及到国家规定的地区工作的学生给予奖励。

国家设立高等学校学生勤工助学基金和贷学金，并鼓励高等学校、企业事业组织、社会团体以及其他社会组织和个人设立各种形式的助学金，对家庭经济困难的学生提供帮助。

获得贷学金及助学金的学生，应当履行相应的义务。

第五十六条　高等学校的学生在课余时间可以参加社会服务和勤工助学活动，但不得影响学业任务的完成。

高等学校应当对学生的社会服务和勤工助学活动给予鼓励和支持，并进行引导和管理。

第五十七条　高等学校的学生，可以在校内组织学生团体。学生团体在法律、法规规定的范围内活动，服从学校的领导和管理。

第五十八条　高等学校的学生思想品德合格，在规定的修业年限内学完规定的课程，成绩合格或者修满相应的学分，准予毕业。

第五十九条　高等学校应当为毕业生、结业生提供就业指导和服务。

国家鼓励高等学校毕业生到边远、艰苦地区工作。

《中华人民共和国职业教育法》（节录）

（2022 年 4 月 20 日中华人民共和国主席令第 112 号公布　自 2022 年 5 月 1 日起施行）

第四十九条　职业学校学生应当遵守法律、法规和学生行为规范，养成良好的职业道德、职业精神和行为习惯，努力学习，完成规定的学习任务，按照要求参加实习实训，掌握技术技能。

职业学校学生的合法权益，受法律保护。

第五十条 国家鼓励企业、事业单位安排实习岗位，接纳职业学校和职业培训机构的学生实习。接纳实习的单位应当保障学生在实习期间按照规定享受休息休假、获得劳动安全卫生保护、参加相关保险、接受职业技能指导等权利；对上岗实习的，应当签订实习协议，给予适当的劳动报酬。

职业学校和职业培训机构应当加强对实习实训学生的指导，加强安全生产教育，协商实习单位安排与学生所学专业相匹配的岗位，明确实习实训内容和标准，不得安排学生从事与所学专业无关的实习实训，不得违反相关规定通过人力资源服务机构、劳务派遣单位，或者通过非法从事人力资源服务、劳务派遣业务的单位或个人组织、安排、管理学生实习实训。

第五十一条 接受职业学校教育，达到相应学业要求，经学校考核合格的，取得相应的学业证书；接受职业培训，经职业培训机构或者职业学校考核合格的，取得相应的培训证书；经符合国家规定的专门机构考核合格的，取得相应的职业资格证书或者职业技能等级证书。

学业证书、培训证书、职业资格证书和职业技能等级证书，按照国家有关规定，作为受教育者从业的凭证。

接受职业培训取得的职业技能等级证书、培训证书等学习成果，经职业学校认定，可以转化为相应的学历教育学分；达到相应职业学校学业要求的，可以取得相应的学业证书。

接受高等职业学校教育，学业水平达到国家规定的学位标准的，可以依法申请相应学位。

第五十二条 国家建立对职业学校学生的奖励和资助制度，对特别优秀的学生进行奖励，对经济困难的学生提供资助，并向艰苦、特殊行业等专业学生适当倾斜。国家根据经济社会发展情况适时调整奖励和资助标准。

国家支持企业、事业单位、社会组织及公民个人按照国家有关规定设立职业教育奖学金、助学金，奖励优秀学生，资助经济困难的学生。

职业学校应当按照国家有关规定从事业收入或者学费收入中提取一定比例资金，用于奖励和资助学生。

省、自治区、直辖市人民政府有关部门应当完善职业学校资助资金管理制度，规范资助资金管理使用。

第五十三条　职业学校学生在升学、就业、职业发展等方面与同层次普通学校学生享有平等机会。

高等职业学校和实施职业教育的普通高等学校应当在招生计划中确定相应比例或者采取单独考试办法，专门招收职业学校毕业生。

各级人民政府应当创造公平就业环境。用人单位不得设置妨碍职业学校毕业生平等就业、公平竞争的报考、录用、聘用条件。机关、事业单位、国有企业在招录、招聘技术技能岗位人员时，应当明确技术技能要求，将技术技能水平作为录用、聘用的重要条件。事业单位公开招聘中有职业技能等级要求的岗位，可以适当降低学历要求。

《中华人民共和国学前教育法》（节录）

（2024年11月8日中华人民共和国主席令第34号公布　自2025年6月1日起施行）

第五十条　幼儿园应当坚持保育和教育相结合的原则，面向全体学前儿童，关注个体差异，注重良好习惯养成，创造适宜的生活和活动环境，有益于学前儿童身心健康发展。

第五十一条　幼儿园应当把保护学前儿童安全放在首位，对学前儿童在园期间的人身安全负有保护责任。

幼儿园应当落实安全责任制相关规定，建立健全安全管理制度和安全责任制度，完善安全措施和应急反应机制，按照标准配备安全保卫人员，及时排查和消除火灾等各类安全隐患。幼儿园使用校车的，应当符合校车安全管理相关规定，保护学前儿童安全。

幼儿园应当按照国家有关规定投保校方责任保险。

第八十条　幼儿园教师或者其他工作人员有下列情形之一的，由所在幼儿园或者县级人民政府教育等有关部门根据情节轻重，依法给予当事人、幼儿园负责人处分，解除聘用合同或者劳动合同；由县级人民政府教育行政部门禁止其一定期限内直至终身从事学前教育工作或者举办幼儿园；情节严重的，吊销其资格证书：

(一)体罚或者变相体罚儿童;

(二)歧视、侮辱、虐待、性侵害儿童;

(三)违反职业道德规范或者危害儿童身心安全,造成不良后果。

第八十一条 在学前教育活动中违反本法规定的行为,本法未规定法律责任,《中华人民共和国教育法》、《中华人民共和国未成年人保护法》、《中华人民共和国劳动法》等法律、行政法规有规定的,依照其规定。

第八十二条 违反本法规定,侵害学前儿童、幼儿园、教职工合法权益,造成人身损害或者财产损失的,依法承担民事责任;构成违反治安管理行为的,依法给予治安管理处罚;构成犯罪的,依法追究刑事责任。

《中华人民共和国民办教育促进法实施条例》(节录)

(2021年4月7日中华人民共和国国务院令第741号公布　自2021年9月1日起施行)

第三十八条 实施学历教育的民办学校应当依法建立学籍和教学管理制度,并报主管部门备案。

《学校卫生工作条例》(节录)

(1990年6月4日中华人民共和国国家教育委员会令第10号、中华人民共和国卫生部令第1号公布　自1990年6月4日起施行)

第二条 学校卫生工作的主要任务是:监测学生健康状况;对学生进行健康教育,培养学生良好的卫生习惯;改善学校卫生环境和教学卫生条件;加强对传染病、学生常见病的预防和治疗。

第三条 本条例所称的学校,是指普通中小学、农业中学、职业中学、中等专业学校、技工学校、普通高等学校。

第四条 教育行政部门负责学校卫生工作的行政管理。卫生行政部门负责对学校卫生工作的监督指导。

第五条 学校应当合理安排学生的学习时间。学生每日学习时间(包括自习),小学不超过六小时,中学不超过八小时,大学不超过十小时。

学校或者教师不得以任何理由和方式,增加授课时间和作业量,加重学生学习负担。

第六条 学校教学建筑、环境噪声、室内微小气候、采光、照明等环境质量以及黑板、课桌椅的设置应当符合国家有关标准。

新建、改建、扩建校舍,其选址、设计应当符合国家的卫生标准,并取得当地卫生行政部门的许可。竣工验收应当有当地卫生行政部门参加。

第七条 学校应当按照有关规定为学生设置厕所和洗手设施。寄宿制学校应当为学生提供相应的洗漱、洗澡等卫生设施。

学校应当为学生提供充足的符合卫生标准的饮用水。

第八条 学校应当建立卫生制度,加强对学生个人卫生、环境卫生以及教室、宿舍卫生的管理。

第九条 学校应当认真贯彻执行食品卫生法律、法规,加强饮食卫生管理,办好学生膳食,加强营养指导。

第十条 学校体育场地和器材应当符合卫生和安全要求。运动项目和运动强度应当适合学生的生理承受能力和体质健康状况,防止发生伤害事故。

第十一条 学校应当根据学生的年龄,组织学生参加适当的劳动,并对参加劳动的学生,进行安全教育,提供必要的安全和卫生防护措施。

普通中小学校组织学生参加劳动,不得让学生接触有毒有害物质或者从事不安全工种的作业,不得让学生参加夜班劳动。

普通高等学校、中等专业学校、技工学校、农业中学、职业中学组织学生参加生产劳动,接触有毒有害物质的,按照国家有关规定,提供保健待遇。学校应当定期对他们进行体格检查,加强卫生防护。

第十二条 学校在安排体育课以及劳动等体力活动时,应当注意女学生的生理特点,给予必要的照顾。

第十三条 学校应当把健康教育纳入教学计划。普通中小学必须开设健康教育课,普通高等学校、中等专业学校、技工学校、农业中学、职业中学应当开设健康教育选修课或者讲座。

学校应当开展学生健康咨询活动。

第十四条 学校应当建立学生健康管理制度。根据条件定期对学生进行体格检查,建立学生体质健康卡片,纳入学生档案。

学校对体格检查中发现学生有器质性疾病的,应当配合学生家长做好转诊治疗。

学校对残疾、体弱学生,应当加强医学照顾和心理卫生工作。

第十五条 学校应当配备可以处理一般伤病事故的医疗用品。

第十六条 学校应当积极做好近视眼、弱视、沙眼、龋齿、寄生虫、营养不良、贫血、脊柱弯曲、神经衰弱等学生常见疾病的群体预防和矫治工作。

第十七条 学校应当认真贯彻执行传染病防治法律、法规,做好急、慢性传染病的预防和控制管理工作,同时做好地方病的预防和控制管理工作。

第十八条 各级教育行政部门应当把学校卫生工作纳入学校工作计划,作为考评学校工作的一项内容。

第十九条 普通高等学校、中等专业学校、技工学校和规模较大的农业中学、职业中学、普通中小学,可以设立卫生管理机构,管理学校的卫生工作。

第二十条 普通高等学校设校医院或者卫生科。校医院应当设保健科(室),负责师生的卫生保健工作。

城市普通中小学、农村中心小学和普通中学设卫生室,按学生人数六百比一的比例配备专职卫生技术人员。

中等专业学校、技工学校、农业中学、职业中学,可以根据需要,配备专职卫生技术人员。

学生人数不足六百人的学校,可以配备专职或者兼职保健教师,开展学校卫生工作。

第二十一条 经本地区卫生行政部门批准,可以成立区域性的中小学生卫生保健机构。

区域性的中小学生卫生保健机构的主要任务是:

(一)调查研究本地区中小学生体质健康状况;

(二)开展中小学生常见疾病的预防与矫治;

(三)开展中小学卫生技术人员的技术培训和业务指导。

第二十二条 学校卫生技术人员的专业技术职称考核、评定,按照卫生、教育行政部门制定的考核标准和办法,由教育行政部门组织实施。

学校卫生技术人员按照国家有关规定,享受卫生保健津贴。

第二十三条　教育行政部门应当将培养学校卫生技术人员的工作列入招生计划,并通过各种教育形式为学校卫生技术人员和保健教师提供进修机会。

第二十四条　各级教育行政部门和学校应当将学校卫生经费纳入核定的年度教育经费预算。

第二十五条　各级卫生行政部门应当组织医疗单位和专业防治机构对学生进行健康检查、传染病防治和常见病矫治,接受转诊治疗。

第二十六条　各级卫生防疫站,对学校卫生工作承担下列任务:

(一)实施学校卫生监测,掌握本地区学生生长发育和健康状况,掌握学生常见病、传染病、地方病动态;

(二)制定学生常见病、传染病、地方病的防治计划;

(三)对本地区学校卫生工作进行技术指导;

(四)开展学校卫生服务。

第二十七条　供学生使用的文具、娱乐器具、保健用品,必须符合国家有关卫生标准。

第二十八条　县以上卫生行政部门对学校卫生工作行使监督职权。其职责是:

(一)对新建、改建、扩建校舍的选址、设计实行卫生监督;

(二)对学校内影响学生健康的学习、生活、劳动、环境、食品等方面的卫生和传染病防治工作实行卫生监督;

(三)对学生使用的文具、娱乐器具、保健用品实行卫生监督。

国务院卫生行政部门可以委托国务院其他有关部门的卫生主管机构,在本系统内对前款所列第(一)、(二)项职责行使学校卫生监督职权。

第二十九条　行使学校卫生监督职权的机构设立学校卫生监督员,由省级以上卫生行政部门聘任并发给学校卫生监督员证书。

学校卫生监督员执行卫生行政部门或者其他有关部门卫生主管机构交付的学校卫生监督任务。

第三十条　学校卫生监督员在执行任务时应出示证件。

学校卫生监督员在进行卫生监督时,有权查阅与卫生监督有关的资料,搜集与卫生监督有关的情况,被监督的单位或者个人应当给予配合。学校卫生监督员对所掌握的资料、情况负有保密责任。

第三十一条 对在学校卫生工作中成绩显著的单位或者个人,各级教育、卫生行政部门和学校应当给予表彰、奖励。

第三十二条 违反本条例第六条第二款规定,未经卫生行政部门许可新建、改建、扩建校舍的,由卫生行政部门对直接责任单位或者个人给予警告、责令停止施工或者限期改建。

第三十三条 违反本条例第六条第一款、第七条和第十条规定的,由卫生行政部门对直接责任单位或者个人给予警告并责令限期改进。情节严重的,可以同时建议教育行政部门给予行政处分。

第三十四条 违反本条例第十一条规定,致使学生健康受到损害的,由卫生行政部门对直接责任单位或者个人给予警告,责令限期改进。

第三十五条 违反本条例第二十七条规定的,由卫生行政部门对直接责任单位或者个人给予警告。情节严重的,可以会同工商行政部门没收其不符合国家有关卫生标准的物品,并处以非法所得两倍以下的罚款。

第三十六条 拒绝或者妨碍学校卫生监督员依照本条例实施卫生监督的,由卫生行政部门对直接责任单位或者个人给予警告。情节严重的,可以建议教育行政部门给予行政处分或者处以二百元以下的罚款。

第三十七条 当事人对没收、罚款的行政处罚不服的,可以在接到处罚决定书之日起十五日内,向作出处罚决定机关的上一级机关申请复议,也可以直接向人民法院起诉。对复议决定不服的,可以在接到复议决定之日起十五日内,向人民法院起诉。对罚款决定不履行又逾期不起诉的,由作出处罚决定的机关申请人民法院强制执行。

《校车安全管理条例》(节录)

(2012 年 4 月 5 日中华人民共和国国务院令第 617 号公布　自 2012 年 4 月 5 日起施行)

第二条 本条例所称校车,是指依照本条例取得使用许可,用于接送接受义务教育的学生上下学的 7 座以上的载客汽车。

接送小学生的校车应当是按照专用校车国家标准设计和制造的小学生专用校车。

第七条　保障学生上下学交通安全是政府、学校、社会和家庭的共同责任。社会各方面应当为校车通行提供便利,协助保障校车通行安全。

第九条　学校可以配备校车。依法设立的道路旅客运输经营企业、城市公共交通企业,以及根据县级以上地方人民政府规定设立的校车运营单位,可以提供校车服务。

县级以上地方人民政府根据本地区实际情况,可以制定管理办法,组织依法取得道路旅客运输经营许可的个体经营者提供校车服务。

第十条　配备校车的学校和校车服务提供者应当建立健全校车安全管理制度,配备安全管理人员,加强校车的安全维护,定期对校车驾驶人进行安全教育,组织校车驾驶人学习道路交通安全法律法规以及安全防范、应急处置和应急救援知识,保障学生乘坐校车安全。

第十一条　由校车服务提供者提供校车服务的,学校应当与校车服务提供者签订校车安全管理责任书,明确各自的安全管理责任,落实校车运行安全管理措施。

学校应当将校车安全管理责任书报县级或者设区的市级人民政府教育行政部门备案。

第十二条　学校应当对教师、学生及其监护人进行交通安全教育,向学生讲解校车安全乘坐知识和校车安全事故应急处理技能,并定期组织校车安全事故应急处理演练。

学生的监护人应当履行监护义务,配合学校或者校车服务提供者的校车安全管理工作。学生的监护人应当拒绝使用不符合安全要求的车辆接送学生上下学。

第十三条　县级以上地方人民政府教育行政部门应当指导、监督学校建立健全校车安全管理制度,落实校车安全管理责任,组织学校开展交通安全教育。公安机关交通管理部门应当配合教育行政部门组织学校开展交通安全教育。

第十四条　使用校车应当依照本条例的规定取得许可。

取得校车使用许可应当符合下列条件:

(一)车辆符合校车安全国家标准,取得机动车检验合格证明,并已经在公安机关交通管理部门办理注册登记;

(二)有取得校车驾驶资格的驾驶人;

(三)有包括行驶线路、开行时间和停靠站点的合理可行的校车运行方案;

（四）有健全的安全管理制度；

（五）已经投保机动车承运人责任保险。

第十五条 学校或者校车服务提供者申请取得校车使用许可，应当向县级或者设区的市级人民政府教育行政部门提交书面申请和证明其符合本条例第十四条规定条件的材料。教育行政部门应当自收到申请材料之日起3个工作日内，分别送同级公安机关交通管理部门、交通运输部门征求意见，公安机关交通管理部门和交通运输部门应当在3个工作日内回复意见。教育行政部门应当自收到回复意见之日起5个工作日内提出审查意见，报本级人民政府。本级人民政府决定批准的，由公安机关交通管理部门发给校车标牌，并在机动车行驶证上签注校车类型和核载人数；不予批准的，书面说明理由。

第十六条 校车标牌应当载明本车的号牌号码、车辆的所有人、驾驶人、行驶线路、开行时间、停靠站点以及校车标牌发牌单位、有效期等事项。

第十七条 取得校车标牌的车辆应当配备统一的校车标志灯和停车指示标志。

校车未运载学生上道路行驶的，不得使用校车标牌、校车标志灯和停车指示标志。

第十八条 禁止使用未取得校车标牌的车辆提供校车服务。

第十九条 取得校车标牌的车辆达到报废标准或者不再作为校车使用的，学校或者校车服务提供者应当将校车标牌交回公安机关交通管理部门。

第二十条 校车应当每半年进行一次机动车安全技术检验。

第二十一条 校车应当配备逃生锤、干粉灭火器、急救箱等安全设备。安全设备应当放置在便于取用的位置，并确保性能良好、有效适用。

校车应当按照规定配备具有行驶记录功能的卫星定位装置。

第二十二条 配备校车的学校和校车服务提供者应当按照国家规定做好校车的安全维护，建立安全维护档案，保证校车处于良好技术状态。不符合安全技术条件的校车，应当停运维修，消除安全隐患。

校车应当由依法取得相应资质的维修企业维修。承接校车维修业务的企业应当按照规定的维修技术规范维修校车，并按照国务院交通运输主管部门的规定对所维修的校车实行质量保证期制度，在质量保证期内对校车的维修质量负责。

第二十三条 校车驾驶人应当依照本条例的规定取得校车驾驶资格。

取得校车驾驶资格应当符合下列条件：

(一)取得相应准驾车型驾驶证并具有3年以上驾驶经历,年龄在25周岁以上、不超过60周岁；

(二)最近连续3个记分周期内没有被记满分记录；

(三)无致人死亡或者重伤的交通事故责任记录；

(四)无饮酒后驾驶或者醉酒驾驶机动车记录,最近1年内无驾驶客运车辆超员、超速等严重交通违法行为记录；

(五)无犯罪记录；

(六)身心健康,无传染性疾病,无癫痫、精神病等可能危及行车安全的疾病病史,无酗酒、吸毒行为记录。

第二十四条　机动车驾驶人申请取得校车驾驶资格,应当向县级或者设区的市级人民政府公安机关交通管理部门提交书面申请和证明其符合本条例第二十三条规定条件的材料。公安机关交通管理部门应当自收到申请材料之日起5个工作日内审查完毕,对符合条件的,在机动车驾驶证上签注准许驾驶校车;不符合条件的,书面说明理由。

第二十五条　机动车驾驶人未取得校车驾驶资格,不得驾驶校车。禁止聘用未取得校车驾驶资格的机动车驾驶人驾驶校车。

第二十六条　校车驾驶人应当每年接受公安机关交通管理部门的审验。

第二十七条　校车驾驶人应当遵守道路交通安全法律法规,严格按照机动车道路通行规则和驾驶操作规范安全驾驶、文明驾驶。

第二十八条　校车行驶线路应当尽量避开急弯、陡坡、临崖、临水的危险路段;确实无法避开的,道路或者交通设施的管理、养护单位应当按照标准对上述危险路段设置安全防护设施、限速标志、警告标牌。

第二十九条　校车经过的道路出现不符合安全通行条件的状况或者存在交通安全隐患的,当地人民政府应当组织有关部门及时改善道路安全通行条件、消除安全隐患。

第三十条　校车运载学生,应当按照国务院公安部门规定的位置放置校车标牌,开启校车标志灯。

校车运载学生,应当按照经审核确定的线路行驶,遇有交通管制、道路施工以及自然灾害、恶劣气象条件或者重大交通事故等影响道路通行情形的除外。

第三十一条 公安机关交通管理部门应当加强对校车行驶线路的道路交通秩序管理。遇交通拥堵的,交通警察应当指挥疏导运载学生的校车优先通行。

校车运载学生,可以在公共交通专用车道以及其他禁止社会车辆通行但允许公共交通车辆通行的路段行驶。

第三十二条 校车上下学生,应当在校车停靠站点停靠;未设校车停靠站点的路段可以在公共交通站台停靠。

道路或者交通设施的管理、养护单位应当按照标准设置校车停靠站点预告标识和校车停靠站点标牌,施划校车停靠站点标线。

第三十三条 校车在道路上停车上下学生,应当靠道路右侧停靠,开启危险报警闪光灯,打开停车指示标志。校车在同方向只有一条机动车道的道路上停靠时,后方车辆应当停车等待,不得超越。校车在同方向有两条以上机动车道的道路上停靠时,校车停靠车道后方和相邻机动车道上的机动车应当停车等待,其他机动车道上的机动车应当减速通过。校车后方停车等待的机动车不得鸣喇叭或者使用灯光催促校车。

第三十四条 校车载人不得超过核定的人数,不得以任何理由超员。

学校和校车服务提供者不得要求校车驾驶人超员、超速驾驶校车。

第三十五条 载有学生的校车在高速公路上行驶的最高时速不得超过80公里,在其他道路上行驶的最高时速不得超过60公里。

道路交通安全法律法规规定或者道路上限速标志、标线标明的最高时速低于前款规定的,从其规定。

载有学生的校车在急弯、陡坡、窄路、窄桥以及冰雪、泥泞的道路上行驶,或者遇有雾、雨、雪、沙尘、冰雹等低能见度气象条件时,最高时速不得超过20公里。

第三十六条 交通警察对违反道路交通安全法律法规的校车,可以在消除违法行为的前提下先予放行,待校车完成接送学生任务后再对校车驾驶人进行处罚。

第三十七条 公安机关交通管理部门应当加强对校车运行情况的监督检查,依法查处校车道路交通安全违法行为,定期将校车驾驶人的道路交通安全违法行为和交通事故信息抄送其所属单位和教育行政部门。

第三十八条 配备校车的学校、校车服务提供者应当指派照管人员随校车全程照管乘车学生。校车服务提供者为学校提供校车服务的,双方可以约定由学校指派随车照管人员。

学校和校车服务提供者应当定期对随车照管人员进行安全教育，组织随车照管人员学习道路交通安全法律法规、应急处置和应急救援知识。

第三十九条 随车照管人员应当履行下列职责：

（一）学生上下车时，在车下引导、指挥，维护上下车秩序；

（二）发现驾驶人无校车驾驶资格，饮酒、醉酒后驾驶，或者身体严重不适以及校车超员等明显妨碍行车安全情形的，制止校车开行；

（三）清点乘车学生人数，帮助、指导学生安全落座、系好安全带，确认车门关闭后示意驾驶人启动校车；

（四）制止学生在校车行驶过程中离开座位等危险行为；

（五）核实学生下车人数，确认乘车学生已经全部离车后本人方可离车。

第四十条 校车的副驾驶座位不得安排学生乘坐。

校车运载学生过程中，禁止除驾驶人、随车照管人员以外的人员乘坐。

第四十一条 校车驾驶人驾驶校车上道路行驶前，应当对校车的制动、转向、外部照明、轮胎、安全门、座椅、安全带等车况是否符合安全技术要求进行检查，不得驾驶存在安全隐患的校车上道路行驶。

校车驾驶人不得在校车载有学生时给车辆加油，不得在校车发动机引擎熄灭前离开驾驶座位。

第四十二条 校车发生交通事故，驾驶人、随车照管人员应当立即报警，设置警示标志。乘车学生继续留在校车内有危险的，随车照管人员应当将学生撤离到安全区域，并及时与学校、校车服务提供者、学生的监护人联系处理后续事宜。

第四十三条 生产、销售不符合校车安全国家标准的校车的，依照道路交通安全、产品质量管理的法律、行政法规的规定处罚。

第四十四条 使用拼装或者达到报废标准的机动车接送学生的，由公安机关交通管理部门收缴并强制报废机动车；对驾驶人处2000元以上5000元以下的罚款，吊销其机动车驾驶证；对车辆所有人处8万元以上10万元以下的罚款，有违法所得的予以没收。

第四十五条 使用未取得校车标牌的车辆提供校车服务，或者使用未取得校车驾驶资格的人员驾驶校车的，由公安机关交通管理部门扣留该机动车，处1万元以上2万元以下的罚款，有违法所得的予以没收。

取得道路运输经营许可的企业或者个体经营者有前款规定的违法行为，除依照前款规定处罚外，情节严重的，由交通运输主管部门吊销其经营许可证件。

伪造、变造或者使用伪造、变造的校车标牌的，由公安机关交通管理部门收缴伪造、变造的校车标牌，扣留该机动车，处2000元以上5000元以下的罚款。

第四十六条 不按照规定为校车配备安全设备，或者不按照规定对校车进行安全维护的，由公安机关交通管理部门责令改正，处1000元以上3000元以下的罚款。

第四十七条 机动车驾驶人未取得校车驾驶资格驾驶校车的，由公安机关交通管理部门处1000元以上3000元以下的罚款，情节严重的，可以并处吊销机动车驾驶证。

第四十八条 校车驾驶人有下列情形之一的，由公安机关交通管理部门责令改正，可以处200元罚款：

（一）驾驶校车运载学生，不按照规定放置校车标牌、开启校车标志灯，或者不按照经审核确定的线路行驶；

（二）校车上下学生，不按照规定在校车停靠站点停靠；

（三）校车未运载学生上道路行驶，使用校车标牌、校车标志灯和停车指示标志；

（四）驾驶校车上道路行驶前，未对校车车况是否符合安全技术要求进行检查，或者驾驶存在安全隐患的校车上道路行驶；

（五）在校车载有学生时给车辆加油，或者在校车发动机引擎熄灭前离开驾驶座位。

校车驾驶人违反道路交通安全法律法规关于道路通行规定的，由公安机关交通管理部门依法从重处罚。

第四十九条 校车驾驶人违反道路交通安全法律法规被依法处罚或者发生道路交通事故，不再符合本条例规定的校车驾驶人条件的，由公安机关交通管理部门取消校车驾驶资格，并在机动车驾驶证上签注。

第五十条 校车载人超过核定人数的，由公安机关交通管理部门扣留车辆至违法状态消除，并依照道路交通安全法律法规的规定从重处罚。

第五十一条 公安机关交通管理部门查处校车道路交通安全违法行为，依法扣留车辆的，应当通知相关学校或者校车服务提供者转运学生，并在违法状态消除后立即发还被扣留车辆。

第五十二条　机动车驾驶人违反本条例规定，不避让校车的，由公安机关交通管理部门处200元罚款。

第五十三条　未依照本条例规定指派照管人员随校车全程照管乘车学生的，由公安机关责令改正，可以处500元罚款。

随车照管人员未履行本条例规定的职责的，由学校或者校车服务提供者责令改正；拒不改正的，给予处分或者予以解聘。

第五十四条　取得校车使用许可的学校、校车服务提供者违反本条例规定，情节严重的，原作出许可决定的地方人民政府可以吊销其校车使用许可，由公安机关交通管理部门收回校车标牌。

第五十五条　学校违反本条例规定的，除依照本条例有关规定予以处罚外，由教育行政部门给予通报批评；导致发生学生伤亡事故的，对政府举办的学校的负有责任的领导人员和直接责任人员依法给予处分；对民办学校由审批机关责令暂停招生，情节严重的，吊销其办学许可证，并由教育行政部门责令负有责任的领导人员和直接责任人员5年内不得从事学校管理事务。

第五十六条　县级以上地方人民政府不依法履行校车安全管理职责，致使本行政区域发生校车安全重大事故的，对负有责任的领导人员和直接责任人员依法给予处分。

第五十七条　教育、公安、交通运输、工业和信息化、质量监督检验检疫、安全生产监督管理等有关部门及其工作人员不依法履行校车安全管理职责的，对负有责任的领导人员和直接责任人员依法给予处分。

第五十八条　违反本条例的规定，构成违反治安管理行为的，由公安机关依法给予治安管理处罚；构成犯罪的，依法追究刑事责任。

第五十九条　发生校车安全事故，造成人身伤亡或者财产损失的，依法承担赔偿责任。

《职业学校校企合作促进办法》（节录）

（2018年2月5日教职成〔2018〕1号公布　自2018年3月1日起施行）

第十八条　鼓励职业学校与企业合作开展学徒制培养。开展学徒制培养的学校，在招生专业、名额等方面应当听取企业意见。有技术技能人才培养能力和需求的企业，可以与职业学校合作设立学徒岗位，联合招收学员，共同确定培养方案，以工学结合方式进行培养。

教育行政部门、人力资源社会保障部门应当在招生计划安排、学籍管理等方面予以倾斜和支持。

《国务院办公厅关于加强中小学幼儿园安全风险防控体系建设的意见》（节录）

（2017年4月25日国办发〔2017〕35号公布　自2017年4月25日起施行）

一、总体要求

（一）指导思想。高举中国特色社会主义伟大旗帜，全面贯彻党的十八大和十八届三中、四中、五中、六中全会精神，深入贯彻习近平总书记系列重要讲话精神和治国理政新理念新思想新战略，认真落实党中央、国务院决策部署，运用法治思维和法治方式推进综合改革、破解关键问题，建立科学系统、切实有效的学校安全风险防控体系，营造良好教育环境和社会环境，为学生健康成长、全面发展提供保障。

（二）基本原则。

坚持统筹协调、综合施策。将学校安全作为公共安全和社会治安综合治理的重要内容，加强组织领导和协调配合，充分发挥政府、学校、家庭、社会各方面作用，运用法律、行政、社会服务、市场机制等各种方式，综合施策、形成合力。

坚持以人为本、全面防控。将可能对学生身心健康和生命安全造成影响的各种不安全因素和风险隐患全面纳入防控范畴，科学预防、系统应对、不留死角。

坚持依法治理、立足长效。突出制度建设的根本性和重要性，依据法治原则和法律规定，做好顶层设计，依法明确各方主体权利、义务与职责，形成防控学校安全风险的长效机制。

坚持分类应对、突出重点。坚持问题导向，根据不同区域、地方以及不同层次类型学校的实际，区分风险的类型和特点，有针对性地构建安全风险防控机制，集中解决群众关心、社会关注的校园安全问题。

（三）工作目标。针对影响学校安全的突出问题、难点问题，进一步整合各方面力量，加强和完善相关制度、机制，深入改革创新，加快形成党委领导、政府负责、社会协同、公众参与、法治保障，科学系统、全面规范、职责明确的学校安全风险预防、管控与处置体系，切实维护师生人身安全，保障校园平安有序，促进社会和谐稳定。

《中小学幼儿园安全管理办法》（节录）

（2006年6月30日中华人民共和国教育部等令第23号公布　自2006年9月1日起施行）

第十五条　学校应当遵守有关安全工作的法律、法规和规章，建立健全校内各项安全管理制度和安全应急机制，及时消除隐患，预防发生事故。

第十六条　学校应当建立校内安全工作领导机构，实行校长负责制；应当设立保卫机构，配备专职或者兼职安全保卫人员，明确其安全保卫职责。

第十七条　学校应当健全门卫制度，建立校外人员入校的登记或者验证制度，禁止无关人员和校外机动车入内，禁止将非教学用易燃易爆物品、有毒物品、动物和管制器具等危险物品带入校园。

学校门卫应当由专职保安或者其他能够切实履行职责的人员担任。

第十八条　学校应当建立校内安全定期检查制度和危房报告制度，按照国家有关规定安排对学校建筑物、构筑物、设备、设施进行安全检查、检验；发现存在安全隐患的，应当停止使用，及时维修或者更换；维修、更换前应当采取必要的防护措施或者设置警示标志。学校无力解决或者无法排除的重大安全隐患，应当及时书面报告主管部门和其他相关部门。

学校应当在校内高地、水池、楼梯等易发生危险的地方设置警示标志或者采取防护设施。

第十九条　学校应当落实消防安全制度和消防工作责任制，对于政府保障配备的消防设施和器材加强日常维护，保证其能够有效使用，并设置消防安全标志，保证疏散通道、安全出口和消防车通道畅通。

第二十条　学校应当建立用水、用电、用气等相关设施设备的安全管理制度，定期进行检查或者按照规定接受有关主管部门的定期检查，发现老化或者损毁的，及时进行维修或者更换。

第二十一条 学校应当严格执行《学校食堂与学生集体用餐卫生管理规定》、《餐饮业和学生集体用餐配送单位卫生规范》，严格遵守卫生操作规范。建立食堂物资定点采购和索证、登记制度与饭菜留验和记录制度，检查饮用水的卫生安全状况，保障师生饮食卫生安全。

第二十二条 学校应当建立实验室安全管理制度，并将安全管理制度和操作规程置于实验室显著位置。

学校应当严格建立危险化学品、放射物质的购买、保管、使用、登记、注销等制度，保证将危险化学品、放射物质存放在安全地点。

第二十三条 学校应当按照国家有关规定配备具有从业资格的专职医务（保健）人员或者兼职卫生保健教师，购置必需的急救器材和药品，保障对学生常见病的治疗，并负责学校传染病疫情及其他突发公共卫生事件的报告。有条件的学校，应当设立卫生（保健）室。

新生入学应当提交体检证明。托幼机构与小学在入托、入学时应当查验预防接种证。学校应当建立学生健康档案，组织学生定期体检。

第二十四条 学校应当建立学生安全信息通报制度，将学校规定的学生到校和放学时间、学生非正常缺席或者擅自离校情况、以及学生身体和心理的异常状况等关系学生安全的信息，及时告知其监护人。

对有特异体质、特定疾病或者其他生理、心理状况异常以及有吸毒行为的学生，学校应当做好安全信息记录，妥善保管学生的健康与安全信息资料，依法保护学生的个人隐私。

第二十五条 有寄宿生的学校应当建立住宿学生安全管理制度，配备专人负责住宿学生的生活管理和安全保卫工作。

学校应当对学生宿舍实行夜间巡查、值班制度，并针对女生宿舍安全工作的特点，加强对女生宿舍的安全管理。

学校应当采取有效措施，保证学生宿舍的消防安全。

第二十六条 学校购买或者租用机动车专门用于接送学生的，应当建立车辆管理制度，并及时到公安机关交通管理部门备案。接送学生的车辆必须检验合格，并定期维护和检测。

接送学生专用校车应当粘贴统一标识。标识样式由省级公安机关交通管理部门和教育行政部门制定。

学校不得租用拼装车、报废车和个人机动车接送学生。

接送学生的机动车驾驶员应当身体健康，具备相应准驾车型 3 年以上安全驾驶经历，最近 3 年内任一记分周期没有记满 12 分记录，无致人伤亡的交通责任事故。

第二十七条　学校应当建立安全工作档案，记录日常安全工作、安全责任落实、安全检查、安全隐患消除等情况。

安全档案作为实施安全工作目标考核、责任追究和事故处理的重要依据。

《中小学幼儿园安全防范工作规范（试行）》（节录）

（2015 年 3 月 16 日公治〔2015〕168 号公布　自 2015 年 3 月 16 日起施行）

第三条　中小学校长、幼儿园园长是学校内部安全保卫工作第一责任人。学校应当设立安全管理机构，配备专兼职安全保卫人员，聘用专职门卫和保安员，做好学校安全防范工作。安全管理机构设置、专兼职安全保卫人员配备、专职门卫和保安员的聘用、管理情况应报县（区）级教育行政部门和公安机关备案。

第四条　学校保安员应按照《保安服务管理条例》的规定择优聘用，实行由派驻的保安服务公司和学校双重管理，日常管理以学校为主。

第五条　学校保安员应当按照不低于以下标准配备：师生员工总人数少于 100 人的学校至少配 1 名专职保安员；100 人以上 1000 人以下的学校，至少配 2 名专职保安员；超过 1000 人的学校，每增加 500 名学生增配 1 名专职保安员。寄宿制学校至少配 2 名专职保安员，在上述标准的基础上每增加 300 名寄宿生增配 1 名专职保安员。

第六条　保安员、门卫、安全保卫人员应当熟悉学校安全管理、治安保卫相关法律法规、安全标准和规章制度，熟悉掌握学校及周边治安特点及校园安全防范工作重点；值勤时应按有关规定着穿保安服或佩戴学校保卫人员标识，携带橡胶警棍等相应的安全防卫器械和应急处置装备，并熟悉使用方法。

第七条　学校安全管理机构应当组织门卫和保安员加强门卫管理，确保校门口 24 小时有人值守，其他出入口开启时有人值守，做好车辆、人员进出登记，防止未经许可人员进入学校；对学校重点部位及周边巡查每日不少于5次。

在学校上、放学时段，凡是有人员、车辆进出的校门口应当组织门卫和保安员在岗值守，维护人员、车辆出入秩序，做好安全巡查工作；组织教师和家长志愿者在学校及校门口开展护校工作。对发现的与违法犯罪有关的可疑情况及时报警，对正在发生的侵害师生的违法犯罪行为，迅速使用防卫器械先期处置。

第八条 寄宿制学校每栋宿舍楼应当至少设1名专职或兼职宿舍管理员（女生宿舍楼宿舍管理员须为女性）加强住宿学生管理，开展夜间巡查应不少于2次。寄宿制学校放学后及夜间时段，应至少有1名保安员在岗值勤。

《教育部等九部门关于防治中小学生欺凌和暴力的指导意见》（节录）

（2016年11月1日教基一〔2016〕6号公布　自2016年11月1日起施行）

一、积极有效预防学生欺凌和暴力

1. 切实加强中小学生思想道德教育、法治教育和心理健康教育。各地要紧密联系中小学生的思想实际，积极培育和践行社会主义核心价值观。落实《中小学生守则（2015年修订）》，引导全体中小学生从小知礼仪、明是非、守规矩，做到珍爱生命、尊重他人、团结友善、不恃强凌弱，弘扬公序良俗、传承中华美德。落实《中小学法制教育指导纲要》、《青少年法治教育大纲》，开展"法治进校园"全国巡讲活动，让学生知晓基本的法律边界和行为底线，消除未成年人违法犯罪不需要承担任何责任的错误认识，养成遵规守法的良好行为习惯。落实《中小学心理健康教育指导纲要（2012年修订）》，培养学生健全人格和积极心理品质，对有心理困扰或心理问题的学生开展科学有效的心理辅导，提高其心理健康水平。切实加强家庭教育，家长要注重家风建设，加强对孩子的管教，注重孩子思想品德教育和良好行为习惯培养，从源头上预防学生欺凌和暴力行为发生。

2. 认真开展预防欺凌和暴力专题教育。各地要在专项整治的基础上，结合典型案例，集中开展预防学生欺凌和暴力专题教育。要强化学生校规校纪教育，通过课堂教学、专题讲座、班团队会、主题活动、编发手册、参观实践等多种形式，提高学生对欺凌和暴力行为严重危害性的认识，增强自我保护意识和能力，自觉遵守校规校纪，做到不实施欺凌和暴力行为。研制学校防治学生欺凌和暴力的指导手册，全面加强教职工特别是班主任专题培训，提高教职工有效防治学生欺凌和暴力的责任意识和能力水平。要通过家访、家长会、家长学校等途径，帮助家长了解防治学生欺凌和暴力知识，增强监护责任意识，提高防治能力。要加强中小学生违法犯罪预防综合基地和人才建设，为开展防治学生欺凌和暴力专题教育提供支持和帮助。

3. 严格学校日常安全管理。中小学校要制定防治学生欺凌和暴力工作制度，将其纳入学校安全工作统筹考虑，健全应急处置预案，建立早期预警、事中处理及事后干预等机制。要加强师生联系，密切家校沟通，及时掌握学生思想情绪和同学关系状况，特别要关注学生有无学习成绩突然下滑、精神恍惚、情绪反常、无故旷课等异常表现及产生的原因，对可能的欺凌和暴力行为做到早发现、早预防、早控制。严格落实值班、巡查制度，禁止学生携带管制刀具等危险物品进入学校，针对重点学生、重点区域、重点时段开展防治工作。对发现的欺凌和暴力事件线索和苗头要认真核实、准确研判，对早期发现的轻微欺凌事件，实施必要的教育、惩戒。

4. 强化学校周边综合治理。各级综治组织要加大新形势下群防群治工作力度，实现人防物防技防在基层综治中心的深度融合，动员社会各方面力量做好校园周边地区安全防范工作。要依托全国社会治安综合治理信息系统，整合各有关部门信息资源，发挥青少年犯罪信息数据库作用，加强对重点青少年群体的动态研判。进一步加强校园及周边地区社会治安防控体系建设，作为公共安全视频监控建设联网应用示范工作的重要内容，推进校园及周边地区公共安全视频监控系统全覆盖，加大视频图像集成应用力度，实现对青少年违法犯罪活动的预测预警、实时监控、轨迹追踪及动态管控。把学校周边作为社会治安重点地区排查整治工作的重点，加强组织部署和检查考核。要对中小学生欺凌和暴力问题突出的地区和单位，根据《中共中央办公厅　国务院办公厅关于印发〈健全落实社会治安综合治理领导责任制规定〉的通知》要求，通过通报、约谈、挂牌督办、实施一票否决权制等方式进行综治领导责任督导和追究。公安机关要在治安情况复杂、问题较多的学校周边设置警务室或治安岗亭，密切与学校的沟通协作，积极配合学校排查发现学生欺凌和暴力隐患苗头，并及时预防处置。要加强学生上下学重要时段、学生途经重点路段的巡逻防控和治安盘查，对发现的苗头性、倾向性欺凌和暴力问题,要采取相应防范措施并通知学校和家长,及时干预,震慑犯罪。

二、依法依规处置学生欺凌和暴力事件

5. 保护遭受欺凌和暴力学生身心安全。各地要建立中小学生欺凌和暴力事件及时报告制度,一旦发现学生遭受欺凌和暴力,学校和家长要及时相互通知,对严重的欺凌和暴力事件,要向上级教育主管部门报告,并迅速联络公安机关介入处置。报告时相关人员有义务保护未成年人合法权益,学校、家长、公安机关及媒体应保护遭受欺凌和暴力学生以及知情学生的身心安全,严格保护学生隐私,防止泄露有关学生个人及其家庭的信息。特别要防止网络传播等因素导致事态蔓延,造成恶劣社会影响,使受害学生再次受到伤害。

6. 强化教育惩戒威慑作用。对实施欺凌和暴力的中小学生必须依法依规采取适当的矫治措施予以教育惩戒,既做到真情关爱、真诚帮助,力促学生内心感化、行为转化,又充分发挥教育惩戒措施的威慑作用。对实施欺凌和暴力的学生,学校和家长要进行严肃的批评教育和警示谈话,情节较重的,公安机关应参与警示教育。对屡教不改、多次实施欺凌和暴力的学生,应登记在案并将其表现记入学生综合素质评价,必要时转入专门学校就读。对构成违法犯罪的学生,根据《刑法》、《治安管理处罚法》、《预防未成年人犯罪法》等法律法规予以处置,区别不同情况,责令家长或者监护人严加管教,必要时可由政府收容教养,或者给予相应的行政、刑事处罚,特别是对犯罪性质和情节恶劣、手段残忍、后果严重的,必须坚决依法惩处。对校外成年人教唆、胁迫、诱骗、利用在校中小学生违法犯罪行为,必须依法从重惩处,有效遏制学生欺凌和暴力等案事件发生。各级公安、检察、审判机关要依法办理学生欺凌和暴力犯罪案件,做好相关侦查、审查逮捕、审查起诉、诉讼监督、审判和犯罪预防工作。

7. 实施科学有效的追踪辅导。欺凌和暴力事件妥善处置后,学校要持续对当事学生追踪观察和辅导教育。对实施欺凌和暴力的学生,要充分了解其行为动机和深层原因,有针对性地进行教育引导和帮扶,给予其改过机会,避免歧视性对待。对遭受欺凌和暴力的学生及其家人提供帮助,及时开展相应的心理辅导和家庭支持,帮助他们尽快走出心理阴影,树立自信,恢复正常学习生活。对确实难以回归本校本班学习的当事学生,教育部门和学校要妥善做好班级调整和转学工作。要认真做好学生欺凌和暴力典型事件通报工作,既要充分发挥警示教育作用,又要注意不过分渲染事件细节。

三、切实形成防治学生欺凌和暴力的工作合力

8. 加强部门统筹协调。各地要把防治学生欺凌和暴力工作作为全面依法治国，建设社会主义和谐社会的重要任务。教育、综治、人民法院、人民检察院、公安、民政、司法、共青团、妇联等部门组织，应成立防治学生欺凌和暴力工作领导小组，明确任务分工，强化工作职责，完善防治办法，加强考核检查，健全工作机制，形成政府统一领导、相关部门齐抓共管、学校家庭社会三位一体的工作合力。

9. 依法落实家长监护责任。管教孩子是家长的法定监护职责。引导广大家长要增强法治意识，掌握科学的家庭教育理念，尽量多安排时间与孩子相处交流，及时了解孩子的日常表现和思想状况，积极与学校沟通情况，自觉发挥榜样作用，切实加强对孩子的管教，特别要做好孩子离校后的监管看护教育工作，避免放任不管、缺教少护、教而不当。要落实监护人责任追究制度，根据《民法》等相关法律法规，未成年学生对他人的人身和财产造成损害的，依法追究其监护人的法律责任。

10. 加强平安文明校园建设。中小学校要把防治学生欺凌和暴力作为加强平安文明校园建设的重要内容。学校党组织要充分发挥政治核心作用，加强组织协调和教育引导。校长是学校防治学生欺凌和暴力的第一责任人，分管法治教育副校长和班主任是直接责任人，要充分调动全体教职工的积极性，明确相关岗位职责，将学校防治学生欺凌和暴力的各项工作落实到每个管理环节、每位教职工。要努力创造温馨和谐、积极向上的校园环境，重视校园绿化、美化和人文环境建设。加强优良校风、教风、学风建设，开展内容健康、格调高雅、丰富多彩的校园活动，形成团结向上、互助友爱、文明和谐的校园氛围，激励学生爱学校、爱老师、爱同学，提高校园整体文明程度。要健全各项管理制度、校规校纪，落实《义务教育学校管理标准》，提高学校治理水平，推进依法依规治校，建设无欺凌和暴力的平安文明校园。

11. 全社会共同保护未成年学生健康成长。要建立学校、家庭、社区（村）、公安、司法、媒体等各方面沟通协作机制，畅通信息共享渠道，进一步加强对学生保护工作的正面宣传引导，防止媒体过度渲染报道事件细节，避免学生欺凌和暴力通过网络新媒体扩散演变为网络欺凌，消除暴力文化通过不良出版物、影视节目、网络游戏侵蚀、影响学生的心理和行为，引发连锁性事件。要依托各地 12355 青少年服务台，开设自护教育热线，组织专业社会工作者、公益律师、志愿者开展有

针对性的自护教育、心理辅导和法律咨询。坚持标本兼治、常态长效，净化社会环境，强化学校周边综合治理，切实为保护未成年人平安健康成长提供良好社会环境。

《教育部等五部门关于完善安全事故处理机制维护学校教育教学秩序的意见》（节录）

（2019年6月25日教政法〔2019〕11号公布　自2019年6月25日起施行）

一、健全学校安全事故预防与处置机制

1. 着重加强学校安全事故预防。各级教育部门要依法加强对学校安全工作的督导、检查，会同、配合有关部门加强对学校校舍、场地、消防、食品安全和传染病防控等事项的监管，指导学校完善安全风险防控体系，完善学校安全管理组织机构和责任体系，健全问责机制。各级各类学校要树立预防为先的理念，落实安全标准，健全安全管理制度，完善安全风险排查和防范机制，压实安全责任，加强学生的安全教育、法治教育、生命教育和心理健康教育，建立并严格执行学校教职工聘用资质检查制度，从源头上预防和消除安全风险，杜绝责任事故。健全学校安全隐患投诉机制，对学生、家长和相关方面就学校安全存在问题的投诉、提出的意见建议，及时办理回复。

2. 规范学校安全事故处置程序。各级教育部门要指导、监督学校健全安全事故处置机制，制定处置预案、明确牵头部门、规范处置程序，完善报告制度，提高工作规范化、科学化、专业化水平。安全事故发生后，学校应当立即启动预案，及时开展救助。发生重大事故，要建立由学校主要负责人牵头的处置机制，必要时由当地人民政府或者学校主管部门、其他相关部门牵头处理。学校应当建立便捷的沟通渠道，及时通知受伤害者监护人或者近亲属，告知事故纠纷处理的途径、程序和相关规定，主动协调，积极引导以法治方式处置纠纷。学校要关心受伤害者，保障受伤害者及其监护人、近亲属的知情权和依法合理表达诉求的权利。

3. 健全学校安全事故处理的法律服务机制。司法行政机关应当组织法律援助机构依法为符合条件的学校安全事故受伤害者提供法律援助，指导律师事务所、公证机构等为当事人提供法律服务，指导律师做好代理服务工作，引导当事人依法、理性表达意见，合理提出诉求。有条件的地方可以设立学生权益法律保护中心，以政府购买服务等方式，聘请法律专业服务机构或人员，为学生提供法律服务。纠纷处理过程中，需要鉴定以明确责任的，由双方共同委托或者经当事人申请，由主持调解的机构、组织委托司法鉴定机构进行鉴定。

4. 形成多元化的学校安全事故损害赔偿机制。学校或者学校举办者应按规定投保校方责任险，有条件的可以购买校方无过失责任险和食品安全、校外实习、体育运动伤害等领域的责任保险。要通过财政补贴、家长分担等多种渠道筹措经费，推动设立学校安全综合险，加大保障力度。要增强师生和家长的保险意识，引导家长为学生购买人身保险，有条件的地方可以予以补贴。学校可以引导、利用社会捐赠资金等设置安全风险基金或者学生救助基金，健全救助机制。鼓励有条件的地方建立学校安全赔偿准备基金，或者开展互助计划，健全学校安全事故赔偿机制。

二、依法处理学校安全事故纠纷

5. 健全学校安全事故纠纷协商机制。学校安全事故责任明确、各方无重大分歧或异议的，可以协商解决。协商解决纠纷应当坚持自愿、合法、平等的原则，尊重客观事实、注重人文关怀，文明、理性表达意见和诉求。学校应当指定、委托协商代表，或者由法治副校长、学校法律顾问等专业人员主持或参与协商。协商一般应在配置录音、录像、安保等条件的场所进行。受伤害者亲属人数较多的，应当推举代表进行协商，代表人数一般不超过 5 人并相对固定。双方经协商达成一致的，应当签署书面协议。推动学校建立专业化的安全事故处理委员会，统筹学校安全事故预防与处置。

6. 建立学校安全事故纠纷调解制度。教育部门应当会同司法行政机关推进学校安全事故纠纷调解组织建设，聘任人大代表、政协委员、法治副校长、教育和法律工作者等具备相应专业知识或能力的人员参与调解。建立由教育、法律、医疗、保险、心理、社会工作等方面专业人员组成的专家咨询库，为调解工作提供支持和服务。市县两级行政区域内可根据需要设立学校安全事故人民调解委员会，对学校难于自行协商或者协商不成的安全事故纠纷实现能调尽调。司法行政机关应当会同教育部门、人民法院加强对学校安全事故人民调解委员会的指导，帮助完善受理、调解、回访、反馈等各项工作制度，加强人民调解员队伍建设和业务培训，确保调解依法、规范、公正、有效进行。地方教育部门根据需要可以直接组织行政调解。区域内的高等学校可以加强合作,联合建立事故纠纷调处机制。

7. 依法裁判学校安全事故侵权责任。人民法院对起诉的学校安全事故侵权赔偿案件应当及时立案受理,积极开展诉讼调解,对调解不成的,要按照《中华人民共和国侵权责任法》和相关法律法规,参照《学生伤害事故处理办法》等规章,明确划分责任,及时依法判决;对学校已经依法履行教育、管理职责,行为无过错的,应当依法裁判学校不承担责任。诉讼调解、裁判过程中,要切实保护双方权利,杜绝片面加重学校赔偿责任的情形。最高人民法院通过发布指导性案例等方式,加强审判指导。人民法院在诉讼过程中应当加强法律宣传教育,并做好判后释疑工作。

8. 杜绝不顾法律原则的"花钱买平安"。学校安全事故纠纷处理过程中,要坚守法律底线,根据事故客观事实和法律法规规定,明确各方责任。责任认定前,学校不得赔钱息事。经认定,学校确有责任的,要积极主动、按标准依法确定赔偿金额,给予损害赔偿,不得推诿塞责、拖延不办。学校负责人或者直接管理者有责任的,学校主管部门应当依法依规及时处理、严肃问责。学校无责任的,要澄清事实、及时说明。任何组织和个人不得非法干涉纠纷处理。坚决避免超越法定责任边界,片面加重学校负担、"花钱买平安",坚决杜绝"大闹大赔""小闹小赔"。原则上,公办中小学、幼儿园人身伤害事故纠纷涉及赔偿金额请求较大的,应当积极引导当事人通过人民调解等方式解决。各地可以根据实际,规定公办中小学校、幼儿园协商赔偿的限额。

三、及时处置、依法打击"校闹"行为

9. 及时制止"校闹"行为。学校安全事故处置过程中,如发生家属及其他校外人员实施围堵学校、在校园内非法聚集、聚众闹事等扰乱学校教育教学和管理秩序,侵犯学校和师生合法权益等"校闹"行为的,学校应当立即向所在地公安机关报案,提供当事方人数、具体行为、有无人员受伤等现场情况,并保护好现场,配合公安机关做好调查取证等工作。公安机关到达前,学校保卫部门可依法采取必要的措施,阻止相关人员进入教育教学区域,防止其干扰教育教学活动。公安机关接到报案后应当立即组织警力赶赴现场,维持现场秩序,控制事态,协助有关部门进行疏导劝阻,防止事态扩大。对现场发生的违法犯罪行为,要坚决果断制止,对涉嫌违法犯罪人员依法查处。

10. 依法惩处"校闹"人员。实施下列"校闹"行为,构成违反治安管理行为的,公安机关应当依照治安管理处罚法相关规定予以处罚:(1)殴打他人、故意伤害他人或者故意损毁公私财物的;(2)侵占、毁损学校房屋、设施设备的;(3)在学校设置障碍、贴报喷字、拉挂横幅、燃放鞭炮、播放哀乐、摆放花圈、泼洒污物、断水断电、堵塞大门、围堵办公场所和道路的;(4)在学校等公共场所停放尸体的;(5)以不准离开工作场所等方式非法限制学校教职工、学生人身自由的;(6)跟踪、纠缠学校相关负责人,侮辱、恐吓教职工、学生的;(7)携带易燃易爆危险物品和管制器具进入学校的;(8)其他扰乱学校教育教学秩序或侵害他人人身财产权益的行为。"校闹"行为造成学校、教职工、学生财产损失或人身伤害,被侵权人依法追究"校闹"人员侵权责任的,应当予以支持。同时,可以通过联合惩戒机制,对实施"校闹"、聚众扰乱社会秩序的人员实施惩戒。

11. 严厉打击涉及"校闹"的犯罪行为。实施"校闹"行为涉嫌构成寻衅滋事罪、聚众扰乱社会秩序罪、故意毁坏财物罪、非法拘禁罪、故意伤害罪和聚众扰乱公共场所秩序、交通秩序罪等,需要追究刑事责任的,公安机关要依法及时立案侦查,全面客观地收集、调取证据,确保侦查质量。人民检察院应当及时依法批捕、起诉。人民法院应当加快审理进度,在全面查明案件事实的基础上依法准确定罪量刑。对故意扩大事态,教唆他人实施针对学校和教职工、学生的违法犯罪行为,或者以受他人委托处理纠纷为名实施敲诈勒索、寻衅滋事等行为的,依法从严惩处。

师生、家长或者校外人员因其他原因在校内非法聚集、游行或者实施其他影响学校正常教育教学秩序行为的,参照上述规定予以处置。

四、建立多部门协调配合工作机制

12. 加强学校及周边安全风险防控。各地要加强校园周边综合治理,在城镇幼儿园、中小学周边全面实行学生安全区域制度。教育部门应当会同公安机关指导学校建立健全突发事件预警应对机制和警校联动联防联控机制,提高应对突发事件的现场处置能力。公安机关要加强校园及周边警务室建设,加强校园周边巡逻防控,及时受理报警求助。

13. 有效应对涉及学校安全事故纠纷的舆情。学校要做好安全事故的信息发布工作,按照规定主动、适时公布或者通报事故信息;在处置预案中明确接待媒体、应对舆情的部门和人员,增强舆情应对的意识和能力。对恶意炒作、报道严重失实的,学校要及时发声、澄清事实。对有较大影响的安全事故事件,属地教育部门应在党委、政府统一领导下,会同相关部门做好舆情引导工作。对于虚假报道引起社会不良影响的,学校应当向有关部门反映或提起诉讼,追究其侵权责任。

14. 营造依法解决学校安全事故纠纷的社会氛围。推动学校安全法律制度建设,鼓励各地制定或修改、完善学校安全方面的地方性法规。司法行政机关要协调指导有关部门加强法治宣传教育,增强社会公众的法治意识,培养尊法学法守法用法的社会氛围,推动形成依法理性解决学校安全事故纠纷的共识。要通过家长学校、家长委员会等多种方式拓宽学生父母或其他监护人参与学校管理和监督的渠道,加强对学生父母或其他监护人的法治宣传,形成和谐家校关系。学校要切实树立依法治校、依法办学理念,通过法治思维和法治方式化解矛盾纠纷,不得为防止发生安全事故而限制或取消正常的课间活动、体育活动和其他社会实践活动。

15. 建立学校安全工作部门协调机制。各地、各有关部门要深刻认识保障学校安全的重要意义,加强组织领导与协调配合,形成工作合力。地方教育部门应当积极协调相关部门建立联席会议等工作制度,定期互通信息,及时研究解决问题,共同维护学校安全,切实为学校办学安全托底,解除学校后顾之忧,保障学校安心办学、静心育人。

各地可以结合实际,制定贯彻实施本意见的具体办法。

《学生伤害事故处理办法》(节录)

(2010年12月13日中华人民共和国教育部令第30号公布　自2010年12月13日起施行)

第二条　在学校实施的教育教学活动或者学校组织的校外活动中,以及在学校负有管理责任的校舍、场地、其他教育教学设施、生活设施内发生的,造成在校学生人身损害后果的事故的处理,适用本办法。

第三条　学生伤害事故应当遵循依法、客观公正、合理适当的原则,及时、妥善地处理。

第四条　学校的举办者应当提供符合安全标准的校舍、场地、其他教育教学设施和生活设施。

教育行政部门应当加强学校安全工作,指导学校落实预防学生伤害事故的措施,指导、协助学校妥善处理学生伤害事故,维护学校正常的教育教学秩序。

第五条　学校应当对在校学生进行必要的安全教育和自护自救教育；应当按照规定，建立健全安全制度，采取相应的管理措施，预防和消除教育教学环境中存在的安全隐患；当发生伤害事故时，应当及时采取措施救助受伤害学生。

学校对学生进行安全教育、管理和保护，应当针对学生年龄、认知能力和法律行为能力的不同，采用相应的内容和预防措施。

第六条　学生应当遵守学校的规章制度和纪律；在不同的受教育阶段，应当根据自身的年龄、认知能力和法律行为能力，避免和消除相应的危险。

第七条　未成年学生的父母或者其他监护人（以下称为监护人）应当依法履行监护职责，配合学校对学生进行安全教育、管理和保护工作。

学校对未成年学生不承担监护职责，但法律有规定的或者学校依法接受委托承担相应监护职责的情形除外。

第八条　发生学生伤害事故，造成学生人身损害的，学校应当按照《中华人民共和国侵权责任法》及相关法律、法规的规定，承担相应的事故责任。

第九条　因下列情形之一造成的学生伤害事故，学校应当依法承担相应的责任：

（一）学校的校舍、场地、其他公共设施，以及学校提供给学生使用的学具、教育教学和生活设施、设备不符合国家规定的标准，或者有明显不安全因素的；

（二）学校的安全保卫、消防、设施设备管理等安全管理制度有明显疏漏，或者管理混乱，存在重大安全隐患，而未及时采取措施的；

（三）学校向学生提供的药品、食品、饮用水等不符合国家或者行业的有关标准、要求的；

（四）学校组织学生参加教育教学活动或者校外活动，未对学生进行相应的安全教育，并未在可预见的范围内采取必要的安全措施的；

（五）学校知道教师或者其他工作人员患有不适宜担任教育教学工作的疾病，但未采取必要措施的；

（六）学校违反有关规定，组织或者安排未成年学生从事不宜未成年人参加的劳动、体育运动或者其他活动的；

（七）学生有特异体质或者特定疾病，不宜参加某种教育教学活动，学校知道或者应当知道，但未予以必要的注意的；

（八）学生在校期间突发疾病或者受到伤害，学校发现，但未根据实际情况及时采取相应措施，导致不良后果加重的；

（九）学校教师或者其他工作人员体罚或者变相体罚学生，或者在履行职责过程中违反工作要求、操作规程、职业道德或者其他有关规定的；

（十）学校教师或者其他工作人员在负有组织、管理未成年学生的职责期间，发现学生行为具有危险性，但未进行必要的管理、告诫或者制止的；

（十一）对未成年学生擅自离校等与学生人身安全直接相关的信息，学校发现或者知道，但未及时告知未成年学生的监护人，导致未成年学生因脱离监护人的保护而发生伤害的；

（十二）学校有未依法履行职责的其他情形的。

第十条　学生或者未成年学生监护人由于过错，有下列情形之一，造成学生伤害事故，应当依法承担相应的责任：

（一）学生违反法律法规的规定，违反社会公共行为准则、学校的规章制度或者纪律，实施按其年龄和认知能力应当知道具有危险或者可能危及他人的行为的；

（二）学生行为具有危险性，学校、教师已经告诫、纠正，但学生不听劝阻、拒不改正的；

（三）学生或者其监护人知道学生有特异体质，或者患有特定疾病，但未告知学校的；

（四）未成年学生的身体状况、行为、情绪等有异常情况，监护人知道或者已被学校告知，但未履行相应监护职责的；

（五）学生或者未成年学生监护人有其他过错的。

第十一条　学校安排学生参加活动，因提供场地、设备、交通工具、食品及其他消费与服务的经营者，或者学校以外的活动组织者的过错造成的学生伤害事故，有过错的当事人应当依法承担相应的责任。

第十二条　因下列情形之一造成的学生伤害事故，学校已履行了相应职责，行为并无不当的，无法律责任：

（一）地震、雷击、台风、洪水等不可抗的自然因素造成的；

（二）来自学校外部的突发性、偶发性侵害造成的；

（三）学生有特异体质、特定疾病或者异常心理状态，学校不知道或者难于知道的；

（四）学生自杀、自伤的；

（五）在对抗性或者具有风险性的体育竞赛活动中发生意外伤害的；

（六）其他意外因素造成的。

第十三条　下列情形下发生的造成学生人身损害后果的事故，学校行为并无不当的，不承担事故责任；事故责任应当按有关法律法规或者其他有关规定认定：

（一）在学生自行上学、放学、返校、离校途中发生的；

（二）在学生自行外出或者擅自离校期间发生的；

（三）在放学后、节假日或者假期等学校工作时间以外，学生自行滞留学校或者自行到校发生的；

（四）其他在学校管理职责范围外发生的。

第十四条　因学校教师或者其他工作人员与其职务无关的个人行为，或者因学生、教师及其他个人故意实施的违法犯罪行为，造成学生人身损害的，由致害人依法承担相应的责任。

第十五条　发生学生伤害事故，学校应当及时救助受伤害学生，并应当及时告知未成年学生的监护人；有条件的，应当采取紧急救援等方式救助。

第十六条　发生学生伤害事故，情形严重的，学校应当及时向主管教育行政部门及有关部门报告；属于重大伤亡事故的，教育行政部门应当按照有关规定及时向同级人民政府和上一级教育行政部门报告。

第十七条　学校的主管教育行政部门应学校要求或者认为必要，可以指导、协助学校进行事故的处理工作，尽快恢复学校正常的教育教学秩序。

第十八条　发生学生伤害事故，学校与受伤害学生或者学生家长可以通过协商方式解决；双方自愿，可以书面请求主管教育行政部门进行调解。

成年学生或者未成年学生的监护人也可以依法直接提起诉讼。

第十九条　教育行政部门收到调解申请，认为必要的，可以指定专门人员进行调解，并应当在受理申请之日起60日内完成调解。

第二十条　经教育行政部门调解，双方就事故处理达成一致意见的，应当在调解人员的见证下签订调解协议，结束调解；在调解期限内，双方不能达成一致意见，或者调解过程中一方提起诉讼，人民法院已经受理的，应当终止调解。

调解结束或者终止，教育行政部门应当书面通知当事人。

第二十一条　对经调解达成的协议，一方当事人不履行或者反悔的，双方可以依法提起诉讼。

第二十二条 事故处理结束，学校应当将事故处理结果书面报告主管的教育行政部门；重大伤亡事故的处理结果，学校主管的教育行政部门应当向同级人民政府和上一级教育行政部门报告。

第二十三条 对发生学生伤害事故负有责任的组织或者个人，应当按照法律法规的有关规定，承担相应的损害赔偿责任。

第二十四条 学生伤害事故赔偿的范围与标准，按照有关行政法规、地方性法规或者最高人民法院司法解释中的有关规定确定。

教育行政部门进行调解时，认为学校有责任的，可以依照有关法律法规及国家有关规定，提出相应的调解方案。

第二十五条 对受伤害学生的伤残程度存在争议的，可以委托当地具有相应鉴定资格的医院或者有关机构，依据国家规定的人体伤残标准进行鉴定。

第二十六条 学校对学生伤害事故负有责任的，根据责任大小，适当予以经济赔偿，但不承担解决户口、住房、就业等与救助受伤害学生、赔偿相应经济损失无直接关系的其他事项。

学校无责任的，如果有条件，可以根据实际情况，本着自愿和可能的原则，对受伤害学生给予适当的帮助。

第二十七条 因学校教师或者其他工作人员在履行职务中的故意或者重大过失造成的学生伤害事故，学校予以赔偿后，可以向有关责任人员追偿。

第二十八条 未成年学生对学生伤害事故负有责任的，由其监护人依法承担相应的赔偿责任。

学生的行为侵害学校教师及其他工作人员以及其他组织、个人的合法权益，造成损失的，成年学生或者未成年学生的监护人应当依法予以赔偿。

第二十九条 根据双方达成的协议、经调解形成的协议或者人民法院的生效判决，应当由学校负担的赔偿金，学校应当负责筹措；学校无力完全筹措的，由学校的主管部门或者举办者协助筹措。

第三十条 县级以上人民政府教育行政部门或者学校举办者有条件的，可以通过设立学生伤害赔偿准备金等多种形式，依法筹措伤害赔偿金。

第三十一条 学校有条件的，应当依据保险法的有关规定，参加学校责任保险。

教育行政部门可以根据实际情况，鼓励中小学参加学校责任保险。

提倡学生自愿参加意外伤害保险。在尊重学生意愿的前提下，学校可以为学生参加意外伤害保险创造便利条件，但不得从中收取任何费用。

第三十二条　发生学生伤害事故，学校负有责任且情节严重的，教育行政部门应当根据有关规定，对学校的直接负责的主管人员和其他直接责任人员，分别给予相应的行政处分；有关责任人的行为触犯刑律的，应当移送司法机关依法追究刑事责任。

第三十三条　学校管理混乱，存在重大安全隐患的，主管的教育行政部门或者其他有关部门应当责令其限期整顿；对情节严重或者拒不改正的，应当依据法律法规的有关规定，给予相应的行政处罚。

第三十四条　教育行政部门未履行相应职责，对学生伤害事故的发生负有责任的，由有关部门对直接负责的主管人员和其他直接责任人员分别给予相应的行政处分；有关责任人的行为触犯刑律的，应当移送司法机关依法追究刑事责任。

第三十五条　违反学校纪律，对造成学生伤害事故负有责任的学生，学校可以给予相应的处分；触犯刑律的，由司法机关依法追究刑事责任。

第三十六条　受伤害学生的监护人、亲属或者其他有关人员，在事故处理过程中无理取闹，扰乱学校正常教育教学秩序，或者侵犯学校、学校教师或者其他工作人员的合法权益的，学校应当报告公安机关依法处理；造成损失的，可以依法要求赔偿。

《普通高等学校学生管理规定》（节录）

（2017年2月4日中华人民共和国教育部令第41号公布　自2017年9月1日起施行）

第六条　学生在校期间依法享有下列权利：

（一）参加学校教育教学计划安排的各项活动，使用学校提供的教育教学资源；

（二）参加社会实践、志愿服务、勤工助学、文娱体育及科技文化创新等活动，获得就业创业指导和服务；

（三）申请奖学金、助学金及助学贷款；

（四）在思想品德、学业成绩等方面获得科学、公正评价，完成学校规定学业后获得相应的学历证书、学位证书；

（五）在校内组织、参加学生团体，以适当方式参与学校管理，对学校与学生权益相关事务享有知情权、参与权、表达权和监督权；

（六）对学校给予的处理或者处分有异议，向学校、教育行政部门提出申诉，对学校、教职员工侵犯其人身权、财产权等合法权益的行为，提出申诉或者依法提起诉讼；

（七）法律、法规及学校章程规定的其他权利。

《托儿所幼儿园卫生保健管理办法》（节录）

（2010年9月6日中华人民共和国卫生部、中华人民共和国教育部令第76号公布　自2010年11月1日起施行）

第二条　本办法适用于招收0～6岁儿童的各级各类托儿所、幼儿园（以下简称托幼机构）。

第三条　托幼机构应当贯彻保教结合、预防为主的方针，认真做好卫生保健工作。

第四条　县级以上各级人民政府卫生行政部门应当将托幼机构的卫生保健工作作为公共卫生服务的重要内容，加强监督和指导。

县级以上各级人民政府教育行政部门协助卫生行政部门检查指导托幼机构的卫生保健工作。

第五条　县级以上妇幼保健机构负责对辖区内托幼机构卫生保健工作进行业务指导。业务指导的内容包括：膳食营养、体格锻炼、健康检查、卫生消毒、疾病预防等。

疾病预防控制机构应当定期为托幼机构提供疾病预防控制咨询服务和指导。

卫生监督执法机构应当依法对托幼机构的饮用水卫生、传染病预防和控制等工作进行监督检查。

第六条　托幼机构设有食堂提供餐饮服务的，应当按照《食品安全法》、《食品安全法实施条例》以及有关规章的要求，认真落实各项食品安全要求。

食品药品监督管理部门等负责餐饮服务监督管理的部门应当依法加强对托

幼机构食品安全的指导与监督检查。

第七条　托幼机构的建筑、设施、设备、环境及提供的食品、饮用水等应当符合国家有关卫生标准、规范的要求。

第八条　新设立的托幼机构，招生前应当取得县级以上地方人民政府卫生行政部门指定的医疗卫生机构出具的符合《托儿所幼儿园卫生保健工作规范》的卫生评价报告。

各级教育行政部门应当将卫生保健工作质量纳入托幼机构的分级定类管理。

第九条　托幼机构的法定代表人或者负责人是本机构卫生保健工作的第一责任人。

第十条　托幼机构应当根据规模、接收儿童数量等设立相应的卫生室或者保健室，具体负责卫生保健工作。

卫生室应当符合医疗机构基本标准，取得卫生行政部门颁发的《医疗机构执业许可证》。

保健室不得开展诊疗活动，其配置应当符合保健室设置基本要求。

第十一条　托幼机构应当聘用符合国家规定的卫生保健人员。卫生保健人员包括医师、护士和保健员。

在卫生室工作的医师应当取得卫生行政部门颁发的《医师执业证书》，护士应当取得《护士执业证书》。

在保健室工作的保健员应当具有高中以上学历，经过卫生保健专业知识培训，具有托幼机构卫生保健基础知识，掌握卫生消毒、传染病管理和营养膳食管理等技能。

第十二条　托幼机构聘用卫生保健人员应当按照收托150名儿童至少设1名专职卫生保健人员的比例配备卫生保健人员。收托150名以下儿童的，应当配备专职或者兼职卫生保健人员。

第十三条　托幼机构卫生保健人员应当定期接受当地妇幼保健机构组织的卫生保健专业知识培训。

托幼机构卫生保健人员应当对机构内的工作人员进行卫生知识宣传教育、疾病预防、卫生消毒、膳食营养、食品卫生、饮用水卫生等方面的具体指导。

第十四条　托幼机构工作人员上岗前必须经县级以上人民政府卫生行政部门指定的医疗卫生机构进行健康检查，取得《托幼机构工作人员健康合格证》后方可上岗。

托幼机构应当组织在岗工作人员每年进行1次健康检查;在岗人员患有传染性疾病的,应当立即离岗治疗,治愈后方可上岗工作。

精神病患者、有精神病史者不得在托幼机构工作。

第十五条 托幼机构应当严格按照《托儿所幼儿园卫生保健工作规范》开展卫生保健工作。

托幼机构卫生保健工作包括以下内容:

(一)根据儿童不同年龄特点,建立科学、合理的一日生活制度,培养儿童良好的卫生习惯;

(二)为儿童提供合理的营养膳食,科学制订食谱,保证膳食平衡;

(三)制订与儿童生理特点相适应的体格锻炼计划,根据儿童年龄特点开展游戏及体育活动,并保证儿童户外活动时间,增进儿童身心健康;

(四)建立健康检查制度,开展儿童定期健康检查工作,建立健康档案。坚持晨检及全日健康观察,做好常见病的预防,发现问题及时处理;

(五)严格执行卫生消毒制度,做好室内外环境及个人卫生。加强饮食卫生管理,保证食品安全;

(六)协助落实国家免疫规划,在儿童入托时应当查验其预防接种证,未按规定接种的儿童要告知其监护人,督促监护人带儿童到当地规定的接种单位补种;

(七)加强日常保育护理工作,对体弱儿进行专案管理。配合妇幼保健机构定期开展儿童眼、耳、口腔保健,开展儿童心理卫生保健;

(八)建立卫生安全管理制度,落实各项卫生安全防护工作,预防伤害事故的发生;

(九)制订健康教育计划,对儿童及其家长开展多种形式的健康教育活动;

(十)做好各项卫生保健工作信息的收集、汇总和报告工作。

《职业学校学生实习管理规定》(节录)

(2021年12月31日教职成〔2021〕4号公布 自2021年12月31日起施行)

第三十四条 加快发展职业学校学生实习责任保险和适应职业学校学生实

习需求的意外伤害保险产品，提高职业学校学生实习期间的风险保障水平。鼓励保险公司对学徒制保险专门确定费率，实现学生实习保险全覆盖。积极探索职业学校实习学生参加工伤保险办法。

第三十五条　职业学校和实习单位应当根据法律、行政法规，为实习学生投保实习责任保险。责任保险范围应当覆盖实习活动的全过程，包括学生实习期间遭受意外事故及由于被保险人疏忽或过失导致的学生人身伤亡，被保险人依法应当承担的赔偿责任以及相关法律费用等。

学生实习责任保险的费用可按照规定从职业学校学费中列支；免除学费的可从免学费补助资金中列支，不得向学生另行收取或从学生实习报酬中抵扣。职业学校与实习单位达成协议由实习单位支付学生实习责任保险投保经费的，实习单位支付的投保经费可从实习单位成本（费用）中列支。

鼓励实习单位为实习学生购买意外伤害险，投保费用可从实习单位成本（费用）中列支。

第三十六条　学生在实习期间受到人身伤害，属于保险赔付范围的，由承保保险公司按保险合同赔付标准进行赔付；不属于保险赔付范围或者超出保险赔付额度的部分，由实习单位、职业学校、学生依法承担相应责任；职业学校和实习单位应当及时采取救治措施，并妥善做好善后工作和心理抚慰。

第三十七条　地方各级工业和信息化部门应当鼓励先进制造业企业、省级“专精特新”中小企业、产教融合型企业等积极参与校企合作，提供实习岗位。

第三十八条　地方财政部门要落实职业学校生均拨款制度，统筹考虑学生实习安全保障相关支出和学费水平，科学合理确定生均拨款标准。实习单位因接收学生实习所实际发生的与取得收入有关的合理支出，依法在计算应纳税所得额时扣除。

第三十九条　地方各级国资部门应当指导国有企业特别是大型企业将实习纳入人力资源管理重要内容，对行为规范、成效显著的企业，按照有关规定予以相应政策支持。

第四十条　县级以上地方人民政府可结合实际，对实习工作成效明显的职业学校、实习学生和实习单位，按规定给予相应的激励。

第四十一条　职业学校应当对参与学生实习指导和管理工作中表现优秀的教师，在职称评聘和职务晋升、评优表彰等方面予以倾斜。

第三十四条 【民办学校受教育者在升学、就业、社会优待等方面享有与公办学校受教育者同等权利】

民办学校的受教育者在升学、就业、社会优待以及参加先进评选等方面享有与同级同类公办学校的受教育者同等权利。

关联规定

《中华人民共和国教育法》(节录)

(2021年4月29日中华人民共和国主席令第80号公布 自2021年4月30日起施行)

第三十七条 受教育者在入学、升学、就业等方面依法享有平等权利。

学校和有关行政部门应当按照国家有关规定,保障女子在入学、升学、就业、授予学位、派出留学等方面享有同男子平等的权利。

《中华人民共和国职业教育法》(节录)

(2022年4月20日中华人民共和国主席令第112号公布 自2022年5月1日起施行)

第五十三条第一款 职业学校学生在升学、就业、职业发展等方面与同层次普通学校学生享有平等机会。

《中华人民共和国民办教育促进法实施条例》(节录)

(2021年4月7日中华人民共和国国务院令第741号公布 自2021年9月1日起施行)

第三十九条第一款、第二款 民办学校及其教师、职员、受教育者申请政府设立的有关科研项目、课题等,享有与同级同类公办学校及其教师、职员、受教育者同等的权利。相关项目管理部门应当按规定及时足额拨付科研项目、课题资金。

各级人民政府应当保障民办学校的受教育者在升学、就业、社会优待、参加先进评选，以及获得助学贷款、奖助学金等国家资助等方面，享有与同级同类公办学校的受教育者同等的权利。

《职业学校学生实习管理规定》（节录）

（2021年12月31日教职成〔2021〕4号公布　自2021年12月31日起施行）

第二条　本规定所指职业学校学生实习，是指实施全日制学历教育的中职学校、高职专科学校、高职本科学校（以下简称职业学校）学生按照专业培养目标要求和人才培养方案安排，由职业学校安排或者经职业学校批准自行到企（事）业等单位进行职业道德和技术技能培养的实践性教育教学活动，包括认识实习和岗位实习。

认识实习指学生由职业学校组织到实习单位参观、观摩和体验，形成对实习单位和相关岗位的初步认识的活动。

岗位实习指具备一定实践岗位工作能力的学生，在专业人员指导下，辅助或相对独立参与实际工作的活动。

对于建在校内或园区的生产性实训基地、厂中校、校中厂、虚拟仿真实训基地等，依照法律规定成立或登记取得法人、非法人组织资格的，可作为学生实习单位，按本规定进行管理。

《中央有关部门贯彻实施〈国务院关于鼓励社会力量兴办教育促进民办教育健康发展的若干意见〉任务分工方案》（节录）

（2017年7月7日教发函〔2017〕88号公布　自2017年7月7日起施行）

29. 民办学校学生在评奖评优、升学就业、社会优待、医疗保险等方面与同级同类公办学校学生享有同等权利。依法落实民办学校师生对学校办学管理的知情权、参与权,保障师生参与民主管理和民主监督的权利。完善民办学校师生争议处理机制,维护师生的合法权益。(教育部、人力资源社会保障部)

本章相关案例

案例12　于某、大庆某教育培训学校有限公司劳动合同纠纷案

[(2022)黑06民终520号]

【裁判要旨】

1. 伪造教师资格建立劳动关系,劳动关系无效。

2. 教师是一种具有高度专业性的职业,实施教师资格准入制度的目的是保证教学质量,因此从事教育职业应具备教师资格证。

【案情简介】

2019年9月,于某到某学校工作,担任数学老师,双方未签订劳动合同。某学校为于某发放2019年9月至2020年5月的工资共计45,533元。另查明,大庆市教育局出具证明,记载于某的教师资格证书编号不符合大庆市教育局发放教师资格证书的编码规则,该证书系于某伪造。再查明,2021年8月27日,于某向大庆高新区劳动人事争议仲裁委员会申请仲裁,要求某学校支付拖欠于某2020年6月1日至7月15日的工资7200元。2021年11月1日,大庆高新区劳动人事争议仲裁委员会出具庆高劳人仲字(2021)第364号仲裁裁决书,裁决某学校支付于某2020年6月1日至7月15日的工资2790元。2021年9月10日,某学校向大庆高新区劳动人事争议仲裁委员会申请仲裁,要求于某返还工资45,533元。2021年9月10日,大庆高新区劳动人事争议仲裁委员会以仲裁请求不属于劳动人事争议案件受理范围为由,出具不予受理通知书。

【争议焦点】

于某应否返还某学校已发放的工资。

【裁判观点】

一审法院观点:根据《中华人民共和国劳动合同法》第二十六条第一款第一项的规定,以欺诈、胁迫的手段或者乘人之危,使对方在违背真实意思的情况下订立

或者变更劳动合同的,劳动合同无效或者部分无效。于某以伪造的教师资格证与某学校订立劳动合同,违背某学校的真实意思,因此双方之间的劳动合同关系应为无效。

二审法院观点:根据《教师资格条例》(中华人民共和国国务院令第188号)第二条"中国公民在各级各类学校和其他教育机构中专门从事教育教学工作,应当依法取得教师资格"和《民促法》第二十九条"民办学校聘任的教师,应当具有国家规定的任教资格"的规定,教师是一种具有高度专业性的职业,实施教师资格准入制度的目的是保证教学质量,从事教育职业应具备教师资格证。《中华人民共和国劳动合同法》第二十六条第一款第一项规定:"下列劳动合同无效或者部分无效:(一)以欺诈、胁迫的手段或者乘人之危,使对方在违背真实意思的情况下订立或者变更劳动合同的……"本案中,于某虽未与某学校签订书面劳动合同,但在某学校任职数学老师并提供劳动,某学校向于某支付报酬,双方形成事实上的劳动合同关系,但于某不具备教师资格而向某学校出示伪造教师资格证,存在欺诈情节,故依据上述法律的规定,双方之间的劳动合同应为无效,但劳动合同属于一种继续性、行为性合同,劳动者在合同履行过程中是一种脑力和体力的消耗,合同无效后无法完全进行各自返还,基于保护劳动者立场,应向劳动者支付相应的报酬。《中华人民共和国劳动合同法》第二十八条规定的"劳动合同被确认无效,劳动者已付出劳动的,用人单位应当向劳动者支付劳动报酬。劳动报酬的数额,参照本单位相同或者相近岗位劳动者的劳动报酬确定"也正是基于该法理。同时《中华人民共和国劳动合同法》也规定,劳动合同被确认无效给对方造成损害的,有过错一方应当承担赔偿责任。本案中,于某不具有教师资格,却提供伪造证件进而从事学科辅导教学工作,其自身具有重大过错,且根据庭审中双方提供证据及庭审陈述可知,于某在某学校所教学生成绩不理想,这必然给某学校的生源造成影响,故其薪酬待遇不能与某学校其他具有教师资格证的学科老师进行比较,亦无法参照黑龙江省上一年度教育业平均收入标准进行计算,故一审法院结合全案情况、于某对合同无效的过错程度及对某学校造成的影响,参照黑龙江省大庆高新区劳动人事争议仲裁委员会作出的庆高劳人仲字(2021)第364号仲裁裁决确认的标准,即2020年大庆市最低工资标准,来计算于某应获得的劳动报酬,并判决于某返还多发放的劳动报酬,并无不当。虽然上述仲裁裁决在一审法院作出判决时并未生效,但根据双方的陈述,在上述仲裁裁决作出后,双方未在法定期限内对该裁决提起诉讼或申请撤销,视为双方对该裁决的认可,且至本案二审庭审时,该仲裁裁决已经生效,双方亦未举证推翻该仲裁裁决,故一审法院以该仲裁裁决为依据计算于某工资标准,虽在程序上存在瑕疵,但对于某工资标准的认定并无不当,判决结果正确,能够体现公平原则,更彰显了诚实守信的社会主义核心价值观,二审法院予以维持。

【裁判结果】

一审法院判决:于某于本判决生效之日起10日内返还大庆某教育培训学校有限公司31,583元。

二审法院判决:驳回上诉,维持原判。

【案例评析】

事实上的劳动合同关系亦受到《中华人民共和国劳动合同法》第二十六条第一款第一项的规范,即以欺诈、胁迫的手段或者乘人之危,使对方在违背真实意思的情况下订立或者变更劳动合同的,劳动合同无效。本案中于某不具备教师资格而向某学校出示伪造教师资格证,存在欺诈情节,故依据上述劳动合同法的规定,双方之间的劳动合同应为无效。

劳动合同无效的情况下应当以《中华人民共和国劳动合同法》第二十八条规定,确定相应劳动报酬。

案例13　吴某、呼和浩特市玉泉区某心幼稚园劳动争议纠纷案

[(2020)内01民终23号]

【裁判要旨】

1. 因双倍工资差额是惩罚性赔偿,不属于劳动报酬,故受申请仲裁时效的限制。

2. 工作满一年不签订劳动合同,建立无固定期限劳动合同关系。

3. 二审依照范围有限原则审理。

【案情简介】

吴某于2013年6月入职某心幼稚园担任教师兼班主任,2014年8月至2015年3月离开并于2015年4月重新入职工作至2019年5月。双方未签订书面劳动合同。某心幼稚园未支付吴某2013年至2019年寒暑假工资17,515元。2019年

5月7日，吴某离职，离职前12个月平均工资为2632元。2019年7月31日，呼和浩特市玉泉区劳动人事争议仲裁委员会就原被告劳动争议纠纷一案作出玉劳人仲终裁字(2019)91号仲裁裁决。

【争议焦点】

1. 某心幼稚园是否应当吴某在法定标准工作时间以外延长工作时间加班1.5倍工资的差额64,133元。

2. 某心幼稚园是否应当支付吴某自2013年6月至2014年6月未签订书面劳动合同的双倍工资的差额22,700元。

3. 某心幼稚园是否应当支付吴某2014年7月至2019年5月应签订无固定期限劳动合同而未签订无固定期限书面劳动合同的双倍工资的差额105,567元。

4. 某心幼稚园是否应当按当地最低工资标准支付吴某寒暑假期间劳动报酬20,238元。

5. 某心幼稚园是否应当支付吴某2019年5月5日和5月6日两天的工资133×2=266元(2860元/天÷21.5天=133元)。

【裁判观点】

一审法院观点：对于吴某主张的2013年6月至2014年6月未签订书面劳动合同的双倍工资的差额22,700元，因双倍工资差额是惩罚性赔偿，不属于劳动报酬，故申请仲裁的时效为1年。吴某的该项请求已经超过仲裁时效，该院不予支持。对于吴某主张的应当签订无固定期限劳动合同而未签订的双倍工资差额105,567元，因某心幼稚园自用工之日满1年不与吴某签订书面劳动合同，视为双方已订立无固定期限劳动合同，吴某可以主张确认其与某心幼稚园之间属于无固定期限劳动合同关系，在此情况下，吴某要求某心幼稚园支付用工之日满1年后的2倍工资，不予支持。对于吴某主张的解除劳动关系的经济补偿15,040元，因某心幼稚园未及时足额支付吴某劳动报酬，吴某因此提出解除劳动关系，某心幼稚园应当向吴某支付经济补偿。吴某在被告处实际工作时间为5年4个月，经济补偿数额为14,476元(2632元/月×5.5个月)。对于吴某主张的延长工作时间的工资64,133元，因未提供充分的证据予以佐证，该院不予支持。对于吴某主张的按当地最低工资标准支付2013年至2019年寒暑假期间的工资，符合法律规定，应予支持，数额为17,515元。

二审法院观点：吴某主张的2013年6月至2014年6月未签订书面劳动合同

的双倍工资的差额22,700元,因申请仲裁的时效为1年,故该项请求已经超过仲裁时效。吴某主张的应当签订无固定期限劳动合同而未签订的双倍工资差额105,567元,因某心幼稚园自用工之日满1年不与吴某签订书面劳动合同,视为双方已订立无固定期限劳动合同,故该项请求不予支持。某心幼稚园上诉称不应支付吴某经济补偿金,因某心幼稚园未及时足额支付吴某劳动报酬,吴某因此提出解除劳动关系,某心幼稚园应当向吴某支付经济补偿。吴某主张的延长工作时间的工资64,133元,在二审时申请证人出庭作证,因证人郑某亦系某心幼稚园的员工,且与某心幼稚园存在劳动争议纠纷,吴某未提供其他的证据对其主张形成证据链条予以佐证,故对其该项请求不予支持。吴某主张的按当地最低工资标准支付2013年至2019年寒暑假期间的工资,符合法律规定,应予支持。某心幼稚园上诉主张吴某在2014年8月至2015年5月不在某心幼稚园工作,不应当计算寒暑假工资,一审法院按当地最低工资标准支付2013年至2019年寒暑假期间的工资,计算时没有将2014年8月至2015年5月的时间段计算在内,故一审法院并无不当。吴某上诉主张支付其2019年5月5日和5月6日两天的工资266元,因该项上诉请求不包含在仲裁请求及一审诉讼请求范围内,不属于本案的审理范围。

【裁判结果】

一审法院判决:被告呼和浩特市玉泉区某心幼稚园于本判决生效后10日内支付原告吴某解除劳动关系经济补偿14,476元。被告呼和浩特市玉泉区某心幼稚园于本判决生效后10日内支付原告吴某寒暑假工资17,515元。驳回原告吴某的其他诉讼请求。

二审法院判决:驳回上诉,维持原判。

【案例评析】

根据《中华人民共和国劳动争议调解仲裁法》第二十七条的规定,劳动争议申请仲裁的时效期间为1年。但是劳动关系存续期间因拖欠劳动报酬发生争议的,劳动者申请仲裁不受该仲裁时效期间的限制。

本案的争议点之一便是用人单位未与劳动者签订的劳动合同期间的双倍工资差额是否属于《中华人民共和国劳动争议调解仲裁法》中所称的劳动关系存续期间因拖欠的劳动报酬,这一问题在实践中做法不一,如在山东省高级人民法院、山东省人力资源和社会保障厅《关于审理劳动人事争议案件若干问题会议纪要》中认为:《中华人民共和国劳动合同法》第八十二条规定的二倍工资中加付的一倍工资具有惩戒性赔偿金性质,不属于劳动报酬。而在《湖北省高级人民法院民事审判工作座谈会会议纪要》中认为:双倍工资的申请仲裁时效自劳动关系终止之日起算,期间为1年,即该纪要认为二倍工资差额应当按照劳动报酬的时效计算方式。

具体到实际案件的办理,需以各地区的实际规定和操作为准。

案例14　宋某与张掖市教育局其他行政行为纠纷案

[(2019)甘07行终27号]

【裁判要旨】

1.经法院审查后张掖市教育局作出张教发(2018)147号批复内容不违反法律、法规,应认定张教发(2018)147号批复合法。

2.原告的中考成绩未达到普通高中录取线,其未被普通高中录取,原告系违规招收。普通高中录取秉承“统一考试、择优录取”的原则,若将原告当做具有普通高中学籍的学生安置,有违公平原则。

【案情简介】

原告宋某系张掖市山丹县某学校2018届初三毕业生,2018年6月,其参加张掖市普通高中招生考试,考试总分为432.5分,因其分数线未达到山丹县普通高中某一中及山丹马场高中的录取线,故未被所在县区内的普通高中录取。2018年7月13日,张掖市甘州区教育局以第三人违反“超计划、降分数”录取学生的规定,向其作出停止招生通知书。同年8月,原告到张掖市某一中学高一年级(2)班就读。同年8月27日,张掖市甘州区教育局又向第三人作出限期整改通知书。同年9月26日,张掖市某一中学向张掖市甘州区教育局上报了张掖市某一中学关于不能正常办学的情况说明和要求停止办学的报告,张掖市甘州区教育局遂向张掖市教育局进行转报,张掖市教育局收悉后,于2018年10月17日作出张教发(2018)147号关于张掖市某一中学停止办学的批复。批复要求:“张掖市某一中学在妥善安置学生、做好老师善后工作、完成财务清算、注销登记等工作完成后停止办学。在妥善安置学生一项中,明确要求张掖市某一中学要在征求学生及学生家长意见的基础上,提出安置意见,并做好相关后续工作,妥善安置学生。市、区教育局按政策规定配合安置好具有普通高中学籍的学生。”同年10月29日,张掖市某一中学将包括原告在内的所有在校学生遣散回家。其后,张掖市某一中学安置原告到市内职业学校就读,遭到原告拒绝。2018 年 11 月 27 日,原告向本院提起诉讼,要求纠正被告作出的张教发(2018)147 号批复中关于"市、区教育局按政策规定配合安置好具有普通高中学籍的学生"的错误决定,并要求被告同样情形同等对待,尽快安置原告继续完成被迫中断的学业。

【争议焦点】

是否应给予原告与张掖市某一中学具有普通高中学籍的学生同等对待,将其安置于普通高中就读。

【裁判观点】

一审法院观点:被告依据《民促法》的相关规定,就张掖市甘州区教育局转报的张掖市某一中学关于不能正常办学的情况说明和要求停止办学的报告,作出张教发(2018)147 号批复,批复对学生安置情况、教师善后工作、财务清算及登记注销等工作作出了明确指示,该批复程序合法,内容不违反法律、法规,应认定张教发(2018)147 号批复合法。原告关于批复中"市、区教育局按政策规定配合安置好具有普通高中学籍的学生"的决定错误的主张,不能成立。对原告提出的要求被告同样情况同等对待,尽快安置原告继续完成被迫中断的学业的诉请,也即应将原告与张掖市某一中学具有普通高中学籍的学生一样对待,安置于普通高中就读:第一,张掖市某一中学停止办学后,安置原告到市内职业学校就读,原告拒绝;第二,原告的中考成绩未达到普通高中录取线,其未被所在县区的普通高中录取;第三,原告系张掖市某一中学违规招收的高一年级学生;第四,民办学校终止后,学生安置系民办学校义务,并非被告职责;第五,普通高中录取秉承"统一考试、择优录取"的原则,若将原告当作具有普通高中学籍的学生安置,有违公平原则。

二审法院观点:各类职业技术学校在校生与普通高中在校生的比例大体相当的政策目标,是 1983 年国家层面提出的,并在事实上成为职业教育国家顶层设计中具有基础性地位的重要组成部分。被上诉人按照教育部办公厅关于做好 2018 年普通中小学招生入学工作的通知及甘肃省教育厅关于做好 2018 年高中阶段招生计划工作的通知的精神以及 2018 年张掖市教育工作重点任务目标责任书确定的职普比(4.2∶5.8)的要求,制定了《关于 2018 年高中阶段学校招生录取的通告》,将民办学校的普通高中的招生入学工作纳入张掖市 2018 年的高中阶段学校招生工作的统一管理之中,实行与公办学校同步招生,该通知确定张掖市某一中学的普通高中招生计划为 150 人。上诉人宋某 2018 年中考成绩为 432.5 分，而 2018 年山丹县普通高中录取线某一中城区初中 463.9 分、农村初中 459.6 分，马场高中部城区 450.6 分、农村初中 437.5 分，上诉人 2018 年的中考成绩均未达到上述录取分数线，未被上诉人所在县区内的山丹县普通高中录取。上诉人在 2018 年虽被张掖市某一中学招录入学，但张掖市某一中学在 2018 年招录未达到录取分数线的上诉人的行为本身违反被上诉人关于 2018 年高中阶段学校招生录取通告的相关规定，属降低录取分数招录学生的行为，被上诉人不可能根据教育部《中小学生学籍管理办法》第七条的规定，为上诉人建立学籍档案，给上诉人办理学籍。

被上诉人于 2018 年 10 月 17 日作出的张教发(2018)147 号关于张掖市某一中学停止办学的批复是在甘州区教育局向被上诉人呈报原审第三人关于不能正常办学的情况说明和要求停止办学的报告后，依据《民促法》第五十六条第一项关于"根据学校章程规定要求终止，并经审批机关批准"的规定，同意张掖市某一中学停止办学，并在同意张掖市某一中学停止办学的同时，根据《民促法》第五十七条的规定，要求张掖市某一中学在征求学生及学生家长意见的基础上，提出安置意见，妥善安置学生，并按照政策规定配合安置好具有普通高中学籍的学生，被上诉人作出的该批复符合法律规定。根据《教育行政处罚暂行实施办法》第九条规定，被上诉人作出张教发(2018)147 号批复并非法律规定的教育行政处罚行为，故上诉人要求撤销被上诉人作出的张教发(2018)147 号关于天一中学停止办学的批复，判令被上诉人重新作出安置没有取得普通高中学籍的被上诉人继续就读的行政行为、判令被上诉人承担一、二审诉讼费用及上诉人维权支付的费用的上诉意见不能成立，二审法院不予支持。对上诉人要求对被上诉人制作的张掖市教育局关于 2018 年高中阶段学校招生录取的通告中第五项、第七项内容的合法性进行审查的上诉意见，二审法院认为，《中华人民共和国行政诉讼法》第五十三条第一款规定："公民、法人或者其他组织认为行政行为所依据的国务院部门和地方人民政府及其部门制定的规范性文件不合法，在对行政行为提起诉讼时，可以一并请求对该规范性文件进行审查。"该规定对规范性文件的附带审查应由当事人在对行政行为提起诉讼时一并提出，而本案的上诉人在提起一审诉讼时，并未要求对本案相关的规范性文件进行审查，故上诉人的上述意见二审法院亦不予支持。

【裁判结果】

一审裁判结果:驳回原告宋某的诉讼请求。

二审裁判结果:驳回上诉,维持原判。

【案例评析】

本案的争议核心在于,民办中学停办后,对于学生的安置是否应当依照中考分数分类安排。各地处理方式不一,如 2021 年 4 月 7 日天津两所高中停办,天津红桥区教育局的安排便是将所有在校学生统一安置于公办高中,并未进行分流。亦有如上文张掖市的分流处置,但总体来说学校停办各地学生分流安置的问题并无相关法律依据,各地处理皆以各地教育局安排为主,而各地公办教育资源不均、教学水平不均很难做到统一安排,尚需完善相关法律法规以规范解决这一社会问题。

案例 15　杨某与王某、汉寿县某中学生命权、健康权、身体权纠纷案

[(2021)湘 0722 民初 801 号]

【裁判要旨】

学校对体育课程的安排应当尽到危险性预见义务,并采取有效措施预防危险。同时安排高年级和低年级学生在同一操场上课,未有效隔断高、低年级学生的接触而导致低年级学生在上课时靠近足球场被足球砸伤,则学校应承担赔偿责任。学生正常参加学校组织的体育课程,不违反运动规则和管理规定的,不承担侵权赔偿责任。

【案情简介】

2020 年 11 月 2 日,杨某(一年级)与王某(八年级)均在某中学的操场上体育课。王某在操场上踢足球时意外将球踢到杨某左手,致其受伤。事后杨某被送往汉寿县人民医院住院治疗,杨某住院 2 天后出院,期间治疗费用由王某明垫付。杨某受伤后由其母亲熊某护理,熊某从事教育行业。经常德市龙阳司法所鉴定杨某左手骨折,不构成残疾,需休息 120 日、护理 60 日、营养给付 90 日,后期治疗费 2000 元。

【裁判观点】

关于本案民事赔偿责任的承担问题。原告受伤时属于无民事行为能力人,系

在校学生,依据《中华人民共和国民法典》第一千一百九十九条规定,无民事行为能力人在幼儿园、学校或者其他教育机构学习、生活期间受到人身损害的,幼儿园、学校或者其他教育机构应当承担责任,但能够证明尽到教育、管理职责的,不承担责任。本案中,汉寿县某中学同时安排高年级和低年级学生在同一操场上上课,学校老师对于足球具有危险性应当预见并进行有效防治,但汉寿县某中学并未有效隔断高低年级学生课程的接触,导致杨某在上课时靠近足球场而被足球砸伤,故学校应对杨某的受伤承担赔偿责任。关于王某,其系正常参加学校组织的体育课程,其行为不违反运动规则,不存在过失,不属于侵权行为,故王某对此次事故不承担赔偿责任。因此对杨某的全部损失18,280.8元,应由汉寿县某中学负担。

【裁判结果】

湖南省汉寿县人民法院于2021年4月19日作出(2021)湘0722民初801号民事判决:(1)汉寿县某中学于本判决生效之日起10日内赔偿杨某各项损失18,280.8元;(2)驳回杨某的其他诉讼请求。

【案例评析】

学校负有合理预防风险的义务,风险预防原则是现代风险社会对学校安全治理提出的新要求。风险预防不同于传统意义上的危险预防,风险预防原则侧重于对潜在的、尚未确知的风险的评估与预防,危险预防则侧重于对已知常态风险的预防。当前的学校安全治理应当真正树立风险预防观,进一步完善对校园欺凌、校园性侵、网络暴力、信息安全以及更多潜在新型风险的治理机制,从而对各类潜在的新型风险做出识别与预防。本案中,学校及教师对于高年级和低年级同时上体育课,以及足球具有危险性应当预见并进行有效防治,但学校未合理调整课程安排,或者采取必要的预防、保护措施,属于未尽到风险防范义务。

学校对无民事行为能力人负有特殊保护义务,无民事行为能力人因年龄、认知、辨识水平不同而导致其行为能力需要得到特殊保护,以实现社会公平。无民事行为能力人无法分辨和控制自我行为,不具有"避免和消除相应的危险"的能力,那么也就不能要求其对因此而做出的行为承担相应的法律责任。因此,为避免损害的发生,学校就应当采取"严格标准"的教育、管理、保护的义务对待无民事行为能力学生,提高安全教育的重要性,树立安全防范的管理理念,以"零事故"为学生保护工作的目标,在实际工作中采取一切可能的措施来防止事故发生。

第五章 学校资产与财务管理

第三十五条 【民办学校的财务会计制度】

民办学校应当依法建立财务、会计制度和资产管理制度，并按照国家有关规定设置会计帐簿。

关联规定

《中华人民共和国会计法》（节录）

（2024年6月28日中华人民共和国主席令第28号公布　自2024年7月1日起施行）

第二条　会计工作应当贯彻落实党和国家路线方针政策、决策部署，维护社会公共利益，为国民经济和社会发展服务。

国家机关、社会团体、公司、企业、事业单位和其他组织（以下统称单位）必须依照本法办理会计事务。

第三条　各单位必须依法设置会计账簿，并保证其真实、完整。

第四条　单位负责人对本单位的会计工作和会计资料的真实性、完整性负责。

第五条　会计机构、会计人员依照本法规定进行会计核算，实行会计监督。

任何单位或者个人不得以任何方式授意、指使、强令会计机构、会计人员伪造、变造会计凭证、会计账簿和其他会计资料，提供虚假财务会计报告。

任何单位或者个人不得对依法履行职责、抵制违反本法规定行为的会计人员实行打击报复。

第六条　对认真执行本法，忠于职守，坚持原则，做出显著成绩的会计人员，给予精神的或者物质的奖励。

第七条 国务院财政部门主管全国的会计工作。

县级以上地方各级人民政府财政部门管理本行政区域内的会计工作。

第八条 国家实行统一的会计制度。国家统一的会计制度由国务院财政部门根据本法制定并公布。

国务院有关部门可以依照本法和国家统一的会计制度制定对会计核算和会计监督有特殊要求的行业实施国家统一的会计制度的具体办法或者补充规定,报国务院财政部门审核批准。

国家加强会计信息化建设,鼓励依法采用现代信息技术开展会计工作,具体办法由国务院财政部门会同有关部门制定。

《企业会计制度》(节录)

(2001年1月1日财会〔2000〕25号公布 自2001年1月1日起施行)

第二条 除不对外筹集资金、经营规模较小的企业,以及金融保险企业以外,在中华人民共和国境内设立的企业(含公司,下同),执行本制度。

第三条 企业应当根据有关会计法律、行政法规和本制度的规定,在不违反本制度的前提下,结合本企业的具体情况,制定适合于本企业的会计核算办法。

第四条 企业填制会计凭证、登记会计账簿、管理会计档案等要求,按照《中华人民共和国会计法》、《会计基础工作规范》和《会计档案管理办法》的规定执行。

第五条 会计核算应以企业发生的各项交易或事项为对象,记录和反映企业本身的各项生产经营活动。

第六条 会计核算应当以企业持续、正常的生产经营活动为前提。

第七条 会计核算应当划分会计期间,分期结算账目和编制财务会计报告。会计期间分为年度、半年度、季度和月度。年度、半年度、季度和月度均按公历起讫日期确定。半年度、季度和月度均称为会计中期。

本制度所称的期末和定期,是指月末、季末、半年末和年末。

第八条 企业的会计核算以人民币为记账本位币。

业务收支以人民币以外的货币为主的企业,可以选定其中一种货币作为记账本位币,但是编报的财务会计报告应当折算为人民币。

在境外设立的中国企业向国内报送的财务会计报告,应当折算为人民币。

第九条 企业的会计记账采用借贷记账法。

第十条 会计记录的文字应当使用中文。在民族自治地方,会计记录可以同时使用当地通用的一种民族文字。在中华人民共和国境内的外商投资企业、外国企业和其他外国组织的会计记录可以同时使用一种外国文字。

第十一条 企业在会计核算时,应当遵循以下基本原则:

(一)会计核算应当以实际发生的交易或事项为依据,如实反映企业的财务状况、经营成果和现金流量。

(二)企业应当按照交易或事项的经济实质进行会计核算,而不应当仅仅按照它们的法律形式作为会计核算的依据。

(三)企业提供的会计信息应当能够反映企业的财务状况、经营成果和现金流量,以满足会计信息使用者的需要。

(四)企业的会计核算方法前后各期应当保持一致,不得随意变更。如有必要变更,应当将变更的内容和理由、变更的累积影响数,以及累积影响数不能合理确定的理由等,在会计报表附注中予以说明。

(五)企业的会计核算应当按照规定的会计处理方法进行,会计指标应当口径一致、相互可比。

(六)企业的会计核算应当及时进行,不得提前或延后。

(七)企业的会计核算和编制的财务会计报告应当清晰明了,便于理解和利用。

(八)企业的会计核算应当以权责发生制为基础。凡是当期已经实现的收入和已经发生或应当负担的费用,不论款项是否收付,都应当作为当期的收入和费用;凡是不属于当期的收入和费用,即使款项已在当期收付,也不应当作为当期的收入和费用。

(九)企业在进行会计核算时,收入与其成本、费用应当相互配比,同一会计期间内的各项收入和与其相关的成本、费用,应当在该会计期间内确认。

(十)企业的各项财产在取得时应当按照实际成本计量。其后,各项财产如果发生减值,应当按照本制度规定计提相应的减值准备。除法律、行政法规和国家统一的会计制度另有规定者外,企业一律不得自行调整其账面价值。

（十一）企业的会计核算应当合理划分收益性支出与资本性支出的界限。凡支出的效益仅及于本年度（或一个营业周期）的，应当作为收益性支出；凡支出的效益及于几个会计年度（或几个营业周期）的，应当作为资本性支出。

（十二）企业在进行会计核算时，应当遵循谨慎性原则的要求，不得多计资产或收益、少计负债或费用，但不得计提秘密准备。

（十三）企业的会计核算应当遵循重要性原则的要求，在会计核算过程中对交易或事项应当区别其重要程度，采用不同的核算方式。对资产、负债、损益等有较大影响，并进而影响财务会计报告使用者据以作出合理判断的重要会计事项，必须按照规定的会计方法和程序进行处理，并在财务会计报告中予以充分、准确地披露；对于次要的会计事项，在不影响会计信息真实性和不至于误导财务会计报告使用者作出正确判断的前提下，可适当简化处理。

《中小学校财务制度》（节录）

（2022 年 7 月 14 日财教〔2022〕159 号公布　自 2022 年 9 月 1 日起施行）

第一条　为了进一步规范中小学校的财务行为，加强财务管理和监督，提高资金使用效益，促进教育事业健康发展，根据《事业单位财务规则》和国家有关法律制度，结合中小学校特点，制定本制度。

第二条　本制度适用于各级人民政府举办的普通中小学校、中等职业学校（含技工学校）、特殊教育学校、专门学校、成人中学和成人初等学校。

第三条　中小学校财务管理的基本原则是：贯彻执行国家有关法律、法规和财务规章制度；坚持勤俭办学的方针；正确处理事业发展需要和资金供给的关系，社会效益和经济效益的关系，国家、学校和个人三者利益的关系。

第四条　中小学校财务管理的主要任务是：合理编制学校预算，严格预算执行，完整、准确编制学校决算报告和财务报告，真实反映学校预算执行情况、财务状况和运行情况；依法筹集教育经费，努力节约支出；建立健全财务制度，加强经济核算，全面实施绩效管理，提高资金使用效益；加强资产管理，合理配置和有效利用资产，防止资产流失；加强对学校经济活动的财务控制和监督，防范财务风险。

第五条　中小学校的各项经济业务事项按照国家统一的会计制度进行会计

核算。

第七十九条 中小学校基本建设投资的财务管理,应当执行本制度,但国家基本建设投资财务管理制度另有规定的,从其规定。

第八十条 纳入企业财务管理体系的中小学校,以及独立核算的中小学校校办企业,执行企业财务制度,不执行本制度。

第八十一条 政府举办的幼儿园依照本制度执行。

社会力量举办的普通中小学校、中等职业学校(含技工学校)、特殊教育学校、专门学校、成人中学、成人初等学校和幼儿园可以参照本制度执行。

第八十二条 各省、自治区、直辖市人民政府财政部门、教育部门可以根据本制度,结合本地区实际情况,制定具体财务管理办法或者补充规定。

第八十三条 中小学校应当根据本制度结合学校实际情况制定内部财务管理办法,报主管部门备案。

《高等学校财务制度》(节录)

(2022年6月30日财教〔2022〕128号公布 自2022年6月30日起施行)

第一条 为了进一步规范高等学校财务行为,加强财务管理和监督,提升财务治理能力和水平,提高资金使用效益,促进高等教育事业健康发展,根据《事业单位财务规则》(财政部令第108号)和国家有关法律制度,结合高等学校特点,制定本制度。

第二条 本制度适用于各级人民政府举办的全日制普通高等学校、成人高等学校(以下统称高等学校)。其他社会组织和个人举办的上述学校可以参照本制度执行。

第三条 高等学校财务管理的基本原则是:执行国家有关法律、法规和财务规章制度;坚持勤俭办学的方针;正确处理事业发展需要和资金供给的关系,社会效益和经济效益的关系,国家、学校和个人三者利益的关系。

第四条 高等学校财务管理的主要任务是:合理编制学校预算,严格预算执行,完整、准确编制学校决算报告和财务报告,真实反映学校预算执行情况、财务状况和运行情况;依法多渠道筹集资金,努力节约支出;建立健全学校财务制度,加强经济核算,全面实施绩效管理,提高资金使用效益;加强资产管理,真实完整地反映资产使用状况,合理配置和有效利用资产,防止资产流失;建立健全内部控制体系,加强对学校经济活动的财务控制和监督,防范财务风险。

第五条　高等学校的各项经济业务事项按照国家统一的会计制度进行会计核算。

《中华人民共和国高等教育法》(节录)

(2018年12月29日中华人民共和国主席令第23号公布　自2018年12月29日起施行)

第六十五条　高等学校应当依法建立、健全财务管理制度,合理使用、严格管理教育经费,提高教育投资效益。

高等学校的财务活动应当依法接受监督。

《中华人民共和国学前教育法》(节录)

(2024年11月8日中华人民共和国主席令第34号公布　自2025年6月1日起施行)

第七十条　幼儿园应当依法建立健全财务、会计及资产管理制度,严格经费管理,合理使用经费,提高经费使用效益。

幼儿园应当按照有关规定实行财务公开,接受社会监督。县级以上人民政府教育等有关部门应当加强对公办幼儿园的审计。民办幼儿园每年应当依法进行审计,并向县级人民政府教育行政部门提交经审计的财务会计报告。

《中华人民共和国中外合作办学条例》(节录)

(2019年3月2日中华人民共和国国务院令第709号公布　自2019年3月2日起施行)

第三十六条　中外合作办学机构应当依法建立健全财务、会计制度和资产管理制度,并按照国家有关规定设置会计账簿。

《中华人民共和国民办教育促进法实施条例》(节录)

(2021 年 4 月 7 日中华人民共和国国务院令第 741 号公布　自 2021 年 9 月 1 日起施行)

第四十一条　民办学校应当依照《中华人民共和国会计法》和国家统一的会计制度进行会计核算,编制财务会计报告。

《营利性民办学校监督管理实施细则》(节录)

(2016 年 12 月 30 日教发〔2016〕20 号公布　自 2016 年 12 月 30 日起施行)

第二十六条　营利性民办学校执行《中华人民共和国公司法》及有关法律规定的财务会计制度。学校应当独立设置财务管理机构,统一学校财务核算,不得账外核算。

第二十七条　营利性民办学校应当建立健全财务内部控制制度,按实际发生数列支,不得虚列虚报,不得以计划数或者预算数代替实际支出数。

《独立学院设置与管理办法》(节录)

(2015 年 11 月 10 日中华人民共和国教育部令第 38 号公布　自 2015 年 11 月 10 日起施行)

第三十九条　独立学院应当按照国家有关规定建立财务、会计制度和资产管理制度。

独立学院资产中的国有资产的监督、管理,按照国家有关规定执行。独立学院接受的捐赠财产的使用和管理,按照公益事业捐赠法的有关规定执行。

《民办高等学校办学管理若干规定》（节录）

（2015 年 11 月 10 日中华人民共和国教育部令第 38 号公布　自 2015 年 11 月 10 日起施行）

第二十一条　民办高校依法设置会计机构，配备会计人员。会计人员必须取得会计业务资格证书。建立健全内部控制制度，严格执行国家统一的会计制度。

《国务院关于鼓励社会力量兴办教育促进民办教育健康发展的若干意见》（节录）

（2016 年 12 月 29 日国发〔2016〕81 号公布　自 2016 年 12 月 29 日起施行）

（二十）健全资产管理和财务会计制度。民办学校应当明确产权关系，建立健全资产管理制度。民办学校举办者应依法履行出资义务，将出资用于办学的土地、校舍和其他资产足额过户到学校名下。存续期间，民办学校对举办者投入学校的资产、国有资产、受赠的财产以及办学积累享有法人财产权，任何组织和个人不得侵占、挪用、抽逃。进一步规范民办学校会计核算，建立健全第三方审计制度。非营利性和营利性民办学校按照登记的法人属性，根据国家有关规定执行相应的会计制度。民办学校要明晰财务管理，依法设置会计账簿。民办学校应将举办者出资、政府补助、受赠、收费、办学积累等各类资产分类登记入账，定期开展资产清查，并将清查结果向社会公布。各地要探索制定符合民办学校特点的财务管理办法，完善民办学校年度财务、决算报告和预算报告报备制度。

《民间非营利组织会计制度》（节录）

（2004 年 8 月 18 日财会〔2004〕7 号公布　自 2005 年 1 月 1 日起施行）

第一条　为了规范民间非营利组织的会计核算，保证会计信息的真实、完整，根据《中华人民共和国会计法》及国家其他有关法律、行政法规的规定，制定本制度。

第二条 本制度适用于在中华人民共和国境内依法设立的符合本制度规定特征的民间非营利组织。民间非营利组织包括依照国家法律、行政法规登记的社会团体、基金会、民办非企业单位和寺院、宫观、清真寺、教堂等。

适用本制度的民间非营利组织应当同时具备以下特征：

（一）该组织不以营利为宗旨和目的；

（二）资源提供者向该组织投入资源不取得经济回报；

（三）资源提供者不享有该组织的所有权。

第三条 会计核算应当以民间非营利组织的交易或者事项为对象，记录和反映该组织本身的各项业务活动。

第四条 会计核算应当以民间非营利组织的持续经营为前提。

第五条 会计核算应当划分会计期间，分期结算账目和编制财务会计报告。

第六条 会计核算应当以人民币作为记账本位币。业务收支以人民币以外的货币为主的民间非营利组织，可以选定其中一种货币作为记账本位币，但是编制的财务会计报告应当折算为人民币。

民间非营利组织在核算外币业务时，应当设置相应的外币账户。外币账户包括外币现金、外币银行存款、以外币结算的债权和债务账户等，这些账户应当与非外币的各该相同账户分别设置，并分别核算。

民间非营利组织发生外币业务时，应当将有关外币金额折算为记账本位币金额记账。除另有规定外，所有与外币业务有关的账户，应当采用业务发生时的汇率。当汇率波动较小时，也可以采用业务发生当期期初的汇率进行折算。

各种外币账户的外币余额，期末时应当按照期末汇率折合为记账本位币。按照期末汇率折合的记账本位币金额与账面记账本位币金额之间的差额，作为汇兑损益计入当期费用。但是，属于在借款费用应予资本化的期间内发生的与购建固定资产有关的外币专门借款本金及其利息所产生的汇兑差额，应当予以资本化，计入固定资产成本。借款费用应予资本化的期间依照本制度第三十五条加以确定。

本制度所称外币业务是指以记账本位币以外的货币进行的款项收付、往来结算等业务。

本制度所称的专门借款是指为购建固定资产而专门借入的款项。

第七条 会计核算应当以权责发生制为基础。

第八条　民间非营利组织在会计核算时，应当遵循以下基本原则：

（一）会计核算应当以实际发生的交易或者事项为依据，如实反映民间非营利组织的财务状况、业务活动情况和现金流量等信息。

（二）会计核算所提供的信息应当能够满足会计信息使用者（如捐赠人、会员、监管者等）的需要。

（三）会计核算应当按照交易或者事项的实质进行，而不应当仅仅按照它们的法律形式作为其依据。

（四）会计政策前后各期应当保持一致，不得随意变更。如有必要变更，应当在会计报表附注中披露变更的内容和理由、变更的累积影响数，以及累积影响数不能合理确定的理由等。

（五）会计核算应当按照规定的会计处理方法进行，会计信息应当口径一致、相互可比。

（六）会计核算应当及时进行，不得提前或延后。

（七）会计核算和编制的财务会计报告应当清晰明了，便于理解和使用。

（八）在会计核算中，所发生的费用应当与其相关的收入相配比，同一会计期间内的各项收入和与其相关的费用，应当在该会计期间内确认。

（九）资产在取得时应当按照实际成本计量，但本制度有特别规定的，按照特别规定的计量基础进行计量。其后，资产账面价值的调整，应当按照本制度的规定执行；除法律、行政法规和国家统一的会计制度另有规定外，民间非营利组织一律不得自行调整资产账面价值。

（十）会计核算应当遵循谨慎性原则。

（十一）会计核算应当合理划分应当计入当期费用的支出和应当予以资本化的支出。

（十二）会计核算应当遵循重要性原则，对资产、负债、净资产、收入、费用等有较大影响，并进而影响财务会计报告使用者据以做出合理判断的重要会计事项，必须按照规定的会计方法和程序进行处理，并在财务会计报告中予以充分披露；对于非重要的会计事项，在不影响会计信息真实性和不至于误导会计信息使用者做出正确判断的前提下，可适当简化处理。

第九条　会计记账应当采用借贷记账法。

第十条　会计记录的文字应当使用中文。在民族自治地区，会计记录可以同时使用当地通用的一种民族文字。境外民间非营利组织在中华人民共和国境内依法设立的代表处、办事处等机构,也可以同时使用一种外国文字记账。

第十一条 民间非营利组织应当根据有关会计法律、行政法规和本制度的规定,在不违反本制度的前提下,结合其具体情况,制定会计核算办法。

第十二条 民间非营利组织填制会计凭证、登记会计账簿、管理会计档案等,按照《中华人民共和国会计法》、《会计基础工作规范》和《会计档案管理办法》等规定执行。

第十三条 民间非营利组织应当根据国家有关法律、行政法规和内部会计控制规范,结合本单位的业务活动特点,制定相适应的内部会计控制制度,以加强内部会计监督,提高会计信息质量和管理水平。

《〈民间非营利组织会计制度〉若干问题的解释》(节录)

(2020 年 6 月 15 日财会〔2020〕9 号公布　自 2020 年 6 月 15 日起施行)

一、关于社会服务机构等非营利组织的会计核算

根据《民间非营利组织会计制度》(财会〔2004〕7 号,以下简称《民非制度》)第二条规定,同时具备《民非制度》第二条第二款所列三项特征的非营利性民办学校、医疗机构等社会服务机构,境外非政府组织在中国境内依法登记设立的代表机构应当按照《民非制度》进行会计核算。

四、关于长期股权投资

(一)对于因接受股权捐赠形成的表决权、分红权与股权比例不一致的长期股权投资,民间非营利组织应当根据《民非制度》第二十七条的规定,并结合经济业务实质判断是否对被投资单位具有控制、共同控制或重大影响关系。

(二)民间非营利组织因对外投资对被投资单位具有控制权的,应当按照《民非制度》第二十七条的规定采用权益法进行核算,并在会计报表附注中披露投资净损益和被投资单位财务状况、经营成果等信息。

六、关于注册资金

(一)执行《民非制度》的社会团体、基金会、社会服务机构设立时取得的注册资金,应当直接计入净资产。注册资金的使用受到时间限制或用途限制的,在取得时直接计入限定性净资产;其使用没有受到时间限制和用途限制的,在取得时

直接计入非限定性净资产。

前款规定的注册资金，应当在现金流量表“收到的其他与业务活动有关的现金”项目中填列。

（二）社会团体、基金会、社会服务机构变更登记注册资金属于自愿采取的登记事项变更，并不引起资产和净资产的变动，无需进行会计处理。

十一、关于出资设立其他民间非营利组织

（一）民间非营利组织按规定出资设立其他民间非营利组织，不属于《民非制度》规定的长期股权投资，应当计入当期费用。设立与实现本组织业务活动目标相关的民间非营利组织的，相关出资金额记入“业务活动成本”科目；设立与实现本组织业务活动目标不相关的民间非营利组织的，相关出资金额记入“其他费用”科目。

（二）本解释施行前民间非营利组织出资设立其他民间非营利组织并将出资金额计入长期股权投资的，应当自本解释施行之日，将原“长期股权投资”科目余额中对其他民间非营利组织的出资金额转入“非限定性净资产”科目（以前年度出资）或“业务活动成本”、“其他费用”科目（本年度出资）。

《中等职业学校管理规程》（节录）

（2010 年 5 月 13 日教职成〔2010〕6 号公布　自 2010 年 5 月 13 日起施行）

第三十九条　学校应当依法建立健全财务、会计制度和资产管理制度，做好规范收费和财务公开，建立健全会计账簿，加强内部控制和审计制度。

第三十六条　【民办学校的法人财产权】

民办学校对举办者投入民办学校的资产、国有资产、受赠的财产以及办学积累，享有法人财产权。

关联规定

《中华人民共和国中外合作办学条例》(节录)

(2019 年 3 月 2 日中华人民共和国国务院令第 709 号公布　自 2019 年 3 月 2 日起施行)

第三十七条　中外合作办学机构存续期间,所有资产由中外合作办学机构依法享有法人财产权,任何组织和个人不得侵占。

《民办高等学校办学管理若干规定》(节录)

(2015 年 11 月 10 日中华人民共和国教育部令第 38 号公布　自 2015 年 11 月 10 日起施行)

第六条　民办高校的举办者应当按照民办教育促进法及其实施条例的规定,按时、足额履行出资义务。

民办高校的借款、向学生收取的学费、接受的捐赠财产和国家的资助,不属于举办者的出资。

民办高校对举办者投入学校的资产、国有资产、受赠的财产、办学积累依法享有法人财产权,并分别登记建账。任何组织和个人不得截留、挪用或侵占民办高校的资产。

第七条　民办高校的资产必须于批准设立之日起 1 年内过户到学校名下。

本规定下发前资产未过户到学校名下的,自本规定下发之日起 1 年内完成过户工作。

资产未过户到学校名下前,举办者对学校债务承担连带责任。

《营利性民办学校监督管理实施细则》(节录)

(2016 年 12 月 30 日教发〔2016〕20 号公布　自 2016 年 12 月 30 日起施行)

第三十条　营利性民办学校拥有法人财产权,存续期间,学校所有资产由学校依法管理和使用,任何组织和个人不得侵占、挪用、抽逃。营利性民办学校举办者不得抽逃注册资本,不得用教育教学设施抵押贷款、进行担保,办学结余分配应当在年度财务结算后进行。

第三十七条　【民办学校资产的使用】

民办学校存续期间,所有资产由民办学校依法管理和使用,任何组织和个人不得侵占。

任何组织和个人都不得违反法律、法规向民办教育机构收取任何费用。

关联规定

《中华人民共和国民办教育促进法实施条例》(节录)

(2021年4月7日中华人民共和国国务院令第741号公布　自2021年9月1日起施行)

第四十三条　民办学校资产中的国有资产的监督、管理,按照国家有关规定执行。

民办学校依法接受的捐赠财产的使用和管理,依照有关法律、行政法规执行。

《独立学院设置与管理办法》(节录)

(2015年11月10日中华人民共和国教育部令第38号公布　自2015年11月10日起施行)

第四十二条　独立学院存续期间,所有资产由独立学院依法管理和使用,任何组织和个人不得侵占。

《教育部办公厅印发〈关于加快推进独立学院转设工作的实施方案〉的通知》（节录）

（2020年5月18日教发厅〔2020〕2号公布　自2020年5月18日起施行）

四、标准条件

把握设置标准，保证转设质量，统筹好从严把关和倾斜支持的关系。

（二）独立学院转设要确保产权清晰，房屋所有权证和土地使用权证归属学校，证件编号、使用性质、土地面积等证件信息真实有效。举办高校和举办方要签订转设协议，明确资产权属、师生安置、债权债务、过渡安排等事宜，经费来源稳定可靠。学校要具有职称结构和学历结构合理的专任教师队伍，聘用合同、工资社保、授课记录、教学安排等师资信息完备准确。

（三）对符合法律法规、理清债权债务关系、已落实法人财产权的独立学院，可本着“从实际出发，有利于办学”的原则给予倾斜支持，在保证具有独立校园和基本办学设施、独立财务核算、独立师资队伍等办学条件的基础上，不过分强调土地、校舍面积。鼓励通过省内整体搬迁等方式改善办学条件后转设。

《小学管理规程》（节录）

（2010年12月13日中华人民共和国教育部令第30号公布　自2010年12月13日起施行）

第四十六条　小学应遵照有关规定管理使用校舍、场地等，未经主管部门批准，不得改变其用途。

要定期对校舍进行维修和维护，发现危房立即停止使用，并报上级主管部门。对侵占校舍、场地的行为，学校可依法向侵权行为者的上级主管部门反映，直至向人民法院提起诉讼。

小学要搞好校园建设规划，净化、绿化，美化校园，搞好校园文化建设，形成良好的育人环境。

第三十八条　【民办学校的收费】

民办学校收取费用的项目和标准根据办学成本、市场需求等因素确定，向社会公示，并接受有关主管部门的监督。

非营利性民办学校收费的具体办法，由省、自治区、直辖市人民政府制定；营利性民办学校的收费标准，实行市场调节，由学校自主决定。

民办学校收取的费用应当主要用于教育教学活动、改善办学条件和保障教职工待遇。

关联规定

《中华人民共和国民办教育促进法实施条例》（节录）

（2021 年 4 月 7 日中华人民共和国国务院令第 741 号公布　自 2021 年 9 月 1 日起施行）

第四十二条　民办学校应当建立办学成本核算制度，基于办学成本和市场需求等因素，遵循公平、合法和诚实信用原则，考虑经济效益与社会效益，合理确定收费项目和标准。对公办学校参与举办、使用国有资产或者接受政府生均经费补助的非营利性民办学校，省、自治区、直辖市人民政府可以对其收费制定最高限价。

第四十四条　非营利性民办学校收取费用、开展活动的资金往来，应当使用在有关主管部门备案的账户。有关主管部门应当对该账户实施监督。

营利性民办学校收入应当全部纳入学校开设的银行结算账户，办学结余分配应当在年度财务结算后进行。

第四十五条　实施义务教育的民办学校不得与利益关联方进行交易。其他民办学校与利益关联方进行交易的，应当遵循公开、公平、公允的原则，合理定价、规范决策，不得损害国家利益、学校利益和师生权益。

民办学校应当建立利益关联方交易的信息披露制度。教育、人力资源社会保障以及财政等有关部门应当加强对非营利性民办学校与利益关联方签订协议的监管，并按年度对关联交易进行审查。

前款所称利益关联方是指民办学校的举办者、实际控制人、校长、理事、董事、监事、财务负责人等以及与上述组织或者个人之间存在互相控制和影响关系、可能导致民办学校利益被转移的组织或者个人。

《中华人民共和国中外合作办学条例》（节录）

（2019 年 3 月 2 日中华人民共和国国务院令第 709 号公布　自 2019 年 3 月 2 日起施行）

第三十八条　中外合作办学机构的收费项目和标准，依照国家有关政府定价的规定确定并公布；未经批准，不得增加项目或者提高标准。中外合作办学机构应当以人民币计收学费和其他费用，不得以外汇计收学费和其他费用。

第三十九条　中外合作办学机构收取的费用应当主要用于教育教学活动和改善办学条件。

第四十条　中外合作办学机构的外汇收支活动以及开设和使用外汇账户，应当遵守国家外汇管理规定。

《营利性民办学校监督管理实施细则》（节录）

（2016 年 12 月 30 日教发〔2016〕20 号公布　自 2016 年 12 月 30 日起施行）

第二十八条　营利性民办学校按学期或者学年收费，收费项目及标准应当向社会公示 30 天后执行。不得在公示的项目和标准外收取其他费用，不得以任何名义向学生摊派费用或者强行集资。

第二十九条　营利性民办学校收入应当全部纳入学校财务专户，出具税务部门规定的合法票据，由学校财务部门统一核算、统一管理，保障学校的教育教学、学生资助、教职工待遇以及学校的建设和发展。学校应当将党建工作、思想政治工作和群团组织工作经费纳入学校经费预算。

《独立学院设置与管理办法》（节录）

（2015年11月10日中华人民共和国教育部令第38号公布　自2015年11月10日起施行）

第四十条　独立学院使用普通高等学校的管理资源和师资、课程等教育教学资源，其相关费用应当按照双方约定或者国家有关规定，列入独立学院的办学成本。

第四十一条　独立学院收费项目和标准的确定，按照国家有关规定执行，并在招生简章和广告中载明。

第四十三条　独立学院在扣除办学成本、预留发展基金以及按照国家有关规定提取其他必需的费用后，出资人可以从办学结余中取得合理回报。

出资人取得合理回报的标准和程序，按照民办教育促进法实施条例和国家有关规定执行。

《民办高等学校办学管理若干规定》（节录）

（2015年11月10日中华人民共和国教育部令第38号公布　自2015年11月10日起施行）

第二十二条　民办高校必须严格执行政府有关部门批准的收费项目和标准。收取的费用主要用于教育教学活动和改善办学条件。

《中等职业学校收费管理暂行办法》（节录）

（1996年12月16日教材〔1996〕101号公布　自1996年12月16日起施行）

第二条　本暂行办法适用于中华人民共和国境内的所有职业高中学校、普通中等专业学校（含中等师范学校）、技工学校、普通中学附设的各种职业高中班。

第三条　中等职业教育属于非义务教育阶段，学校依据国家有关规定，向学生收取学费。

第四条 学费标准根据年生均教育培养成本的一定比例确定。不同地区、不同专业的学校应有所区别。

教育培养成本包括以下项目:公务费、业务费、设备购置费、修缮费、教职工人员经费等正常办学费用支出。不包括灾害损失、事故、校办产业支出等非正常办学费用支出。

第五条 学费占年生均教育培养成本的比例和标准的审批权限在省级人民政府。由省级教育部门提出意见,物价部门会同财政部门根据当地经济发展水平、办学条件和居民经济承受能力进行审核,三部门共同报省级人民政府批准后,由教育部门执行。

第六条 学费标准的调整,由省级教育、物价、财政部门按照第五条规定的程序,根据本行政区域内的物价上涨水平和居民收入平均增长水平提出方案,报省级人民政府批准后执行。

第七条 对少数特殊专业,对家庭经济困难的学生,应酌情减免学费,具体减免办法,由各省、自治区、直辖市人民政府制定。

第八条 学费收费按学期进行,不得跨学期预收。

第九条 学费由学校财务部门统一收取,到指定的物价部门申领收费许可证,并使用省级财政部门统一印制的行政事业性收费专用票据。

第十条 学费是学校经费的必要来源之一,纳入单位财务统一核算,统筹用于办学支出。任何部门、单位和个人不得截留、挤占和挪用。学费的收费情况应按级次向教育主管部门和财政、物价部门报告,并接受社会和群众监督。

第十一条 学校为学生提供的住宿收费,应严格加以控制,住宿费收费标准必须严格按照实际成本确定,不得以营利为目的。具体收费标准,由学校主管部门提出意见,报当地物价部门会同财政部门审批。

第十二条 中等职业学校除收取学费和住宿费以外,未经财政部、国家计委、国家教委联合批准或省级人民政府批准,不得再向学生收取任何费用。

《普通高级中学收费管理暂行办法》(节录)

(1996年12月16日教材〔1996〕101号公布　自1996年12月16日起施行)

第二条　本暂行办法适用于中华人民共和国境内由国家和企事业单位举办的全日制普通高中学校、完全中学的高中部、初中学校附设的高中班。

第三条　高中教育属于非义务教育阶段,学校依据国家有关规定,向学生收取学费。

第四条　学费标准根据年生均教育培养成本的一定比例确定。不同地区学校的学费收费标准可以有所区别。

教育培养成本包括以下项目:公务费、业务费、设备购置费、修缮费、教职工人员经费等正常办学费用支出。不包括灾害损失、事故、校办产业支出等非正常办学费用支出。

第五条　学费占年生均教育培养成本的比例和标准的审批权限在省级人民政府。由省级教育部门提出意见,物价部门会同财政部门根据当地经济发展水平、办学条件和居民经济承受能力进行审核,三部门共同报省级人民政府批准后,由教育部门执行。

第六条　学费标准的调整,由省级教育、物价、财政部门按照第五条规定的程序,根据本行政区域内的物价上涨水平和居民收入平均增长水平,提出方案,报省级人民政府批准后执行。

第七条　对家庭经济困难的学生应酌情减免收取学费,具体减免办法,由各省、自治区、直辖市人民政府制定。

第八条　学费收费按学期进行,不得跨学期预收。

第九条　学费由学校财务部门统一收取,到指定的物价部门申领收费许可证,并使用省级财政部门统一印制的行政事业性收费专用票据。

第十条　学费是学校经费的必要来源之一,纳入单位财务统一核算,统筹用于办学支出。任何部门、单位和个人不得截留、挤占和挪用。学费的收支情况应按级次向教育主管部门和财政、物价部门报告,并接受社会和群众监督。

第十一条　学校为学生提供的住宿收费,应严格加以控制,住宿费收费标准必须严格按照实际成本确定,不得以营利为目的。具体收费标准,由学校主管部门提出意见,报当地物价部门会同财政部门审批。

第十二条 普通高中除收取学费和住宿费以外,未经财政部、国家计委、国家教委联合批准或省级人民政府批准,不得再向学生收取任何费用。

《国务院办公厅关于规范校外培训机构发展的意见》(节录)

(2018年8月6日国办发〔2018〕80号公布 自2018年8月6日起施行)

(九)规范收费管理。严格执行国家关于财务与资产管理的规定,收费时段与教学安排应协调一致,不得一次性收取时间跨度超过3个月的费用。各地教育部门要加强与金融部门的合作,探索通过建立学杂费专用账户、严控账户最低余额和大额资金流动等措施加强对培训机构资金的监管。培训机构收费项目及标准应当向社会公示,并接受有关部门的监督,不得在公示的项目和标准外收取其他费用,不得以任何名义向培训对象摊派费用或者强行集资。对于培训对象未完成的培训课程,有关退费事宜严格按双方合同约定以及相关法律规定办理。

《关于进一步减轻义务教育阶段学生作业负担和校外培训负担的意见》(节录)

(2021年7月24日中共中央办公厅、国务院办公厅公布 自2021年7月24日起施行)

26. 强化培训收费监管。坚持校外培训公益属性,充分考虑其涉及重大民生的特点,将义务教育阶段学科类校外培训收费纳入政府指导价管理,科学合理确定计价办法,明确收费标准,坚决遏制过高收费和过度逐利行为。通过第三方托管、风险储备金等方式,对校外培训机构预收费进行风险管控,加强对培训领域贷款的监管,有效预防"退费难"、"卷钱跑路"等问题发生。

第三十九条　【民办学校的监督审计】

民办学校资产的使用和财务管理受审批机关和其他有关部门的监督。

民办学校应当在每个会计年度结束时制作财务会计报告，委托会计师事务所依法进行审计，并公布审计结果。

关联规定

《中华人民共和国民办教育促进法实施条例》（节录）

（2021 年 4 月 7 日中华人民共和国国务院令第 741 号公布　自 2021 年 9 月 1 日起施行）

第四十六条　在每个会计年度结束时，民办学校应当委托会计师事务所对年度财务报告进行审计。非营利性民办学校应当从经审计的年度非限定性净资产增加额中，营利性民办学校应当从经审计的年度净收益中，按不低于年度非限定性净资产增加额或者净收益的 10% 的比例提取发展基金，用于学校的发展。

《中华人民共和国中外合作办学条例》（节录）

（2019 年 3 月 2 日中华人民共和国国务院令第 709 号公布　自 2019 年 3 月 2 日起施行）

第四十一条　中外合作办学机构应当在每个会计年度结束时制作财务会计报告，委托社会审计机构依法进行审计，向社会公布审计结果，并报审批机关备案。

《民办高等学校办学管理若干规定》（节录）

（2015 年 11 月 10 日中华人民共和国教育部令第 38 号公布　自 2015 年 11 月 10 日起施行）

第二十三条　民办高校应当在每学年结束时制作财务会计报告，委托会计师事务所进行审计。必要时,省级教育行政部门可会同有关部门对民办高校进行财务审计。

《独立学院设置与管理办法》(节录)

(2015 年 11 月 10 日中华人民共和国教育部令第 38 号公布　自 2015 年 11 月 10 日起施行)

第四十七条　独立学院资产的使用和财务管理受审批机关和其他有关部门的监督。

独立学院应当在每个会计年度结束时制作财务会计报告,委托会计师事务所依法进行审计,并公布审计结果。

《中等职业学校收费管理暂行办法》(节录)

(1996 年 12 月 16 日教材〔1996〕101 号公布　自 1996 年 12 月 16 日起施行)

第十三条　各省、自治区、直辖市人民政府必须高度重视并加强对学校收费工作的统一领导和集中管理,根据国家有关规定研究制定必要的收费管理办法,规范审批程序,制定学生年生均教育培养成本等确定学费标准的依据文件,定期向社会公布,接受群众监督。

第十四条　教育收费管理由各级教育、物价、财政部门共同负责。各级教育、物价、财政部门要加强对学校收费的管理和监督,督促学校严格执行国家有关教育收费管理的政策和规定,建立健全收费管理的规章和制度,对巧立名目擅自增设收费项目、扩大收费范围和提高收费标准的,对挤占挪用学费收入的,要按国家有关规定予以严肃查处;对乱收费屡禁不止、屡查屡犯,情节严重的,要按国家有关规定对学校负责人给予行政处分。

《普通高级中学收费管理暂行办法》(节录)

(1996年12月16日教材〔1996〕101号公布 自1996年12月16日起施行)

第十三条 各省、自治区、直辖市人民政府必须高度重视并加强对学校收费工作的统一领导和集中管理,根据国家有关规定研究制定必要的收费管理办法,规范审批程序,制定学生年生均教育培养成本等确定学费标准的依据文件,定期向社会公布,接受群众监督。

第十四条 教育收费管理由各级教育、物价、财政部门共同负责。各级教育、物价、财政部门要加强对学校收费的管理和监督,督促学校严格执行国家有关教育收费管理的政策和规定,建立健全收费管理的规章和制度,对巧立名目擅自增设收费项目,扩大收费范围和提高收费标准的,对挤占挪用学费收入的,要按国家有关规定予以严肃查处;对乱收费屡禁不止、屡查屡犯,情节严重的,要按国家有关规定对学校负责人给予行政处分。

《国务院关于鼓励社会力量兴办教育促进民办教育健康发展的若干意见》(节录)

(2016年12月29日国发〔2016〕81号公布 自2016年12月29日起施行)

(二十八)健全监督管理机制。加强民办教育管理机构建设,强化民办教育督导,完善民办学校年度报告和年度检查制度。加强对新设立民办学校举办者的资格审查。完善民办学校财务会计制度、内部控制制度、审计监督制度,加强风险防范。推进民办教育信息公开,建立民办学校信息强制公开制度。建立违规失信惩戒机制,将违规办学的学校及其举办者和负责人纳入"黑名单",规范学校办学行为。健全联合执法机制,加大对违法违规办学行为的查处力度。大力推进管办评分离,建立民办学校第三方质量认证和评估制度。民办学校行政管理部门根据评估结果,对办学质量不合格的民办学校予以警告、限期整改直至取消办学资格。

《国务院办公厅关于规范校外培训机构发展的意见》(节录)

(2018 年 8 月 6 日国办发〔2018〕80 号公布　自 2018 年 8 月 6 日起施行)

(十)完善日常监管。各地要切实加强对校外培训机构办学行为的日常监管,坚持谁审批谁监管、谁主管谁监管,防止重审批轻监管,健全监管责任体系和工作机制,切实加强监管队伍建设。教育部门负责查处未取得办学许可证违法经营的机构,并在做好办学许可证审批工作基础上,重点做好培训内容、培训班次、招生对象、教师资格及培训行为的监管工作,牵头组织校外培训市场综合执法;市场监管部门重点做好相关登记、收费、广告宣传、反垄断等方面的监管工作;人力资源社会保障部门重点做好职业培训机构未经批准面向中小学生开展培训的监管工作;机构编制、民政部门重点做好校外培训机构违反相关登记管理规定的监管工作;公安、应急管理、卫生、食品监管部门重点做好校外培训机构的安全、卫生、食品条件保障的监管工作;网信、文化、工业和信息化、广电部门在各自职责范围内配合教育部门做好线上教育监管工作。

(十一)落实年检年报制度。县级教育部门要会同有关部门按照校外培训机构设置标准、审批条件、办学行为要求和登记管理有关规定完善管理办法,认真组织开展年检和年度报告公示工作。在境外上市的校外培训机构向境外公开披露的定期报告及对公司经营活动有重大不利影响的临时报告等信息,应以中文文本在公司网站(如无公司网站,应在证券信息披露平台)向境内同步公开、接受监督。对经年检和年报公示信息抽查检查发现校外培训机构隐瞒实情、弄虚作假、违法违规办学,或不接受年检、不报送年度报告的,要依法依规严肃处理,直至吊销办学许可证,追究有关人员的法律责任。

(十二)公布黑白名单。全面推行白名单制度,对通过审批登记的,在政府网站上公布校外培训机构的名单及主要信息,并根据日常监管和年检、年度报告公示情况及时更新。各地可根据校外培训机构的设置和管理要求,建立负面清单。对已经审批登记,但有负面清单所列行为的校外培训机构,应当及时将其从白名单上清除并列入黑名单;对未经批准登记、违法违规举办的校外培训机构,予以严肃查处并列入黑名单。将黑名单信息纳入全国信用信息共享平台,按有关规定实施联合惩戒。将营利性校外培训机构的行政许可信息、行政处罚信息、黑名单信息、抽查检查结果等归集至国家企业信用信息公示系统，记于相对应企业名下并依法公示。对于非营利性校外培训机构的失信行为，依据社会组织信用信息管理有关规定进行信用管理并依法公示。

《关于进一步减轻义务教育阶段学生作业负担和校外培训负担的意见》（节录）

（2021 年 7 月 24 日中共中央办公厅、国务院办公厅公布　自 2021 年 7 月 24 日起施行）

14. 规范培训服务行为。建立培训内容备案与监督制度，制定出台校外培训机构培训材料管理办法。严禁超标超前培训，严禁非学科类培训机构从事学科类培训，严禁提供境外教育课程。依法依规坚决查处超范围培训、培训质量良莠不齐、内容低俗违法、盗版侵权等突出问题。严格执行未成年人保护法有关规定，校外培训机构不得占用国家法定节假日、休息日及寒暑假期组织学科类培训。培训机构不得高薪挖抢学校教师；从事学科类培训的人员必须具备相应教师资格，并将教师资格信息在培训机构场所及网站显著位置公布；不得泄露家长和学生个人信息。根据市场需求、培训成本等因素确定培训机构收费项目和标准，向社会公示、接受监督。全面使用《中小学生校外培训服务合同（示范文本）》。进一步健全常态化排查机制，及时掌握校外培训机构情况及信息，完善“黑白名单”制度。

15. 强化常态运营监管。严格控制资本过度涌入培训机构，培训机构融资及收费应主要用于培训业务经营，坚决禁止为推销业务以虚构原价、虚假折扣、虚假宣传等方式进行不正当竞争，依法依规坚决查处行业垄断行为。线上培训要注重保护学生视力，每课时不超过 30 分钟，课程间隔不少于 10 分钟，培训结束时间不晚于 21 点。积极探索利用人工智能技术合理控制学生连续线上培训时间。线上培训机构不得提供和传播“拍照搜题”等惰化学生思维能力、影响学生独立思考、违背教育教学规律的不良学习方法。聘请在境内的外籍人员要符合国家有关规定，严禁聘请在境外的外籍人员开展培训活动。

28. 明确部门工作责任。教育部门要抓好统筹协调，会同有关部门加强对校外培训机构日常监管，指导学校做好“双减”有关工作；宣传、网信部门要加强舆论宣传引导，网信部门要配合教育、工业和信息化部门做好线上校外培训监管工作；机构编制部门要及时为中小学校补齐补足教师编制；发展改革部门要会同财政、教育等部门制定学校课后服务性或代收费标准，会同教育等部门制定试点地区校外培训机构收费指导政策；财政部门要加强学校课后服务经费保障；人力资源社会保障部门要做好教师绩效工资核定有关工作；民政部门要做好学科类培训机构登记工作；市场监管部门要做好非学科类培训机构登记工作和校外培训机构收费、广告、反垄断等方面监管工作，加大执法检查力度，会同教育部门依法依规严肃查处违法违规培训行为；政法部门要做好相关维护和谐稳定工作；公安部门要依法加强治安管理，联动开展情报信息搜集研判和预警预防，做好相关涉稳事件应急处置工作；人民银行、银保监、证监部门负责指导银行等机构做好校外培训机构预收费风险管控工作，清理整顿培训机构融资、上市等行为；其他相关部门按照各自职责负起责任、抓好落实。

本章相关案例

案例16　深圳市融某尚教育科技有限公司、东莞市波某亚外国语学校与企业有关的纠纷案

［（2022）粤1971民初3827号］

【裁判要旨】

原告与案外人波某亚公司于2016年8月31日签订的《东莞市南城波某亚学校共同办学合同》（以下简称《波某亚学校共同办学合同》）及于2017年8月29日签订的《东莞市波某亚外国语小学合作办学补充协议》（以下简称《波某亚学校补充协议》），其设立的波某亚学校系非营利性民办学校，该学校除设立目的、举办者不能取得办学收益之特殊属性外，设立模式、组织结构、治理方式等方面与《中华人民共和国公司法》规定的有限责任公司并无本质区别，故本案举办者与民办学校之间的知情权纠纷，可参照适用《中华人民共和国公司法》有关股东权的规定处理。

【案情简介】

2016 年 8 月 31 日，波某亚公司(甲方)与原告(乙方、实际持股人)签订《波某亚学校共同办学合同》，约定合作经营实体东莞市南城波某亚学校，各方按出资额在注册资本中的比例分享利润和分担风险及亏损。第一期投资总额为 5000 万元(含场地转让费 3350 万元、租赁保证金 103.306 万元，其他居间费用 1546.694 万元)，乙方以现金出资 750 万元占波某亚学校 15%股份，该款于 2016 年 9 月 15 日前投入 250 万元，2016 年 9 月 30 日前投入 500 万元。《波某亚学校共同办学合同》第十二条约定，波某亚学校举办者为甲方，为便于学校注册和相关执照变更，学校注册登记上乙方的股份委托甲方代持；《波某亚学校共同办学合同》第三十条约定，甲、乙任何一方未按本合同规定依期按数提交完出资额时，逾期 10 天即视作自动放弃该投资，守约一方有权终止合同，并要求违约方赔偿损失。双方还就其他的权利义务进行了约定。

合同签订同日，上述双方签订《波某亚学校代持股协议》，约定波某亚公司以 750 万元转让其名下的波某亚学校 15%的财产份额给原告，原告支付财产份额转让金 750 万元后即成为波某亚学校的实际合伙人并委托后者代持其受让的财产份额，享有作为波某亚学校投资人的一切权利义务。

根据 2017 年 10 月 25 日《波某亚学校章程》第十条规定，学校举办者为波某亚公司，其享有下列权利：(1)了解本单位经营状况和财务状况；(2)推荐首届董事会和监事；(3)有权查阅董事会会议记录和本单位财务会计报告；(4)召开举办人会议。根据该章程第二十八条规定，学校可以根据情况设立监事，监事在举办者、学校从业人员中产生和更换。监事负责对董事会成员及其他管理人员进行监督……监事会行使下列职权：(1)检查学校财务；(2)对董事、学生主要领导执行职务时违反法律、行政法规或章程的行为进行监督；(3)当董事和校长的行为损害学校利益时，要求董事、校长予以纠正……

2019 年 9 月 16 日，原告向广东波某亚教育投资有限公司发出一份《合同解除函》，上载明："……融某尚公司先后共计支付了 750 万元……波某亚公司在代融某尚公司持有 15%份额期间，未尽到代持人的善良管理义务，不仅拒绝融某尚公司的法定代表人舒某英女士进入波某亚学校行使董事权利，还拒绝融某尚公司参与波某亚学校的相关管理活动，已经严重损害了融某尚公司作为出资人的合法权益。融某尚公司根据《东莞市南城波某亚学校个人投资股份代持协议》的规定，提前30日，向您方（波某亚公司）送达解除协议的通知，请在30日内配合融某尚公司做好所有法律文件的签署工作，保证把所有本应属于融某尚公司的权利归还到融某尚公司或融某尚公司指定人员名下，同时完成波某亚公司其他一切法律法规、章程、协议和授权委托书中规定的权利义务。"该通知函于2019年9月18日被他人签收。

2019年10月12日，广东波某亚教育投资有限公司向原告发出一份合同解除函，通知解除《波某亚学校共同办学合同》及《波某亚学校补充协议》。该函件显示2019年10月13日被签收。2019年11月8日，原告向波某亚公司发出解除函，该函于2019年11月9日被签收。2019年12月14日，原告向波某亚学校、波某亚公司、张某送达告知函，告知其于2019年12月17日上午11时到波某亚学校检查监督学校运营和查看账目，要求后者配合并提前准备好学校运营至今的全部总账、明细账、资产负债表等各财务报表及账簿以供查看。2019年12月17日，罗某婷律师来到波某亚学校，要求查账及检查学校营运。

波某亚公司主张《波某亚学校共同办学合同》约定了波某亚学校第一期投资情况，但原告没有按照约定出资，《波某亚学校代持股协议》表述的波某亚公司已收到原告750万元的内容与事实不符。原告主张《波某亚学校共同办学合同》虽约定2016年9月15日前完成出资250万元，2016年9月30日完成出资500万元，实际上原告根据波某亚公司法定代表人张某的要求逐步投入，其已完成了出资。原告另主张被告法定代表人张某在波某亚学校亏损情况下每月领取20万元巨额工资，被告不予确认，并认为2017年7月、8月的工资是补发张某作为学校管理者之前未发放的工资，原告对此也是知晓和认可的。

另查，原告因与波某亚公司及案外人张某、广州领慧投资咨询有限公司合同纠纷一案，（2020）粤19民终4261号案生效民事判决书，判决确认原告与波某亚公司于2016年8月31日签订的《波某亚学校共同办学合同》及于2017年8月29日签订的《波某亚学校补充协议》已于2019年10月13日解除，并驳回原告要求确认其系波某亚学校的出资人、享有15%出资份额的主张。原告不服该判决向广东省高级人民法院申请再审，广东省高级人民法院经审查以（2021）粤民申5718号民事裁定书驳回了原告的再审申请。

【裁判观点】

原告与案外人波某亚公司于2016年8月31日签订的《波某亚学校共同办学

合同》及于2017年8月29日签订的《波某亚学校补充协议》,其设立的波某亚学校系非营利性民办学校,该学校除设立目的、举办者不能取得办学收益之特殊属性外,设立模式、组织结构、治理方式等方面与《中华人民共和国公司法》规定的有限责任公司并无本质区别,故本案举办者与民办学校之间的知情权纠纷,可参照适用公司法有关股东权的规定处理。据(2020)粤19民终4261号案生效民事判决书可证实,原告与案外人波某亚公司签订的案涉《波某亚学校共同办学合同》《波某亚学校补充协议》已于2019年10月13日解除,该判决另驳回原告要求确认其系波某亚学校的出资人、享有15%出资份额的诉求。根据《中华人民共和国合同法》(已失效)第九十七条规定,合同解除后,尚未履行的,终止履行;已经履行的,根据履行情况和合同性质,当事人可以要求恢复原状、采取其他补救措施,并有权要求赔偿损失。可见,案涉合同因法院生效判决确认解除后,原告已非波某亚学校的出资人。同时,原告亦未提供初步证据证明其出资期间的合法权益受到损害。故参照《最高人民法院关于适用〈中华人民共和国公司法〉若干问题的规定(四)》(2017年)第七条第二款"公司有证据证明前款规定的原告在起诉时不具有公司股东资格的,人民法院应当驳回起诉,但原告有初步证据证明在持股期间其合法权益受到损害,请求依法查阅或者复制其持股期间的公司特定文件材料的除外"的规定,原告提起本案诉讼主体已不适格,其要求行使对被告波某亚学校的知情权的请求权基础不成立,法院依法不予支持。

【争议焦点】

原告要求行使对被告波某亚学校知情权之主张能否成立。

【裁判结果】

驳回原告深圳市融某尚教育科技有限公司本案的起诉。

【案例评析】

此案的案件争议焦点在于民办学校能否类推适用《中华人民共和国公司法》的有关规定保护举办者的知情权?我国的民办学校划分为营利性学校和非营利性学校,营利性学校的运营模式、组织形式与公司具有相似性,但是这便引出了下一个问题,非营利性学校举办人的投资更接近于捐赠,相比具有营利性的公司,非营利性学校是公益事业,类推适用《中华人民共和国公司法》的规定存在法理障碍,非营利性学校的举办人知情权又如何保证呢?

《中华人民共和国民法典》第九十四条第一款规定:"捐助人有权向捐助法人

查询捐助财产的使用、管理情况,并提出意见和建议,捐助法人应当及时、如实答复。”也就是说,《中华人民共和国民法典》保护了捐助人对捐助法人的知情权。在民政部出台的《民政部社会组织管理局关于在校外培训机构登记审查中强化事先告知和捐资承诺等有关要求的通知》中明确规定:“要结合《中华人民共和国民法典》《条例》等法律法规和《意见》要求,尽到告知义务,合理引导登记预期。向举办者、出资人说明民办非企业单位(社会服务机构)法人属于非营利法人中的捐助法人。”

如果将其对应到民办学校问题上就是,非营利性学校属于《中华人民共和国民法典》中所规定的捐助法人,而举办者或者说“股东”属于《中华人民共和国民法典》所规定的捐助人,捐助人对于捐助法人的知情权便能受到《中华人民共和国民法典》的保护。

综上所述,不管是营利性民办学校还是非营利性民办学校,举办者的知情权都应当得到法律的保护,以促进我国民办教育的发展,保障学校运营得到有效监管,激发举办者和捐助人对教育产业的投资热情,助力教育产业的合法化、现代化。

案例17　刘某学非国家工作人员受贿案

[(2019)川1521刑初474号]

【裁判要旨】

被告人刘某学身为某职业技术学校法定代表人,利用职务之便,通过劳务公司安排该校学生实习务工,为他人获取利益提供帮助,并以管理费的名义收受他人财物830,484.71元的事实清楚,证据确实、充分,其行为已触犯了《中华人民共和国刑法》第一百六十三条第一款之规定,构成非国家工作人员受贿罪。

【案情简介】

刘某学系原宜宾县某职业技术学校法定代表人,其利用职务之便,先后多次组织学生外出实习务工,并从中收取劳务公司按学生人数支付的管理费。其中,2017年12月,通过东莞安某劳务公司组织约180名学生,到东莞OPPO、天尊狮、成翔电子等进行实习;2018年6月,通过东莞渝博劳务派遣公司组织约36名学生前往东莞中星电器工厂务工。通过东莞安某劳务公司组织约96名学生前往东莞OPPO、天尊狮工厂务工;通过太某启创公司组织55名学生前往苏州同维工厂进行务工。案发后,公安机关先后扣押刘某学5个账户内现金717,924.15元、某职业技术学校账户内现金226,183.68元。经鉴定,2017年以来,东莞安某劳务公司刘某1、宏博劳务公司钟某、太某启创公司王某5先后向刘某学及其持有和控制的凌某芬账户内转入管理费,共计830,484.71元。

【裁判观点】

法院认为,被告人刘某学身为某职业技术学校法定代表人,利用职务之便,通过劳务公司安排该校学生实习务工,为他人获取利益提供帮助,并以管理费的名义收受他人财物830,484.71元的事实清楚,证据确实、充分,其行为已触犯了《中华人民共和国刑法》第一百六十三条第一款之规定,构成非国家工作人员受贿罪。根据《最高人民法院、最高人民检察院关于办理贪污贿赂刑事案件适用法律若干问题的解释》第十一条的规定,该犯罪行为属数额较大,应处5年以下有期徒刑或者拘役。公诉机关指控罪名成立,适用法律正确。刘某学到案后如实供述其犯罪事实,属坦白,依法可以从轻处罚。庭审中,刘某学自愿认罪,可对其酌情从轻处罚。刘某学的违法所得830,484.71元,应予以追缴,上缴国库。

【裁判结果】

1. 被告人刘某学犯非国家工作人员受贿罪,判处有期徒刑2年10个月,缓刑3年。(缓刑考验期限,从判决确定之日起计算)

2. 被告人刘某学的违法所得人民币830,484.71元,予以追缴,上缴国库。

【案例评析】

在过去的一段期间,部分职业学校通过派遣学生到工厂实习牟利的现象很多。对此教育部与财政部、人力资源社会保障部等联合发布出台《职业学校学生实习管理规定》。学校通过实习牟利的行为将被严格限制,稍有不慎即触犯刑法。

2022年5月15日开始施行的《最高人民检察院、公安部关于公安机关管辖的刑事案件立案追诉标准的规定(二)》第十条规定:“〔非国家工作人员受贿案(刑法第一百六十三条)〕公司、企业或者其他单位的工作人员利用职务上的便利,索取他人财物或者非法收受他人财物,为他人谋取利益,或者在经济往来中,利用职务上的便利,违反国家规定,收受各种名义的回扣、手续费,归个人所有,数额在三万元以上的,应予立案追诉。”所以,最新的非国家工作人员受贿罪的立案追诉标准是3万元以上。

本案中,刘某学将学生通过劳务公司派遣至工厂实习,并以管理费名目收取相关费用,其行为构成非国家人员受贿。经过鉴定刘某学收取了 83.4 万元的管理费,数额上远超 3 万元,其行为已达定罪标准。

案例 18　黄某华、陈某辉挪用公款、故意销毁会计凭证案

[(2016)粤 2072 刑初 666 号]

【裁判要旨】

被告人黄某华无视国家法律,身为国家工作人员,利用职务上的便利,挪用公款归个人使用,数额较大,超过 3 个月未还,又故意销毁依法应当保存的会计凭证,情节严重,其行为已构成挪用公款罪、故意销毁会计凭证罪,应依法惩处。被告人陈某辉无视国家法律,故意销毁依法应当保存的会计凭证,情节严重,其行为已构成故意销毁会计凭证罪,应依法惩处。被告人何某雅无视国家法律,隐匿、故意销毁依法应当保存的会计凭证,情节严重,其行为已构成隐匿、故意销毁会计凭证罪,应依法惩处。被告人黄某华在判决宣告以前犯挪用公款罪、故意销毁会计凭证罪,依法应当数罪并罚。被告人陈某辉接公安人员电话通知后主动到公安机关投案并如实供述罪行,有自首情节,依法可从轻处罚。被告人何某雅归案后能如实供述犯罪事实,认罪态度较好,依法可从轻处罚。

【案情简介】

2002 年开始,被告人黄某华在担任中山市小榄镇某中学校长期间,指使时任该中学总务处主任的被告人陈某辉、时任该中学报账员的被告人何某雅以截留公款不入账的方式私设"小金库",并由被告人陈某辉、何某雅分别保管"小金库"资金。其间,被告人黄某华从"小金库"中挪用公款,并指使被告人陈某辉、何某雅合伙销毁会计凭证。

【裁判观点】

被告人黄某华无视国家法律,身为国家工作人员,利用职务上的便利,挪用公款归个人使用,数额较大,超过 3 个月未还,又故意销毁依法应当保存的会计凭证,情节严重,其行为已构成挪用公款罪、故意销毁会计凭证罪,应依法惩处。被告人陈某辉无视国家法律,故意销毁依法应当保存的会计凭证,情节严重,其行为已构成故意销毁会计凭证罪,应依法惩处。被告人何某雅无视国家法律,隐匿、故意销毁依法应当保存的会计凭证,情节严重,其行为已构成隐匿、故意销毁会计凭

证罪,应依法惩处。被告人黄某华在判决宣告以前犯挪用公款罪、故意销毁会计凭证罪,依法应当数罪并罚。

【裁判结果】

1. 被告人黄某华犯挪用公款罪,判处有期徒刑1年2个月;犯故意销毁会计凭证罪,判处有期徒刑1年4个月,并处罚金3万元;总和刑期有期徒刑2年6个月,并处罚金3万元,决定执行有期徒刑2年,并处罚金3万元。

(刑期从判决执行之日起计算。判决执行以前先行羁押的,羁押一日折抵刑期一日,即自2015年6月3日起至2017年6月2日止。罚金自本判决发生法律效力之日起30日内向法院缴纳。期满不缴纳的,强制缴纳)

2. 被告人陈某辉犯故意销毁会计凭证罪,判处有期徒刑1年4个月,缓刑2年,并处罚金2万元。(缓刑考验期限,从判决确定之日起计算。罚金已缴纳)

3. 被告人何某雅犯隐匿、故意销毁会计凭证罪,判处有期徒刑1年3个月,缓刑2年,并处罚金2万元。(缓刑考验期限,从判决确定之日起计算。罚金已缴纳)

【案例评析】

本案中,小榄镇某中学属于公办学校,被告人黄某华担任小榄镇某中学校长,其身份属于国家工作人员。黄某华指使该中学总务处主任陈某辉、报账员何某雅以截留公款不入账的方式私设“小金库”,并由陈某辉、何某雅分别保管“小金库”资金。黄某华从“小金库”中挪用公款,并指使陈某辉、何某雅合伙销毁会计凭证,其行为属于挪用公款行为。实践中,很多学校尤其民办学校会使用两套账、设“小金库”,此举乃是违法行为,若参与其中,则公办学校人员涉嫌挪用公款罪,而民办学校人员涉嫌挪用资金罪,甚至是职务侵占罪。

第六章　管理与监督

第四十条　【教育行政部门及有关部门对民办学校进行工作指导】

教育行政部门及有关部门应当对民办学校的教育教学工作、教师培训工作进行指导。

关联规定

《中华人民共和国教育法》（节录）

（2021 年 4 月 29 日中华人民共和国主席令第 80 号公布　自 2021 年 4 月 30 日起施行）

第十一条第一款、第二款　国家适应社会主义市场经济发展和社会进步的需要，推进教育改革，推动各级各类教育协调发展、衔接融通，完善现代国民教育体系，健全终身教育体系，提高教育现代化水平。

国家采取措施促进教育公平，推动教育均衡发展。

第十四条　国务院和地方各级人民政府根据分级管理、分工负责的原则，领导和管理教育工作。

中等及中等以下教育在国务院领导下，由地方人民政府管理。高等教育由国务院和省、自治区、直辖市人民政府管理。

第十五条　国务院教育行政部门主管全国教育工作，统筹规划、协调管理全国的教育事业。

县级以上地方各级人民政府教育行政部门主管本行政区域内的教育工作。

县级以上各级人民政府其他有关部门在各自的职责范围内，负责有关的教育工作。

第十六条　国务院和县级以上地方各级人民政府应当向本级人民代表大会或者其常务委员会报告教育工作和教育经费预算、决算情况，接受监督。

第三十条　学校及其他教育机构应当履行下列义务：

（一）遵守法律、法规；

（二）贯彻国家的教育方针，执行国家教育教学标准，保证教育教学质量；

（三）维护受教育者、教师及其他职工的合法权益；

（四）以适当方式为受教育者及其监护人了解受教育者的学业成绩及其他有关情况提供便利；

（五）遵照国家有关规定收取费用并公开收费项目；

（六）依法接受监督。

第三十一条　学校及其他教育机构的举办者按照国家有关规定，确定其所举办的学校或者其他教育机构的管理体制。学校及其他教育机构的校长或者主要行政负责人必须由具有中华人民共和国国籍、在中国境内定居、并具备国家规定任职条件的公民担任，其任免按照国家有关规定办理。学校的教学及其他行政管理，由校长负责。学校及其他教育机构应当按照国家有关规定，通过以教师为主体的教职工代表大会等组织形式，保障教职工参与民主管理和监督。

《中华人民共和国义务教育法》（节录）

（2018 年 12 月 29 日中华人民共和国主席令第 22 号公布　自 2018 年 12 月 29 日起施行）

第七条　义务教育实行国务院领导，省、自治区、直辖市人民政府统筹规划实施，县级人民政府为主管理的体制。

县级以上人民政府教育行政部门具体负责义务教育实施工作；县级以上人民政府其他有关部门在各自的职责范围内负责义务教育实施工作。

第八条　人民政府教育督导机构对义务教育工作执行法律法规情况、教育教学质量以及义务教育均衡发展状况等进行督导，督导报告向社会公布。

第三十二条　县级以上人民政府应当加强教师培养工作，采取措施发展教师教育。

县级人民政府教育行政部门应当均衡配置本行政区域内学校师资力量，组织校长、教师的培训和流动，加强对薄弱学校的建设。

第三十五条第一款 国务院教育行政部门根据适龄儿童、少年身心发展的状况和实际情况，确定教学制度、教育教学内容和课程设置，改革考试制度，并改进高级中等学校招生办法，推进实施素质教育。

第三十八条 教科书根据国家教育方针和课程标准编写，内容力求精简，精选必备的基础知识、基本技能，经济实用，保证质量。国家机关工作人员和教科书审查人员，不得参与或者变相参与教科书的编写工作。

《中华人民共和国高等教育法》（节录）

（2018年12月29日中华人民共和国主席令第23号公布 自2018年12月29日起施行）

第七条 国家按照社会主义现代化建设和发展社会主义市场经济的需要，根据不同类型、不同层次高等学校的实际，推进高等教育体制改革和高等教育教学改革，优化高等教育结构和资源配置，提高高等教育的质量和效益。

第十三条 国务院统一领导和管理全国高等教育事业。省、自治区、直辖市人民政府统筹协调本行政区域内的高等教育事业，管理主要为地方培养人才和国务院授权管理的高等学校。

第十四条 国务院教育行政部门主管全国高等教育工作，管理由国务院确定的主要为全国培养人才的高等学校。国务院其他有关部门在国务院规定的职责范围内，负责有关的高等教育工作。

《中华人民共和国职业教育法》（节录）

（2022年4月20日中华人民共和国主席令第112号公布 自2022年5月1日起施行）

第六条 职业教育实行政府统筹、分级管理、地方为主、行业指导、校企合作、社会参与。

第七条 各级人民政府应当将发展职业教育纳入国民经济和社会发展规划，

与促进就业创业和推动发展方式转变、产业结构调整、技术优化升级等整体部署、统筹实施。

第八条　国务院建立职业教育工作协调机制，统筹协调全国职业教育工作。

国务院教育行政部门负责职业教育工作的统筹规划、综合协调、宏观管理。国务院教育行政部门、人力资源社会保障行政部门和其他有关部门在国务院规定的职责范围内，分别负责有关的职业教育工作。

省、自治区、直辖市人民政府应当加强对本行政区域内职业教育工作的领导，明确设区的市、县级人民政府职业教育具体工作职责，统筹协调职业教育发展，组织开展督导评估。

县级以上地方人民政府有关部门应当加强沟通配合，共同推进职业教育工作。

第九条　国家鼓励发展多种层次和形式的职业教育，推进多元办学，支持社会力量广泛、平等参与职业教育。

国家发挥企业的重要办学主体作用，推动企业深度参与职业教育，鼓励企业举办高质量职业教育。

有关行业主管部门、工会和中华职业教育社等群团组织、行业组织、企业、事业单位等应当依法履行实施职业教育的义务，参与、支持或者开展职业教育。

第十条第一款、第二款、第三款、第四款　国家采取措施，大力发展技工教育，全面提高产业工人素质。

国家采取措施，支持举办面向农村的职业教育，组织开展农业技能培训、返乡创业就业培训和职业技能培训，培养高素质乡村振兴人才。

国家采取措施，扶持革命老区、民族地区、边远地区、欠发达地区职业教育的发展。

国家采取措施，组织各类转岗、再就业、失业人员以及特殊人群等接受各种形式的职业教育，扶持残疾人职业教育的发展。

第二十二条　县级人民政府可以根据县域经济社会发展的需要，设立职业教育中心学校，开展多种形式的职业教育，实施实用技术培训。

教育行政部门可以委托职业教育中心学校承担教育教学指导、教育质量评价、教师培训等职业教育公共管理和服务工作。

第二十三条　行业主管部门按照行业、产业人才需求加强对职业教育的指导，定期发布人才需求信息。

行业主管部门、工会和中华职业教育社等群团组织、行业组织可以根据需要，参与制定职业教育专业目录和相关职业教育标准，开展人才需求预测、职业生涯发展研究及信息咨询，培育供需匹配的产教融合服务组织，举办或者联合举办职业学校、职业培训机构，组织、协调、指导相关企业、事业单位、社会组织举办职业学校、职业培训机构。

第二十九条 县级以上人民政府应当加强职业教育实习实训基地建设，组织行业主管部门、工会等群团组织、行业组织、企业等根据区域或者行业职业教育的需要建设高水平、专业化、开放共享的产教融合实习实训基地，为职业学校、职业培训机构开展实习实训和企业开展培训提供条件和支持。

第三十七条 国家建立符合职业教育特点的考试招生制度。

中等职业学校可以按照国家有关规定，在有关专业实行与高等职业学校教育的贯通招生和培养。高等职业学校可以按照国家有关规定，采取文化素质与职业技能相结合的考核方式招收学生；对有突出贡献的技术技能人才，经考核合格，可以破格录取。

省级以上人民政府教育行政部门会同同级人民政府有关部门建立职业教育统一招生平台，汇总发布实施职业教育的学校及其专业设置、招生情况等信息，提供查询、报考等服务。

第四十四条 国家保障职业教育教师的权利，提高其专业素质与社会地位。县级以上人民政府及其有关部门应当将职业教育教师的培养培训工作纳入教师队伍建设规划，保证职业教育教师队伍适应职业教育发展的需要。

第四十五条 国家建立健全职业教育教师培养培训体系。

各级人民政府应当采取措施，加强职业教育教师专业化培养培训，鼓励设立专门的职业教育师范院校，支持高等学校设立相关专业，培养职业教育教师；鼓励行业组织、企业共同参与职业教育教师培养培训。

产教融合型企业、规模以上企业应当安排一定比例的岗位，接纳职业学校、职业培训机构教师实践。

第四十六条 国家建立健全符合职业教育特点和发展要求的职业学校教师岗位设置和职务（职称）评聘制度。

职业学校的专业课教师（含实习指导教师）应当具有一定年限的相应工作经

历或者实践经验，达到相应的技术技能水平。具备条件的企业、事业单位经营管理和专业技术人员，以及其他有专业知识或者特殊技能的人员，经教育教学能力培训合格的，可以担任职业学校的专职或者兼职专业课教师；取得教师资格的，可以根据其技术职称聘任为相应的教师职务。取得职业学校专业课教师资格可以视情况降低学历要求。

第四十七条　国家鼓励职业学校聘请技能大师、劳动模范、能工巧匠、非物质文化遗产代表性传承人等高技能人才，通过担任专职或者兼职专业课教师、设立工作室等方式，参与人才培养、技术开发、技能传承等工作。

第四十八条　国家制定职业学校教职工配备基本标准。省、自治区、直辖市应当根据基本标准，制定本地区职业学校教职工配备标准。

县级以上地方人民政府应当根据教职工配备标准、办学规模等，确定公办职业学校教职工人员规模，其中一定比例可以用于支持职业学校面向社会公开招聘专业技术人员、技能人才担任专职或者兼职教师。

《中华人民共和国学前教育法》（节录）

（2024 年 11 月 8 日中华人民共和国主席令第 34 号公布　自 2025 年 6 月 1 日起施行）

第八条　国务院领导全国学前教育工作。

省级人民政府和设区的市级人民政府统筹本行政区域内学前教育工作，健全投入机制，明确分担责任，制定政策并组织实施。

县级人民政府对本行政区域内学前教育发展负主体责任，负责制定本地学前教育发展规划，统筹幼儿园建设、运行，加强公办幼儿园教师配备补充和工资待遇保障，对幼儿园进行监督管理。

乡镇人民政府、街道办事处应当支持本辖区内学前教育发展。

第九条　县级以上人民政府教育行政部门负责学前教育管理和业务指导工作，配备相应的管理和教研人员。县级以上人民政府卫生健康行政部门、疾病预防控制部门按照职责分工负责监督指导幼儿园卫生保健工作。

县级以上人民政府其他有关部门在各自职责范围内负责学前教育管理工作，履行规划制定、资源配置、经费投入、人员配备、待遇保障、幼儿园登记等方面的责任，依法加强对幼儿园举办、教职工配备、收费行为、经费使用、财务管理、安全保卫、食品安全等方面的监管。

第五十五条 国务院教育行政部门制定幼儿园教育指导纲要和学前儿童学习与发展指南，地方各级人民政府教育行政部门依据职责组织实施，加强学前教育教学研究和业务指导。

幼儿园应当按照国家有关规定，科学实施符合学前儿童身心发展规律和年龄特点的保育和教育活动，不得组织学前儿童参与商业性活动。

第六十七条 县级以上人民政府及其有关部门应当建立健全幼儿园安全风险防控体系，强化幼儿园周边治安管理和巡逻防控工作，加强对幼儿园安全保卫的监督指导，督促幼儿园加强安全防范建设，及时排查和消除安全隐患，依法保障学前儿童与幼儿园安全。

禁止在幼儿园内及周边区域建设或者设置有危险、有污染的建筑物和设施设备。

第六十八条 省级人民政府或者其授权的设区的市级人民政府根据办园成本、经济发展水平和群众承受能力等因素，合理确定公办幼儿园和非营利性民办幼儿园的收费标准，并建立定期调整机制。

县级以上地方人民政府及有关部门应当加强对幼儿园收费的监管，必要时可以对收费实行市场调节价的营利性民办幼儿园开展成本调查，引导合理收费，遏制过高收费。

第七十一条 县级以上人民政府及其有关部门应当建立健全学前教育经费预算管理和审计监督制度。

任何单位和个人不得侵占、挪用学前教育经费，不得向幼儿园非法收取或者摊派费用。

第七十二条 县级人民政府教育行政部门应当建立健全各类幼儿园基本信息备案及公示制度，利用互联网等方式定期向社会公布并更新政府学前教育财政投入、幼儿园规划举办等方面信息，以及各类幼儿园的教师和其他工作人员的资质和配备、招生、经费收支、收费标准、保育教育质量等方面信息。

第七十四条 国务院教育行政部门制定幼儿园保育教育质量评估指南。省级人民政府教育行政部门应当完善幼儿园质量评估标准，健全幼儿园质量评估监测体系，将各类幼儿园纳入质量评估范畴，并向社会公布评估结果。

《中华人民共和国民办教育促进法实施条例》(节录)

(2021年4月7日中华人民共和国国务院令第741号公布 自2021年9月1日起施行)

第四十七条 县级以上地方人民政府应当建立民办教育工作联席会议制度。教育、人力资源社会保障、民政、市场监督管理等部门应当根据职责会同有关部门建立民办学校年度检查和年度报告制度,健全日常监管机制。

教育行政部门、人力资源社会保障行政部门及有关部门应当建立民办学校信用档案和举办者、校长执业信用制度,对民办学校进行执法监督的情况和处罚、处理结果应当予以记录,由执法、监督人员签字后归档,并依法依规公开执法监督结果。相关信用档案和信用记录依法纳入全国信用信息共享平台、国家企业信用信息公示系统。

第四十八条 审批机关应当及时公开民办学校举办者情况、办学条件等审批信息。

教育行政部门、人力资源社会保障行政部门应当依据职责分工,定期组织或者委托第三方机构对民办学校的办学水平和教育质量进行评估,评估结果应当向社会公开。

第四十九条 教育行政部门及有关部门应当制定实施学前教育、学历教育民办学校的信息公示清单,监督民办学校定期向社会公开办学条件、教育质量等有关信息。

营利性民办学校应当通过全国信用信息共享平台、国家企业信用信息公示系统公示相关信息。

有关部门应当支持和鼓励民办学校依法建立行业组织,研究制定相应的质量标准,建立认证体系,制定推广反映行业规律和特色要求的合同示范文本。

《学校体育工作条例》(节录)

(2017年3月1日中华人民共和国国务院令第676号公布 自2017年3月1日起施行)

第一条 为保证学校体育工作的正常开展,促进学生身心的健康成长,制定本条例。

第二条 学校体育工作是指普通中小学校、农业中学、职业中学、中等专业学校、普通高等学校的体育课教学、课外体育活动、课余体育训练和体育竞赛。

第三条 学校体育工作的基本任务是:增进学生身心健康、增强学生体质;使学生掌握体育基本知识,培养学生体育运动能力和习惯;提高学生运动技术水平,为国家培养体育后备人才;对学生进行品德教育,增强组织纪律性,培养学生的勇敢、顽强、进取精神。

第四条 学校体育工作应当坚持普及与提高相结合、体育锻炼与安全卫生相结合的原则,积极开展多种形式的强身健体活动,重视继承和发扬民族传统体育,注意吸取国外学校体育的有益经验,积极开展体育科学研究工作。

第五条 学校体育工作应当面向全体学生,积极推行国家体育锻炼标准。

第六条 学校体育工作在教育行政部门领导下,由学校组织实施,并接受体育行政部门的指导。

第七条 学校应当根据教育行政部门的规定,组织实施体育课教学活动。

普通中小学校、农业中学、职业中学、中等专业学校各年级和普通高等学校的一、二年级必须开设体育课。普通高等学校对三年级以上学生开设体育选修课。

第八条 体育课教学应当遵循学生身心发展的规律,教学内容应当符合教学大纲的要求,符合学生年龄、性别特点和所在地区地理、气候条件。

体育课的教学形式应当灵活多样,不断改进教学方法,改善教学条件,提高教学质量。

第九条 体育课是学生毕业、升学考试科目。学生因病、残免修体育课或者免除体育课考试的,必须持医院证明,经学校体育教研室(组)审核同意,并报学校教务部门备案,记入学生健康档案。

第十条 开展课外体育活动应当从实际情况出发,因地制宜,生动活泼。

普通中小学校、农业中学、职业中学每天应当安排课间操,每周安排 3 次以上课外体育活动,保证学生每天有 1 小时体育活动的时间(含体育课)。

中等专业学校、普通高等学校除安排有体育课、劳动课的当天外,每天应当组织学生开展各种课外体育活动。

第十一条 学校应当在学生中认真推行国家体育锻炼标准的达标活动和等级运动员制度。

学校可根据条件有计划地组织学生远足、野营和举办夏(冬)令营等多种形式的体育活动。

第十二条 学校应当在体育课教学和课外体育活动的基础上,开展多种形式的课余体育训练,提高学生的运动技术水平。有条件的普通中小学校、农业中学、职业中学、中等专业学校经省级教育行政部门批准,普通高等学校经国家教育委员会批准,可以开展培养优秀体育后备人才的训练。

第十三条 学校对参加课余体育训练的学生,应当安排好文化课学习,加强思想品德教育,并注意改善他们的营养。普通高等学校对运动水平较高、具有培养前途的学生,报国家教育委员会批准,可适当延长学习年限。

第十四条 学校体育竞赛贯彻小型多样、单项分散、基层为主、勤俭节约的原则。学校每学年至少举行一次以田径项目为主的全校性运动会。

第十五条 全国中学生运动会每3年举行一次,全国大学生运动会每4年举行一次。特殊情况下,经国家教育委员会批准可提前或者延期举行。

国家教育委员会根据需要,可以安排学生参加国际学生体育竞赛。

第十六条 学校体育竞赛应当执行国家有关的体育竞赛制度和规定,树立良好的赛风。

第十七条 体育教师应当热爱学校体育工作,具有良好的思想品德、文化素养,掌握体育教育的理论和教学方法。

第十八条 学校应当在各级教育行政部门核定的教师总编制数内,按照教学计划中体育课授课时数所占的比例和开展课余体育活动的需要配备体育教师。除普通小学外,学校应当根据学校女生数量配备一定比例的女体育教师。承担培养优秀体育后备人才训练任务的学校,体育教师的配备应当相应增加。

第十九条 各级教育行政部门和学校应当有计划地安排体育教师进修培训。对体育教师的职务聘任、工资待遇应当与其他任课教师同等对待。按照国家有关规定,有关部门应当妥善解决体育教师的工作服装和粮食定量。

体育教师组织课间操(早操)、课外体育活动和课余训练、体育竞赛应当计算工作量。

学校对妊娠、产后的女体育教师,应当依照《女职工劳动保护规定》给予相应的照顾。

第二十条 学校的上级主管部门和学校应当按照国家或者地方制订的各类

学校体育场地、器材、设备标准,有计划地逐步配齐。学校体育器材应当纳入教学仪器供应计划。新建、改建学校必须按照有关场地、器材的规定进行规划、设计和建设。

在学校比较密集的城镇地区,逐步建立中小学体育活动中心,并纳入城市建设规划。社会的体育场(馆)和体育设施应当安排一定时间免费向学生开放。

第二十一条 学校应当制定体育场地、器材、设备的管理维修制度,并由专人负责管理。

任何单位或者个人不得侵占、破坏学校体育场地或者破坏体育器材、设备。

第二十二条 各级教育行政部门和学校应当根据学校体育工作的实际需要,把学校体育经费纳入核定的年度教育经费预算内,予以妥善安排。

地方各级人民政府在安排年度学校教育经费时,应当安排一定数额的体育经费,以保证学校体育工作的开展。

国家和地方各级体育行政部门在经费上应当尽可能对学校体育工作给予支持。

国家鼓励各种社会力量以及个人自愿捐资支援学校体育工作。

第二十三条 各级教育行政部门应当健全学校体育管理机构,加强对学校体育工作的指导和检查。

学校体育工作应当作为考核学校工作的一项基本内容。普通中小学校的体育工作应当列入督导计划。

第二十四条 学校应当由一位副校(院)长主管体育工作,在制定计划、总结工作、评选先进时,应当把体育工作列为重要内容。

第二十五条 普通高等学校、中等专业学校和规模较大的普通中学,可以建立相应的体育管理部门,配备专职干部和管理人员。

班主任、辅导员应当把学校体育工作作为一项工作内容,教育和督促学生积极参加体育活动。学校的卫生部门应当与体育管理部门互相配合,搞好体育卫生工作。总务部门应当搞好学校体育工作的后勤保障。

学校应当充分发挥共青团、少先队、学生会以及大、中学生体育协会等组织在学校体育工作中的作用。

第二十六条 对在学校体育工作中成绩显著的单位和个人,各级教育、体育行政部门或者学校应当给予表彰、奖励。

第二十七条　对违反本条例，有下列行为之一的单位或者个人，由当地教育行政部门令其限期改正，并视情节轻重对直接责任人员给予批评教育或者行政处分：

（一）不按规定开设或者随意停止体育课的；

（二）未保证学生每天1小时体育活动时间（含体育课）的；

（三）在体育竞赛中违反纪律、弄虚作假的；

（四）不按国家规定解决体育教师工作服装、粮食定量的。

第二十八条　对违反本条例，侵占、破坏学校体育场地、器材、设备的单位或者个人，由当地人民政府或者教育行政部门令其限期清退和修复场地、赔偿或者修复器材、设备。

第四十一条　【教育行政部门及有关部门依法对民办学校办学质量实行督导和社会中介组织依法对民办学校实行教学评估】

教育行政部门及有关部门依法对民办学校实行督导，建立民办学校信息公示和信用档案制度，促进提高办学质量；组织或者委托社会中介组织评估办学水平和教育质量，并将评估结果向社会公布。

关联规定

《中华人民共和国教育法》（节录）

（2021年4月29日中华人民共和国主席令第80号公布　自2021年4月30日起施行）

第十六条　国务院和县级以上地方各级人民政府应当向本级人民代表大会或者其常务委员会报告教育工作和教育经费预算、决算情况，接受监督。

第二十五条　国家实行教育督导制度和学校及其他教育机构教育评估制度。

第三十条　学校及其他教育机构应当履行下列义务：

（一）遵守法律、法规；

（二）贯彻国家的教育方针，执行国家教育教学标准，保证教育教学质量；

（三）维护受教育者、教师及其他职工的合法权益；

（四）以适当方式为受教育者及其监护人了解受教育者的学业成绩及其他有关情况提供便利；

（五）遵照国家有关规定收取费用并公开收费项目；

（六）依法接受监督。

第六十三条 各级人民政府及其教育行政部门应当加强对学校及其他教育机构教育经费的监督管理，提高教育投资效益。

《中华人民共和国义务教育法》（节录）

（2018年12月29日中华人民共和国主席令第22号公布 自2018年12月29日起施行）

第五条 各级人民政府及其有关部门应当履行本法规定的各项职责，保障适龄儿童、少年接受义务教育的权利。

适龄儿童、少年的父母或者其他法定监护人应当依法保证其按时入学接受并完成义务教育。

依法实施义务教育的学校应当按照规定标准完成教育教学任务，保证教育教学质量。

社会组织和个人应当为适龄儿童、少年接受义务教育创造良好的环境。

第八条 人民政府教育督导机构对义务教育工作执行法律法规情况、教育教学质量以及义务教育均衡发展状况等进行督导，督导报告向社会公布。

第九条 任何社会组织或者个人有权对违反本法的行为向有关国家机关提出检举或者控告。

发生违反本法的重大事件，妨碍义务教育实施，造成重大社会影响的，负有领导责任的人民政府或者人民政府教育行政部门负责人应当引咎辞职。

第三十二条 县级以上人民政府应当加强教师培养工作，采取措施发展教师教育。

县级人民政府教育行政部门应当均衡配置本行政区域内学校师资力量，组织校长、教师的培训和流动，加强对薄弱学校的建设。

《中华人民共和国高等教育法》（节录）

（2018 年 12 月 29 日中华人民共和国主席令第 23 号公布　自 2018 年 12 月 29 日起施行）

第二十九条　设立实施本科及以上教育的高等学校，由国务院教育行政部门审批；设立实施专科教育的高等学校，由省、自治区、直辖市人民政府审批，报国务院教育行政部门备案；设立其他高等教育机构，由省、自治区、直辖市人民政府教育行政部门审批。审批设立高等学校和其他高等教育机构应当遵守国家有关规定。

审批设立高等学校，应当委托由专家组成的评议机构评议。

高等学校和其他高等教育机构分立、合并、终止，变更名称、类别和其他重要事项，由本条第一款规定的审批机关审批；修改章程，应当根据管理权限，报国务院教育行政部门或者省、自治区、直辖市人民政府教育行政部门核准。

第四十三条　高等学校通过以教师为主体的教职工代表大会等组织形式，依法保障教职工参与民主管理和监督，维护教职工合法权益。

第四十四条　高等学校应当建立本学校办学水平、教育质量的评价制度，及时公开相关信息，接受社会监督。

教育行政部门负责组织专家或者委托第三方专业机构对高等学校的办学水平、效益和教育质量进行评估。评估结果应当向社会公开。

第六十五条　高等学校应当依法建立、健全财务管理制度，合理使用、严格管理教育经费，提高教育投资效益。

高等学校的财务活动应当依法接受监督。

《中华人民共和国职业教育法》（节录）

（2022 年 4 月 20 日中华人民共和国主席令第 112 号公布　自 2022 年 5 月 1 日起施行）

第八条　国务院建立职业教育工作协调机制，统筹协调全国职业教育工作。

国务院教育行政部门负责职业教育工作的统筹规划、综合协调、宏观管理。

国务院教育行政部门、人力资源社会保障行政部门和其他有关部门在国务院规定的职责范围内,分别负责有关的职业教育工作。

省、自治区、直辖市人民政府应当加强对本行政区域内职业教育工作的领导,明确设区的市、县级人民政府职业教育具体工作职责,统筹协调职业教育发展,组织开展督导评估。

县级以上地方人民政府有关部门应当加强沟通配合,共同推进职业教育工作。

第十七条 国家建立健全各级各类学校教育与职业培训学分、资历以及其他学习成果的认证、积累和转换机制,推进职业教育国家学分银行建设,促进职业教育与普通教育的学习成果融通、互认。

军队职业技能等级纳入国家职业资格认证和职业技能等级评价体系。

第四十三条 职业学校、职业培训机构应当建立健全教育质量评价制度,吸纳行业组织、企业等参与评价,并及时公开相关信息,接受教育督导和社会监督。

县级以上人民政府教育行政部门应当会同有关部门、行业组织建立符合职业教育特点的质量评价体系,组织或者委托行业组织、企业和第三方专业机构,对职业学校的办学质量进行评估,并将评估结果及时公开。

职业教育质量评价应当突出就业导向,把受教育者的职业道德、技术技能水平、就业质量作为重要指标,引导职业学校培养高素质技术技能人才。

有关部门应当按照各自职责,加强对职业学校、职业培训机构的监督管理。

第四十六条 国家建立健全符合职业教育特点和发展要求的职业学校教师岗位设置和职务(职称)评聘制度。

职业学校的专业课教师(含实习指导教师)应当具有一定年限的相应工作经历或者实践经验,达到相应的技术技能水平。

具备条件的企业、事业单位经营管理和专业技术人员,以及其他有专业知识或者特殊技能的人员,经教育教学能力培训合格的,可以担任职业学校的专职或者兼职专业课教师;取得教师资格的,可以根据其技术职称聘任为相应的教师职务。取得职业学校专业课教师资格可以视情况降低学历要求。

《中华人民共和国学前教育法》(节录)

(2024年11月8日中华人民共和国主席令第34号公布　自2025年6月1日起施行)

第七十三条　县级以上人民政府教育督导机构对学前教育工作执行法律法规情况、保育教育工作等进行督导。督导报告应当定期向社会公开。

《中华人民共和国民办教育促进法实施条例》(节录)

(2021年4月7日中华人民共和国国务院令第741号公布　自2021年9月1日起施行)

第五十一条　国务院教育督导机构及省、自治区、直辖市人民政府负责教育督导的机构应当对县级以上地方人民政府及其有关部门落实支持和规范民办教育发展法定职责的情况进行督导、检查。

县级以上人民政府负责教育督导的机构依法对民办学校进行督导并公布督导结果,建立民办中小学、幼儿园责任督学制度。

《教育督导条例》(节录)

(2012年9月9日中华人民共和国国务院令第624号公布　自2012年10月1日起施行)

第二条　对法律、法规规定范围的各级各类教育实施教育督导,适用本条例。

教育督导包括以下内容:

(一)县级以上人民政府对下级人民政府落实教育法律、法规、规章和国家教育方针、政策的督导;

(二)县级以上地方人民政府对本行政区域内的学校和其他教育机构(以下统称学校)教育教学工作的督导。

第三条　实施教育督导应当坚持以下原则:

（一）以提高教育教学质量为中心；

（二）遵循教育规律；

（三）遵守教育法律、法规、规章和国家教育方针、政策的规定；

（四）对政府履行教育工作相关职责的督导与对学校教育教学工作的督导并重，监督与指导并重；

（五）实事求是、客观公正。

第四条 国务院教育督导机构承担全国的教育督导实施工作，制定教育督导的基本准则，指导地方教育督导工作。

县级以上地方人民政府负责教育督导的机构承担本行政区域的教育督导实施工作。

国务院教育督导机构和县级以上地方人民政府负责教育督导的机构（以下统称教育督导机构）在本级人民政府领导下独立行使督导职能。

第五条 县级以上人民政府应当将教育督导经费列入财政预算。

第六条 国家实行督学制度。

县级以上人民政府根据教育督导工作需要，为教育督导机构配备专职督学。教育督导机构可以根据教育督导工作需要聘任兼职督学。

兼职督学的任期为 3 年，可以连续任职，连续任职不得超过 3 个任期。

第七条 督学应当符合下列条件：

（一）坚持党的基本路线，热爱社会主义教育事业；

（二）熟悉教育法律、法规、规章和国家教育方针、政策，具有相应的专业知识和业务能力；

（三）坚持原则，办事公道，品行端正，廉洁自律；

（四）具有大学本科以上学历，从事教育管理、教学或者教育研究工作 10 年以上，工作实绩突出；

（五）具有较强的组织协调能力和表达能力；

（六）身体健康，能胜任教育督导工作。

符合前款规定条件的人员经教育督导机构考核合格，可以由县级以上人民政府任命为督学，或者由教育督导机构聘任为督学。

第八条 督学受教育督导机构的指派实施教育督导。

教育督导机构应当加强对督学实施教育督导活动的管理，对其履行督学职责的情况进行考核。

第九条　督学实施教育督导,应当客观公正地反映实际情况,不得隐瞒或者虚构事实。

第十条　实施督导的督学是被督导单位主要负责人的近亲属或者有其他可能影响客观公正实施教育督导情形的,应当回避。

第十一条　教育督导机构对下列事项实施教育督导:

(一)学校实施素质教育的情况,教育教学水平、教育教学管理等教育教学工作情况;

(二)校长队伍建设情况,教师资格、职务、聘任等管理制度建设和执行情况,招生、学籍等管理情况和教育质量,学校的安全、卫生制度建设和执行情况,校舍的安全情况,教学和生活设施、设备的配备和使用等教育条件的保障情况,教育投入的管理和使用情况;

(三)义务教育普及水平和均衡发展情况,各级各类教育的规划布局、协调发展等情况;

(四)法律、法规、规章和国家教育政策规定的其他事项。

第十二条　教育督导机构实施教育督导,可以行使下列职权:

(一)查阅、复制财务账目和与督导事项有关的其他文件、资料;

(二)要求被督导单位就督导事项有关问题作出说明;

(三)就督导事项有关问题开展调查;

(四)向有关人民政府或者主管部门提出对被督导单位或者其相关负责人给予奖惩的建议。

被督导单位及其工作人员对教育督导机构依法实施的教育督导应当积极配合,不得拒绝和阻挠。

第十三条　县级人民政府负责教育督导的机构应当根据本行政区域内的学校布局设立教育督导责任区,指派督学对责任区内学校的教育教学工作实施经常性督导。

教育督导机构根据教育发展需要或者本级人民政府的要求,可以就本条例第十一条规定的一项或者几项事项对被督导单位实施专项督导,也可以就本条例第十一条规定的所有事项对被督导单位实施综合督导。

第十四条　督学对责任区内学校实施经常性督导每学期不得少于2次。

县级以上人民政府对下一级人民政府应当每 5 年至少实施一次专项督导或者综合督导;县级人民政府负责教育督导的机构对本行政区域内的学校,应当每 3 至 5 年实施一次综合督导。

第十五条 经常性督导结束,督学应当向教育督导机构提交报告;发现违法违规办学行为或者危及师生生命安全的隐患,应当及时督促学校和相关部门处理。

第十六条 教育督导机构实施专项督导或者综合督导,应当事先确定督导事项,成立督导小组。督导小组由 3 名以上督学组成。

教育督导机构可以根据需要联合有关部门实施专项督导或者综合督导,也可以聘请相关专业人员参加专项督导或者综合督导活动。

第十七条 教育督导机构实施专项督导或者综合督导,应当事先向被督导单位发出书面督导通知。

第十八条 教育督导机构可以要求被督导单位组织自评。被督导单位应当按照要求进行自评,并将自评报告报送教育督导机构。督导小组应当审核被督导单位的自评报告。

督导小组应当对被督导单位进行现场考察。

第十九条 教育督导机构实施专项督导或者综合督导,应当征求公众对被督导单位的意见,并采取召开座谈会或者其他形式专门听取学生及其家长和教师的意见。

第二十条 督导小组应当对被督导单位的自评报告、现场考察情况和公众的意见进行评议,形成初步督导意见。

督导小组应当向被督导单位反馈初步督导意见;被督导单位可以进行申辩。

第二十一条 教育督导机构应当根据督导小组的初步督导意见,综合分析被督导单位的申辩意见,向被督导单位发出督导意见书。

督导意见书应当就督导事项对被督导单位作出客观公正的评价;对存在的问题,应当提出限期整改要求和建议。

第二十二条 被督导单位应当根据督导意见书进行整改,并将整改情况报告教育督导机构。

教育督导机构应当对被督导单位的整改情况进行核查。

第二十三条 专项督导或者综合督导结束,教育督导机构应当向本级人民政府提交督导报告;县级以上地方人民政府负责教育督导的机构还应当将督导报告报上一级人民政府教育督导机构备案。

督导报告应当向社会公布。

第二十四条　县级以上人民政府或者有关主管部门应当将督导报告作为对被督导单位及其主要负责人进行考核、奖惩的重要依据。

第二十五条　被督导单位及其工作人员有下列情形之一的,由教育督导机构通报批评并责令其改正;拒不改正或者情节严重的,对直接负责的主管人员和其他责任人员,由教育督导机构向有关人民政府或者主管部门提出给予处分的建议:

(一)拒绝、阻挠教育督导机构或者督学依法实施教育督导的;

(二)隐瞒实情、弄虚作假,欺骗教育督导机构或者督学的;

(三)未根据督导意见书进行整改并将整改情况报告教育督导机构的;

(四)打击报复督学的;

(五)有其他严重妨碍教育督导机构或者督学依法履行职责情形的。

第二十六条　督学或者教育督导机构工作人员有下列情形之一的,由教育督导机构给予批评教育;情节严重的,依法给予处分,对督学还应当取消任命或者聘任;构成犯罪的,依法追究刑事责任:

(一)玩忽职守,贻误督导工作的;

(二)弄虚作假,徇私舞弊,影响督导结果公正的;

(三)滥用职权,干扰被督导单位正常工作的。

督学违反本条例第十条规定,应当回避而未回避的,由教育督导机构给予批评教育。

督学违反本条例第十五条规定,发现违法违规办学行为或者危及师生生命安全隐患而未及时督促学校和相关部门处理的,由教育督导机构给予批评教育;情节严重的,依法给予处分,取消任命或者聘任;构成犯罪的,依法追究刑事责任。

《中华人民共和国中外合作办学条例实施办法》(节录)

(2004 年 6 月 2 日中华人民共和国教育部令第 20 号公布　自 2004 年 7 月 1 日起施行)

第五十三条　审批机关应当组织或者委托社会中介组织本着公开、公正、公平的原则,对实施学历教育的中外合作办学项目进行办学质量评估,并将评估结果向社会公布。

《学校招收和培养国际学生管理办法》(节录)

(2017年3月20日中华人民共和国教育部、中华人民共和国外交部、中华人民共和国公安部令第42号公布　自2017年7月1日起施行)

第四十一条　国务院教育行政部门建立健全国际学生培养质量监督制度。省、自治区、直辖市教育行政部门应当对本行政区域的国际学生培养进行监督。

第四十二条　负有国际学生管理职责的国务院教育、公安、外交等行政部门,应当利用现代信息技术建立国际学生信息管理系统,推进信息共享工作机制,不断完善国际学生的管理与服务工作。

第四十三条　对违反《中华人民共和国出境入境管理法》、《中华人民共和国治安管理处罚法》以及《中华人民共和国外国人入境出境管理条例》、《中华人民共和国境内外国人宗教活动管理规定》等法律法规规定的国际学生,公安等主管部门应当依法处理。

第四十四条　高等学校在国际学生招收和培养过程中出现以下行为的,主管教育行政部门应当责令其整改,按照《中华人民共和国教育法》的有关规定追究法律责任,并可以限制其招收国际学生:

(一)违反国家规定和学校招生规定招生的;

(二)在招生过程中存在牟利行为的;

(三)未公开收费项目、标准和未按项目、标准收费的;

(四)违规颁发学位证书、学历证书或其他学业证书的;

(五)教学质量低劣或管理与服务不到位,造成不良社会影响的;

(六)其他违法违规行为。

第四十二条　【民办学校的招生简章和广告监督】

民办学校的招生简章和广告,应当报审批机关备案。

关联规定

《中华人民共和国广告法》（节录）

（2021年4月29日中华人民共和国主席令第81号公布　自2021年4月29日起施行）

第四条　广告不得含有虚假或者引人误解的内容，不得欺骗、误导消费者。

广告主应当对广告内容的真实性负责。

第五条　广告主、广告经营者、广告发布者从事广告活动，应当遵守法律、法规，诚实信用，公平竞争。

第六条　国务院市场监督管理部门主管全国的广告监督管理工作，国务院有关部门在各自的职责范围内负责广告管理相关工作。

县级以上地方市场监督管理部门主管本行政区域的广告监督管理工作，县级以上地方人民政府有关部门在各自的职责范围内负责广告管理相关工作。

第七条　广告行业组织依照法律、法规和章程的规定，制定行业规范，加强行业自律，促进行业发展，引导会员依法从事广告活动，推动广告行业诚信建设。

第二十四条　教育、培训广告不得含有下列内容：

（一）对升学、通过考试、获得学位学历或者合格证书，或者对教育、培训的效果作出明示或者暗示的保证性承诺；

（二）明示或者暗示有相关考试机构或者其工作人员、考试命题人员参与教育、培训；

（三）利用科研单位、学术机构、教育机构、行业协会、专业人士、受益者的名义或者形象作推荐、证明。

第三十九条　不得在中小学校、幼儿园内开展广告活动，不得利用中小学生和幼儿的教材、教辅材料、练习册、文具、教具、校服、校车等发布或者变相发布广告，但公益广告除外。

第四十条　在针对未成年人的大众传播媒介上不得发布医疗、药品、保健食品、医疗器械、化妆品、酒类、美容广告，以及不利于未成年人身心健康的网络游戏广告。

针对不满十四周岁的未成年人的商品或者服务的广告不得含有下列内容：

（一）劝诱其要求家长购买广告商品或者服务；

（二）可能引发其模仿不安全行为。

《独立学院设置与管理办法》（节录）

（2015年11月10日中华人民共和国教育部令第38号公布　自2015年11月10日起施行）

第四十五条　独立学院的招生简章和广告的样本，应当及时报省级教育行政部门备案。

未经备案的招生简章和广告，不得发布。

《学校及其他教育机构聘用外籍专业人员管理办法》（节录）

（1996年1月29日外专发〔1996〕82号公布　自1996年1月29日起施行）

第十条　严禁以聘有外国专家和外籍教师为招牌，高额收费招生，牟取暴利。

《民办高等学校办学管理若干规定》（节录）

（2015年11月10日中华人民共和国教育部令第38号公布　自2015年11月10日起施行）

第十二条　民办高校招生简章和广告必须载明学校名称、办学地点、办学性质、招生类型、学历层次、学习年限、收费项目和标准、退费办法、招生人数、证书类别和颁发办法等。

民办高校应当依法将招生简章和广告报审批机关或其委托的机关备案。发布的招生简章和广告必须与备案的内容相一致。未经备案的招生简章和广告不得发布。

《关于做好校外培训广告管控的通知》

(2021 年 11 月 3 日国市监广发〔2021〕70 号公布 自 2021 年 11 月 3 日起施行)

一、组织清理整治

(一)目标要求。严格落实有关政策文件要求,不区分学科类、非学科类,要确保做到主流媒体及其新媒体、网络平台以及公共场所、居民区等线上线下空间不刊登、不播发面向中小学(含幼儿园)的校外培训广告。要集中时间、集中力量对主流媒体及其新媒体、网络平台以及公共场所、居民区等线上线下空间校外培训广告开展全面排查,清理存量、杜绝增量。要综合运用舆论引导、企业自律、行业管理、市场准入、监管执法、社会共治等多种手段,确保"双减"政策要求落实到位。

(二)组织传播平台自查。立即组织主流媒体及其新媒体、网络平台企业、户外广告位经营管理单位等相关市场主体开展自查整改。要求相关传播平台全面梳理在播、在刊广告,发现校外培训广告立即停止刊播。进一步完善广告发布审核制度,堵塞管理漏洞,尤其注意防止以节(栏)目、"软文"等方式变相发布校外培训广告。对于未按要求停止刊播的,由有关部门依法依规追究相关单位和人员责任;广告内容虚假违法且未按期自行整改的,依法从重处罚。

(三)加大监管力度。要畅通举报投诉途径、加大线索梳理和广告监测力度,及时发现、制止发布校外培训广告行为。要结合地方实际,对辖区内重点媒体、网络平台企业、主要校外培训机构以及广告经营、制作企业开展联合约谈,适时组织联合执法行动,形成高压态势。要依法从严查处利用节(栏)目、"软文"等方式变相发布校外培训广告的行为,对于夸大培训效果、误导公众教育观念、制造焦虑的虚假违法校外培训广告依法从重处罚。要加大校园内及校园周边环境整治力度,严厉查处在中小学校、幼儿园内开展商业广告活动以及利用中小学和幼儿园的教材、教辅材料、练习册、文具、教具、校服、校车等发布或变相发布广告的行为。要适时曝光典型违法违规案例,形成有效震慑。

二、加强日常管控

(一)强化广告管控与校外培训机构审批管理的协同。市场监管部门要会同行业主管部门将校外培训广告管控纳入对校外培训机构日常监管和专项检查的范围。对于违反政策规定发布校外培训广告的校外培训机构,要加大对其日常监管力度和随机抽查频次。要将校外培训机构广告活动情况作为对其相关资质管理的重要内容,对于多次违规发布校外培训广告或者发布虚假违法校外培训广告情节恶劣的,要依法依规予以处理。

(二)强化广告管控与媒体管理的协同。要将校外培训广告管控纳入报纸、期刊、广播、电视等传统媒体行业管理重点内容,对于违反政策代理、制作、刊登、播发校外培训广告的传统媒体单位,要依法依规追究单位及有关人员责任。要将校外培训广告管控纳入互联网信息管理的重点内容,对于违反政策代理、制作、刊登、播发校外培训广告的电商平台和其他互联网企业,要坚决依法处置。

(三)强化国有企业等单位所属广告牌和广告位的管控。要将不刊登、不播发校外培训广告作为加强国有企业管理的一项工作任务,坚决杜绝铁路、地铁、公交车、国有厂矿单位以及公交站台所属广告牌广告位刊发校外培训广告。

(四)支持基层开展户外广告日常管理。要调动乡镇、街道主动参与校外培训广告管控工作的积极性,支持基层对商业楼宇、居民区等进行网格化管理,加大排查力度,及时发现和制止发布校外培训广告行为。要结合地方实际,积极组织、支持、引导社区工作者、志愿者等加入广告管控工作,发挥社会共治效果。

三、健全管控机制

(一)强化跨部门协同监管。要充分发挥"双减"工作专门协调机制作用,做好校外培训广告管控工作。宣传、网信、广电、新闻出版等部门要加强对广播电视、报纸、期刊和网络平台的管理,确保各类线上线下传播平台落实好政策要求。市场监管部门会同教育等有关部门强化对校外培训广告监管,加强广告执法,严厉打击相关虚假违法广告。教育部门、民政部门按照职责分工,依法做好校外培训机构的年审年检工作,对经市场监管等有关部门确认并移交的校外培训机构违法违规发布校外培训广告的情形,依法在年检、评估、信用信息管理等工作中作出相应处理。国有资产管理部门要督促、指导国有企业落实政策要求,加强对所属广告位、广告牌的管理。城市管理部门要做好对城市公共场所广告位、广告牌设施设置的管理工作。市场监管部门要会同城市管理部门加强对校园周边等重点区域的排查,依法制止随意散发校外培训宣传品的行为,保持校园周边环境干净有序。

（二）强化分析研判和舆情应对。建立健全信息共享和分析研判机制，及时发现变相、变种校外培训广告，完善管控手段。针对广告的宣传舆论属性，建立健全重点舆情联合应对机制，对涉校外培训广告舆情联合研判、联合应对，及时处置舆情事件。

（三）强化信用监管和行业自律。推动信用监管与行业监管联动，加强严重违法失信名单管理，建立健全失信联合惩戒制度，依法依规严惩制作、发布虚假违法校外培训广告行为。引导行业自律，充分发挥行业协会作用，推动相关市场主体自觉遵守有关政策要求。

《教育部办公厅等五部门关于加强高等学历继续教育广告发布管理的通知》（节录）

（2021 年 9 月 30 日教职成厅函〔2021〕21 号公布　自 2021 年 9 月 30 日起施行）

一、规范广告发布行为

（一）高等学历继续教育广告发布须遵守国家广告监管和教育管理有关法律法规和制度。未经高校法人书面授权或省级自学考试管理机构审查备案，企事业单位、社会组织或个人不得发布或以教育咨询、学历提升服务等名义变相发布涉及具体高校的高等学历继续教育和自学考试助学活动广告。有关书面授权或审查备案信息应主动向社会公开。未经用户同意，不得通过电话、短信等形式开展高等学历继续教育宣传和咨询服务。

（二）高校应严格履行办学主体责任，完善广告宣传统一归口管理制度，做好内容审核。校内二级学院和高校设置的函授站、校外学习中心（含公共服务体系学习中心）不得自行开展或授权其他企事业单位、社会组织或个人开展广告宣传。对于发现涉及本校的高等学历继续教育违法违规广告，高校应主动交涉、澄清、处理并消除影响。

（三）高等学历继续教育广告内容特别是有关入学条件、最低学习年限、学费标准及收取方式、报名途径、高校招生网站地址、毕业证书和学位证书获取条件等信息必须真实、准确、合法，不得出现“无需学习”“无需上课”等虚假违规内容，不得出现“快速取证”“免考包过”“考不过退款”等对教育效果作出明示或者暗示的保证性承诺；不得模糊自学考试助学活动与主考学校学历教育的关系区别；不得混淆技师学院，专修学院、研修学院等非学历高等教育机构与开展学历教育高校的性质区别。

（四）各地有关主管部门应督促各大门户网站、搜索引擎、电子商务平台、新媒体平台、自媒体平台、APP（应用程序）等互联网媒介加强对高等学历继续教育广告发布主体、内容的审核，对涉及虚假夸大违规信息进行有效过滤，不得发布无高校法人书面授权或省级自学考试管理机构审查备案的相应广告及其他违法违规信息。

三、建立长效监管机制

（一）加强领导，形成工作合力。各地有关部门、高校要充分认识整治和规范高等学历继续教育广告发布对于保障人民群众和高校合法权益、推动高等学历继续教育高质量发展的重要意义。各地有关部门要加强组织领导，细化措施，明确分工，形成合力，保障工作的顺利开展。

（二）标本兼治，健全长效机制。各省级教育行政部门要牵头建立本地区部门间沟通协调、信息共享、联合执法、监督惩戒等具有长效性、稳定性和约束力的工作机制，运用行政处罚、刑事打击、信用监管等手段进行综合治理。要充分发挥社会监督的作用，通过举报热线、网络平台、微信公众号等向社会广泛征集问题线索，建立案件台账，做到有案必查、违法必究。

（三）广泛宣传，加强舆论引导。各地有关部门、高校要加强宣传力度，通过新闻媒体、官方网站、自媒体平台等渠道，对典型案例查处情况进行曝光，对损害人民群众和高校切身利益的违法违规行为进行舆论震慑，为高等学历继续教育发展营造风清气正的良好环境。

《中共中央宣传部、国家教育委员会关于不得乱登办学招生广告的通知》（节录）

（1986年1月20日〔86〕教高三字001号公布　自1986年1月20日起施行）

为加强对各类高等和中等专业学校的宏观管理，确保国家培养人才的规格质量，根据《国务院办公厅关于加强广告宣传管理的通知》的有关精神，现将刊登办学招生广告（简章）的有关问题通知如下：

一、今后各有关新闻单位，一律不得刊登违背国家教育政策规定的各种办学招生广告(简章)。凡自行擅自刊登违背国家教育政策规定的各种办学招生广告(简章)者，要追究批准刊登的领导者的责任。

二、今后凡刊登承认大中专以上学历的招生广告(简章)，均须是按国家教委或原教育部规定的办学条件和审批程序批准备案，并经批准列入招生计划的各类高等和中等专业学校。未按国家教委或原教育部规定的办学条件和审批程序批准备案，也未经批准列入各类高等和中等教育招生计划的学校，一律不得刊登承认大中专学历的招生广告。

三、宣布颁发大专以上文凭的学校的招生广告(简章)内容，须经办学所在地的省、自治区、直辖市教育行政部门审查同意(中专需地、市教育部门审查同意；跨省、自治区、直辖市招生的学校，需在招生地区刊登广告的，还需经所招生地区教育部门审查同意)，出具证明，方可印制、刊登、播放和张贴。

《关于进一步减轻义务教育阶段学生作业负担和校外培训负担的意见》(节录)

(2021 年 7 月 24 日中共中央办公厅、国务院办公厅公布　自 2021 年 7 月 24 日起施行)

22. 做好培训广告管控。中央有关部门、地方各级党委和政府要加强校外培训广告管理，确保主流媒体、新媒体、公共场所、居民区各类广告牌和网络平台等不刊登、不播发校外培训广告。不得在中小学校、幼儿园内开展商业广告活动，不得利用中小学和幼儿园的教材、教辅材料、练习册、文具、教具、校服、校车等发布或变相发布广告。依法依规严肃查处各种夸大培训效果、误导公众教育观念、制造家长焦虑的校外培训违法违规广告行为。

第四十三条　【受教育者权益保护】

民办学校侵犯受教育者的合法权益，受教育者及其亲属有权向教育行政部门和其他有关部门申诉，有关部门应当及时予以处理。

关联规定

《中华人民共和国民法典》（节录）

（2020年5月28日中华人民共和国主席令第45号公布　自2021年1月1日起施行）

第一千一百九十九条　无民事行为能力人在幼儿园、学校或者其他教育机构学习、生活期间受到人身损害的，幼儿园、学校或者其他教育机构应当承担侵权责任；但是，能够证明尽到教育、管理职责的，不承担侵权责任。

第一千二百条　限制民事行为能力人在学校或者其他教育机构学习、生活期间受到人身损害，学校或者其他教育机构未尽到教育、管理职责的，应当承担侵权责任。

第一千二百零一条　无民事行为能力人或者限制民事行为能力人在幼儿园、学校或者其他教育机构学习、生活期间，受到幼儿园、学校或者其他教育机构以外的第三人人身损害的，由第三人承担侵权责任；幼儿园、学校或者其他教育机构未尽到管理职责的，承担相应的补充责任。幼儿园、学校或者其他教育机构承担补充责任后，可以向第三人追偿。

《中华人民共和国教育法》（节录）

（2021年4月29日中华人民共和国主席令第80号公布　自2021年4月30日起施行）

第九条　中华人民共和国公民有受教育的权利和义务。

第三十七条　受教育者在入学、升学、就业等方面依法享有平等权利。

学校和有关行政部门应当按照国家有关规定，保障女子在入学、升学、就业、授予学位、派出留学等方面享有同男子平等的权利。

第三十九条　国家、社会、学校及其他教育机构应当根据残疾人身心特性和需要实施教育，并为其提供帮助和便利。

第四十条　国家、社会、家庭、学校及其他教育机构应当为有违法犯罪行为的未成年人接受教育创造条件。

第四十一条　从业人员有依法接受职业培训和继续教育的权利和义务。

国家机关、企业事业组织和其他社会组织，应当为本单位职工的学习和培训提供条件和便利。

第四十三条　受教育者享有下列权利：

（一）参加教育教学计划安排的各种活动，使用教育教学设施、设备、图书资料；

（二）按照国家有关规定获得奖学金、贷学金、助学金；

（三）在学业成绩和品行上获得公正评价，完成规定的学业后获得相应的学业证书、学位证书；

（四）对学校给予的处分不服向有关部门提出申诉，对学校、教师侵犯其人身权、财产权等合法权益，提出申诉或者依法提起诉讼；

（五）法律、法规规定的其他权利。

第四十六条　国家机关、军队、企业事业组织、社会团体及其他社会组织和个人，应当依法为儿童、少年、青年学生的身心健康成长创造良好的社会环境。

第四十七条　国家鼓励企业事业组织、社会团体及其他社会组织同高等学校、中等职业学校在教学、科研、技术开发和推广等方面进行多种形式的合作。

企业事业组织、社会团体及其他社会组织和个人，可以通过适当形式，支持学校的建设，参与学校管理。

第四十八条　国家机关、军队、企业事业组织及其他社会组织应当为学校组织的学生实习、社会实践活动提供帮助和便利。

《中华人民共和国义务教育法》（节录）

（2018 年 12 月 29 日中华人民共和国主席令第 22 号公布　自 2018 年 12 月 29 日起施行）

第二条　国家实行九年义务教育制度。

义务教育是国家统一实施的所有适龄儿童、少年必须接受的教育，是国家必须予以保障的公益性事业。

实施义务教育，不收学费、杂费。

国家建立义务教育经费保障机制，保证义务教育制度实施。

第四条 凡具有中华人民共和国国籍的适龄儿童、少年，不分性别、民族、种族、家庭财产状况、宗教信仰等，依法享有平等接受义务教育的权利，并履行接受义务教育的义务。

第五条 各级人民政府及其有关部门应当履行本法规定的各项职责，保障适龄儿童、少年接受义务教育的权利。

适龄儿童、少年的父母或者其他法定监护人应当依法保证其按时入学接受并完成义务教育。

依法实施义务教育的学校应当按照规定标准完成教育教学任务，保证教育教学质量。

社会组织和个人应当为适龄儿童、少年接受义务教育创造良好的环境。

第十一条 凡年满六周岁的儿童，其父母或者其他法定监护人应当送其入学接受并完成义务教育；条件不具备的地区的儿童，可以推迟到七周岁。

适龄儿童、少年因身体状况需要延缓入学或者休学的，其父母或者其他法定监护人应当提出申请，由当地乡镇人民政府或者县级人民政府教育行政部门批准。

第二十四条 学校应当建立、健全安全制度和应急机制，对学生进行安全教育，加强管理，及时消除隐患，预防发生事故。

县级以上地方人民政府定期对学校校舍安全进行检查；对需要维修、改造的，及时予以维修、改造。

学校不得聘用曾经因故意犯罪被依法剥夺政治权利或者其他不适合从事义务教育工作的人担任工作人员。

第二十九条 教师在教育教学中应当平等对待学生，关注学生的个体差异，因材施教，促进学生的充分发展。

教师应当尊重学生的人格，不得歧视学生，不得对学生实施体罚、变相体罚或者其他侮辱人格尊严的行为，不得侵犯学生合法权益。

第三十七条 学校应当保证学生的课外活动时间，组织开展文化娱乐等课外活动。社会公共文化体育设施应当为学校开展课外活动提供便利。

《中华人民共和国高等教育法》(节录)

(2018 年 12 月 29 日中华人民共和国主席令第 23 号公布　自 2018 年 12 月 29 日起施行)

第五十三条　高等学校的学生应当遵守法律、法规,遵守学生行为规范和学校的各项管理制度,尊敬师长,刻苦学习,增强体质,树立爱国主义、集体主义和社会主义思想,努力学习马克思列宁主义、毛泽东思想、邓小平理论,具有良好的思想品德,掌握较高的科学文化知识和专业技能。

高等学校学生的合法权益,受法律保护。

第五十四条　高等学校的学生应当按照国家规定缴纳学费。家庭经济困难的学生,可以申请补助或者减免学费。

第五十六条　高等学校的学生在课余时间可以参加社会服务和勤工助学活动,但不得影响学业任务的完成。

高等学校应当对学生的社会服务和勤工助学活动给予鼓励和支持,并进行引导和管理。

《中华人民共和国职业教育法》(节录)

(2022 年 4 月 20 日中华人民共和国主席令第 112 号公布　自 2022 年 5 月 1 日起施行)

第五条　公民有依法接受职业教育的权利。

第三十条　国家推行中国特色学徒制,引导企业按照岗位总量的一定比例设立学徒岗位,鼓励和支持有技术技能人才培养能力的企业特别是产教融合型企业与职业学校、职业培训机构开展合作,对新招用职工、在岗职工和转岗职工进行学徒培训,或者与职业学校联合招收学生,以工学结合的方式进行学徒培养。有关企业可以按照规定享受补贴。

企业与职业学校联合招收学生,以工学结合的方式进行学徒培养的,应当签订学徒培养协议。

第四十一条 职业学校、职业培训机构开展校企合作、提供社会服务或者以实习实训为目的举办企业、开展经营活动取得的收入用于改善办学条件;收入的一定比例可以用于支付教师、企业专家、外聘人员和受教育者的劳动报酬,也可以作为绩效工资来源,符合国家规定的可以不受绩效工资总量限制。

职业学校、职业培训机构实施前款规定的活动,符合国家有关规定的,享受相关税费优惠政策。

第四十二条 职业学校按照规定的收费标准和办法,收取学费和其他必要费用;符合国家规定条件的,应当予以减免;不得以介绍工作、安排实习实训等名义违法收取费用。

职业培训机构、职业学校面向社会开展培训的,按照国家有关规定收取费用。

第四十九条 职业学校学生应当遵守法律、法规和学生行为规范,养成良好的职业道德、职业精神和行为习惯,努力学习,完成规定的学习任务,按照要求参加实习实训,掌握技术技能。

职业学校学生的合法权益,受法律保护。

第五十条 国家鼓励企业、事业单位安排实习岗位,接纳职业学校和职业培训机构的学生实习。接纳实习的单位应当保障学生在实习期间按照规定享受休息休假、获得劳动安全卫生保护、参加相关保险、接受职业技能指导等权利;对上岗实习的,应当签订实习协议,给予适当的劳动报酬。

职业学校和职业培训机构应当加强对实习实训学生的指导,加强安全生产教育,协商实习单位安排与学生所学专业相匹配的岗位,明确实习实训内容和标准,不得安排学生从事与所学专业无关的实习实训,不得违反相关规定通过人力资源服务机构、劳务派遣单位,或者通过非法从事人力资源服务、劳务派遣业务的单位或个人组织、安排、管理学生实习实训。

第五十一条 接受职业学校教育,达到相应学业要求,经学校考核合格的,取得相应的学业证书;接受职业培训,经职业培训机构或者职业学校考核合格的,取得相应的培训证书;经符合国家规定的专门机构考核合格的,取得相应的职业资格证书或者职业技能等级证书。

学业证书、培训证书、职业资格证书和职业技能等级证书,按照国家有关规定,作为受教育者从业的凭证。

接受职业培训取得的职业技能等级证书、培训证书等学习成果,经职业学校认定，可以转化为相应的学历教育学分；达到相应职业学校学业要求的，可以取得相应的学业证书。

接受高等职业学校教育，学业水平达到国家规定的学位标准的，可以依法申请相应学位。

第五十二条　国家建立对职业学校学生的奖励和资助制度，对特别优秀的学生进行奖励，对经济困难的学生提供资助，并向艰苦、特殊行业等专业学生适当倾斜。国家根据经济社会发展情况适时调整奖励和资助标准。

国家支持企业、事业单位、社会组织及公民个人按照国家有关规定设立职业教育奖学金、助学金，奖励优秀学生，资助经济困难的学生。

职业学校应当按照国家有关规定从事业收入或者学费收入中提取一定比例资金，用于奖励和资助学生。

省、自治区、直辖市人民政府有关部门应当完善职业学校资助资金管理制度，规范资助资金管理使用。

第五十三条　职业学校学生在升学、就业、职业发展等方面与同层次普通学校学生享有平等机会。

高等职业学校和实施职业教育的普通高等学校应当在招生计划中确定相应比例或者采取单独考试办法，专门招收职业学校毕业生。

各级人民政府应当创造公平就业环境。用人单位不得设置妨碍职业学校毕业生平等就业、公平竞争的报考、录用、聘用条件。机关、事业单位、国有企业在招录、招聘技术技能岗位人员时，应当明确技术技能要求，将技术技能水平作为录用、聘用的重要条件。事业单位公开招聘中有职业技能等级要求的岗位，可以适当降低学历要求。

第五十八条　企业应当根据国务院规定的标准，按照职工工资总额一定比例提取和使用职工教育经费。职工教育经费可以用于举办职业教育机构、对本单位的职工和准备招用人员进行职业教育等合理用途，其中用于企业一线职工职业教育的经费应当达到国家规定的比例。用人单位安排职工到职业学校或者职业培训机构接受职业教育的，应当在其接受职业教育期间依法支付工资，保障相关待遇。

企业设立具备生产与教学功能的产教融合实习实训基地所发生的费用，可以参照职业学校享受相应的用地、公用事业费等优惠。

《中华人民共和国学前教育法》(节录)

(2024 年 11 月 8 日中华人民共和国主席令第 34 号公布　自 2025 年 6 月 1 日起施行)

第十五条　地方各级人民政府应当采取措施,推动适龄儿童在其父母或者其他监护人的工作或者居住的地区方便就近接受学前教育。

学前儿童入幼儿园接受学前教育,除必要的身体健康检查外,幼儿园不得对其组织任何形式的考试或者测试。

学前儿童因特异体质、特定疾病等有特殊需求的,父母或者其他监护人应当及时告知幼儿园,幼儿园应当予以特殊照顾。

第十九条　任何单位和个人不得组织学前儿童参与违背学前儿童身心发展规律或者与年龄特点不符的商业性活动、竞赛类活动和其他活动。

第二十条　面向学前儿童的图书、玩具、音像制品、电子产品、网络教育产品和服务等,应当符合学前儿童身心发展规律和年龄特点。

家庭和幼儿园应当教育学前儿童正确合理使用网络和电子产品,控制其使用时间。

第五十一条　幼儿园应当把保护学前儿童安全放在首位,对学前儿童在园期间的人身安全负有保护责任。

幼儿园应当落实安全责任制相关规定,建立健全安全管理制度和安全责任制度,完善安全措施和应急反应机制,按照标准配备安全保卫人员,及时排查和消除火灾等各类安全隐患。幼儿园使用校车的,应当符合校车安全管理相关规定,保护学前儿童安全。

幼儿园应当按照国家有关规定投保校方责任保险。

第五十三条　幼儿园应当建立科学合理的一日生活制度,保证户外活动时间,做好儿童营养膳食、体格锻炼、全日健康观察、食品安全、卫生与消毒、传染病预防与控制、常见病预防等卫生保健管理工作,加强健康教育。

第五十六条　幼儿园应当以学前儿童的生活为基础,以游戏为基本活动,发展素质教育,最大限度支持学前儿童通过亲近自然、实际操作、亲身体验等方式探索学习,促进学前儿童养成良好的品德、行为习惯、安全和劳动意识,健全人格、强健体魄，在健康、语言、社会、科学、艺术等各方面协调发展。

幼儿园应当以国家通用语言文字为基本保育教育语言文字，加强学前儿童普通话教育，提高学前儿童说普通话的能力。

第五十九条　幼儿园与小学应当互相衔接配合，共同帮助儿童做好入学准备和入学适应。

幼儿园不得采用小学化的教育方式，不得教授小学阶段的课程，防止保育和教育活动小学化。小学坚持按照课程标准零起点教学。

校外培训机构等其他任何机构不得对学前儿童开展半日制或者全日制培训，不得教授学前儿童小学阶段的课程。

第七十九条　幼儿园有下列情形之一的，由县级以上地方人民政府教育等有关部门按照职责分工责令限期改正，并予以警告；有违法所得的，退还所收费用后没收违法所得；情节严重的，责令停止招生、吊销办学许可证：

（一）组织入园考试或者测试；

（二）因管理疏忽或者放任发生体罚或者变相体罚、歧视、侮辱、虐待、性侵害等危害学前儿童身心安全的行为；

（三）未依法加强安全防范建设、履行安全保障责任，或者未依法履行卫生保健责任；

（四）使用未经审定的课程教学类资源；

（五）采用小学化的教育方式或者教授小学阶段的课程；

（六）开展与学前儿童身心发展规律、年龄特点不符的活动，或者组织学前儿童参与商业性活动；

（七）未按照规定配备幼儿园教师或者其他工作人员；

（八）违反规定收取费用；

（九）克扣、挪用学前儿童伙食费。

依照前款规定被吊销办学许可证的幼儿园，应当妥善安置在园儿童。

第四十四条　【社会中介组织为民办学校提供服务】

国家支持和鼓励社会中介组织为民办学校提供服务。

关联规定

《中华人民共和国职业教育法》(节录)

(2022年4月20日中华人民共和国主席令第112号公布　自2022年5月1日起施行)

第二十二条　县级人民政府可以根据县域经济社会发展的需要,设立职业教育中心学校,开展多种形式的职业教育,实施实用技术培训。

教育行政部门可以委托职业教育中心学校承担教育教学指导、教育质量评价、教师培训等职业教育公共管理和服务工作。

第二十三条　行业主管部门按照行业、产业人才需求加强对职业教育的指导,定期发布人才需求信息。

行业主管部门、工会和中华职业教育社等群团组织、行业组织可以根据需要,参与制定职业教育专业目录和相关职业教育标准,开展人才需求预测、职业生涯发展研究及信息咨询,培育供需匹配的产教融合服务组织,举办或者联合举办职业学校、职业培训机构,组织、协调、指导相关企业、事业单位、社会组织举办职业学校、职业培训机构。

第四十一条　职业学校、职业培训机构开展校企合作、提供社会服务或者以实习实训为目的举办企业、开展经营活动取得的收入用于改善办学条件;收入的一定比例可以用于支付教师、企业专家、外聘人员和受教育者的劳动报酬,也可以作为绩效工资来源,符合国家规定的可以不受绩效工资总量限制。

职业学校、职业培训机构实施前款规定的活动,符合国家有关规定的,享受相关税费优惠政策。

《中华人民共和国学前教育法》(节录)

(2024年11月8日中华人民共和国主席令第34号公布　自2025年6月1日起施行)

第七条　全社会应当为适龄儿童接受学前教育、健康快乐成长创造良好环境。

第十八条　青少年宫、儿童活动中心、图书馆、博物馆、文化馆、美术馆、科技馆、纪念馆、体育场馆等公共文化服务机构和爱国主义教育基地应当提供适合学前儿童身心发展的公益性教育服务，并按照有关规定对学前儿童免费开放。

本章相关案例

案例 19　刘某涛与清远市教育局教育行政管理（教育）行政诉讼案

[（2019）粤 18 行终 90 号]

【裁判要旨】

本案系不履行法定职责纠纷。所谓不履行法定职责，是指负有法律、法规、规章规定的行政管理职责的行政机关，在公民、法人或其他组织要求其履行职责时，其不予答复、逾期履行、拒绝履行、部分履行或不当履行。

【案情简介】

原审法院查明：英德某某艺术学校是清远市教育局批准设立的民办学校，持有教民 144180030000051 号《中华人民共和国民办学校办学许可证》。刘某涛于 2015 年 1 月 23 日被英德某某艺术学校录取为英德某某艺术学校与某方职业技术学院联合办学的城铁专业学生，并与英德某某艺术学校、某方职业技术学院签订三方《培养就业协议书》。2018 年 2 月 1 日，英德某某艺术学校颁发了《广东省中等职业学校毕业证书》给刘某涛，该证记载刘某涛在"本校计算机应用专业全日制学习期满，成绩合格，准予毕业"。刘某涛等学生家长认为英德某某艺术学校的招生工作存在问题，向英德市信访局进行信访。2018 年 4 月 18 日，英德市教育局作出英教信[2018]3 号《关于要求核查某某艺术学校办学等问题的答复》。刘某涛等学生家长对该答复中"至于核实某某艺术学校是否有违规办学行为不是我局职能权限"产生疑问，到清远市教育局处进行咨询。清远市教育局经核查，于 2018 年 4 月 24 日向英德市教育局作出《关于英德某某艺术学校有关问题的答复》，责令英德市教育局"加强对英德某某艺术学校的监管"，要求"英德某某艺术学校进行认真整改”。2018年5月18日，刘某涛等家长代表对英德市教育局英教信[2018]3号《关于要求核查某某艺术学校办学等问题的答复》不服，通过快递方式邮寄未签名的《要求英德市教育局〈关于要求核查某某艺术学校办学等问题的答复〉复查申请书》，向清远市教育局申请复查。刘某涛等家长代表于2018年5月28日补充提交《要求英德市教育局〈关于要求核查某某艺术学校办学等问题的答复〉复查申请书的说明》，除申请复查外，还要求清远市教育局对英德某某艺术学校的违规招生、虚假宣传问题进行处罚、责令英德某某艺术学校退回学费及对刘某涛进行赔偿损失。清远市教育局于2018年5月31日发布清市教信[2018]24号《信访事项复查申请受理告知书》，正式受理刘某涛等家长的复查申请。2018年6月27日，清远市教育局作出清市教信[2018]27号《刘某宁等信访复查意见书》，对信访复查范围内的问题作出了答复意见；同时告知了当事人申请复核的权利，如逾期不申请复核，各级人民政府信访工作机构和其他行政机关不再受理。但清远市教育局并未就刘某涛等家长代表要求责令英德某某艺术学校赔偿学费等损失进行回复。

2018年5月3日，清远市教育局对英德某某艺术学校涉嫌违法发布招生简章引发家长上访的问题启动行政处罚立案审批程序，并于2018年5月14日审批同意立案查处。清远市教育局经调查终结后，于2018年6月29日向英德某某艺术学校发出《清远市教育局行政处罚告知书》，告知其拟作出行政处罚的事实、理由、依据、处罚内容和享有的权利。2018年7月11日，清远市教育局经调查核实，认为英德某某艺术学校2014~2016年的招生简章未按要求进行备案，发出的招生简章、录取通知书中出现的“航空专业和城铁专业”“第三学年到北京交通大学城铁学院就读大专”“你已被录取为英德某某艺术学校与某方职业技术学院联合办学的城铁专业学生”等内容表述不清晰、不规范、不严谨，对学生、家长产生误导作用，引发家长上访，造成不良影响。依据《民促法》第四十二条、第六十二条，《广东省实施〈中华人民共和国民办教育促进法〉办法》第三十七条的规定，对英德某某艺术学校作出清市教政法[2018]1号《清远市教育局行政处罚决定书》，决定对英德某某艺术学校作出警告的行政处罚，并责令英德某某艺术学校就有关问题在6个月内完成整改。同时，亦告知了当事人申请复议和诉讼的权利。同日，清远市教育局将该处罚决定书送达给英德某某艺术学校。但清远市教育局并未对英德某某艺术学校是否有违法所得作出认定，亦未对英德某某艺术学校是否予以退还所收学费一并作出相对应的行政处理决定。

2018年5月24日，刘某涛的家长刘某宁向被告邮寄行政处理申请书，要求清远市教育局对英德某某艺术学校的非法招生情况进行处罚，并责令英德某某艺术学校赔偿原告学费、住宿费、教材、保险费等损失15万元。清远市教育局2018年5月26日收到上述行政处理申请书后，一直没有对刘某涛的申请事项逐一作出回应，未告知刘某涛其已经就英德某某艺术学校涉嫌违法发布招生简章，引发家长上访的问题进行立案查处，也未将其对英德某某艺术学校作出的上述《清远市教育局行政处罚决定书》送达给刘某涛。2018年8月8日，刘某涛认为清远市教育局对英德某某艺术学校招生行为没有履行相应的行政管理职责，向原审法院提起行政诉讼。

另查明，清远市教育局于2013年8月28日作出清市教[2013]144号《关于同意增设计算机应用专业的批复》，同意英德某某艺术学校从2013年秋季增设计算机应用专业；于2016年9月27日作出清市教职函[2016]11号《关于对英德某某艺术学校新设航空服务和城市轨道交通运营管理专业予以备案的通知》，同意英德某某艺术学校新设航空服务和城市轨道交通运营管理专业予以备案，并从2016年秋季开始招生。

【争议焦点】

清远市教育局对涉案行政处理申请书是否构成不履行法定职责，应否对上述申请第二项请求重新作出处理。

【裁判观点】

一审法院观点：本案是不履行法定职责纠纷。根据《民促法》第八条"县级以上地方各级人民政府教育行政部门主管本行政区域内的民办教育工作"的规定，清远市教育局在清远行政区域范围内对民办教育具有管理监督职责，对由其批准设立的英德某某艺术学校涉嫌发布虚假招生简章具有查处的法定职权。本案的争议焦点是清远市教育局在收到刘某涛的行政处理申请书后，对刘某涛的申请事项有否完全履行查处职责。《民促法》第四十三条规定："民办学校侵犯受教育者的合法权益，受教育者及其亲属有权向教育行政部门和其他有关部门申诉，有关部门应当及时予以处理。"第六十二条第一款规定："民办学校有下列行为之一的，由县级以上人民政府教育行政部门、人力资源社会保障行政部门或者其他有关部门责令限期改正，并予以警告；有违法所得的，退还所收费用后没收违法所得；情节严重的，责令停止招生、吊销办学许可证；构成犯罪的，依法追究刑事责任……"

《广东省实施〈中华人民共和国民办教育促进法〉办法》第四十条第二款规定:“任何单位和个人对民办学校违反本办法的行为,有权向教育主管部门或者人力资源和社会保障主管部门投诉、举报,收到投诉、举报的部门应当在十五日内决定是否受理;对决定受理的案件,应当及时组织调查,并将处理结果告知投诉、举报人。”《中华人民共和国行政诉讼法》第四十七条第一款规定:“公民、法人或者其他组织申请行政机关履行保护其人身权、财产权等合法权益的法定职责,行政机关在接到申请之日起两个月内不履行的,公民、法人或者其他组织可以向人民法院提起诉讼……”本案中,清远市教育局于2018年5月31日以清市教信[2018]24号《信访事项复查申请受理告知书》,正式受理刘某涛等对英德某某艺术学校违规招生、虚假宣传问题的复查申请,告知了刘某涛等家长,并于2018年6月27日作出清市教信[2018]27号《刘某宁等信访复查意见书》,对信访复查范围内的问题作出了答复意见,且在这之前的2018年5月14日已经对英德某某艺术学校涉嫌违法发布招生简章引发家长上访的问题进行立案查处、组织调查,并于2018年7月11日作出了清市教政法[2018]1号《清远市教育局行政处罚决定书》。因此,刘某涛认为清远市教育局对英德某某艺术学校违法招生、虚假宣传等事宜不予立案核查的意见没有事实依据,原审法院不予采纳。但清远市教育局在清市教信[2018]27号《刘某宁等信访复查意见书》的答复意见中未就刘某涛等家长代表要求责令英德某某艺术学校赔偿学费等损失进行回复。清远市教育局在对英德某某艺术学校涉嫌违法发布招生简章的问题进行立案调查处理过程中,在2018年5月26日收到刘某涛的家长刘某宁的行政处理申请书后,没有告知刘某涛的家长其对英德某某艺术学校的上述行为已进行立案查处,亦未向刘某涛等家长进行调查核实,对申请人的申请事项未尽审慎义务,导致其在对英德某某艺术学校作出行政处罚决定时,没有对英德某某艺术学校是否有违法所得进行调查确认,没有针对刘某涛提出退还所收学费的诉求作出相应的行政决定,且没有及时将其已对英德某某艺术学校作出的《清远市教育局行政处罚决定书》的处理结果告知刘某涛,违反了上述法律、法规的规定,属程序违法,是履行职责不到位的表现,尚未实质回应刘某涛的诉求。因在诉讼中,清远市教育局以举证的方式已将处理结果告知了刘某涛,故再要求清远市教育局履行告知义务已无实际意义。对于刘某涛要求清远市教育局责令英德某某艺术学校赔偿刘某涛学费、住宿费、教材、保险费等损失15万元的问题,由于清远市教育局在作出行政处罚决定时没有一并处理,原审法院责令清远市教育局在一定期限内履行其职责,作出相应的行政处理决定。对于刘某涛要求清远市教育局承担本案诉讼费用的同时,一并承担律师费用,因没有合同约定,原审法院不予支持。综上,依照《中华人民共和国行政诉讼法》第四十七条、第七十二条,《最高人民法院关于适用〈中华人民共和国行政诉讼法〉的解释》第九十一条的规定,判决如下:1. 确认清远市教育局没有针对刘某涛的全部申请处理事项作出相应的行政处理决定及没有将其已对英德某某艺术学校作出行政处罚决定的立案、处理结果告知刘某涛的行为违法。2. 清远市教育局应在本判决生效之日起60日内针对刘某涛要求责令英德某某艺术学校赔偿学费、住宿费、教材、保险费等损失15万元的事项重新作出处理。一审案件受理费50元,由清远市教育局负担。

二审法院观点:本案系不履行法定职责纠纷。所谓不履行法定职责,是指负有法律、法规、规章规定的行政管理职责的行政机关,在公民、法人或其他组织要求其履行职责时,不予答复、逾期履行、拒绝履行、部分履行或不当履行。结合当事人的诉辩意见,本案二审的争议焦点可归纳为,清远市教育局对涉案行政处理申请书是否构成不履行法定职责,应否对上述申请第二项请求重新作出处理。

根据《国务院关于印发全面推进依法行政实施纲要的通知》(国发〔2004〕10号)第五条规定,依法行政必须遵循正当程序,依法保障行政管理相对人、利害关系人的知情权、参与权和救济权。根据《国务院关于加强法治政府建设的意见》(国发〔2010〕33号)(已失效)第二十条规定,对群众举报投诉、新闻媒体反映的问题,有关行政机关要认真调查核实,及时依法作出处理,并将处理结果向社会公布。根据《民促法》第四十三条规定,民办学校侵犯受教育者的合法权益,受教育者及其亲属有权向教育行政部门和其他有关部门申诉,有关部门应当及时予以处理。根据《广东省实施〈中华人民共和国民办教育促进法〉办法》第四十条第二款规定,任何单位和个人对民办学校违反本办法的行为,有权向教育主管部门或者人力资源和社会保障主管部门投诉、举报,收到投诉、举报的部门应当在15日内决定是否受理;对决定受理的案件,应当及时组织调查,并将处理结果告知投诉、举报人。对于行政机关不履行法定职责的,投诉人有权依照《中华人民共和国行政诉讼法》第四十七条的规定在法定期限内起诉。《最高人民法院关于适用〈中华人民共和国行政诉讼法〉的解释》第十二条第五项进一步规定,为维护自身合法权益向行政机关投诉,具有处理投诉职责的行政机关作出处理或者未作出处理的,投诉人与该行政行为之间有利害关系。从上述法律、法规和司法解释的规定看，对于为维护自身合法权益向具有相应法定处理职责的行政机关提出的投诉，行政机关应当进行调查处理，并及时将处理结果予以告知，充分保障投诉人的监督权、知情权、参与权以及对该处理不服提起行政复议或行政诉讼的救济权。因此，将处理结果，包括是否立案、是否处罚及如何处罚等，以书面形式或者其他适当方式告知具有利害关系的投诉人，是程序正当的必然要求，也是法治政府的应尽义务，否则投诉人的知情权、救济权等法定权利将无从保障。

具体到本案，刘某涛系英德某某艺术学校的学生，因毕业证书记载的专业与招录就读专业不符，认为英德某某艺术学校存在违规招生行为，故向清远市教育局提出涉案行政处理申请书，请求清远市教育局对英德某某艺术学校进行处罚，并责令英德某某艺术学校对刘某涛进行赔偿，这是其为维护自身合法权益提出的投诉。清远市教育局作为英德某某艺术学校的主管部门，具有对该投诉进行处理的法定职责，应当启动调查程序进行处理，并将调查处理结果及时告知投诉人。本案的事实表明，刘某涛等学生家长在提出涉案行政处理申请书之前，已就英德某某艺术学校违规招生、虚假宣传等问题进行信访。清远市教育局通过信访渠道获取线索后，亦对英德某某艺术学校涉嫌违反民办教育促进法的行为立案查处，可视为清远市教育局实际受理了刘某涛等学生家长的申请。清远市教育局经调查后，对英德某某艺术学校相关违法行为作出了行政处罚，确实已经履行一定的处理职责。但清远市教育局并未将该立案、处罚结果告知投诉人，亦未对涉案行政处理申请书提出的第二项请求事项是否成立一并进行调查处理并告知处理结果，存在部分履行、不当履行职责的行为。据此，原审判决认定清远市教育局构成不履行法定职责，并确认该行为违法，并无不当。

清远市教育局主张其并非因刘某涛等家长的申请而立案调查，《广东省实施〈中华人民共和国民办教育促进法〉办法》第四十条第二款的规定没有要求行政机关要将对未予受理的案件的处理结果告知投诉举报人，该判决与客观事实不符，亦违反法律规定，对此，二审法院不予采纳。另外，对于是否履行告知义务的问题，清远市教育局主张根据涉案行政处理申请书资料，无法告知刘某涛等学生家长相关事项。但事实上，清远市教育局在对英德某某艺术学校作出行政处罚之前，已经针对刘某涛等学生家长的信访复查申请作出了受理告知书及复查意见书，并直接送达给刘某涛等学生家长。由此可见，向刘某涛等学生家长直接履行告知义务不存实质障碍。在此情况下,通过网上公示的方式履行告知义务并不适当。也就是说,即使清远市教育局二审提供的证据能够证明已经将相关处理结果在网络上予以公示,亦不能认定其已经尽到了告知的义务。

清远市教育局还主张其并无责令民办学校赔偿受害者的法定职责,不应对刘某涛的第二项申请重新作出处理。对此,根据《民促法》第六十二条的规定,退还所收费用后没收违法所得,是民办学校就其违法行为应承担的法律责任之一。虽然刘某涛等学生家长在涉案行政处理申请书中提出的第二项申请使用了"赔偿学费、住宿费、教材、保险费等各项损失"的表述,但仍属于要求清远市教育局履行"责令英德某某艺术学校退还所收费用"职责的正常理解范围。鉴于英德某某艺术学校是否存在违法所得及应否退还所收费用,尚需清远市教育局进一步查明事实、作出裁量,原审作出重新处理的判决,符合《最高人民法院关于适用〈中华人民共和国行政诉讼法〉的解释》第九十一条规定的履责之诉的判决方式。清远市教育局此节上诉主张理据不足,二审法院不予采纳。

【裁判结果】

一审法院判决如下:1. 确认清远市教育局没有针对刘某涛的全部申请处理事项作出相应的行政处理决定及没有将其已对英德某某艺术学校作出行政处罚决定的立案、处理结果告知刘某涛的行为违法。2. 清远市教育局应在本判决生效之日起60日内针对刘某涛要求责令英德某某艺术学校赔偿学费、住宿费、教材、保险费等损失15万元的事项重新作出处理。

二审法院判决如下:驳回上诉,维持原判。

【案例评析】

《民促法》第四十三条规定,民办学校侵犯受教育者的合法权益,受教育者及其亲属有权向教育行政部门和其他有关部门申诉,有关部门应当及时予以处理。本案中清远市教育局主张其并无责令民办学校赔偿受害者的法定职责,不应对刘某涛的第二项申请重新作出处理。对此,根据《民促法》第六十二条的规定,退还所收费用后没收违法所得,是民办学校就其违法行为应承担的法律责任之一。虽然刘某涛等学生家长在涉案行政处理申请书中提出的第二项申请使用了"赔偿学费、住宿费、教材、保险费等各项损失"的表述,但仍属于要求清远市教育局履行"责令英德某某艺术学校退还所收费用"职责的正常理解范围。一审、二审没有拘泥于法条字意,灵活裁判,思路清晰,为教育类行政裁判作出了优秀示范。

案例20 卢某娴与英德某某艺术学校合同纠纷案

[(2019)粤1881民初3507号]

【裁判要旨】

要约是希望和他人订立合同的意思表示;要约邀请是希望他人向自己发出要约的意思表示;承诺是受要约人同意要约的意思表示,承诺生效时合同成立。

根据《中华人民共和国合同法》第一百零七条"当事人一方不履行合同义务或者履行合同义务不符合约定的,应当承担继续履行、采取补救措施或者赔偿损失等违约责任"的规定,《中华人民共和国消费者权益保护法》认定经营者具有欺诈行为,应当包括以下几个方面:一是经营者对重要事实作虚假陈述,重要事实包括商品的质量、性能、用途、价格或者服务的质量、内容、价格等;二是使消费者不明真相而信赖,造成消费者上当受骗的事实;三是经营者必须有主观上的故意。

【案情简介】

根据当事人陈述和经审查确认的证据,本院认定事实如下:被告英德某某艺术学校是清远市教育局批准设立的民办学校,持有教民144180030000051号《中华人民共和国民办学校办学许可证》。清远市教育局于2013年8月28日作出清市教[2013]144号《关于同意增设计算机应用专业的批复》,同意英德某某艺术学校从2013年秋季增设计算机应用专业。2016年清远市教育局作出清市教职函[2016]11号《关于对英德某某艺术学校新设航空服务和城市轨道交通运营管理专业予以备案的通知》,同意英德某某艺术学校新设航空服务和城市轨道交通运营管理专业予以备案,并从2016年秋季开始招生。

2014年、2015年、2016年,被告英德某某艺术学校对外发布2014年、2015年及2016年的《英德某某艺术学校招生简章》,其中均载明,城铁专业—新兴专业:2014年5月开始,英德某某艺术学校与某方职业技术学院城铁学院签署联合办学协议,开始面向省内外招收城铁专业学生。某方职业技术学院是经国家教育部备案,具有独立颁发国家承认学历资格的全日制普通高等学校。学院位于东方大学城内,距离北京30公里,享有北京同城化交通优势。学习方式、学制、就业:初中起点学生第一、二学年在英德某某艺术学校就读,主要学习文化基础课程和城铁专业基础课程。从第三学年开始,到某方职业技术学院城铁学院就读城铁专业大专,大专学制3年,其中第三年到铁路系统实习就业。学生按照国家规定,修完课程,成绩合格,颁发国家承认的大专毕业证书,凡被录取的学生全部采用定向委培的方式:毕业证+职业资格证+技术证书,入学签订《培养就业协议书》,确保铁路系统内安排就业。其中大专专业设置的城铁运输与管理的培养目标及就业岗位包括培养掌握城铁、高铁运输系统基本理论和基本操作技能,具备行车组织和调度指挥的操作技能,具备车站客运组织、综合控制及处理突发事故的基本能力的技能型应用型专门人才。主要专业课程包括电工技能与实训、计算机应用基础、电路理论基础、电子电路、防灾防爆系统技能与实训、城市轨道交通概论、客运市场营销、城市轨道交通运输组织、车站客运组织技能与实训、旅客运输、铁路运营管理自动化、城铁综合实践考核。收费标准:1. 学费9600元/学年(符合国家减免政策的学生减除国家补助后实收7100元/年);2. 住宿费1300元/学年;3. 一次性缴交的费用包括服装费1800元、住宿生生活用品费400元、学前教育费100元。

原告卢某娴于2016年春被被告英德某某艺术学校录取为英德某某艺术学校与某方职业技术学院联合办学的城铁专业学生,并与英德某某艺术学校、某方职业技术学院等签订三方《培养就业协议书》。原告持录取通知书到被告英德某某艺术学校报名入学,并交纳城铁专业两年度学费共14,200元(7100元/学年)及保险费、住宿费、生活用品费和服装费等其他费用;2019年1月10日被告英德某某艺术学校陆续颁发了《广东省中等职业学校毕业证书》给原告,该毕业证记载原告在"本校计算机应用专业全日制学习期满,成绩合格,准予毕业"。

【争议焦点】

1. 被告是否应当按照《中华人民共和国消费者权益保护法》规定的3倍赔偿金额予以赔偿的问题。

2. 被告是否构成违约,并对原告承担违约赔偿责任。

3. 被告是否应全额退费的问题。

【裁判观点】

本院认为,根据法律规定,要约是希望和他人订立合同的意思表示;要约邀请是希望他人向自己发出要约的意思表示;承诺是受要约人同意要约的意思表示,承诺生效时合同成立。本案中,被告于2015年发布招生简章,该简章中记载"某某艺术学校与某方职业技术学院城铁学院签署联合办学协议,开始面向省内外招收城铁专业学生,初中起点学生第一、二学年在某某艺术学校就读,主要学习文化基础课程和城铁专业基础课程。第三学年开始,到某方职业技术学院城铁学院就读城铁专业大专,大专学制三年,其中第三年到铁路系统实习就业。学生按照国家规定,修完课程,成绩合格,颁发国家承认的大专毕业证书,凡被录取的学生全部采用定向委培的方式:毕业证 + 职业资格证 + 技术证书,入学签订《培养就业协议书》,确保铁路系统内安排就业”。该简章内容系被告作出的真实意思表示,亦未违反法律、行政法规的强制性规定,该招生简章合法有效且属于法律规定的要约邀请,原告因看到该简章而要求到被告学习系其向被告发出的要约,被告接收原告作为城铁专业的学生系其同意原告发出的要约即为承诺,原告到被告处学习并交纳了学费等相关费用,被告为原告提供了相应的教育教学服务,故双方形成了教育培训合同关系,被告发布的招生简章对双方当事人均具有法律约束力。根据《中华人民共和国合同法》第一百零七条“当事人一方不履行合同义务或者履行合同义务不符合约定的,应当承担继续履行、采取补救措施或者赔偿损失等违约责任”的规定,被告英德某某艺术学校的招生简章中注明就读的城铁或航空专业在2016年秋季前未经教育部门备案,也未取得相关专业的设置批复,被告英德某某艺术学校在招收城铁或航空专业学生时将大量的就业前景好及安排就业等信息对外公布,导致学生对该两专业的选择有重大误解;且被告对该两专业的课程设置是按照城铁或航空专业的主要要求进行的,反而对于原告领取的毕业证载明的计算机应用所需的课程没有进行充分的设置,虽然原告是取得了计算机应用的毕业证书,教育培训合同已经实际履行完毕,但原告所进行教育培训的目的是取得与课程设置一致的城铁或航空专业毕业证书,被告向原告出具的录取通知书载明的专业亦是城铁专业,故原、被告双方就教育培训合同的目的无法实现,被告的行为已构成违约并应承担违约责任,原告依法享有要求违约方承担赔偿损失的法定权利。对于原告主张的损失是学费以及住宿费等各项损失,虽然原告学习期间已交纳上述费用,但因被告已为原告提供相应的教育教学服务,并已向原告发放服装、行李、书籍等物品、提供住宿及缴纳保险费,被告已履行合同义务,上述费用支出亦已由原告消费或者使用,故原告诉请被告返还学费、服装费、住宿费、书费、保险费等,无事实及法律依据,本院不予支持,但由于被告的违约行为的确导致原告无法实现合同目的,原告取得毕业证书无法从事与其所学内容对应的工作,原告明显存在因被告违约造成的损失,考虑合同的具体履行情况以及被告公布的招生简章载明的学费为7100元(符合国家规定的条件减免后),本院酌情确定原告因被告违约造成的损失为原告在被告处就读期间的二年学费总额即14,200元,故被告应向原告赔偿违约赔偿金14,200元。对于原告主张的按照《中华人民共和国消费者权益保护法》规定予以3倍赔偿的问题,《中华人民共和国消费者权益保护法》认定经营者具有欺诈行为,应当包括以下几个方面:一是经营者对重要事实作虚假陈述,重要事实包括商品的质量、性能、用途、价格或者服务的质量、内容、价格等;二是使消费者不明真相而信赖,造成消费者上当受骗的事实;三是经营者必须有主观上的故意。由于本案的教育培训合同中被告是属于经教育主管部门批准备案的教育机构,被告亦于2016年秋取得涉案专业的设置备案,且被告与某方职业技术学院进行联合办学招收城铁专业学生,被告已按照招生简章的设置进行城铁专业的教育教学服务,同时也对原告进行了计算机应用的学历教育内容设置且取得了计算机应用基础毕业证书,故被告不存在欺诈的故意,被告依法不应承担《中华人民共和国消费者权益保护法》规定的因欺诈而承担3倍赔偿的法律责任。

【裁判结果】

1. 限被告英德某某艺术学校在本判决发生法律效力之日起10日内向原告卢某娴支付违约赔偿金14,200元。

2. 驳回原告卢某娴的其他诉讼请求。

【案例评析】

本案的争议焦点之一便是被告是否应当按照《中华人民共和国消费者权益保护法》规定予以3倍赔偿的问题,英德某某艺术学校是否存在欺诈是其是否应当支付3倍赔偿的前提,所谓欺诈,即经营者故意提供虚假情况,使消费者陷入错误认知并作出错误的意思表示。按照《中华人民共和国消费者权益保护法》认定经营者具有欺诈行为,应当包括以下几个方面:一是经营者对重要事实作虚假陈述,重要事实包括商品的质量、性能、用途、价格或者服务的质量、内容、价格等;二是使消费者不明真相而信赖,造成消费者上当受骗的事实;三是经营者必须有主观上的故意。

本案笔者同法院在英德某某艺术学校是否构成欺诈的问题上持不同意见,本案中英德某某艺术学校对卢某娴签订合同为城铁专业,但为其颁发计算机专业的毕业证书,主观上应当认定为有欺诈的故意,对重要事实作出虚假陈述,造成卢某娴错误认识。应当认定为欺诈,承担3倍赔偿。

第七章　扶持与奖励

第四十五条　【政府对民办学校给予财政支持】

县级以上各级人民政府可以设立专项资金，用于资助民办学校的发展，奖励和表彰有突出贡献的集体和个人。

关联规定

《中华人民共和国民办教育促进法实施条例》（节录）

（2021年4月7日中华人民共和国国务院令第741号公布　自2021年9月1日起施行）

第五十七条　县级以上地方人民政府可以根据本行政区域的具体情况，设立民办教育发展专项资金，用于支持民办学校提高教育质量和办学水平、奖励举办者等。

国家鼓励社会力量依法设立民办教育发展方面的基金会或者专项基金，用于支持民办教育发展。

第六十一条　除民办教育促进法和本条例规定的支持与奖励措施外，省、自治区、直辖市人民政府还可以根据实际情况，制定本地区促进民办教育发展的支持与奖励措施。

各级人民政府及有关部门在对现有民办学校实施分类管理改革时，应当充分考虑有关历史和现实情况，保障受教育者、教职工和举办者的合法权益，确保民办学校分类管理改革平稳有序推进。

《国务院关于鼓励社会力量兴办教育促进民办教育健康发展的若干意见》（节录）

（2016年12月29日国发〔2016〕81号公布　自2016年12月29日起施行）

（十一）加大财政投入力度。各级人民政府可按照《中华人民共和国预算法》、《中华人民共和国教育法》、《中华人民共和国民办教育促进法》等法律法规和制度要求，因地制宜，调整优化教育支出结构，加大对民办教育的扶持力度。财政扶持民办教育发展的资金要纳入预算，并向社会公开，接受审计和社会监督，提高资金使用效益。

（十二）创新财政扶持方式。地方各级人民政府应建立健全政府补贴制度，明确补贴的项目、对象、标准、用途。完善政府购买服务的标准和程序，建立绩效评价制度，制定向民办学校购买就读学位、课程教材、科研成果、职业培训、政策咨询等教育服务的具体政策措施。地方各级人民政府可按照国家关于基金会管理的规定设立民办教育发展基金，支持成立相应的基金会，组织开展各类有利于民办教育事业发展的活动。

《幼儿园管理条例》（节录）

（1989年9月11日中华人民共和国国家教育委员会令第4号公布　自1990年2月1日起施行）

第二十六条　凡具备下列条件之一的单位或者个人，由教育行政部门和有关部门予以奖励：

（一）改善幼儿园的办园条件成绩显著的；

（二）保育、教育工作成绩显著的；

（三）幼儿园管理工作成绩显著的。

第四十六条 【政府对民办学校予以扶持】

县级以上各级人民政府可以采取购买服务、助学贷款、奖助学金和出租、转让闲置的国有资产等措施对民办学校予以扶持;对非营利性民办学校还可以采取政府补贴、基金奖励、捐资激励等扶持措施。

关联规定

《中华人民共和国民办教育促进法实施条例》(节录)

(2021年4月7日中华人民共和国国务院令第741号公布 自2021年9月1日起施行)

第五十二条 各级人民政府及有关部门应当依法健全对民办学校的支持政策,优先扶持办学质量高、特色明显、社会效益显著的民办学校。

县级以上地方人民政府可以参照同级同类公办学校生均经费等相关经费标准和支持政策,对非营利性民办学校给予适当补助。

地方人民政府出租、转让闲置的国有资产应当优先扶持非营利性民办学校。

第五十九条 县级以上地方人民政府可以采取政府补贴、以奖代补等方式鼓励、支持非营利性民办学校保障教师待遇。

《国务院关于鼓励社会力量兴办教育促进民办教育健康发展的若干意见》(节录)

(2016年12月29日国发〔2016〕81号公布 自2016年12月29日起施行)

(六)建立差别化政策体系。国家积极鼓励和大力支持社会力量举办非营利性民办学校。各级人民政府要完善制度政策,在政府补贴、政府购买服务、基金奖励、捐资激励、土地划拨、税费减免等方面对非营利性民办学校给予扶持。各级人民政府可根据经济社会发展需要和公共服务需求,通过政府购买服务及税收优惠等方式对营利性民办学校给予支持。

（十三）落实同等资助政策。民办学校学生与公办学校学生按规定同等享受助学贷款、奖助学金等国家资助政策。各级人民政府应建立健全民办学校助学贷款业务扶持制度，提高民办学校家庭经济困难学生获得资助的比例。民办学校要建立健全奖助学金评定、发放等管理机制，应从学费收入中提取不少于5%的资金，用于奖励和资助学生。落实鼓励捐资助学的相关优惠政策措施，积极引导和鼓励企事业单位、社会组织和个人面向民办学校设立奖助学金，加大资助力度。

《中央有关部门贯彻实施〈国务院关于鼓励社会力量兴办教育促进民办教育健康发展的若干意见〉任务分工方案》（节录）

（2017年7月7日教发函〔2017〕88号公布 自2017年7月7日起施行）

（三）完善扶持制度

18. 各级人民政府可按照《中华人民共和国预算法》、《中华人民共和国教育法》、《中华人民共和国民办教育促进法》等法律法规和制度要求，因地制宜，调整优化教育支出结构，加大对民办教育的扶持力度。财政扶持民办教育发展的资金要纳入预算，并向社会公开，接受审计和社会监督，提高资金使用效益。

第四十七条 【税收优惠政策】

民办学校享受国家规定的税收优惠政策；其中，非营利性民办学校享受与公办学校同等的税收优惠政策。

关联规定

《中华人民共和国民办教育促进法实施条例》(节录)

(2021年4月7日中华人民共和国国务院令第741号公布　自2021年9月1日起施行)

第五十四条　民办学校享受国家规定的税收优惠政策;其中,非营利性民办学校享受与公办学校同等的税收优惠政策。

《国务院关于鼓励社会力量兴办教育促进民办教育健康发展的若干意见》(节录)

(2016年12月29日国发〔2016〕81号公布　自2016年12月29日起施行)

(十四)落实税费优惠等激励政策。民办学校按照国家有关规定享受相关税收优惠政策。对企业办的各类学校、幼儿园自用的房产、土地,免征房产税、城镇土地使用税。对企业支持教育事业的公益性捐赠支出,按照税法有关规定,在年度利润总额12%以内的部分,准予在计算应纳税所得额时扣除;对个人支持教育事业的公益性捐赠支出,按照税收法律法规及政策的相关规定在个人所得税前予以扣除。非营利性民办学校与公办学校享有同等待遇,按照税法规定进行免税资格认定后,免征非营利性收入的企业所得税。捐资建设校舍及开展表彰资助等活动的冠名依法尊重捐赠人意愿。民办学校用电、用水、用气、用热,执行与公办学校相同的价格政策。

《财政部、国家税务总局关于全面推开营业税改征增值税试点的通知》（节录）

（2016 年 3 月 23 日财税〔2016〕36 号公布　自 2016 年 3 月 23 日起施行）

附件 3:《营业税改征增值税试点过渡政策的规定》

一、下列项目免征增值税:

（一）托儿所、幼儿园提供的保育和教育服务。

托儿所、幼儿园，是指经县级以上教育部门审批成立、取得办园许可证的实施 0－6 岁学前教育的机构，包括公办和民办的托儿所、幼儿园、学前班、幼儿班、保育院、幼儿院。

公办托儿所、幼儿园免征增值税的收入是指，在省级财政部门和价格主管部门审核报省级人民政府批准的收费标准以内收取的教育费、保育费。

民办托儿所、幼儿园免征增值税的收入是指，在报经当地有关部门备案并公示的收费标准范围内收取的教育费、保育费。

超过规定收费标准的收费，以开办实验班、特色班和兴趣班等为由另外收取的费用以及与幼儿入园挂钩的赞助费、支教费等超过规定范围的收入，不属于免征增值税的收入。

……

（八）从事学历教育的学校提供的教育服务。

1. 学历教育，是指受教育者经过国家教育考试或者国家规定的其他入学方式，进入国家有关部门批准的学校或者其他教育机构学习，获得国家承认的学历证书的教育形式。具体包括:

（1）初等教育:普通小学、成人小学。

（2）初级中等教育:普通初中、职业初中、成人初中。

（3）高级中等教育:普通高中、成人高中和中等职业学校（包括普通中专、成人中专、职业高中、技工学校）。

（4）高等教育:普通本专科、成人本专科、网络本专科、研究生（博士、硕士）、高等教育自学考试、高等教育学历文凭考试。

2. 从事学历教育的学校，是指：

（1）普通学校。

（2）经地（市）级以上人民政府或者同级政府的教育行政部门批准成立、国家承认其学员学历的各类学校。

（3）经省级及以上人力资源社会保障行政部门批准成立的技工学校、高级技工学校。

（4）经省级人民政府批准成立的技师学院。上述学校均包括符合规定的从事学历教育的民办学校，但不包括职业培训机构等国家不承认学历的教育机构。

3. 提供教育服务免征增值税的收入，是指对列入规定招生计划的在籍学生提供学历教育服务取得的收入，具体包括：经有关部门审核批准并按规定标准收取的学费、住宿费、课本费、作业本费、考试报名费收入，以及学校食堂提供餐饮服务取得的伙食费收入。除此之外的收入，包括学校以各种名义收取的赞助费、择校费等，不属于免征增值税的范围。

学校食堂是指依照《学校食堂与学生集体用餐卫生管理规定》（教育部令第14号）管理的学校食堂。

（九）学生勤工俭学提供的服务。

《财政部、国家税务总局关于进一步明确全面推开营改增试点有关再保险、不动产租赁和非学历教育等政策的通知》（节录）

（2016年6月18日财税〔2016〕68号发布　自2016年5月1日起施行）

三、一般纳税人提供非学历教育服务，可以选择适用简易计税方法按照3%征收率计算应纳税额。

《财政部、国家税务总局关于明确金融房地产开发教育辅助服务等增值税政策的通知》(节录)

(2016年12月21日财税〔2016〕140号发布 自2016年12月21日起施行)

十三、一般纳税人提供教育辅助服务,可以选择简易计税方法按照3%征收率计算缴纳增值税。

《财政部、国家税务总局关于全面推开营业税改征增值税试点的通知》(节录)

(2016年3月23日财税〔2016〕36号公布 自2016年3月23日起施行)

附件1:《销售服务、无形资产、不动产注释》

……

2. 教育医疗服务。

教育医疗服务,包括教育服务和医疗服务。

(1)教育服务,是指提供学历教育服务、非学历教育服务、教育辅助服务的业务活动。

学历教育服务,是指根据教育行政管理部门确定或者认可的招生和教学计划组织教学,并颁发相应学历证书的业务活动。包括初等教育、初级中等教育、高级中等教育、高等教育等。

非学历教育服务,包括学前教育、各类培训、演讲、讲座、报告会等。

教育辅助服务,包括教育测评、考试、招生等服务。

……

《财政部、国家税务总局关于教育税收政策的通知》(节录)

(2004 年 2 月 5 日财税〔2004〕39 号公布　自 2004 年 1 月 1 日起施行)

三、关于耕地占用税、契税、农业税和农业特产税

1. 对学校、幼儿园经批准征用的耕地,免征耕地占用税。享受免税的学校用地的具体范围是:全日制大、中、小学校(包括部门、企业办的学校)的教学用房、实验室、操场、图书馆、办公室及师生员工食堂宿舍用地。学校从事非农业生产经营占用的耕地,不予免税。职工夜校、学习班、培训中心、函授学校等不在免税之列。

《中华人民共和国企业所得税法》(节录)

(2018 年 12 月 29 日中华人民共和国主席令第 23 号公布　自 2018 年 12 月 29 日起施行)

第七条　收入总额中的下列收入为不征税收入:

(一)财政拨款;

(二)依法收取并纳入财政管理的行政事业性收费、政府性基金;

(三)国务院规定的其他不征税收入。

第二十六条　企业的下列收入为免税收入:

(一)国债利息收入;

(二)符合条件的居民企业之间的股息、红利等权益性投资收益;

(三)在中国境内设立机构、场所的非居民企业从居民企业取得与该机构、场所有实际联系的股息、红利等权益性投资收益;

(四)符合条件的非营利组织的收入。

《中华人民共和国企业所得税法实施条例》(节录)

(2019 年 4 月 23 日中华人民共和国国务院令第 714 号公布　自 2019 年 4 月 23 日起施行)

第三条　企业所得税法第二条所称依法在中国境内成立的企业，包括依照中国法律、行政法规在中国境内成立的企业、事业单位、社会团体以及其他取得收入的组织。

《财政部、国家税务总局关于专项用途财政性资金企业所得税处理问题的通知》

(2011 年 9 月 7 日财税〔2011〕70 号公布　自 2011 年 1 月 1 日起施行)

一、企业从县级以上各级人民政府财政部门及其他部门取得的应计入收入总额的财政性资金，凡同时符合以下条件的，可以作为不征税收入，在计算应纳税所得额时从收入总额中减除：

(一)企业能够提供规定资金专项用途的资金拨付文件；

(二)财政部门或其他拨付资金的政府部门对该资金有专门的资金管理办法或具体管理要求；

(三)企业对该资金以及以该资金发生的支出单独进行核算。

二、根据实施条例第二十八条的规定，上述不征税收入用于支出所形成的费用，不得在计算应纳税所得额时扣除；用于支出所形成的资产，其计算的折旧、摊销不得在计算应纳税所得额时扣除。

三、企业将符合本通知第一条规定条件的财政性资金作不征税收入处理后，在 5 年(60 个月)内未发生支出且未缴回财政部门或其他拨付资金的政府部门的部分，应计入取得该资金第六年的应税收入总额；计入应税收入总额的财政性资金发生的支出，允许在计算应纳税所得额时扣除。

《财政部　税务总局关于非营利组织免税资格认定管理有关问题的通知》

（2018 年 2 月 7 日财税〔2018〕13 号公布　自 2018 年 1 月 1 日起施行）

各省、自治区、直辖市、计划单列市财政厅（局）、国家税务局、地方税务局，新疆生产建设兵团财政局：

根据《中华人民共和国企业所得税法》第二十六条及《中华人民共和国企业所得税法实施条例》第八十四条的规定，现对非营利组织免税资格认定管理有关问题明确如下：

一、依据本通知认定的符合条件的非营利组织，必须同时满足以下条件：

（一）依照国家有关法律法规设立或登记的事业单位、社会团体、基金会、社会服务机构、宗教活动场所、宗教院校以及财政部、税务总局认定的其他非营利组织；

（二）从事公益性或者非营利性活动；

（三）取得的收入除用于与该组织有关的、合理的支出外，全部用于登记核定或者章程规定的公益性或者非营利性事业；

（四）财产及其孳息不用于分配，但不包括合理的工资薪金支出；

（五）按照登记核定或者章程规定，该组织注销后的剩余财产用于公益性或者非营利性目的，或者由登记管理机关采取转赠给与该组织性质、宗旨相同的组织等处置方式，并向社会公告；

（六）投入人对投入该组织的财产不保留或者享有任何财产权利，本款所称投入人是指除各级人民政府及其部门外的法人、自然人和其他组织；

（七）工作人员工资福利开支控制在规定的比例内，不变相分配该组织的财产，其中：工作人员平均工资薪金水平不得超过税务登记所在地的地市级（含地市级）以上地区的同行业同类组织平均工资水平的两倍，工作人员福利按照国家有关规定执行；

（八）对取得的应纳税收入及其有关的成本、费用、损失应与免税收入及其有关的成本、费用、损失分别核算。

二、经省级(含省级)以上登记管理机关批准设立或登记的非营利组织,凡符合规定条件的,应向其所在地省级税务主管机关提出免税资格申请,并提供本通知规定的相关材料;经地市级或县级登记管理机关批准设立或登记的非营利组织,凡符合规定条件的,分别向其所在地的地市级或县级税务主管机关提出免税资格申请,并提供本通知规定的相关材料。

财政、税务部门按照上述管理权限,对非营利组织享受免税的资格联合进行审核确认,并定期予以公布。

三、申请享受免税资格的非营利组织,需报送以下材料:

(一)申请报告;

(二)事业单位、社会团体、基金会、社会服务机构的组织章程或宗教活动场所、宗教院校的管理制度;

(三)非营利组织注册登记证件的复印件;

(四)上一年度的资金来源及使用情况、公益活动和非营利活动的明细情况;

(五)上一年度的工资薪金情况专项报告,包括薪酬制度、工作人员整体平均工资薪金水平、工资福利占总支出比例、重要人员工资薪金信息(至少包括工资薪金水平排名前10的人员);

(六)具有资质的中介机构鉴证的上一年度财务报表和审计报告;

(七)登记管理机关出具的事业单位、社会团体、基金会、社会服务机构、宗教活动场所、宗教院校上一年度符合相关法律法规和国家政策的事业发展情况或非营利活动的材料;

(八)财政、税务部门要求提供的其他材料。

当年新设立或登记的非营利组织需提供本条第(一)项至第(三)项规定的材料及本条第(四)项、第(五)项规定的申请当年的材料,不需提供本条第(六)项、第(七)项规定的材料。

四、非营利组织免税优惠资格的有效期为五年。非营利组织应在免税优惠资格期满后六个月内提出复审申请,不提出复审申请或复审不合格的,其享受免税优惠的资格到期自动失效。

非营利组织免税资格复审,按照初次申请免税优惠资格的规定办理。

五、非营利组织必须按照《中华人民共和国税收征收管理法》及《中华人民共和国税收征收管理法实施细则》等有关规定,办理税务登记,按期进行纳税申报。

取得免税资格的非营利组织应按照规定向主管税务机关办理免税手续,免税条件发生变化的,应当自发生变化之日起十五日内向主管税务机关报告;不再符合免税条件的,应当依法履行纳税义务;未依法纳税的,主管税务机关应当予以追缴。取得免税资格的非营利组织注销时,剩余财产处置违反本通知第一条第五项规定的,主管税务机关应追缴其应纳企业所得税款。

有关部门在日常管理过程中,发现非营利组织享受优惠年度不符合本通知规定的免税条件的,应提请核准该非营利组织免税资格的财政、税务部门,由其进行复核。

核准非营利组织免税资格的财政、税务部门根据本通知规定的管理权限,对非营利组织的免税优惠资格进行复核,复核不合格的,相应年度不得享受税收优惠政策。

六、已认定的享受免税优惠政策的非营利组织有下述情形之一的,应自该情形发生年度起取消其资格:

(一)登记管理机关在后续管理中发现非营利组织不符合相关法律法规和国家政策的;

(二)在申请认定过程中提供虚假信息的;

(三)纳税信用等级为税务部门评定的C级或D级的;

(四)通过关联交易或非关联交易和服务活动,变相转移、隐匿、分配该组织财产的;

(五)被登记管理机关列入严重违法失信名单的;

(六)从事非法政治活动的。

因上述第(一)项至第(五)项规定的情形被取消免税优惠资格的非营利组织,财政、税务部门自其被取消资格的次年起一年内不再受理该组织的认定申请;因上述第(六)项规定的情形被取消免税优惠资格的非营利组织,财政、税务部门将不再受理该组织的认定申请。

被取消免税优惠资格的非营利组织,应当依法履行纳税义务;未依法纳税的,主管税务机关应当自其存在取消免税优惠资格情形的当年起予以追缴。

七、各级财政、税务部门及其工作人员在认定非营利组织免税资格工作中,存在违法违纪行为的,按照《公务员法》《行政监察法》等国家有关规定追究相应责任;涉嫌犯罪的,移送司法机关处理。

八、本通知自2018年1月1日起执行。《财政部　国家税务总局关于非营利组织免税资格认定管理有关问题的通知》（财税〔2014〕13号）同时废止。

《关于非营利组织企业所得税免税收入问题的通知》

（2009年11月11日财政部、国家税务总局财税〔2009〕122号发布　自2008年1月1日起施行）

各省、自治区、直辖市、计划单列市财政厅（局）、国家税务局、地方税务局，新疆生产建设兵团财务局：

根据《中华人民共和国企业所得税法》第二十六条及《中华人民共和国企业所得税法实施条例》（国务院令第512号）第八十五条的规定，现将符合条件的非营利组织企业所得税免税收入范围明确如下：

一、非营利组织的下列收入为免税收入：

（一）接受其他单位或者个人捐赠的收入；

（二）除《中华人民共和国企业所得税法》第七条规定的财政拨款以外的其他政府补助收入，但不包括因政府购买服务取得的收入；

（三）按照省级以上民政、财政部门规定收取的会费；

（四）不征税收入和免税收入孳生的银行存款利息收入；

（五）财政部、国家税务总局规定的其他收入。

二、本通知从2008年1月1日起执行。

《财政部　税务总局关于企业投入基础研究税收优惠政策的公告》

（2022年9月30日中华人民共和国财政部、中华人民共和国国家税务总局公告2022年第32号发布　自2022年1月1日起施行）

为鼓励企业加大创新投入，支持我国基础研究发展，现就企业投入基础研究相关税收政策公告如下：

一、对企业出资给非营利性科学技术研究开发机构（科学技术研究开发机构以下简称科研机构)、高等学校和政府性自然科学基金用于基础研究的支出,在计算应纳税所得额时可按实际发生额在税前扣除,并可按100%在税前加计扣除。

对非营利性科研机构、高等学校接收企业、个人和其他组织机构基础研究资金收入,免征企业所得税。

二、第一条所称非营利性科研机构、高等学校包括国家设立的科研机构和高等学校、民办非营利性科研机构和高等学校,具体按以下条件确定:

(一)国家设立的科研机构和高等学校是指利用财政性资金设立的、取得《事业单位法人证书》的科研机构和公办高等学校,包括中央和地方所属科研机构和高等学校。

(二)民办非营利性科研机构和高等学校,是指同时满足以下条件的科研机构和高等学校:

1. 根据《民办非企业单位登记管理暂行条例》在民政部门登记,并取得《民办非企业单位(法人)登记证书》。

2. 对于民办非营利性科研机构,其《民办非企业单位(法人)登记证书》记载的业务范围应属于科学研究与技术开发、成果转让、科技咨询与服务、科技成果评估范围。对业务范围存在争议的,由税务机关转请县级(含)以上科技行政主管部门确认。

对于民办非营利性高等学校,应取得教育主管部门颁发的《民办学校办学许可证》,记载学校类型为"高等学校"。

3. 经认定取得企业所得税非营利组织免税资格。

三、第一条所称政府性自然科学基金是指国家和地方政府设立的自然科学基金委员会管理的自然科学基金。

四、第一条所称基础研究是指通过对事物的特性、结构和相互关系进行分析,从而阐述和检验各种假设、原理和定律的活动。具体依据以下内容判断:

(一)基础研究不预设某一特定的应用或使用目的,主要是为获得关于现象和可观察事实的基本原理的新知识,可针对已知或具有前沿性的科学问题,或者针对人们普遍感兴趣的某些广泛领域,以未来广泛应用为目标。

(二)基础研究可细分为两种类型,一是自由探索性基础研究,即为了增进知识,不追求经济或社会效益,也不积极谋求将其应用于实际问题或把成果转移到负责应用的部门。二是目标导向(定向)基础研究,旨在获取某方面知识、期望为探索解决当前已知或未来可能发现的问题奠定基础。

（三）基础研究成果通常表现为新原理、新理论、新规律或新知识，并以论文、著作、研究报告等形式为主。同时，由于基础研究具有较强的探索性、存在失败的风险，论文、著作、研究报告等也可以体现为试错或证伪等成果。

上述基础研究不包括在境外开展的研究，也不包括社会科学、艺术或人文学方面的研究。

五、企业出资基础研究应签订相关协议或合同，协议或合同中需明确资金用于基础研究领域。

六、企业和非营利性科研机构、高等学校和政府性自然科学基金管理单位应将相关资料留存备查，包括企业出资协议、出资合同、相关票据等，出资协议、出资合同和出资票据应包含出资方、接收方、出资用途（注明用于基础研究）、出资金额等信息。

七、非营利性科研机构、高等学校和政府性自然科学基金管理单位应做好企业投入基础研究的资金管理，建立健全监督机制，确保资金用于基础研究，提高资金使用效率。

八、本公告自2022年1月1日起执行。

《中央有关部门贯彻实施〈国务院关于鼓励社会力量兴办教育促进民办教育健康发展的若干意见〉任务分工方案》（节录）

（2017年7月7日教发函〔2017〕88号公布　自2017年7月7日起施行）

（三）完善扶持制度

21. 民办学校按照国家有关规定享受相关税收优惠政策。对企业办的各类学校、幼儿园自用的房产、土地，免征房产税、城镇土地使用税。对企业支持教育事业的公益性捐赠支出，按照税法有关规定，在年度利润总额12%以内的部分，准予在计算应纳税所得额时扣除；对个人支持教育事业的公益性捐赠支出，按照税收法律法规及政策的相关规定在个人所得税前予以扣除。非营利性民办学校与公办学校享有同等待遇，按照税法规定进行免税资格认定后，免征非营利性收入的企业所得税。

22. 民办学校用电、用水、用气、用热，执行与公办学校相同的价格政策。

27. 民办学校教师在资格认定、职务评聘、培养培训、评优表彰等方面与公办学校教师享有同等权利。

28. 非营利性民办学校教师享受当地公办学校同等的人才引进政策。

29. 民办学校学生在评奖评优、升学就业、社会优待、医疗保险等方面与同级同类公办学校学生享有同等权利。依法落实民办学校师生对学校办学管理的知情权、参与权，保障师生参与民主管理和民主监督的权利。完善民办学校师生争议处理机制，维护师生的合法权益。（教育部、人力资源社会保障部）

第四十八条 【接受捐赠】

民办学校依照国家有关法律、法规，可以接受公民、法人或者其他组织的捐赠。

国家对向民办学校捐赠财产的公民、法人或者其他组织按照有关规定给予税收优惠，并予以表彰。

关联规定

《中华人民共和国公益事业捐赠法》（节录）

（1999年6月28日中华人民共和国主席令第19号公布　自1999年9月1日起施行）

第十条　公益性社会团体和公益性非营利的事业单位可以依照本法接受捐赠。

本法所称公益性社会团体是指依法成立的，以发展公益事业为宗旨的基金会、慈善组织等社会团体。

本法所称公益性非营利的事业单位是指依法成立的，从事公益事业的不以营利为目的的教育机构、科学研究机构、医疗卫生机构、社会公共文化机构、社会公共体育机构和社会福利机构等。

《中华人民共和国民办教育促进法实施条例》(节录)

(2021 年 4 月 7 日中华人民共和国国务院令第 741 号公布　自 2021 年 9 月 1 日起施行)

第五十三条　民办学校可以依法以捐赠者的姓名、名称命名学校的校舍或者其他教育教学设施、生活设施。捐赠者对民办学校发展做出特殊贡献的,实施高等学历教育的民办学校经国务院教育行政部门按照国家规定的条件批准,其他民办学校经省、自治区、直辖市人民政府教育行政部门或者人力资源社会保障行政部门按照国家规定的条件批准,可以以捐赠者的姓名或者名称作为学校校名。

《国务院关于鼓励社会力量兴办教育促进民办教育健康发展的若干意见》(节录)

(2016 年 12 月 29 日国发〔2016〕81 号公布　自 2016 年 12 月 29 日起施行)

(十四)落实税费优惠等激励政策。民办学校按照国家有关规定享受相关税收优惠政策。对企业办的各类学校、幼儿园自用的房产、土地,免征房产税、城镇土地使用税。对企业支持教育事业的公益性捐赠支出,按照税法有关规定,在年度利润总额 12% 以内的部分,准予在计算应纳税所得额时扣除;对个人支持教育事业的公益性捐赠支出,按照税收法律法规及政策的相关规定在个人所得税前予以扣除。非营利性民办学校与公办学校享有同等待遇,按照税法规定进行免税资格认定后,免征非营利性收入的企业所得税。捐资建设校舍及开展表彰资助等活动的冠名依法尊重捐赠人意愿。民办学校用电、用水、用气、用热,执行与公办学校相同的价格政策。

第四十九条 【金融支持】

国家鼓励金融机构运用信贷手段，支持民办教育事业的发展。

关联规定

《中华人民共和国民法典》（节录）

（2020年5月28日中华人民共和国主席令第45号公布 自2021年1月1日起施行）

第三百九十九条 【禁止抵押的财产范围】下列财产不得抵押：

……

（三）学校、幼儿园、医疗机构等为公益目的成立的非营利法人的教育设施、医疗卫生设施和其他公益设施；

……

《营利性民办学校监督管理实施细则》（节录）

（2016年12月30日教发〔2016〕20号公布 自2016年12月30日起施行）

第三十条 营利性民办学校拥有法人财产权，存续期间，学校所有资产由学校依法管理和使用，任何组织和个人不得侵占、挪用、抽逃。营利性民办学校举办者不得抽逃注册资本，不得用教育教学设施抵押贷款、进行担保，办学结余分配应当在年度财务结算后进行。

《全国人民代表大会常务委员会法制工作委员会对关于私立学校、幼儿园、医院的教育设施、医疗卫生设施能否抵押的请示的意见》

（2009 年 12 月 1 日法工办发〔2009〕231 号公布　自 2009 年 12 月 1 日起施行）

住房和城乡建设部办公厅：

你部建法函〔2009〕264 号来函收悉，经研究，交换意见如下：

同意请示中的第二种意见。

全国人大常委会法制工作委员会办公室

二〇〇九年十二月一日

附：《建设部关于私立学校、幼儿园、医院的教育设施、医疗卫生设施能否抵押的请示》（建法函〔2009〕264 号）

全国人大常委会法制工作委员会：

《中华人民共和国物权法》第一百八十四条规定，“学校、幼儿园、医院等以公益为目的的事业单位、社会团体的教育设施、医疗卫生设施和其他社会公益设施”不得抵押，在房地产登记工作中，就该条适用问题存在不同意见。一种意见认为，私立学校、幼儿园、医院不属于《物权法》第一百八十四条规定的事业单位、社会团体，私立学校、幼儿园、医院的教育设施、医疗卫生设施也不属于社会公益设施，依法可以抵押。另一种意见认为，私立学校、幼儿园、医院和公办学校、幼儿园、医院，只是投资渠道上不同，其公益属性是一样的。私立学校、幼儿园、医院的教育设施、医疗卫生设施也属于社会公益设施，按照《物权法》第一百八十四条规定，不得抵押。

为了正确理解和执行《中华人民共和国物权法》，现就私立学校、幼儿园、医院的教育设施、医疗卫生设施能否抵押问题请示你委，请予答复为盼。

中华人民共和国住房和城乡建设部

二〇〇九年十一月九日

《中华人民共和国民办教育促进法实施条例》(节录)

(2021 年 4 月 7 日中华人民共和国国务院令第 741 号公布　自 2021 年 9 月 1 日起施行)

第五十六条　在西部地区、边远地区和少数民族地区举办的民办学校申请贷款用于学校自身发展的,享受国家相关的信贷优惠政策。

第六十条　国家鼓励、支持保险机构设立适合民办学校的保险产品,探索建立行业互助保险等机制,为民办学校重大事故处理、终止善后、教职工权益保障等事项提供风险保障。

金融机构可以在风险可控前提下开发适合民办学校特点的金融产品。民办学校可以以未来经营收入、知识产权等进行融资。

《国务院关于鼓励社会力量兴办教育促进民办教育健康发展的若干意见》(节录)

(2016 年 12 月 29 日国发〔2016〕81 号公布　自 2016 年 12 月 29 日起施行)

(八)拓宽办学筹资渠道。鼓励和吸引社会资金进入教育领域举办学校或者投入项目建设。创新教育投融资机制,多渠道吸引社会资金,扩大办学资金来源。鼓励金融机构在风险可控前提下开发适合民办学校特点的金融产品,探索办理民办学校未来经营收入、知识产权质押贷款业务,提供银行贷款、信托、融资租赁等多样化的金融服务。鼓励社会力量对非营利性民办学校给予捐赠。

第五十条　【委托办学】

人民政府委托民办学校承担义务教育任务,应当按照委托协议拨付相应的教育经费。

关联规定

《中华人民共和国学前教育法》(节录)

(2024 年 11 月 8 日中华人民共和国主席令第 34 号公布　自 2025 年 6 月 1 日起施行)

第二十七条　地方各级人民政府应当构建以公办幼儿园为主的农村学前教育公共服务体系,保障农村适龄儿童接受普惠性学前教育。

县级人民政府教育行政部门可以委托乡镇中心幼儿园对本乡镇其他幼儿园开展业务指导等工作。

第五十一条　【划拨用地】

新建、扩建非营利性民办学校,人民政府应当按照与公办学校同等原则,以划拨等方式给予用地优惠。新建、扩建营利性民办学校,人民政府应当按照国家规定供给土地。

教育用地不得用于其他用途。

关联规定

《中华人民共和国学前教育法》(节录)

(2024 年 11 月 8 日中华人民共和国主席令第 34 号公布　自 2025 年 6 月 1 日起施行)

第二十二条　县级以上地方人民政府应当统筹当前和长远,根据人口变化和城镇化发展趋势,科学规划和配置学前教育资源,有效满足需求,避免浪费资源。

第二十五条　县级以上地方人民政府应当以县级行政区划为单位制定幼儿园布局规划,将普惠性幼儿园建设纳入城乡公共管理和公共服务设施统一规划,并按照非营利性教育用地性质依法以划拨等方式供地,不得擅自改变用途。

县级以上地方人民政府应当按照国家有关规定，结合本地实际，在幼儿园布局规划中合理确定普惠性幼儿园覆盖率。

《中华人民共和国民办教育促进法实施条例》（节录）

（2021年4月7日中华人民共和国国务院令第741号公布　自2021年9月1日起施行）

第五十五条　地方人民政府在制定闲置校园综合利用方案时，应当考虑当地民办教育发展需求。

新建、扩建非营利性民办学校，地方人民政府应当按照与公办学校同等原则，以划拨等方式给予用地优惠。

实施学前教育、学历教育的民办学校使用土地，地方人民政府可以依法以协议、招标、拍卖等方式供应土地，也可以采取长期租赁、先租后让、租让结合的方式供应土地，土地出让价款和租金可以在规定期限内按合同约定分期缴纳。

《国务院关于鼓励社会力量兴办教育促进民办教育健康发展的若干意见》（节录）

（2016年12月29日国发〔2016〕81号公布　自2016年12月29日起施行）

（十五）实行差别化用地政策。民办学校建设用地按科教用地管理。非营利性民办学校享受公办学校同等政策，按划拨等方式供应土地。营利性民办学校按国家相应的政策供给土地。只有一个意向用地者的，可按协议方式供地。土地使用权人申请改变全部或者部分土地用途的，政府应当将申请改变用途的土地收回，按时价定价，重新依法供应。

《中央有关部门贯彻实施〈国务院关于鼓励社会力量兴办教育促进民办教育健康发展的若干意见〉任务分工方案》（节录）

（2017年7月7日教发函〔2017〕88号公布　自2017年7月7日起施行）

三、完善制度扶持

23. 民办学校建设用地按科教用地管理。非营利性民办学校享受公办学校同等政策，按划拨等方式供应土地。营利性民办学校按国家相应的政策供给土地。只有一个意向用地者的，可按协议方式供地。土地使用权人申请改变全部或者部分土地用途的，政府应当将申请改变用途的土地收回，按时价定价，重新依法供应。（国土资源部）

《划拨用地目录》（节录）

（2001年10月22日中华人民共和国国土资源部令第9号公布　自2001年10月22日起施行）

一、根据《中华人民共和国土地管理法》和《中华人民共和国城市房地产管理法》的制定，制定本目录。

二、符合本目录的建设用地项目，由建设单位提出申请，经有批准权的人民政府批准，方可以划拨方式提供土地使用权。

三、对国家重点扶持的能源、交通、水利等基础设施用地项目，可以以划拨方式提供土地使用权。对以营利为目的，非国家重点扶持的能源、交通、水利等基础设施用地项目，应当以有偿方式提供土地使用权。

四、以划拨方式取得的土地使用权，因企业改制、土地使用权转让或者改变土地用途等不再符合本目录的，应当实行有偿使用。

五、本目录施行后，法律、行政法规和国务院的有关政策另有规定的，按有关规定执行。

六、本目录自发布之日起施行。原国家土地管理局颁布的《划拨用地项目目录》同时废止。

……

（五）非营利性教育设施用地

1. 学校教学、办公、实验、科研及校内文化体育设施。

2. 高等、中等、职业学校的学生宿舍、食堂、教学实习及训练基地。

3. 托儿所、幼儿园的教学、办公、园内活动场地。

4. 特殊教育学校（盲校、聋哑学校、弱智学校）康复、技能训练设施。

第五十二条 【地区支持】

国家采取措施，支持和鼓励社会组织和个人到少数民族地区、边远贫困地区举办民办学校，发展教育事业。

关联规定

《中华人民共和国中外合作办学条例实施办法》（节录）

（2004年6月2日中华人民共和国教育部令第20号公布　自2004年7月1日起施行）

第三条　国家鼓励中国教育机构与学术水平和教育教学质量得到普遍认可的外国教育机构合作办学；鼓励在国内新兴和急需的学科专业领域开展合作办学。

国家鼓励在中国西部地区、边远贫困地区开展中外合作办学。

《国务院办公厅关于加快中西部教育发展的指导意见》（节录）

（2016年5月11日国办发〔2016〕37号公布　自2016年5月11日起施行）

（二）基本原则

加强统筹。将中西部教育置于全国教育总体格局中谋划设计，统筹中西部教育与经济社会协调发展，系统谋划加快中西部发展的政策措施，确保各项政策相互配套、相互支撑,形成合力。发挥市场、企业、社会组织作用,吸引更多社会力量参与中西部教育发展。

兜住底线。坚持教育的公益性和普惠性,着力从中西部最困难的地方和最薄弱的环节做起,把提升最贫困地区教育供给能力、提高最困难人群受教育水平作为优先任务,促进基本公共服务均等化,保障每个孩子受教育的权利。

改革创新。以改革促发展,重在盘活存量、用好增量,优化结构、提高效益,建立标准、完善机制,着力简政放权、营造良好办学环境,培养学生社会责任感、创新精神和实践能力,为中西部教育长远发展奠定坚实基础。

本章相关案例

案例21 刘某、王某等债权人撤销权纠纷案

[(2021)鄂0281民初6691号]

【裁判要旨】

债务人以无偿转让财产方式无偿处分财产权益,影响债权人的债权实现的,债权人可以请求人民法院撤销债务人的行为。

【案情简介】

原告刘某与被告王某的前夫张某群系同学关系,被告王某于2012年至2017年多次向原告借款,未能偿还。原告刘某遂于2020年10月24日向黄石市黄石港区人民法院起诉被告王某及张某群要求还款。2021年1月26日,黄石市黄石港区人民法院作出(2020)鄂0202民初2423号民事判决书,判决被告王某返还刘某借款本金93万元及利息,驳回刘某的其他诉讼请求。

2007年9月1日,经被告王某申请,大冶市教育局批复同意设立大冶市保安镇某才幼儿园,举办人为王某,办学类型为民办非企业。2018年12月24日,经大冶市保安镇某才幼儿园申请,同意将原地址大冶市保安镇友谊村变更为大冶市保安镇帝豪花园小区16栋1单元1号。2020年,被告王某将大冶市保安镇某才幼儿园经营权及收益权口头赠与某浮,并向大冶市教育局申请变更举办者为某浮。2020年6月8日,大冶市教育局批复同意大冶市保安镇某才幼儿园举办者由王某

变更为某浮。2020年7月6日，大冶市民政局经大冶市保安镇某才幼儿园申请向大冶市保安镇某才幼儿园作出《准予法定代表人变更决定书》，决定准予同意将原法定代表人王某变更为某浮。并于同日向大冶市保安镇某才幼儿园颁发《民办非企业单位登记证书》，登记证书载明：住所：大冶市保安镇帝豪花园小区16栋1单元1号，法定代表人：某浮，开办资金：贰万元，业务主管单位：大冶市教育局，业务范围：学前教育。原告刘某认为王某的行为侵害了其债权，故此成讼。

【争议焦点】

被告王某同第三人之间在被告大冶市保安镇某才幼儿园所有的财产性权利（包括物权、股权、债权、投资收益权等）赠与、转让、登记的行为能否撤销。

【裁判观点】

本院认为，根据《民法典》第五百三十八条规定："债务人以放弃其债权、放弃债权担保、无偿转让财产等方式无偿处分财产权益，或者恶意延长其到期债权的履行期限，影响债权人的债权实现的，债权人可以请求人民法院撤销债务人的行为。"债务人以无偿转让财产方式无偿处分财产权益，影响债权人的债权实现的，债权人可以请求人民法院撤销债务人的行为。故债权人刘某有权起诉债务人王某的赠与、转让行为。但大冶市保安镇某才幼儿园相关变更登记行为，系属经当事人申请、行政机关批准登记的行政行为，原告诉请撤销登记行为并非民事诉讼的受案范围，应予驳回。

被告王某涉案借贷债务发生在2012年至2017年，并经人民法院生效判决于2021年1月确认。根据《国务院关于鼓励社会力量兴办教育促进民办教育健康发展的若干意见》规定，登记为非营利性学校终止时，学校有剩余财产时，按照国家有关规定给予出资者相应的补偿或奖励；登记为营利性民办学校的……依照公司法有关规定处理。即非营利性学校举办者最终亦具有财产权益。王某在涉案债务未清偿的情况下将幼儿园经营权、收益权无偿赠与某浮，影响债权人的债权实现，损害了原告的利益，故被告王某与某浮之间就大冶市保安镇某才幼儿园经营权、收益权的无偿赠与行为应予撤销，对原告的该项诉请本院予以支持。对于第三人某浮所述的系原告要求被告王某将大冶市保安镇某才幼儿园法定代表人转给某浮以便办理银行贷款的主张，未能提供充分证据予以证实，应承担举证不能的不利后果，本院对其该项主张不予采纳。

【裁判结果】

1. 撤销被告王某与第三人某浮之间对大冶市保安镇某才幼儿园经营权、收益权的赠与行为;

2. 驳回原告刘某的其他诉讼请求。

【案例评析】

债权人对债务人享有合法有效的债权是债权人行使撤销权的前提条件。如果债务人对债权人债权有异议,人民法院既要审查确认债权人是否依法享有合法债权,也要审查债权的存在时间,如果非法债权及已经消灭或债务人诈害行为发生时未发生的债权,债权人均不得行使撤销权。本案中黄石市黄石港区人民法院作出(2020)鄂0202民初2423号民事判决书,判决被告王某返还刘某借款本金93万元及利息,已然确定原告与被直接的债权合法性,2020年,被告王某将大冶市保安镇某才幼儿园经营权及收益权口头赠与某浮,并向大冶市教育局申请变更举办者为某浮,属于债务人诈害行为发生时的债权,但是在本案裁判文书中,遗漏了债权人撤销权行使的另一个必要条件,即只有在诈害行为发生时,该债害行为影响债权人的债权实现的,债权人才可以请求人民法院撤销债务人的行为。

债权人撤销权的行使有必要性前提,即债务人的诈害行为会影响债权人的债权实现,举个简单的例子,如果债务人财产众多,该诈害行为即使发生,也足以归还债务,那么债权人便不能行使债权人撤销权。本案中并无相关事实的阐述。

案例22 扶沟县城郊乡小某花幼儿园、扶沟县教育体育局教育行政管理(教育)行政诉讼案

[(2020)豫16行终171号]

【裁判要旨】

《民促法》第四十六条规定,县级以上各级人民政府可以采取出租、转让闲置的国有资产等措施对民办学校予以扶持。

【案情简介】

小某花幼儿园系民办学校,办学许可证于2019年9月20日到期,办学许可证期限届满前,小某花幼儿园向扶沟县教育体育局申请换发办学许可证,扶沟县教育体育局对小某花幼儿园作出告知书,认为小某花幼儿园园址属于非法占地,小

某花幼儿园失去了换发办园许可证的资格。小某花幼儿园对该告知书不服提起行政诉讼，扶沟县人民法院于 2020 年 4 月 2 日作出（2020）豫 1621 行初 3 号行政判决，认定扶沟县教育体育局作出的决定程序违法，撤销了扶沟县教育体育局对小某花幼儿园作出的告知书。2020 年 6 月 18 日，扶沟县教育体育局根据小某花幼儿园的申请进行了听证，7 月 1 日，扶沟县教育体育局依据《民促法》第十五条、第十六条，《河南省幼儿园管理暂行办法（试行）》第十一条第二款第五项，《周口市教育局 2018 年换发办学许可证有关要求》第一条第八项，《中华人民共和国行政许可法》第三十八条第二款作出《扶沟县教育体育局不予行政许可决定书》[扶教许不予决字（2020）第 01 号]，认为小某花幼儿园使用的土地属于非法占地，校舍被没收，决定不予批准小某花幼儿园换发办园许可证。2019 年 2 月 13 日，扶沟县自然资源局（原扶沟县国土资源局）以小某花幼儿园使用的 1518 平方米土地属于非法占地为由作出扶国土资罚决字（2018）25 号行政处罚决定：（1）责令退还非法占用的 1518 平方米土地；（2）没收在非法占用的 1518 平方米土地上建设的建筑物：教学楼、办公房、门岗、硬化地面；（3）罚款 4554 元。

【争议焦点】

被上诉人所作“决定”认定上诉人的“园舍被没收，丧失了办园条件，已不能继续办学了”的理由是否成立。

【裁判观点】

一审法院认为：《民促法》第十五条第四项规定，申请正式设立民办学校的，举办者应当向审批机关提交学校资产的有效证明文件；《河南省幼儿园管理暂行办法（试行）》第十一条第二款第五项规定，申请举办民办幼儿园，应当向审批机关提交房舍的房产证。根据上述规定，举办民办幼儿园的房舍必须是合法建筑，本案中，小某花幼儿园使用的 1518 平方米土地被扶沟县自然资源局认定为非法占用土地，其所建的教学楼、办公房等建筑物被没收，小某花幼儿园现已不具备办学条件，扶沟县教育体育局依据《民促法》第十五条、第十六条，《河南省幼儿园管理暂行办法（试行）》第十一条第二款第五项，《周口市教育局 2018 年换发办学许可证有关要求》第一条第八项，《中华人民共和国行政许可法》第三十八条第二款对原告作出《扶沟县教育体育局不予行政许可决定书》认定事实清楚、适用法律正确，扶沟县教育体育局在作出不予行政许可决定前进行了听证，程序合法。

小某花幼儿园诉称，园舍被没收后，至今仍由其占有用于正常的教育活动，根据《民促法》第四十六条规定,没有丧失办园条件。一审认为,根据《民促法》第四十六条的规定,县级以上各级人民政府可以采取出租、转让闲置的国有资产等措施对民办学校予以扶持,但是,本案中,小某花幼儿园没有证据证明县级以上人民政府将扶国土资罚决字(2018)25 号行政处罚决定中所涉的土地及建筑物出租或转让给了小某花幼儿园,对小某花幼儿园的主张不予支持。至于小某花幼儿园至今仍占用扶国土资罚决字(2018)25 号行政处罚决定中所涉土地和建筑物,这是扶沟县自然资源局作出处罚决定后的执行问题,不是本案行政许可所需要考量的。

二审法院认为:开办学校、幼儿园应当有合法使用的办学场所,《民促法》《河南省幼儿园管理暂行办法(试行)》对此均有明确规定,这也是办学最基本的条件之一。本案中,上诉人办学所使用的校舍已经被扶沟县自然资源局作出处罚决定予以没收,已不具备办学条件,扶沟县教育体育局经审查后作出不予许可决定,并无不当。上诉人虽然实际使用原校舍,并不能视为得到有关部门的同意,亦不能基于此事实得出其合法使用校舍的结论,上诉人可待取得校舍的合法使用权后,再行提出许可申请。

【裁判结果】

一审裁判结果:驳回扶沟县城郊乡小某花幼儿园的诉讼请求。

二审裁判结果:驳回上诉,维持原判。

【案例评析】

《民促法》第十一条第一款规定:设立民办学校应当符合当地教育发展的需求,具备教育法和其他有关法律、法规规定的条件。本案中法院引用了《河南省幼儿园管理暂行办法(试行)》,证明小某花幼儿园不具备该办法第十一条所要求申请举办幼儿园,应当向审批机关提交房舍的房产证,租用园舍的,应当提供有法律效力的租赁合同或协议的要求,亦不符合《民促法》第十三条申请筹设民办学校,举办者应当向审批机关提交资产来源、资金数额及有效证明文件,并载明产权之要求。故本案一审、二审驳回小某花幼儿园的判决合法合理。

第八章　变更与终止

第五十三条　【民办学校的分立、合并】

民办学校的分立、合并，在进行财务清算后，由学校理事会或者董事会报审批机关批准。

申请分立、合并民办学校的，审批机关应当自受理之日起三个月内以书面形式答复；其中申请分立、合并民办高等学校的，审批机关也可以自受理之日起六个月内以书面形式答复。

关联规定

《中华人民共和国高等教育法》（节录）

（2018年12月29日中华人民共和国主席令第23号公布　自2018年12月29日起施行）

第二十九条　设立实施本科及以上教育的高等学校，由国务院教育行政部门审批；设立实施专科教育的高等学校，由省、自治区、直辖市人民政府审批，报国务院教育行政部门备案；设立其他高等教育机构，由省、自治区、直辖市人民政府教育行政部门审批。审批设立高等学校和其他高等教育机构应当遵守国家有关规定。

审批设立高等学校，应当委托由专家组成的评议机构评议。

高等学校和其他高等教育机构分立、合并、终止，变更名称、类别和其他重要事项，由本条第一款规定的审批机关审批；修改章程，应当根据管理权限，报国务院教育行政部门或者省、自治区、直辖市人民政府教育行政部门核准。

《中华人民共和国中外合作办学条例》(节录)

(2019年3月2日中华人民共和国国务院令第709号公布　自2019年3月2日起施行)

第四十二条　中外合作办学机构的分立、合并,在进行财务清算后,由该机构理事会、董事会或者联合管理委员会报审批机关批准。

申请分立、合并实施非学历教育的中外合作办学机构的,审批机关应当自受理申请之日起3个月内以书面形式答复;申请分立、合并实施学历教育的中外合作办学机构的,审批机关应当自受理申请之日起6个月内以书面形式答复。

《营利性民办学校监督管理实施细则》(节录)

(2016年12月30日教发〔2016〕20号公布　自2016年12月30日起施行)

第三十六条　营利性民办学校分立、合并、终止及其他重大事项变更,应当由学校董事会通过后报审批机关审批、核准,并依法向工商行政管理部门申请变更、注销登记手续。其中,营利性民办本科高等学校分立、合并、终止、名称变更由教育部审批,其他事项变更由省级人民政府核准。

第三十七条　营利性民办学校分立、合并、终止及其他重大事项变更,应当制定实施方案和应急工作预案,并按隶属关系报学校主管部门备案,保障学校教育教学秩序和师生权益不受影响。

第四十一条　营利性民办学校发生分立、合并、终止等重大事项变更,学校党组织应当及时向上级党组织报告,上级党组织应当及时对学校党组织的变更或者撤销作出决定。

第五十四条 【民办学校举办者的变更】

民办学校举办者的变更，须由举办者提出，在进行财务清算后，经学校理事会或者董事会同意，报审批机关核准。

关联规定

《中华人民共和国民办教育促进法实施条例》（节录）

（2021年4月7日中华人民共和国国务院令第741号公布 自2021年9月1日起施行）

第十二条 民办学校举办者变更的，应当签订变更协议，但不得涉及学校的法人财产，也不得影响学校发展，不得损害师生权益；现有民办学校的举办者变更的，可以根据其依法享有的合法权益与继任举办者协议约定变更收益。

民办学校的举办者不再具备法定条件的，应当在6个月内向审批机关提出变更；逾期不变更的，由审批机关责令变更。

举办者为法人的，其控股股东和实际控制人应当符合法律、行政法规规定的举办民办学校的条件，控股股东和实际控制人变更的，应当报主管部门备案并公示。

举办者变更，符合法定条件的，审批机关应当在规定的期限内予以办理。

《中华人民共和国中外合作办学条例》（节录）

（2019年3月2日中华人民共和国国务院令第709号公布 自2019年3月2日起施行）

第四十三条 中外合作办学机构合作办学者的变更，应当由合作办学者提出，在进行财务清算后，经该机构理事会、董事会或者联合管理委员会同意，报审批机关核准，并办理相应的变更手续。

中外合作办学机构住所、法定代表人的变更，应当经审批机关核准，并办理相应的变更手续。中外合作办学机构校长或者主要行政负责人的变更，应当及时办理变更手续。

《独立学院设置与管理办法》(节录)

(2015 年 11 月 10 日中华人民共和国教育部令第 38 号公布　自 2015 年 11 月 10 日起施行)

第四十八条　独立学院变更举办者,须由举办者提出,在进行财务清算后,经独立学院理事会或者董事会同意,报审批机关核准。

独立学院变更地址,应当报审批机关核准。

第五十五条　【民办学校名称、层次、类别变更】

民办学校名称、层次、类别的变更,由学校理事会或者董事会报审批机关批准。

申请变更为其他民办学校,审批机关应当自受理之日起三个月内以书面形式答复;其中申请变更为民办高等学校的,审批机关也可以自受理之日起六个月内以书面形式答复。

关联规定

《中华人民共和国中外合作办学条例》(节录)

(2019 年 3 月 2 日中华人民共和国国务院令第 709 号公布　自 2019 年 3 月 2 日起施行)

第四十四条　中外合作办学机构名称、层次、类别的变更,由该机构理事会、董事会或者联合管理委员会报审批机关批准。

申请变更为实施非学历教育的中外合作办学机构的,审批机关应当自受理申请之日起 3 个月内以书面形式答复;申请变更为实施学历教育的中外合作办学机构的,审批机关应当自受理申请之日起 6 个月内以书面形式答复。

《民办学校分类登记实施细则》(节录)

(2016 年 12 月 30 日教发〔2016〕19 号公布　自 2016 年 12 月 30 日起施行)

第十二条　民办学校涉及办学许可证、登记证或者营业执照上事项变更的,依照法律法规和有关规定到原发证机关办理变更手续。其中,民办本科高等学校办学许可证上除名称外需核准的其他事项变更,由省级人民政府核准。

《独立学院设置与管理办法》(节录)

(2015 年 11 月 10 日中华人民共和国教育部令第 38 号公布　自 2015 年 11 月 10 日起施行)

第四十九条　独立学院变更名称,应当报审批机关批准。

第五十六条　【民办学校终止】

民办学校有下列情形之一的,应当终止:

(一)根据学校章程规定要求终止,并经审批机关批准的;

(二)被吊销办学许可证的;

(三)因资不抵债无法继续办学的。

关联规定

《中华人民共和国民法典》(节录)

(2020 年 5 月 28 日中华人民共和国主席令第 45 号公布　自 2021 年 1 月 1 日起施行)

第六十八条　有下列原因之一并依法完成清算、注销登记的,法人终止:

（一）法人解散；

（二）法人被宣告破产；

（三）法律规定的其他原因。

法人终止，法律、行政法规规定须经有关机关批准的，依照其规定。

《中华人民共和国高等教育法》（节录）

（2018 年 12 月 29 日中华人民共和国主席令第 23 号公布　自 2018 年 12 月 29 日起施行）

第二十九条第三款　高等学校和其他高等教育机构分立、合并、终止，变更名称、类别和其他重要事项，由本条第一款规定的审批机关审批；修改章程，应当根据管理权限，报国务院教育行政部门或者省、自治区、直辖市人民政府教育行政部门核准。

《中华人民共和国中外合作办学条例》（节录）

（2019 年 3 月 2 日中华人民共和国国务院令第 709 号公布　自 2019 年 3 月 2 日起施行）

第四十五条　中外合作办学机构有下列情形之一的，应当终止：

（一）根据章程规定要求终止，并经审批机关批准的；

（二）被吊销中外合作办学许可证的；

（三）因资不抵债无法继续办学，并经审批机关批准的。

中外合作办学机构终止，应当妥善安置在校学生；中外合作办学机构提出终止申请时，应当同时提交妥善安置在校学生的方案。

《独立学院设置与管理办法》（节录）

（2015 年 11 月 10 日中华人民共和国教育部令第 38 号公布　自 2015 年 11 月 10 日起施行）

第五十条　独立学院有下述情形之一的，应当终止：

（一）根据独立学院章程规定要求终止，并经审批机关批准的；
（二）资不抵债无法继续办学的；
（三）被吊销办学许可证的。

《营利性民办学校监督管理实施细则》（节录）

（2016年12月30日教发〔2016〕20号公布　自2016年12月30日起施行）

第三十八条　营利性民办学校有下列情形之一的，应当终止：
（一）根据学校章程规定要求终止，并经审批机关批准的。
（二）被吊销办学许可证的。
（三）因资不抵债无法继续办学的。

《最高人民法院关于对因资不抵债无法继续办学被终止的民办学校如何组织清算问题的批复》

（2020年12月29日法释〔2020〕18号公布　自2021年1月1日起施行）

贵州省高级人民法院：

你院《关于遵义县中山中学被终止后人民法院如何受理“组织清算”的请示》〔（2010）黔高研请字第1号〕收悉。经研究，答复如下：

依照《中华人民共和国民办教育促进法》第十条批准设立的民办学校因资不抵债无法继续办学被终止，当事人依照《中华人民共和国民办教育促进法》第五十八条第二款规定向人民法院申请清算的，人民法院应当依法受理。人民法院组织民办学校破产清算，参照适用《中华人民共和国企业破产法》规定的程序，并依照《中华人民共和国民办教育促进法》第五十九条规定的顺序清偿。

第五十七条　【民办学校终止时应妥善安置在校学生】

民办学校终止时，应当妥善安置在校学生。实施义务教育的民办学校终止时，审批机关应当协助学校安排学生继续就学。

关联规定

《独立学院设置与管理办法》（节录）

（2015年11月10日中华人民共和国教育部令第38号公布　自2015年11月10日起施行）

第五十一条　独立学院终止时，在妥善安置在校学生后，按照民办教育促进法的有关规定进行财务清算和财产清偿。

独立学院举办者未履行出资义务或者抽逃、挪用办学资金造成独立学院资不抵债无法继续办学的，除依法承担相应的法律责任外，须提供在校学生的后续教育经费。

第五十二条　独立学院终止时仍未毕业的在校学生由参与举办的普通高等学校托管。对学习期满且成绩合格的学生，发给独立学院的毕业证书；符合学位授予条件的，授予独立学院的学士学位证书。

第五十八条　【民办学校终止时的财务清算】

民办学校终止时，应当依法进行财务清算。

民办学校自己要求终止的，由民办学校组织清算；被审批机关依法撤销的，由审批机关组织清算；因资不抵债无法继续办学而被终止的，由人民法院组织清算。

关联规定

《营利性民办学校监督管理实施细则》(节录)

(2016 年 12 月 30 日教发〔2016〕20 号公布　自 2016 年 12 月 30 日起施行)

第三十九条　营利性民办学校终止时,应当依法进行财务清算,财产清偿依据《中华人民共和国民办教育促进法》等法律法规和学校章程的规定处理,切实保障学校师生和相关方面的权益。

《中华人民共和国中外合作办学条例》(节录)

(2019 年 3 月 2 日中华人民共和国国务院令第 709 号公布　自 2019 年 3 月 2 日起施行)

第四十六条　中外合作办学机构终止时,应当依法进行财务清算。中外合作办学机构自己要求终止的,由中外合作办学机构组织清算;被审批机关依法撤销的,由审批机关组织清算;因资不抵债无法继续办学而被终止的,依法请求人民法院组织清算。

第五十九条　【民办学校财产清偿顺序和剩余财产的处理】

对民办学校的财产按照下列顺序清偿:

(一)应退受教育者学费、杂费和其他费用;

(二)应发教职工的工资及应缴纳的社会保险费用;

(三)偿还其他债务。

非营利性民办学校清偿上述债务后的剩余财产继续用于其他非营利性学校办学;营利性民办学校清偿上述债务后的剩余财产,依照公司法的有关规定处理。

关联规定

《中华人民共和国民法典》（节录）

（2020年5月28日中华人民共和国主席令第45号公布　自2021年1月1日起施行）

第七十条　法人解散的，除合并或者分立的情形外，清算义务人应当及时组成清算组进行清算。

法人的董事、理事等执行机构或者决策机构的成员为清算义务人。法律、行政法规另有规定的，依照其规定。

清算义务人未及时履行清算义务，造成损害的，应当承担民事责任；主管机关或者利害关系人可以申请人民法院指定有关人员组成清算组进行清算。

《最高人民法院关于适用〈中华人民共和国公司法〉若干问题的规定（二）》（节录）

（2020年12月29日法释〔2020〕18号公布　自2021年1月1日起施行）

第十八条　有限责任公司的股东、股份有限公司的董事和控股股东未在法定期限内成立清算组开始清算，导致公司财产贬值、流失、毁损或者灭失，债权人主张其在造成损失范围内对公司债务承担赔偿责任的，人民法院应依法予以支持。

有限责任公司的股东、股份有限公司的董事和控股股东因怠于履行义务，导致公司主要财产、帐册、重要文件等灭失，无法进行清算，债权人主张其对公司债务承担连带清偿责任的，人民法院应依法予以支持。

上述情形系实际控制人原因造成，债权人主张实际控制人对公司债务承担相应民事责任的，人民法院应依法予以支持。

第十九条　有限责任公司的股东、股份有限公司的董事和控股股东，以及公司的实际控制人在公司解散后，恶意处置公司财产给债权人造成损失，或者未经依法清算,以虚假的清算报告骗取公司登记机关办理法人注销登记,债权人主张其对公司债务承担相应赔偿责任的,人民法院应依法予以支持。

第二十条 公司解散应当在依法清算完毕后,申请办理注销登记。公司未经清算即办理注销登记,导致公司无法进行清算,债权人主张有限责任公司的股东、股份有限公司的董事和控股股东,以及公司的实际控制人对公司债务承担清偿责任的,人民法院应依法予以支持。

公司未经依法清算即办理注销登记,股东或者第三人在公司登记机关办理注销登记时承诺对公司债务承担责任,债权人主张其对公司债务承担相应民事责任的,人民法院应依法予以支持。

《中华人民共和国中外合作办学条例》(节录)

(2019年3月2日中华人民共和国国务院令第709号公布 自2019年3月2日起施行)

第四十七条 中外合作办学机构清算时,应当按照下列顺序清偿:

(一)应当退还学生的学费和其他费用;

(二)应当支付给教职工的工资和应当缴纳的社会保险费用;

(三)应当偿还的其他债务。

中外合作办学机构清偿上述债务后的剩余财产,依照有关法律、行政法规的规定处理。

《国务院关于鼓励社会力量兴办教育促进民办教育健康发展的若干意见》(节录)

(2016年12月29日国发〔2016〕81号公布 自2016年12月29日起施行)

(十)健全学校退出机制。捐资举办的民办学校终止时,清偿后剩余财产统筹用于教育等社会事业。2016年11月7日《全国人民代表大会常务委员会关于修改〈中华人民共和国民办教育促进法〉的决定》公布前设立的民办学校,选择登记为非营利性民办学校的，终止时，民办学校的财产依法清偿后有剩余的，按照国家有关规定给予出资者相应的补偿或者奖励，其余财产继续用于其他非营利性学校办学；选择登记为营利性民办学校的，应当进行财务清算，依法明确财产权属，终止时，民办学校的财产依法清偿后有剩余的，依照《中华人民共和国公司法》有关规定处理。具体办法由省、自治区、直辖市制定。2016 年 11 月 7 日后设立的民办学校终止时，财产处置按照有关规定和学校章程处理。各地要结合实际，健全民办学校退出机制，依法保护受教育者的合法权益。

第六十条　【民办学校终止后需办理的手续】

终止的民办学校，由审批机关收回办学许可证和销毁印章，并注销登记。

关联规定

《中华人民共和国民办教育促进法实施条例》（节录）

（2021 年 4 月 7 日中华人民共和国国务院令第 741 号公布　自 2021 年 9 月 1 日起施行）

第五十条　民办学校终止的，应当交回办学许可证，向登记机关办理注销登记，并向社会公告。

民办学校自己要求终止的，应当提前 6 个月发布拟终止公告，依法依章程制定终止方案。

民办学校无实际招生、办学行为的，办学许可证到期后自然废止，由审批机关予以公告。民办学校自行组织清算后，向登记机关办理注销登记。

对于因资不抵债无法继续办学而被终止的民办学校，应当向人民法院申请破产清算。

《中华人民共和国中外合作办学条例》(节录)

(2019 年 3 月 2 日中华人民共和国国务院令第 709 号公布　自 2019 年 3 月 2 日起施行)

第四十八条　中外合作办学机构经批准终止或者被吊销中外合作办学许可证的,应当将中外合作办学许可证和印章交回审批机关,依法办理注销登记。

《独立学院设置与管理办法》(节录)

(2015 年 11 月 10 日中华人民共和国教育部令第 38 号公布　自 2015 年 11 月 10 日起施行)

第五十三条　终止的独立学院,除被依法吊销办学许可证的外,按照国家有关规定收回其办学许可证、印章,注销登记。

《民办学校分类登记实施细则》(节录)

(2016 年 12 月 30 日教发〔2016〕19 号公布　自 2016 年 12 月 30 日起施行)

第十三条　民办学校终止办学应当及时办理撤销建制、注销登记手续,将办学许可证、登记证或者营业执照正副本缴回原发证机关。

《营利性民办学校监督管理实施细则》(节录)

(2016 年 12 月 30 日教发〔2016〕20 号公布　自 2016 年 12 月 30 日起施行)

第四十条　营利性民办学校终止时,应当及时办理建制撤销、注销登记手续,将学校办学许可证正副本、印章交回原审批机关,将营业执照正副本缴回原登记管理机关。

本章相关案例

案例23　叶某豪、彭某章等公司决议效力确认纠纷案

［（2022）湘02民终2317号］

【裁判要旨】

《中华人民共和国立法法》第九十二条规定：“同一机关制定的法律、行政法规、地方性法规、自治条例和单行条例、规章，特别规定与一般规定不一致的，适用特别规定；新的规定与旧的规定不一致的，适用新的规定。”

【案情简介】

2002年7月18日，株洲市华某政法学校由原告叶某豪兴办，经株洲市民政局批准取得非营利性民办非企业单位登记证书，法定代表人为叶某文（原告叶某豪）。2003年1月20日，原告叶某豪，被告鲁某堂，案外人周某、周某乐、李某菊、周某喜等校董事会决议举办株洲华某政法专修学院。2003年6月18日，第三人华某政法学院经株洲市教育局批准、颁发《社会力量办学许可证》，登记的法定代表人、举办者为叶某文，办学范围为：高等非学历教育、职业中专学历教育，有效期：2003年6月至2007年6月。该学校位于湖南省株洲市天元区××镇××村，占地41.38亩，教学楼2栋，学生宿舍1栋，2003年因资金问题停止建设、办学。湖南省教育厅发出湘教通（2010）45号通报，对三年筹设期满仍未正式建校的33所学校，依法撤销其筹建的非学历教育高等学校，名单中包含第三人华某政法学院。2018年10月18日，株洲市民政局向第三人华某政法学院作出行政处罚决定：对华某政法学院作出依法撤销登记的行政处罚，目前尚未办理注销登记。2003年7月，第三人华某政法学院经学院董事会表决通过学院章程规定：（1）学校设立董事会，董事会每届五年，董事会是学校的最高领导和决策机构。（2）学校董事会成员5人，由叶某文、彭某章、鲁某堂、葛某、周某乐组成，其中3人均从事教育5年以上。（3）董事会行使下列职权决定学院分立、合并、终止。（4）董事会实行一人一票制和按出席人数，少数服从多数；当赞成票和反对票相等时，由董事长作出最后决定。但讨论以下重大事项，应当经50%以上成员同意方可通过；决定

学院的分立、合并、终止等其他重要变更事项。(5)出席董事会的人数须为全体董事人数1/2以上,不够1/2时,通过的决议无效。如经缺席的董事追认的人数超过1/2时,其决议有效。2004年10月28日,第三人华某政法学院作出董事会决议:根据叶某豪变更华某政法学院举办者的请求,董事会决定对叶某豪任期内的学校资产、个人投入资金及债权债务进行全面清算审计,决定委托湖南某华会计师事务所株洲大唐分所进行清算审计,委托董事副院长彭某章代表董事会与大唐审计所洽谈具体审计工作,并签订业务约定书。到会董事成员彭某章、鲁某堂、葛某在该决议上签字确认。2004年11月23日,湖南某华会计师事务所株洲大唐分所接受第三人华某政法学院的委托,对华某政法学院2004年9月30日的资产负债表进行了审计。审计结果为:截至2004年9月30日止,华某政法学院资产总额7,012,705.23元,负债总额6,536,555.6元,净资产总额476,149.63元,资产负债率93.21%;存在的问题:账务处理不完整、入账单据不规范、报账审批手续不完善。2005年8月21日,原告叶某豪向董事会提交《关于辞去株洲华某政法专修学院举办者、法人代表、董事长、院长的请求报告》。同日,华某政法学院董事会成员叶某文、彭某章、鲁某堂、葛某、周某乐召开董事会,并形成董事会决议:(1)同意叶某文辞去华某政法学院举办者、法人代表、董事长、院长之职务;(2)同意彭某章担任华某政法学院举办者、法人代表、董事长、院长之职务;(3)法人代表变更的法定手续完成后,依据湖南某华会计师事务所株洲大唐分所于2004年11月出具的审计报告内的债权债务由彭某章全部承担,新教育基地建筑工程审计,委托彭某章组织实施。董事会成员叶某文、彭某章、鲁某堂、葛某、周某乐在该董事会决议上签字确认,并加盖了华某政法学院的公章。2005年8月22日,衡阳市石鼓区公证处作出(2005)衡市石证字第161号公证书证明,华某政法学院董事会成员叶某文、彭某章、鲁某堂、葛某、周某乐于2005年8月22日在公证员面前在上述董事会决议上签名、捺手印、盖章均属实。2005年8月22日,原告叶某豪(甲方)、被告彭某章(乙方)和担保人彭某光签订协议书。该协议书载明:(1)叶某文自愿辞去华某政法学院举办者、法定代表人等职务,并决定由彭某章接任华某政法学院举办者、法定代表人等职务,叶某豪将以上真实意愿向院董事会提出后,学院董事会已经予以同意;(2)本协议签订后,依据湖南某华会计师事务所株洲大唐分所2004年11月23日出具的审计报告所载明的学院所有债权债务和傅某48万元、邓某刚15万元、庞某生60万元系学院的全部债务均由乙方承担;(3)上述变更手续依法完成后,华某政法学院的现在校在册学生由乙方全面管理;(4)乙方同意付给甲方相关费用100万元,在签订本协议并经公证后乙方立即支付甲方10万元,剩余90万元在签订本协议后的55日内一次性全部付清,如乙方不能按时付款,逾期一天支付违约金1万元,乙方逾期付款10日后本协议约定的变更事宜自动无效,甲方继续担任学院的举办者和法定代表人,甲方所收乙方支付的10万元作为违约金归甲方所有,不予退还;(5)为了上述变更工作的平稳过渡,在乙方将10万元支付给甲方后,甲方将学院的各项法定文件(法人登记证、代码证、社会力量办学许可证和其他学院证件的原件)移交给乙方,其他的移交手续双方根据实际需要配合办理。同日,原告叶某豪、被告彭某章以及担保人彭某光就上述协议内容向衡阳市石鼓区公证处申请公证,衡阳市石鼓区公证处出具了(2005)衡市石证字第160号公证书,证明上述协议内容符合《中华人民共和国民办教育促进法》的相关规定,协议上当事人签名、捺手印属实。被告于签订协议当天向原告支付了10万元,其余90万元未予支付。2020年11月9日,原告叶某豪以此诉至芦淞区法院。2020年12月17日,芦淞区法院就原告叶某豪与被告彭某章合同纠纷一案作出民事调解:原、被告共同确认2005年8月22日签订的协议书无效。2016年8月22日,第三人华某政法学院董事会成员彭某章在学院运行不畅,原告叶某豪、案外人周某乐无法通知的情况下,召集董事成员鲁某堂、葛某召开董事会。此次董事会决议:全体董事会成员于2005年8月21日以公证形式决定由彭某章担任学院法定代表人,后因学院债务事宜,未能变更法定代表人,现经各董事会成员集体决定,作出以下决议:(1)决定确认彭某章的法定代表人身份;(2)决定株洲华某政法专修学院整体资产处置;(3)决定对株洲华某政法专修学院债权债务全面清算处置;(4)资产处置及清算组成员为:组长彭某章(院长);该次董事会释明:叶某文、周某乐无法取得联系。董事会成员彭某章、鲁某堂、葛某在该董事会决议上签字确认,并加盖了第三人华某政法学院的公章。2020年7月18日,第三人华某政法学院的建筑物、构筑物及附属设施被依法征收。被告彭某章以华南政法清算小组的名义与株洲市天元区国有土地上房屋征收管理办公室、株洲市天元区国有土地上房屋征收项目指挥部签订《国有土地上房屋征收补偿安置协议书》。原告叶某豪认为,原告与被告彭某章签订的该协议书已确认无效,被告彭某章、鲁某堂等成立华南政法清算小组的行为亦无效。另查明:2021年3月26日,株洲市教育局针对株洲市天元区人民政府发来《关于请求牵头组织原华某政法专修学院清算的函》回复:2011 年,华某政法学院向湖南省教育厅递交了《关于处理华某政法专修学院遗留问题的请求报告》,省厅批示由株洲市教育局督促该院依法依规处理好债权债务的前提下,办理终止办学手续;由于学校存在复杂的债权债务问题,其财务清算一直未有效进行,因此,市教育局暂未注销其办学许可证。根据《民促法》第五十八条规定,目前,该校虽然停止办学,但其《社会力量办学许可证》并未注销,鉴于学校存在较为复杂的债权债务情况,根据《民促法》的相关规定,株洲市教育局不宜牵头组织财务清算。再查明:原告叶某豪因涉嫌合同诈骗,于 2014 年 12 月 22 日被列为全国在逃人员,现因刑事案件被羁押。华某政法学院董事会成员葛某,男,系 1948 年 11 月 20 日出生,2018 年 11 月 7 日因非创伤性颅内出血死亡。

【争议焦点】

被上诉人成立株洲华某政法专修学院资产处置和清算工作领导小组(以下简称清算领导小组)的行为是否有效。

【裁判观点】

一审法院认为,本案案由系公司决议效力确认纠纷。

本案的争议焦点:1. 第三人华某政法学院是否具有诉讼主体资格?

2. 原告要求确认被告成立的华某政法清算小组行为无效的主张是否有事实、法律依据?

综合分析如下:关于第三人华某政法学院是否具有诉讼主体资格问题。本案第三人华某政法学院系民办非企业单位,根据《民办非企业单位登记管理暂行条例》第五条第一款规定,国务院民政部门和县级以上地方各级人民政府民政部门是本级人民政府的民办非企业单位登记管理机关,即株洲市民政局系第三人华某政法学院的登记管理机关。2018 年 10 月 18 日,株洲市民政局对第三人华某政法学院作出依法撤销登记的行政处罚,该民办非企业单位应当依法解散、清算。根据《最高人民法院关于适用〈中华人民共和国民事诉讼法〉的解释》第六十四条的规定,企业法人解散的,依法清算并注销前,以该企业法人为当事人。根据《中华人民共和国民办教育促进法实施条例》第五十条第一款的规定,民办学校终止的,应当交回办学许可证,向登记机关办理注销登记,并向社会公告。本案民政部门虽对本案第三人华某政法学院作出撤销的行政处罚,至今尚未办理注销登记;因此,本案第三人华某政法学院具有诉讼主体资格。关于原告要求确认被告成立的华某政法清算小组行为效力问题。原告主张原告叶某豪与被告彭某章约定由被告彭某章接任第三人华某政法学院举办者、法定代表人职务的协议书已被确认无效。被告彭某章未知会原告及全体股东的情况下,私自组建华某政法清算小组损害了第三人、原告以及全体股东的合法权益,应认定被告成立华某政法清算小组的行为无效。一审法院认为,第三人华某政法学院经株洲市教育局批准、颁发《社会力量办学许可证》,系民政局部门批准成立非营利性民办非企业单位,该校未实际招生处于停办状态。根据《民促法》第五十八条规定,民办学校终止时,应当依法进行财务清算。民办学校自己要求终止的,由民办学校组织清算;被审批机关依法撤销的,由审批机关组织清算;因资不抵债无法继续办学而被终止的,由人民法院组织清算。本案第三人华某政法学院应当由审批机关组织清算,在审批机关未能组织清算的情况下,董事会依法或依章程可以成立清算组织。根据第三人华某政法学院章程规定,董事会是学校的最高领导和决策机构,学校董事会由叶某文、彭某章、鲁某堂、葛某、周某乐组成。在第三人华某政法学院被依法解散、原告下落不明的情况下,被告彭某章、鲁某堂以及葛某作为华某政法学院董事会成员,召开董事会、成立清算小组的行为合法有效。华南政法清算小组系依据2016年8月22日的《董事会决议》成立,参加会议的董事会成员过半,并经过50%以上的董事会成员同意,该决议符合学院章程及相关法律规定,合法有效。被告彭某章、鲁某堂以及董事成员葛某形成的成立清算小组的董事会决议在前,原告叶某豪与被告彭某章于2020年12月17日达成的调解确认被告彭某章接任华某政法学院举办者、法定代表人的2005年8月22日的协议书无效在后;该调解协议原则上无溯及力,不能否定成立清算小组的董事会决议。对原告叶某豪主张确认被告彭某章、鲁某堂等成立的华某政法学院资产处置和清算工作领导小组行为无效的诉讼请求,依据不足,一审法院不予支持。

二审法院认为本案的争议焦点为被上诉人成立清算领导小组的行为是否有效。《中华人民共和国立法法》第九十二条规定:“同一机关制定的法律、行政法规、地方性法规、自治条例和单行条例、规章,特别规定与一般规定不一致的,适用特别规定;新的规定与旧的规定不一致的,适用新的规定。”本案原审第三人华某政法学院于2002年7月18日由株洲市民政局审批登记,于2003年6月18日由株洲市教育局发放办学许可证。该学院系民办教育机构,属非企业法人,依法应当优先适用《民促法》的相关规定。2010年2月3日,湖南省教育厅作出《关于全省民办非学历教育高等学校清理规范结果的通报》(湘教通[2010]45号),其中载明:“对连续多年未招生、连续多年未招生且学校存在严重债务问题、2008 年度办学情况检查不合格等办学现状的湖南计算机专修学院等 27 所非学历教育高等学校,经研究,决定给予停止招生处理。从 2010 年起,任何单位或个人不得以被停止招生的非学历教育高等学校名义开展招生宣传活动,学校应尽快处理好债权债务,并按规定程序依法终止办学。名单公布如下:……株洲华某政法专修学院……”2018 年 10 月 18 日,株洲市民政局作出株民罚决字(2018)第 29 号行政处罚决定书,以原审第三人华某政法学院在社会组织登记管理年检工作中存在连续三年以上未以任何形式接受登记管理机关年检为由,决定对其依法撤销登记。《民促法》第五十八条规定:“民办学校终止时,应当依法进行财务清算。民办学校自己要求终止的,由民办学校组织清算;被审批机关依法撤销的,由审批机关组织清算;因资不抵债无法继续办学而被终止的,由人民法院组织清算。”本案原审第三人华某政法学院被湖南省教育厅决定停止招生、按规定程序终止办学且被株洲市民政局撤销登记,其依法应当由审批机关组织清算。原审判决认为在审批机关未能组织清算的情况下,董事会依法或依章程可以成立清算组织,没有法律依据。

关于上诉人叶某豪与被上诉人彭某章于 2005 年 8 月 22 日订立的协议书,其内容实质上系对原审第三人华某政法学院举办权的转让。根据《民促法》第五十四条的规定:“民办学校举办者的变更,须由举办者提出,在进行财务清算后,经学校理事会或者董事会同意,报审批机关核准。”由于芦淞区人民法院作出的(2020)湘 0203 民初 5738 号民事调解书已确认上诉人叶某豪与被上诉人彭某章订立的该协议书无效,且原审第三人华某政法学院变更举办者未经过法定程序,故不能发生举办者变更的法律效力。原审第三人华某政法学院的举办者和法定代表人仍系上诉人叶某豪,而被上诉人组织的清算领导小组中未包含上诉人,不利于原审第三人全面、客观、真实、公正地开展清算工作。根据《最高人民法院关于对因资不抵债无法继续办学被终止的民办学校如何组织清算问题的批复》“……依照《中华人民共和国民办教育促进法》第十条批准设立的民办学校因资不抵债无法继续办学被终止,当事人依照《中华人民共和国民办教育促进法》第五十八条第二款规定向人民法院申请清算的,人民法院应当依法受理”的规定,在有关审批机关无法组织清算的情况下,若原审第三人华某政法学院确实存在资不抵债的情形,有关当事人可以依法向人民法院申请清算。

【裁判结果】

一审裁判结果:驳回原告叶某豪的诉讼请求。

二审裁判结果:1. 撤销湖南省株洲市天元区人民法院(2022)湘 0211 民初 1360 号民事判决;

2. 确认彭某章、鲁某堂成立株洲华某政法专修学院资产处置和清算工作领导小组的行为无效。

【案例评析】

《民促法》第五十八条规定:"民办学校终止时,应当依法进行财务清算。民办学校自己要求终止的,由民办学校组织清算;被审批机关依法撤销的,由审批机关组织清算;因资不抵债无法继续办学而被终止的,由人民法院组织清算。"本案原审第三人华某政法学院被湖南省教育厅决定停止招生、按规定程序终止办学且被株洲市民政局撤销登记,其依法应当由审批机关组织清算。故该清算组的成立并无合法性,故其之后所做行为并不当然具有合法性。但是该判决所谓因其本身不具有合法性,所做行为无效的表述,有待商榷,清算组成立的合法性与之后所达成合同能否有效并不具有必然联系,判断合同是否有效还是应当依照《中华人民共和国民法典》第一百四十三条的规定:具备下列条件的民事法律行为有效:(1)行为人具有相应的民事行为能力;(2)意思表示真实;(3)不违反法律、行政法规的强制性规定,不违背公序良俗。该案涉及的强制性规定,即《民促法》第五十八条仅是清算组成立的强制性规定,并非对其所做行为效力认定的强制性规定。

第九章　法 律 责 任

第六十一条　【民办学校违反教育法、教师法应当承担的法律责任】

民办学校在教育活动中违反教育法、教师法规定的，依照教育法、教师法的有关规定给予处罚。

关联规定

《中华人民共和国教育法》（节录）

（2021年4月29日中华人民共和国主席令第80号公布　自2021年4月30日起施行）

第七十一条　违反国家有关规定，不按照预算核拨教育经费的，由同级人民政府限期核拨；情节严重的，对直接负责的主管人员和其他直接责任人员，依法给予处分。

违反国家财政制度、财务制度，挪用、克扣教育经费的，由上级机关责令限期归还被挪用、克扣的经费，并对直接负责的主管人员和其他直接责任人员，依法给予处分；构成犯罪的，依法追究刑事责任。

第七十二条　结伙斗殴、寻衅滋事，扰乱学校及其他教育机构教育教学秩序或者破坏校舍、场地及其他财产的，由公安机关给予治安管理处罚；构成犯罪的，依法追究刑事责任。

侵占学校及其他教育机构的校舍、场地及其他财产的，依法承担民事责任。

第七十三条　明知校舍或者教育教学设施有危险，而不采取措施，造成人员伤亡或者重大财产损失的，对直接负责的主管人员和其他直接责任人员，依法追究刑事责任。

第七十四条 违反国家有关规定,向学校或者其他教育机构收取费用的,由政府责令退还所收费用;对直接负责的主管人员和其他直接责任人员,依法给予处分。

第七十五条 违反国家有关规定,举办学校或者其他教育机构的,由教育行政部门或者其他有关行政部门予以撤销;有违法所得的,没收违法所得;对直接负责的主管人员和其他直接责任人员,依法给予处分。

第七十六条 学校或者其他教育机构违反国家有关规定招收学生的,由教育行政部门或者其他有关行政部门责令退回招收的学生,退还所收费用;对学校、其他教育机构给予警告,可以处违法所得五倍以下罚款;情节严重的,责令停止相关招生资格一年以上三年以下,直至撤销招生资格、吊销办学许可证;对直接负责的主管人员和其他直接责任人员,依法给予处分;构成犯罪的,依法追究刑事责任。

第七十七条 在招收学生工作中滥用职权、玩忽职守、徇私舞弊的,由教育行政部门或者其他有关行政部门责令退回招收的不符合入学条件的人员;对直接负责的主管人员和其他直接责任人员,依法给予处分;构成犯罪的,依法追究刑事责任。

盗用、冒用他人身份,顶替他人取得的入学资格的,由教育行政部门或者其他有关行政部门责令撤销入学资格,并责令停止参加相关国家教育考试二年以上五年以下;已经取得学位证书、学历证书或者其他学业证书的,由颁发机构撤销相关证书;已经成为公职人员的,依法给予开除处分;构成违反治安管理行为的,由公安机关依法给予治安管理处罚;构成犯罪的,依法追究刑事责任。

与他人串通,允许他人冒用本人身份,顶替本人取得的入学资格的,由教育行政部门或者其他有关行政部门责令停止参加相关国家教育考试一年以上三年以下;有违法所得的,没收违法所得;已经成为公职人员的,依法给予处分;构成违反治安管理行为的,由公安机关依法给予治安管理处罚;构成犯罪的,依法追究刑事责任。

组织、指使盗用或者冒用他人身份,顶替他人取得的入学资格的,有违法所得的,没收违法所得;属于公职人员的,依法给予处分;构成违反治安管理行为的,由公安机关依法给予治安管理处罚;构成犯罪的,依法追究刑事责任。

入学资格被顶替权利受到侵害的,可以请求恢复其入学资格。

第七十八条 学校及其他教育机构违反国家有关规定向受教育者收取费用

的，由教育行政部门或者其他有关行政部门责令退还所收费用；对直接负责的主管人员和其他直接责任人员，依法给予处分。

第七十九条 考生在国家教育考试中有下列行为之一的，由组织考试的教育考试机构工作人员在考试现场采取必要措施予以制止并终止其继续参加考试；组织考试的教育考试机构可以取消其相关考试资格或者考试成绩；情节严重的，由教育行政部门责令停止参加相关国家教育考试一年以上三年以下；构成违反治安管理行为的，由公安机关依法给予治安管理处罚；构成犯罪的，依法追究刑事责任：

（一）非法获取考试试题或者答案的；

（二）携带或者使用考试作弊器材、资料的；

（三）抄袭他人答案的；

（四）让他人代替自己参加考试的；

（五）其他以不正当手段获得考试成绩的作弊行为。

第八十条 任何组织或者个人在国家教育考试中有下列行为之一，有违法所得的，由公安机关没收违法所得，并处违法所得一倍以上五倍以下罚款；情节严重的，处五日以上十五日以下拘留；构成犯罪的，依法追究刑事责任；属于国家机关工作人员的，还应当依法给予处分：

（一）组织作弊的；

（二）通过提供考试作弊器材等方式为作弊提供帮助或者便利的；

（三）代替他人参加考试的；

（四）在考试结束前泄露、传播考试试题或者答案的；

（五）其他扰乱考试秩序的行为。

第八十一条 举办国家教育考试，教育行政部门、教育考试机构疏于管理，造成考场秩序混乱、作弊情况严重的，对直接负责的主管人员和其他直接责任人员，依法给予处分；构成犯罪的，依法追究刑事责任。

第八十二条 学校或者其他教育机构违反本法规定，颁发学位证书、学历证书或者其他学业证书的，由教育行政部门或者其他有关行政部门宣布证书无效，责令收回或者予以没收；有违法所得的，没收违法所得；情节严重的，责令停止相关招生资格一年以上三年以下，直至撤销招生资格、颁发证书资格；对直接负责的主管人员和其他直接责任人员，依法给予处分。

前款规定以外的任何组织或者个人制造、销售、颁发假冒学位证书、学历证书或者其他学业证书，构成违反治安管理行为的，由公安机关依法给予治安管理处罚；构成犯罪的，依法追究刑事责任。

以作弊、剽窃、抄袭等欺诈行为或者其他不正当手段获得学位证书、学历证书或者其他学业证书的，由颁发机构撤销相关证书。购买、使用假冒学位证书、学历证书或者其他学业证书，构成违反治安管理行为的，由公安机关依法给予治安管理处罚。

第八十三条　违反本法规定，侵犯教师、受教育者、学校或者其他教育机构的合法权益，造成损失、损害的，应当依法承担民事责任。

《中华人民共和国教师法》（节录）

（2009 年 8 月 27 日中华人民共和国主席令第 18 号公布　自 2009 年 8 月 27 日起施行）

第三十五条　侮辱、殴打教师的，根据不同情况，分别给予行政处分或者行政处罚；造成损害的，责令赔偿损失；情节严重，构成犯罪的，依法追究刑事责任。

第三十六条　对依法提出申诉、控告、检举的教师进行打击报复的，由其所在单位或者上级机关责令改正；情节严重的，可以根据具体情况给予行政处分。

国家工作人员对教师打击报复构成犯罪的，依照刑法有关规定追究刑事责任。

第三十七条　教师有下列情形之一的，由所在学校、其他教育机构或者教育行政部门给予行政处分或者解聘：

（一）故意不完成教育教学任务给教育教学工作造成损失的；

（二）体罚学生，经教育不改的；

（三）品行不良、侮辱学生，影响恶劣的。

教师有前款第（二）项、第（三）项所列情形之一，情节严重，构成犯罪的，依法追究刑事责任。

第三十八条　地方人民政府对违反本法规定，拖欠教师工资或者侵犯教师其他合法权益的，应当责令其限期改正。

违反国家财政制度、财务制度，挪用国家财政用于教育的经费，严重妨碍教育教学工作，拖欠教师工资，损害教师合法权益的，由上级机关责令限期归还被挪用的经费，并对直接责任人员给予行政处分；情节严重，构成犯罪的，依法追究刑事责任。

第三十九条 教师对学校或者其他教育机构侵犯其合法权益的，或者对学校或者其他教育机构作出的处理不服的，可以向教育行政部门提出申诉，教育行政部门应当在接到申诉的三十日内，作出处理。

教师认为当地人民政府有关行政部门侵犯其根据本法规定享有的权利的，可以向同级人民政府或者上一级人民政府有关部门提出申诉，同级人民政府或者上一级人民政府有关部门应当作出处理。

《中华人民共和国义务教育法》（节录）

（2018年12月29日中华人民共和国主席令第22号公布　自2018年12月29日起施行）

第五十五条 学校或者教师在义务教育工作中违反教育法、教师法规定的，依照教育法、教师法的有关规定处罚。

《中华人民共和国职业教育法》（节录）

（2022年4月20日中华人民共和国主席令第112号公布　自2022年5月1日起施行）

第六十三条 在职业教育活动中违反《中华人民共和国教育法》、《中华人民共和国劳动法》等有关法律规定的，依照有关法律的规定给予处罚。

《最高人民法院、最高人民检察院关于办理伪造、贩卖伪造的高等院校学历、学位证明刑事案件如何适用法律问题的解释》

（2001年7月3日法释〔2001〕22号公布　自2001年7月3日起施行）

为依法惩处伪造、贩卖伪造的高等院校学历、学位证明的犯罪活动，现就办理这类案件适用法律的有关问题解释如下：

对于伪造高等院校印章制作学历、学位证明的行为，应当依照刑法第二百八十条第二款的规定，以伪造事业单位印章罪定罪处罚。

明知是伪造高等院校印章制作的学历、学位证明而贩卖的，以伪造事业单位印章罪的共犯论处。

第六十二条　【民办学校违法情形及其应当承担的法律责任】

民办学校有下列行为之一的，由县级以上人民政府教育行政部门、人力资源社会保障行政部门或者其他有关部门责令限期改正，并予以警告；有违法所得的，退还所收费用后没收违法所得；情节严重的，责令停止招生、吊销办学许可证；构成犯罪的，依法追究刑事责任：

（一）擅自分立、合并民办学校的；

（二）擅自改变民办学校名称、层次、类别和举办者的；

（三）发布虚假招生简章或者广告，骗取钱财的；

（四）非法颁发或者伪造学历证书、结业证书、培训证书、职业资格证书的；

（五）管理混乱严重影响教育教学，产生恶劣社会影响的；

（六）提交虚假证明文件或者采取其他欺诈手段隐瞒重要事实骗取办学许可证的；

（七）伪造、变造、买卖、出租、出借办学许可证的；

（八）恶意终止办学、抽逃资金或者挪用办学经费的。

关联规定

《中华人民共和国义务教育法》（节录）

（2018 年 12 月 29 日中华人民共和国主席令第 22 号公布　自 2018 年 12 月 29 日起施行）

第五十六条　学校违反国家规定收取费用的，由县级人民政府教育行政部门责令退还所收费用；对直接负责的主管人员和其他直接责任人员依法给予处分。

学校以向学生推销或者变相推销商品、服务等方式谋取利益的，由县级人民政府教育行政部门给予通报批评;有违法所得的,没收违法所得;对直接负责的主管人员和其他直接责任人员依法给予处分。

国家机关工作人员和教科书审查人员参与或者变相参与教科书编写的,由县级以上人民政府或者其教育行政部门根据职责权限责令限期改正,依法给予行政处分;有违法所得的,没收违法所得。

第五十七条 学校有下列情形之一的,由县级人民政府教育行政部门责令限期改正;情节严重的,对直接负责的主管人员和其他直接责任人员依法给予处分:

(一)拒绝接收具有接受普通教育能力的残疾适龄儿童、少年随班就读的;

(二)分设重点班和非重点班的;

(三)违反本法规定开除学生的;

(四)选用未经审定的教科书的。

《中华人民共和国职业教育法》(节录)

(2022年4月20日中华人民共和国主席令第112号公布 自2022年5月1日起施行)

第六十五条 职业学校、职业培训机构在职业教育活动中违反本法规定的,由教育行政部门或者其他有关部门责令改正;教育教学质量低下或者管理混乱,造成严重后果的,责令暂停招生、限期整顿;逾期不整顿或者经整顿仍达不到要求的,吊销办学许可证或者责令停止办学。

第六十六条 接纳职业学校和职业培训机构学生实习的单位违反本法规定,侵害学生休息休假、获得劳动安全卫生保护、参加相关保险、接受职业技能指导等权利的,依法承担相应的法律责任。

职业学校、职业培训机构违反本法规定,通过人力资源服务机构、劳务派遣单位或者非法从事人力资源服务、劳务派遣业务的单位或个人组织、安排、管理学生实习实训的,由教育行政部门、人力资源社会保障行政部门或者其他有关部门责令改正,没收违法所得,并处违法所得一倍以上五倍以下的罚款;违法所得不足一万元的,按一万元计算。

对前款规定的人力资源服务机构、劳务派遣单位或者非法从事人力资源服务、劳务派遣业务的单位或个人,由人力资源社会保障行政部门或者其他有关部门责令改正，没收违法所得，并处违法所得一倍以上五倍以下的罚款；违法所得不足一万元的，按一万元计算。

《中华人民共和国学前教育法》（节录）

（2024 年 11 月 8 日中华人民共和国主席令第 34 号公布　自 2025 年 6 月 1 日起施行）

第七十九条　幼儿园有下列情形之一的，由县级以上地方人民政府教育等有关部门按照职责分工责令限期改正，并予以警告；有违法所得的，退还所收费用后没收违法所得；情节严重的，责令停止招生、吊销办学许可证：

（一）组织入园考试或者测试；

（二）因管理疏忽或者放任发生体罚或者变相体罚、歧视、侮辱、虐待、性侵害等危害学前儿童身心安全的行为；

（三）未依法加强安全防范建设、履行安全保障责任，或者未依法履行卫生保健责任；

（四）使用未经审定的课程教学类资源；

（五）采用小学化的教育方式或者教授小学阶段的课程；

（六）开展与学前儿童身心发展规律、年龄特点不符的活动，或者组织学前儿童参与商业性活动；

（七）未按照规定配备幼儿园教师或者其他工作人员；

（八）违反规定收取费用；

（九）克扣、挪用学前儿童伙食费。

依照前款规定被吊销办学许可证的幼儿园，应当妥善安置在园儿童。

《中华人民共和国民办教育促进法实施条例》（节录）

（2021 年 4 月 7 日中华人民共和国国务院令第 741 号公布　自 2021 年 9 月 1 日起施行）

第六十二条　民办学校举办者及实际控制人、决策机构或者监督机构组成人员有下列情形之一的，由县级以上人民政府教育行政部门、人力资源社会保障行政部门或者其他有关部门依据职责分工责令限期改正，有违法所得的，退还所收费用后没收违法所得；情节严重的，1 至 5 年内不得新成为民办学校举办者或实际控制人、决策机构或者监督机构组成人员；情节特别严重、社会影响恶劣的，永久不得新成为民办学校举办者或实际控制人、决策机构或者监督机构组成人员；构成违反治安管理行为的，由公安机关依法给予治安管理处罚；构成犯罪的，依法追究刑事责任：

（一）利用办学非法集资，或者收取与入学关联的费用的；

（二）未按时、足额履行出资义务，或者抽逃出资、挪用办学经费的；

（三）侵占学校法人财产或者非法从学校获取利益的；

（四）与实施义务教育的民办学校进行关联交易，或者与其他民办学校进行关联交易损害国家利益、学校利益和师生权益的；

（五）伪造、变造、买卖、出租、出借办学许可证的；

（六）干扰学校办学秩序或者非法干预学校决策、管理的；

（七）擅自变更学校名称、层次、类型和举办者的；

（八）有其他危害学校稳定和安全、侵犯学校法人权利或者损害教职工、受教育者权益的行为的。

第六十三条 民办学校有下列情形之一的，依照民办教育促进法第六十二条规定给予处罚：

（一）违背国家教育方针，偏离社会主义办学方向，或者未保障学校党组织履行职责的；

（二）违反法律、行政法规和国家有关规定开展教育教学活动的；

（三）理事会、董事会或者其他形式决策机构未依法履行职责的；

（四）教学条件明显不能满足教学要求、教育教学质量低下，未及时采取措施的；

（五）校舍、其他教育教学设施设备存在重大安全隐患，未及时采取措施的；

（六）侵犯受教育者的合法权益，产生恶劣社会影响的；

（七）违反国家规定聘任、解聘教师，或者未依法保障教职工待遇的；

（八）违反规定招生，或者在招生过程中弄虚作假的；

（九）超出办学许可范围，擅自改变办学地址或者设立分校的；

（十）未依法履行公示办学条件和教育质量有关材料、财务状况等信息披露义务，或者公示的材料不真实的；

（十一）未按照国家统一的会计制度进行会计核算、编制财务会计报告，财务、资产管理混乱，或者违反法律、法规增加收费项目、提高收费标准的；

（十二）有其他管理混乱严重影响教育教学的行为的。

法律、行政法规对前款规定情形的处罚另有规定的，从其规定。

第六十四条 民办学校有民办教育促进法第六十二条或者本条例第六十三条规定的违法情形的，由县级以上人民政府教育行政部门、人力资源社会保障行政部门或者其他有关部门依据职责分工对学校决策机构负责人、校长及直接责任人予以警告；情节严重的，1至5年内不得新成为民办学校决策机构负责人或者校长；情节特别严重、社会影响恶劣的，永久不得新成为民办学校决策机构负责人或者校长。

同时举办或者实际控制多所民办学校的举办者或者实际控制人违反本条例规定，对所举办或者实际控制的民办学校疏于管理，造成恶劣影响的，由县级以上教育行政部门、人力资源社会保障行政部门或者其他有关部门依据职责分工责令限期整顿；拒不整改或者整改后仍发生同类问题的，1至5年内不得举办新的民办学校，情节严重的，10年内不得举办新的民办学校。

《中华人民共和国中外合作办学条例》（节录）

（2019年3月2日中华人民共和国国务院令第709号公布　自2019年3月2日起施行）

第五十二条 违反本条例的规定，在中外合作办学机构筹备设立期间招收学生的，由教育行政部门、劳动行政部门按照职责分工责令停止招生，责令退还向学生收取的费用，并处以10万元以下的罚款；情节严重，拒不停止招生的，由审批机关撤销筹备设立批准书。

第五十三条 中外合作办学者虚假出资或者在中外合作办学机构成立后抽逃出资的，由教育行政部门、劳动行政部门按照职责分工责令限期改正；逾期不改正的，由教育行政部门、劳动行政部门按照职责分工处以虚假出资金额或者抽逃出资金额2倍以下的罚款。

第五十四条 伪造、变造和买卖中外合作办学许可证的，依照刑法关于伪造、变造、买卖国家机关证件罪或者其他罪的规定，依法追究刑事责任。

第五十五条 中外合作办学机构未经批准增加收费项目或者提高收费标准的，由教育行政部门、劳动行政部门按照职责分工责令退还多收的费用，并由市场监督管理部门依照有关法律、行政法规的规定予以处罚。

第五十六条 中外合作办学机构管理混乱、教育教学质量低下，造成恶劣影响的，由教育行政部门、劳动行政部门按照职责分工责令限期整顿并予以公告；情节严重、逾期不整顿或者经整顿仍达不到要求的，由教育行政部门、劳动行政部门按照职责分工责令停止招生、吊销中外合作办学许可证。

第五十七条 违反本条例的规定，发布虚假招生简章，骗取钱财的，由教育行政部门、劳动行政部门按照职责分工，责令限期改正并予以警告；有违法所得的，退还所收费用后没收违法所得，并可处以 10 万元以下的罚款；情节严重的，责令停止招生、吊销中外合作办学许可证；构成犯罪的，依照刑法关于诈骗罪或者其他罪的规定，依法追究刑事责任。中外合作办学机构发布虚假招生广告的，依照《中华人民共和国广告法》的有关规定追究其法律责任。

第五十八条 中外合作办学机构被处以吊销中外合作办学许可证行政处罚的，其理事长或者董事长、校长或者主要行政负责人自中外合作办学许可证被吊销之日起 10 年内不得担任任何中外合作办学机构的理事长或者董事长、校长或者主要行政负责人。

违反本条例的规定，触犯刑律被依法追究刑事责任的，自刑罚执行期满之日起 10 年内不得从事中外合作办学活动。

《独立学院设置与管理办法》（节录）

（2015 年 11 月 10 日中华人民共和国教育部令第 38 号公布　自 2015 年 11 月 10 日起施行）

第五十五条 独立学院举办者虚假出资或者在独立学院设立后抽逃资金、挪用办学经费的，由省级教育行政部门会同有关部门责令限期改正，并按照民办教育促进法的有关规定给予处罚。

第五十六条 独立学院有下列情形之一的，由省级教育行政部门责令限期改

正,并视情节轻重,给予警告、1 至 3 万元的罚款、减少招生计划或者暂停招生的处罚:

（一）独立学院资产不按期过户的;

（二）发布未经备案的招生简章或广告的;

（三）年检不合格的;

（四）违反国家招生计划擅自招收学生的。

第五十七条　独立学院违反民办教育促进法以及其他法律法规规定的,由省级教育行政部门或者会同有关部门给予处罚。

《教育行政处罚暂行实施办法》(节录)

（1998 年 3 月 6 日中华人民共和国国家教育委员会令第 27 号公布 自 1998 年 3 月 6 日起施行）

第四条　实施教育行政处罚的机关,除法律、法规另有规定的外,必须是县级以上人民政府的教育行政部门。

教育行政部门可以委托符合《中华人民共和国行政处罚法》第十九条规定的组织实施处罚。

受委托组织应以委托教育行政部门的名义作出处罚决定;委托教育行政部门应对受委托组织实施处罚的行为进行监督,并对其处罚行为的后果承担法律责任。

教育行政部门委托实施处罚,应当与受委托组织签订《教育行政处罚委托书》,在《教育行政处罚委托书》中依法规定双方实施处罚的权利与义务。

第五条　教育行政处罚由违法行为发生地的教育行政部门管辖。

对给予撤销学校或者其他教育机构处罚的案件,由批准该学校或者其他教育机构设立的教育行政部门管辖。

国务院教育行政部门管辖以下处罚案件:应当由其撤销高等学校或者其他教育机构的案件;应当由其撤销教师资格的案件;全国重大、复杂的案件以及教育法律、法规规定由其管辖的处罚案件。

除国务院教育行政部门管辖的处罚案件外,对其他各级各类学校或者其他教育机构及其内部人员处罚案件的管辖为:

(一)对高等学校或者其他高等教育机构及其内部人员的处罚,为省级人民政府教育行政部门;

(二)对中等学校或者其他中等教育及其机构内部人员的处罚,为省级或地、设区的市级人民政府教育行政部门;

(三)对实施初级中等以下义务教育的学校或者其他教育机构、幼儿园及其内部人员的处罚,为县、区级人民政府教育行政部门。

第六条 上一级教育行政部门认为必要时,可以将下一级教育行政部门管辖的处罚案件提到本部门处理;下一级教育行政部门认为所管辖的处罚案件重大、复杂或超出本部门职权范围的,应当报请上一级教育行政部门处理。

第七条 两个以上教育行政部门对同一个违法行为都具有管辖权的,由最先立案的教育行政部门管辖;主要违法行为发生地的教育行政部门处理更为合适的,可以移送主要违法行为发生地的教育行政部门处理。

第八条 教育行政部门发现正在处理的行政处罚案件,还应由其他行政主管机关处罚的,应向有关行政机关通报情况、移送材料并协商意见;对构成犯罪的,应先移送司法机关依法追究刑事责任。

第九条 教育行政处罚的种类包括:

(一)警告;

(二)罚款;

(三)没收违法所得,没收违法颁发、印制的学历证书、学位证书及其他学业证书;

(四)撤销违法举办的学校和其他教育机构;

(五)取消颁发学历、学位和其他学业证书的资格;

(六)撤销教师资格;

(七)停考,停止申请认定资格;

(八)责令停止招生;

(九)吊销办学许可证;

(十)法律、法规规定的其他教育行政处罚。

教育行政部门实施上述处罚时,应当责令当事人改正、限期改正违法行为。

第十条 幼儿园在实施保育教学活动中具有下列情形之一的,由教育行政部门责令限期整顿,并视情节轻重给予停止招生、停止办园的处罚:

（一）未经注册登记，擅自招收幼儿的；

（二）园舍、设施不符合国家卫生标准、安全标准，妨害幼儿身体健康或威胁幼儿生命安全的；

（三）教育内容和方法违背幼儿教育规律，损害幼儿身心健康的。

具有下列情形之一的单位或个人，由教育行政部门对直接责任人员给予警告、一千元以下的罚款，或者由教育行政部门建议有关部门对责任人员给予行政处分：

（一）体罚或变相体罚幼儿的；

（二）使用有毒、有害物质制作教具、玩具的；

（三）克扣、挪用幼儿园经费的；

（四）侵占、破坏幼儿园园舍、设备的；

（五）干扰幼儿园正常工作秩序的；

（六）在幼儿园周围设置有危险、有污染或者影响幼儿园采光的建筑和设施的。

前款所列情形，情节严重，构成犯罪的，由司法机关依法追究刑事责任。

第十一条　适龄儿童、少年的父母或监护人，未按法律规定送子女或被监护人就学接受义务教育的，城市由市、市辖区人民政府或其指定机构，农村由乡级人民政府，对经教育仍拒绝送子女或被监护人就学的，根据情节轻重，给予罚款的处罚。

第十二条　违反法律、法规和国家有关规定举办学校或其他教育机构的，由教育行政部门予以撤销；有违法所得的，没收违法所得。

社会力量举办的教育机构，举办者虚假出资或者在教育机构成立后抽逃出资的，由审批的教育行政部门责令改正；拒不改正的，处以应出资金额或者抽逃资金额两倍以下、最高不超过十万元的罚款；情节严重的，由审批的教育行政部门给予责令停止招生、吊销办学许可证的处罚。

第十三条　非法举办国家教育考试的，由主管教育行政部门宣布考试无效；有违法所得的，没收违法所得。

第十四条　参加国家教育考试的考生，有下列情形之一的，由主管教育行政部门宣布考试无效；已经被录取或取得学籍的，由教育行政部门责令学校退回招收的学员；参加高等教育自学考试的应试者，有下列情形之一，情节严重的，由各省、自治区、直辖市高等教育自学考试委员会同时给予警告或停考一至三年的处罚：

（一）以虚报或伪造、涂改有关材料及其他欺诈手段取得考试资格的；

（二）在考试中有夹带、传递、抄袭、换卷、代考等考场舞弊行为的；

（三）破坏报名点、考场、评卷地点秩序，使考试工作不能正常进行或以其他方法影响、妨碍考试工作人员使其不能正常履行责任以及其他严重违反考场规则的行为。

第十五条 社会力量举办的学校或者其他教育机构不确定各类人员的工资福利开支占经常办学费用的比例或者不按照确定的比例执行的，或者将积累用于分配或者校外投资的，由审批的教育行政部门责令改正，并可给予警告；情节严重或者拒不改正的，由审批的教育行政部门给予责令停止招生、吊销办学许可证的处罚。

第十六条 社会力量举办的学校或者其他教育机构管理混乱，教学质量低下，造成恶劣影响的，由审批的教育行政部门限期整顿，并可给予警告；情节严重或经整顿后仍达不到要求的，由审批的教育行政部门给予责令停止招生、吊销办学许可证的处罚。

第十七条 学校或其他教育机构违反法律、行政法规的规定，颁发学位、学历或者其他学业证书的，由教育行政部门宣布该证书无效，责令收回或者予以没收；有违法所得的，没收违法所得；情节严重的，取消其颁发证书的资格。

第十八条 教师有下列情形之一的，由教育行政部门给予撤销教师资格、自撤销之日起五年内不得重新申请认定教师资格的处罚：

（一）弄虚作假或以其他欺骗手段获得教师资格的；

（二）品行不良、侮辱学生，影响恶劣的。

受到剥夺政治权利或因故意犯罪受到有期徒刑以上刑事处罚的教师，永久丧失教师资格。

上述被剥夺教师资格教师的教师资格证书应由教育行政部门收缴。

第十九条 参加教师资格考试的人员有作弊行为的，其考试成绩作废，并由教育行政部门给予三年内不得参加教师资格考试的处罚。

第二十条 实施教育行政处罚，应当根据法定的条件和案件的具体情况分别适用《中华人民共和国行政处罚法》和本办法规定的简易程序、一般程序和听证程序。

第二十一条 教育行政处罚执法人员持有能够证明违法事实的确凿证据和法定的依据,对公民处以五十元以下、对法人或者其他组织处以一千元以下罚款或给予警告处罚的,可以适用简易程序,当场作出处罚决定,但应报所属教育行政部门备案。

第二十二条 执法人员当场作出教育行政处罚决定的,应当向当事人出示执法身份证件,制作《教育行政处罚当场处罚笔录》,填写《教育行政处罚当场处罚决定书》,按规定格式载明当事人的违法行为、处罚依据、给予的处罚、时间、地点以及教育行政部门的名称,由教育行政执法人员签名或者盖章后,当场交付当事人。

第二十三条 除依法适用简易程序和听证程序以外,对其他教育违法行为的处罚应当适用一般程序。

教育行政部门发现公民、法人或者其他组织有应当给予教育行政处罚的违法行为的,应当作出立案决定,进行调查。教育行政部门在调查时,执法人员不得少于两人。

执法人员与当事人有直接利害关系的,应当主动回避,当事人有权以口头或者书面方式申请他们回避。执法人员的回避,由其所在教育行政部门的负责人决定。

第二十四条 教育行政部门必须按照法定程序和方法,全面、客观、公正地调查、收集有关证据;必要时,依照法律、行政法规的规定,可以进行检查。教育行政部门在进行检查时,执法人员不得少于两人。

教育行政部门在收集证据时,对可能灭失或者以后难以取得的证据,经教育行政部门负责人批准,可以将证据先行登记,就地封存。

第二十五条 在作出处罚决定前,教育行政部门应当发出《教育行政处罚告知书》,告知当事人作出处罚决定的事实、理由和依据,并告知当事人依法享有的陈述权、申辩权和其他权利。

当事人在收到《教育行政处罚告知书》后七日内,有权向教育行政部门以书面方式提出陈述、申辩意见以及相应的事实、理由和证据。教育行政部门必须充分听取当事人的意见,对当事人提出的事实、理由和证据应进行复核,当事人提出的事实、理由或者证据成立的,教育行政部门应当采纳。教育行政部门不得因当事人的申辩而加重处罚。

第二十六条 调查终结,案件承办人员应当向所在教育行政部门负责人提交《教育行政处罚调查处理意见书》,详细陈述所查明的事实、应当作出的处理意见及其理由和依据并应附上全部证据材料。教育行政部门负责人应当认真审查调查结果,按照《中华人民共和国行政处罚法》第三十八条的规定,根据不同情况作出决定。

教育行政部门决定给予行政处罚的,应当按照《中华人民共和国行政处罚法》第三十九条的规定,制作《教育行政处罚决定书》。

《教育行政处罚决定书》的送达,应当按照《中华人民共和国行政处罚法》第四十条和《中华人民共和国民事诉讼法》第七章第二节的规定执行。

第二十七条 教育行政部门在作出本办法第九条第(三)、(四)、(五)、(六)、(七)、(八)、(九)项之一以及较大数额罚款的处罚决定前,除应当告知作出处罚决定的事实、理由和依据外,还应当书面告知当事人有要求举行听证的权利。

前款所指的较大数额的罚款,标准为:由国务院教育行政部门作出罚款决定的,为五千元以上;由地方人民政府教育行政部门作出罚款决定的,具体标准由省一级人民政府决定。

当事人在教育行政部门告知后三日内提出举行听证要求的,教育行政部门应当按照《中华人民共和国行政处罚法》第四十二条的规定,组织听证。

第二十八条 听证结束后,听证主持人应当提出《教育行政处罚听证报告》,连同听证笔录和有关证据呈报教育行政部门负责人。教育行政部门负责人应当对《教育行政处罚听证报告》进行认真审查,并按照《中华人民共和国行政处罚法》第三十八条的规定作出处罚决定。

第二十九条 除依照《中华人民共和国行政处罚法》的规定可以当场收缴罚款外,作出罚款决定的教育行政部门应当与收缴罚款的机构分离,有关罚款的收取、缴纳及相关活动,适用国务院《罚款决定与罚款收缴分离实施办法》的规定。

第三十条 教育行政处罚决定作出后,当事人应当在行政处罚决定的期限内,予以履行。当事人逾期不履行的,教育行政部门可以申请人民法院强制执行。

第三十一条 当事人对行政处罚决定不服的,有权依据法律、法规的规定,申请行政复议或者提起行政诉讼。

行政复议、行政诉讼期间,行政处罚不停止执行。

第三十二条 教育行政部门的职能机构查处教育行政违法案件需要给予处

罚的,应当以其所属的教育行政部门的名义作出处罚决定。

教育行政部门的法制工作机构,依法对教育行政执法工作进行监督检查,对教育行政部门的其他职能机构作出的行政处罚调查处理意见进行复核,并在其职责范围内具体负责组织听证及其他行政处罚工作。

第三十三条 教育行政部门及其工作人员在实施教育行政处罚中,有违反《中华人民共和国行政处罚法》和本办法行为的,应当按照《中华人民共和国行政处罚法》第七章的规定追究法律责任。

教育行政部门应当加强对行政处罚的监督检查,认真审查处理有关申诉和检举;发现教育行政处罚有错误的,应当主动改正;对当事人造成损害的,应当依法赔偿。

第三十四条 教育行政部门应当建立行政处罚统计制度,每年向上一级教育行政部门和本级人民政府提交一次行政处罚统计报告。

《中华人民共和国中外合作办学条例实施办法》(节录)

(2004 年 6 月 2 日中华人民共和国教育部令第 20 号公布 自 2004 年 7 月 1 日起施行)

第五十四条 中外合作办学项目审批机关及其工作人员,利用职务上的便利收取他人财物或者获取其他利益,滥用职权、玩忽职守,对不符合本办法规定条件者颁发中外合作办学项目批准书,或者发现违法行为不予以查处,造成严重后果,构成犯罪的,依法追究刑事责任;尚不构成犯罪的,依法给予行政处分。

第五十五条 违反本办法的规定,超越职权审批中外合作办学项目的,其批准文件无效,由上级机关责令改正;对负有责任的主管人员和其他直接责任人员,依法给予行政处分。

第五十七条 中外合作办学项目有下列情形之一的,由审批机关责令限期改正,并视情节轻重,处以警告或者 3 万元以下的罚款;对负有责任的主管人员和其他直接责任人员,依法给予行政处分。

(一)发布虚假招生简章或者招生广告,骗取钱财的;

(二)擅自增加收费项目或者提高收费标准的;

(三)管理混乱,教育教学质量低下的;

（四）未按照国家有关规定进行财务管理的；

（五）对办学结余进行分配的。

《学校食品安全与营养健康管理规定》（节录）

（2019年3月11日中华人民共和国教育部、中华人民共和国国家市场监督管理总局、中华人民共和国国家卫生健康委员会令第45号发布　自2019年4月1日起施行）

第五十四条　违反本规定第二十五条、第二十六条、第二十七条第一款、第三十三条，以及第三十四条第（一）项、第（二）项、第（五）项，学校食堂（或者供餐单位）未按规定建立食品安全管理制度，或者未按规定制定、实施餐饮服务经营过程控制要求的，由县级以上人民政府食品安全监督管理部门依照食品安全法第一百二十六条第一款的规定处罚。

违反本规定第三十四条第（三）项、第（四）项，学校食堂（或者供餐单位）未查验或者留存食用农产品生产者、集中交易市场开办者或者经营者的社会信用代码或者身份证复印件或者购货凭证、合格证明文件的，由县级以上人民政府食品安全监督管理部门责令改正；拒不改正的，给予警告，并处5000元以上3万元以下罚款。

第五十五条　违反本规定第三十六条第二款，学校食堂（或者供餐单位）采购、贮存亚硝酸盐（包括亚硝酸钠、亚硝酸钾）的，由县级以上人民政府食品安全监督管理部门责令改正，给予警告，并处5000元以上3万元以下罚款。

违反本规定第三十六条第三款，中小学、幼儿园食堂（或者供餐单位）制售冷荤类食品、生食类食品、裱花蛋糕，或者加工制作四季豆、鲜黄花菜、野生蘑菇、发芽土豆等高风险食品的，由县级以上人民政府食品安全监督管理部门责令改正；拒不改正的，给予警告，并处5000元以上3万元以下罚款。

第五十六条　违反本规定第四十条，学校食堂（或者供餐单位）未按要求留样的，由县级以上人民政府食品安全监督管理部门责令改正，给予警告；拒不改正的，处5000元以上3万元以下罚款。

第五十七条　有食品安全法以及本规定的违法情形，学校未履行食品安全管理责任，由县级以上人民政府食品安全管理部门会同教育部门对学校主要负责人进行约谈，由学校主管教育部门视情节对学校直接负责的主管人员和其他直接责任人员给予相应的处分。

实施营养改善计划的学校违反食品安全法律法规以及本规定的,应当从重处理。

第五十八条 学校食品安全的相关工作人员、相关负责人有下列行为之一的,由学校主管教育部门给予警告或者记过处分;情节较重的,应当给予降低岗位等级或者撤职处分;情节严重的,应当给予开除处分;构成犯罪的,依法移送司法机关处理:

(一)知道或者应当知道食品、食品原料劣质或者不合格而采购的,或者利用工作之便以其他方式谋取不正当利益的;

(二)在招投标和物资采购工作中违反有关规定,造成不良影响或者损失的;

(三)怠于履行职责或者工作不负责任、态度恶劣,造成不良影响的;

(四)违规操作致使师生人身遭受损害的;

(五)发生食品安全事故,擅离职守或者不按规定报告、不采取措施处置或者处置不力的;

(六)其他违反本规定要求的行为。

第五十九条 学校食品安全管理直接负责的主管人员和其他直接责任人员有下列情形之一的,由学校主管教育部门会同有关部门视情节给予相应的处分;构成犯罪的,依法移送司法机关处理:

(一)隐瞒、谎报、缓报食品安全事故的;

(二)隐匿、伪造、毁灭、转移不合格食品或者有关证据,逃避检查、使调查难以进行或者责任难以追究的;

(三)发生食品安全事故,未采取有效控制措施、组织抢救工作致使食物中毒事态扩大,或者未配合有关部门进行食物中毒调查、保留现场的;

(四)其他违反食品安全相关法律法规规定的行为。

第六十条 对于出现重大以上学校食品安全事故的地区,由国务院教育督导机构或者省级人民政府教育督导机构对县级以上地方人民政府相关负责人进行约谈,并依法提请有关部门予以追责。

第六十一条 县级以上人民政府食品安全监督管理、卫生健康、教育等部门未按照食品安全法等法律法规以及本规定要求履行监督管理职责,造成所辖区域内学校集中用餐发生食品安全事故的,应当依据食品安全法和相关规定,对直接负责的主管人员和其他直接责任人员,给予相应的处分;构成犯罪的,依法移送司法机关处理。

《托儿所幼儿园卫生保健管理办法》(节录)

(2010年9月6日中华人民共和国卫生部、中华人民共和国教育部令第76号公布　自2010年11月1日起施行)

第十九条　托幼机构有下列情形之一的,由卫生行政部门责令限期改正,通报批评;逾期不改的,给予警告;情节严重的,由教育行政部门依法给予行政处罚:

(一)未按要求设立保健室、卫生室或者配备卫生保健人员的;

(二)聘用未进行健康检查或者健康检查不合格的工作人员的;

(三)未定期组织工作人员健康检查的;

(四)招收未经健康检查或健康检查不合格的儿童入托幼机构的;

(五)未严格按照《托儿所幼儿园卫生保健工作规范》开展卫生保健工作的。

卫生行政部门应当及时将处理结果通报教育行政部门,教育行政部门将其作为托幼机构分级定类管理和质量评估的依据。

第二十条　托幼机构未取得《医疗机构执业许可证》擅自设立卫生室,进行诊疗活动的,按照《医疗机构管理条例》的有关规定进行处罚。

第二十一条　托幼机构未按照规定履行卫生保健工作职责,造成传染病流行、食物中毒等突发公共卫生事件的,卫生行政部门、教育行政部门依据相关法律法规给予处罚。

县级以上医疗卫生机构未按照本办法规定履行职责,导致托幼机构发生突发公共卫生事件的,卫生行政部门依据相关法律法规给予处罚。

第二十二条　小学附设学前班、单独设立的学前班参照本办法执行。

《少年儿童校外教育机构工作规程》(节录)

(2010年12月13日中华人民共和国教育部令第30号公布　自2010年12月13日起施行)

第三十一条　校外教育机构有下列情形之一的,由当地主管行政部门给予警告，限期改正、整顿，以至停办等处罚：

（一）未经批准，擅自设立校外教育机构的；

（二）校外教育机构开展的活动内容不健康，损害儿童身心健康的；

（三）校外教育机构开展活动以营利为目的的。

对主要责任人员，由所在单位或上级主管行政部门给予相应的行政处分；情节严重，构成犯罪的依法追究刑事责任。

《学校及其他教育机构聘用外籍专业人员管理办法》（节录）

（1996年1月29日外专发〔1996〕82号公布　自1996年1月29日起施行）

第十八条　对聘用外籍专业人员单位的处罚有警告和吊销《资格认可证书》两种。警告由各省、自治区、直辖市外事办公室及聘用单位的主管部门批准，报国家外国专家局备案；吊销《资格认可证书》由各省、自治区、直辖市外事办公室及聘用单位的主管部门提出，报国家外国专家局批准，同时抄报国家教育委员会备案。国家外国专家局也可直接实施各项处罚。

对聘用外籍专业人员单位的处罚主要依据有关法规和《聘请外国文教专家单位资格认可标准》，处罚细则另行制定。

第十九条　国家对聘用外籍专业人员单位实行年检注册制度，获当年注册的《资格认可证书》为有效证书。持未获当年注册的证书或无证书聘用外籍专业人员的属非法聘用行为，由公安部门依据相关法规执行处罚。

《职业学校学生实习管理规定》（节录）

（2021年12月31日教职成〔2021〕4号公布　自2021年12月31日起施行）

第四十六条　对违反本规定组织学生实习的职业学校，由职业学校主管部门依法责令改正。拒不改正或者管理混乱，造成严重后果、恶劣影响的，应当对学校依据《中华人民共和国教育法》《中华人民共和国职业教育法》给予相应处罚，对直接负责的主管人员和其他直接责任人依照有关规定给予处分。因工作失误造成重大事故的,应当依法依规对相关责任人追究责任。

《校外培训行政处罚暂行办法》(节录)

(2023 年 8 月 23 日中华人民共和国教育部令第 53 号公布　自 2023 年 10 月 25 日起施行)

第三条　实施校外培训行政处罚,应当遵循公正、公开的原则,坚持处罚与教育相结合、宽严相济,做到事实清楚、证据确凿、依据正确、程序合法、处罚适当。

第四条　对实施行政处罚过程中知悉的国家秘密、商业秘密和个人隐私,应当依法予以保密;为履行法定职责处理个人信息,应当依照法律、法规规定的权限、程序进行,不得超出履行法定职责所必需的范围和限度。

第五条　校外培训行政处罚的种类包括:

(一)警告、通报批评;

(二)罚款、没收违法所得、没收非法财物;

(三)责令停止招收学员;

(四)责令停止举办;

(五)吊销许可证件;

(六)限制从业;

(七)法律、行政法规规定的其他行政处罚。

第六条　校外培训行政处罚由县级以上人民政府校外培训主管部门依法按照行政处罚权限实施。校外培训主管部门由省级人民政府根据国家有关规定确定。

校外培训行政处罚由综合行政执法部门实施的,校外培训主管部门应当与综合行政执法部门建立行政执法信息互联互通、执法过程协作配合、执法结果及时反馈的工作机制。

校外培训行政处罚由乡镇人民政府、街道办事处实施的,县级校外培训主管部门应当加强对乡镇街道校外培训行政处罚工作的组织协调、业务指导、执法监督。

第七条　校外培训主管部门可以在法定权限内书面委托符合行政处罚法规

定条件的组织实施行政处罚。

委托书应当载明委托的具体事项、权限、期限等内容，并应当将委托书向社会公布。

委托行政机关应当对受委托组织实施行政处罚的行为进行监督，并对该行为的后果承担法律责任。

受委托组织在委托范围内，以委托行政机关的名义实施行政处罚；不得再委托其他任何组织或者个人实施行政处罚。

第八条　对线下校外培训违法行为的行政处罚，由违法行为发生地县级人民政府校外培训主管部门管辖。违法行为发生地与机构审批地不一致的，机构审批地有关部门应当依法予以协助。

第九条　对经审批的线上校外培训机构违法行为的行政处罚，由机构审批机关管辖；对未经审批进行线上校外培训活动的行政处罚，由违法主体所在地省级人民政府校外培训主管部门管辖。

违法行为发生地省级人民政府校外培训主管部门先行发现线上校外培训违法线索或者收到投诉、举报的，也可以进行管辖，机构审批地或者违法主体所在地校外培训主管部门应当依法予以协助。

第十条　两个以上校外培训主管部门对同一个校外培训违法行为都有管辖权的，由最先立案的校外培训主管部门管辖。

对管辖发生争议的，应当协商解决，协商不成的，报请共同的上一级校外培训主管部门或者同级人民政府指定管辖；也可以直接由共同的上一级校外培训主管部门指定管辖。

校外培训主管部门发现立案查处的案件不属于本部门管辖的，应当将案件移送有管辖权的校外培训主管部门。受移送的校外培训主管部门对管辖权有异议的，应当报请共同的上一级校外培训主管部门或者同级人民政府指定管辖，不得再自行移送。

第十一条　上级人民政府校外培训主管部门有权直接查处下级部门管辖的校外培训违法案件。

上级人民政府校外培训主管部门可以将某个下级部门管辖的校外培训违法案件指定其他下级人民政府校外培训主管部门管辖。

第十二条　地方各级人民政府校外培训主管部门发现校外培训违法行为涉

嫌违反治安管理、出入境管理等法律法规的，应当及时移送公安机关予以处罚；涉嫌犯罪的，应当及时按照有关规定移送司法机关，依法追究刑事责任。

第十三条 对当事人的同一个校外培训违法行为，不得给予两次以上罚款的行政处罚。

同一个校外培训违法行为违反多个法律规范，应当给予罚款处罚的，按照罚款数额高的规定处罚。

第十四条 当事人有下列情形之一，应当从轻或者减轻行政处罚：

（一）主动消除或者减轻违法行为危害后果的；

（二）受他人胁迫或者诱骗实施违法行为的；

（三）主动供述校外培训主管部门尚未掌握的违法行为的；

（四）配合校外培训主管部门查处违法行为有立功表现的；

（五）法律、法规、规章规定其他应当从轻或者减轻行政处罚的。

第十五条 当事人有下列情形之一的，不予处罚，但应当对其进行教育：

（一）校外培训违法行为轻微并及时改正，没有造成危害后果的；

（二）当事人有证据足以证明没有主观过错的；

（三）违法行为已经超过给予行政处罚的法定期限的；

（四）法律、法规、规章规定的其他不予处罚情形。

初次违法且危害后果轻微并及时改正的，可以不予处罚。

第十六条 当事人有下列情形之一，应当依法从重处罚：

（一）实施校外培训违法行为被处理后两年内再次实施校外培训违法行为的；

（二）危害后果严重，造成严重恶劣社会影响的；

（三）同时违反突发事件应对措施的；

（四）伪造、涂改或者转移、销毁证据的；

（五）拒绝、阻碍或者以暴力威胁行政执法人员执法的；

（六）属于中小学在职教师且培训内容为学科类校外培训的；

（七）法律、法规、规章规定其他应当从重处罚的。

第十七条 自然人、法人或者其他组织未经审批开展校外培训，同时符合下列条件的，构成擅自举办校外培训机构，由所在地县级人民政府校外培训主管部门会同同级公安、民政或者市场监督管理等有关部门责令停止举办、退还所收费用，并对举办者处违法所得一倍以上五倍以下罚款：

（一）线下培训有专门的培训场所，线上培训有特定的网站或者应用程序；

（二）有2名以上培训从业人员；

（三）有相应的组织机构和分工。

第十八条　自然人、法人或者其他组织变相开展学科类校外培训，尚不符合本办法第十七条规定条件，有下列行为之一的，由所在地县级以上人民政府校外培训主管部门会同其他有关部门责令改正，退还所收费用，予以警告或通报批评；情节严重的，处5万元以下罚款；情节特别严重的，处5万元以上10万元以下罚款：

（一）通过即时通讯、网络会议、直播平台等方式有偿开展校外培训的；

（二）利用居民楼、酒店、咖啡厅等场所有偿组织开展"一对一""一对多"等校外培训的；

（三）以咨询、文化传播、素质拓展、竞赛、思维训练、家政服务、家庭教育指导、住家教师、众筹私教、游学、研学、冬夏令营、托管等名义有偿开展校外培训的；

（四）其他未经审批开展学科类校外培训，尚不符合本办法第十七条规定条件的。

第十九条　自然人、法人或者其他组织知道或者应当知道违法校外培训活动的情况存在，仍为其开展校外培训提供场所的，由县级以上人民政府校外培训主管部门会同其他有关部门责令限期改正；逾期拒不改正的，予以警告或者通报批评。

网络平台运营者知道或者应当知道其用户通过即时通讯、网络会议、直播平台等方式违法开展线上校外培训，仍为其提供服务的，适用前款规定处理。

第二十条　校外培训机构超出办学许可范围，有下列行为之一的，由县级以上人民政府校外培训主管部门或者其他有关部门责令限期改正，并予以警告；有违法所得的，退还所收费用后没收违法所得；情节严重的，责令停止招收学员、吊销许可证件：

（一）线下培训机构开展线上校外培训的，但是以现代信息技术辅助开展培训活动的除外；

（二）线上培训机构开展线下校外培训的；

（三）非学科类培训机构开展学科类校外培训的；

（四）学科类培训机构开展非学科类校外培训的；

（五）其他超出办学许可范围开展培训活动的。

第二十一条 校外培训机构违反法律、行政法规和国家有关规定开展培训活动，有下列行为之一的，由县级以上人民政府校外培训主管部门或者其他有关部门责令限期改正，并予以警告；有违法所得的，退还所收费用后没收违法所得；情节严重的，责令停止招收学员、吊销许可证件：

（一）违背国家教育方针，偏离社会主义办学方向，阻碍国家教育制度实施的；

（二）培训内容违反法律法规和国务院校外培训主管部门有关规定，影响未成年人身心健康的；

（三）超前超标开展学科类培训的；

（四）培训时间违反法律法规和国务院校外培训主管部门有关规定的；

（五）其他违反法律、行政法规和国家有关规定开展培训活动的。

校外培训机构有前款第（一）、（二）项规定行为的，从重处罚。

第二十二条 校外培训机构管理混乱，有下列行为之一的，由县级以上人民政府校外培训主管部门或者其他有关部门责令限期改正，并予以警告；有违法所得的，退还所收费用后没收违法所得；情节严重的，责令停止招收学员、吊销许可证件：

（一）与中小学联合招生等违反规定招收学员的；

（二）校外培训机构从业人员的聘任与管理违反法律、法规和国务院校外培训主管部门有关规定的；

（三）校外培训机构收费价格、收费行为、预收费管理等违反法律法规和国务院相关部门有关规定的；

（四）线上校外培训包含与培训无关的网络游戏内容及链接的；

（五）线上校外培训未按照国务院校外培训主管部门有关规定留存培训内容、培训数据、直播培训影像的；

（六）校外培训机构违法违规发布广告的；

（七）其他管理混乱严重影响教育教学的。

校外培训机构有前款第（一）项规定行为的，从重处罚。

第二十三条 校外培训机构擅自组织或者参与组织面向 3 周岁以上学龄前儿童、中小学生的社会性竞赛活动，由县级以上人民政府教育行政部门会同其他有关部门责令改正，退还所收费用，予以警告或者通报批评；情节严重的，处 5 万元以下罚款;情节特别严重的,处5万元以上10万元以下罚款。

第二十五条 校外培训机构举办者及实际控制人、决策机构或者监督机构组成人员违反民办教育促进法实施条例第六十二条的,由县级以上人民政府校外培训主管部门或者其他有关部门依据职责分工责令限期改正,有违法所得的,退还所收费用后没收违法所得;情节严重的,依据民办教育促进法实施条例第六十二条规定,给予限制从业处罚。

第六十三条 【审批机关和有关部门违法行为应当承担的法律责任】

县级以上人民政府教育行政部门、人力资源社会保障行政部门或者其他有关部门有下列行为之一的,由上级机关责令其改正;情节严重的,对直接负责的主管人员和其他直接责任人员,依法给予处分;造成经济损失的,依法承担赔偿责任;构成犯罪的,依法追究刑事责任:

(一)已受理设立申请,逾期不予答复的;

(二)批准不符合本法规定条件申请的;

(三)疏于管理,造成严重后果的;

(四)违反国家有关规定收取费用的;

(五)侵犯民办学校合法权益的;

(六)其他滥用职权、徇私舞弊的。

关联规定

《中华人民共和国义务教育法》(节录)

(2018年12月29日中华人民共和国主席令第22号公布 自2018年12月29日起施行)

第五十一条 国务院有关部门和地方各级人民政府违反本法第六章的规定,未履行对义务教育经费保障职责的,由国务院或者上级地方人民政府责令限期改正;情节严重的,对直接负责的主管人员和其他直接责任人员依法给予行政处分。

第五十二条 县级以上地方人民政府有下列情形之一的,由上级人民政府责令限期改正;情节严重的,对直接负责的主管人员和其他直接责任人员依法给予行政处分:

(一)未按照国家有关规定制定、调整学校的设置规划的;

(二)学校建设不符合国家规定的办学标准、选址要求和建设标准的;

(三)未定期对学校校舍安全进行检查,并及时维修、改造的;

(四)未依照本法规定均衡安排义务教育经费的。

第五十三条 县级以上人民政府或者其教育行政部门有下列情形之一的,由上级人民政府或者其教育行政部门责令限期改正、通报批评;情节严重的,对直接负责的主管人员和其他直接责任人员依法给予行政处分:

(一)将学校分为重点学校和非重点学校的;

(二)改变或者变相改变公办学校性质的。

县级人民政府教育行政部门或者乡镇人民政府未采取措施组织适龄儿童、少年入学或者防止辍学的,依照前款规定追究法律责任。

第五十四条 有下列情形之一的,由上级人民政府或者上级人民政府教育行政部门、财政部门、价格行政部门和审计机关根据职责分工责令限期改正;情节严重的,对直接负责的主管人员和其他直接责任人员依法给予处分:

(一)侵占、挪用义务教育经费的;

(二)向学校非法收取或者摊派费用的。

《中华人民共和国职业教育法》(节录)

(2022年4月20日中华人民共和国主席令第112号公布　自2022年5月1日起施行)

第六十七条 教育行政部门、人力资源社会保障行政部门或者其他有关部门的工作人员违反本法规定,滥用职权、玩忽职守、徇私舞弊的,依法给予处分;构成犯罪的,依法追究刑事责任。

《中华人民共和国学前教育法》(节录)

(2024 年 11 月 8 日中华人民共和国主席令第 34 号公布　自 2025 年 6 月 1 日起施行)

第七十五条　地方各级人民政府及有关部门有下列情形之一的，由上级机关或者有关部门按照职责分工责令限期改正；情节严重的，对负有责任的领导人员和直接责任人员依法给予处分：

(一)未按照规定制定、调整幼儿园布局规划，或者未按照规定提供普惠性幼儿园建设用地；

(二)未按照规定规划居住区配套幼儿园，或者未将新建居住区配套幼儿园举办为普惠性幼儿园；

(三)利用财政性经费、国有资产、集体资产或者捐赠资产举办或者参与举办营利性民办幼儿园，或者改变、变相改变公办幼儿园性质；

(四)未按照规定制定并落实公办幼儿园生均财政拨款标准或者生均公用经费标准、普惠性民办幼儿园生均财政补助标准；

(五)其他未依法履行学前教育管理和保障职责的情形。

第七十六条　地方各级人民政府及教育等有关部门的工作人员违反本法规定，滥用职权、玩忽职守、徇私舞弊的，依法给予处分。

第八十二条　违反本法规定，侵害学前儿童、幼儿园、教职工合法权益，造成人身损害或者财产损失的，依法承担民事责任；构成违反治安管理行为的，依法给予治安管理处罚；构成犯罪的，依法追究刑事责任。

《中华人民共和国中外合作办学条例》(节录)

(2019 年 3 月 2 日中华人民共和国国务院令第 709 号公布　自 2019 年 3 月 2 日起施行)

第四十九条　中外合作办学审批机关及其工作人员，利用职务上的便利收取他人财物或者获取其他利益，滥用职权、玩忽职守，对不符合本条例规定条件者颁发中外合作办学许可证，或者发现违法行为不予以查处，造成严重后果，触犯刑律的，对负有责任的主管人员和其他直接责任人员，依照刑法关于受贿罪、滥用职权罪、玩忽职守罪或者其他罪的规定，依法追究刑事责任；尚不够刑事处罚的，依法给予行政处分。

第五十条 违反本条例的规定，超越职权审批中外合作办学机构的，其批准文件无效，由上级机关责令改正；对负有责任的主管人员和其他直接责任人员，依法给予行政处分；致使公共财产、国家和人民利益遭受重大损失的，依照刑法关于滥用职权罪或者其他罪的规定，依法追究刑事责任。

《独立学院设置与管理办法》（节录）

（2015 年 11 月 10 日中华人民共和国教育部令第 38 号公布　自 2015 年 11 月 10 日起施行）

第五十四条 审批机关及其工作人员，利用职务上的便利收取他人财物或者获取其他利益，滥用职权、玩忽职守，对不符合本办法规定条件者颁发办学许可证，或者发现违法行为不予以查处，情节严重的，对直接负责的主管人员和其他直接人员，依法给予行政处分；构成犯罪的，依法追究刑事责任。

《中小学幼儿园安全管理办法》（节录）

（2006 年 6 月 30 日中华人民共和国教育部等令第 23 号公布　自 2006 年 9 月 1 日起施行）

第六十二条 学校不履行安全管理和安全教育职责，对重大安全隐患未及时采取措施的，有关主管部门应当责令其限期改正；拒不改正或者有下列情形之一的，教育行政部门应当对学校负责人和其他直接责任人员给予行政处分；构成犯罪的，依法追究刑事责任：

（一）发生重大安全事故、造成学生和教职工伤亡的；

（二）发生事故后未及时采取适当措施、造成严重后果的；

（三）瞒报、谎报或者缓报重大事故的；

（四）妨碍事故调查或者提供虚假情况的；

（五）拒绝或者不配合有关部门依法实施安全监督管理职责的。

《中华人民共和国民办教育促进法》及其实施条例另有规定的，依其规定执行。

第六十三条　校外单位或者人员违反治安管理规定、引发学校安全事故的，或者在学校安全事故处理过程中，扰乱学校正常教育教学秩序、违反治安管理规定的，由公安机关依法处理；构成犯罪的，依法追究其刑事责任；造成学校财产损失的，依法承担赔偿责任。

第六十四条　【擅自举办民办学校应承担的法律责任】

违反国家有关规定擅自举办民办学校的，由所在地县级以上地方人民政府教育行政部门或者人力资源社会保障行政部门会同同级公安、民政或者市场监督管理等有关部门责令停止办学、退还所收费用，并对举办者处违法所得一倍以上五倍以下罚款；构成违反治安管理行为的，由公安机关依法给予治安管理处罚；构成犯罪的，依法追究刑事责任。

关联规定

《中华人民共和国刑法》（节录）

（2023 年 12 月 29 日中华人民共和国主席令第 18 号公布　自 2024 年 3 月 1 日起施行）

第二百二十五条　违反国家规定，有下列非法经营行为之一，扰乱市场秩序，情节严重的，处五年以下有期徒刑或者拘役，并处或者单处违法所得一倍以上五倍以下罚金；情节特别严重的，处五年以上有期徒刑，并处违法所得一倍以上五倍以下罚金或者没收财产：

（一）未经许可经营法律、行政法规规定的专营、专卖物品或者其他限制买卖的物品的；

（二）买卖进出口许可证、进出口原产地证明以及其他法律、行政法规规定的经营许可证或者批准文件的；

（三）未经国家有关主管部门批准非法经营证券、期货、保险业务的，或者非法从事资金支付结算业务的；

（四）其他严重扰乱市场秩序的非法经营行为。

《中华人民共和国行政许可法》（节录）

（2019年4月23日中华人民共和国主席令第29号公布　自2019年4月23日起施行）

第八十一条　公民、法人或者其他组织未经行政许可，擅自从事依法应当取得行政许可的活动的，行政机关应当依法采取措施予以制止，并依法给予行政处罚；构成犯罪的，依法追究刑事责任。

《无证无照经营查处办法》（节录）

（2017年8月6日中华人民共和国国务院令第684号公布　自2017年10月1日起施行）

第十二条　从事无证经营的，由查处部门依照相关法律、法规的规定予以处罚。

第十三条　从事无照经营的，由工商行政管理部门依照相关法律、行政法规的规定予以处罚。法律、行政法规对无照经营的处罚没有明确规定的，由工商行政管理部门责令停止违法行为，没收违法所得，并处1万元以下的罚款。

第十八条　违反本办法规定，构成犯罪的，依法追究刑事责任。

《中华人民共和国学前教育法》（节录）

（2024年11月8日中华人民共和国主席令第34号公布　自2025年6月1日起施行）

第七十八条　擅自举办幼儿园或者招收学前儿童实施半日制、全日制培训的，由县级人民政府教育等有关部门依照《中华人民共和国教育法》、《中华人民共和国民办教育促进法》的规定予以处理；对非法举办幼儿园的单位和个人，根据情节轻重，五至十年内不受理其举办幼儿园或者其他教育机构的申请。

《中华人民共和国中外合作办学条例》（节录）

（2019年3月2日中华人民共和国国务院令第709号公布　自2019年3月2日起施行）

第五十一条　违反本条例的规定，未经批准擅自设立中外合作办学机构，或者以不正当手段骗取中外合作办学许可证的，由教育行政部门、劳动行政部门按照职责分工予以取缔或者会同公安机关予以取缔，责令退还向学生收取的费用，并处以10万元以下的罚款；触犯刑律的，依照刑法关于诈骗罪或者其他罪的规定，依法追究刑事责任。

《中华人民共和国民办教育促进法实施条例》（节录）

（2021年4月7日中华人民共和国国务院令第741号公布　自2021年9月1日起施行）

第六十五条　违反本条例规定举办、参与举办民办学校或者在民办学校筹设期内招生的，依照民办教育促进法第六十四条规定给予处罚。

《独立学院设置与管理办法》（节录）

（2015年11月10日中华人民共和国教育部令第38号公布　自2015年11月10日起施行）

第五十七条　独立学院违反民办教育促进法以及其他法律法规规定的，由省级教育行政部门或者会同有关部门给予处罚。

《校外培训行政处罚暂行办法》(节录)

(2023 年 8 月 23 日中华人民共和国教育部令第 53 号公布　自 2023 年 10 月 25 日起施行)

第二十四条　校外培训机构有本办法第二十条、第二十一条、第二十二条规定行为的,校外培训主管部门或者其他有关部门可以对其决策机构负责人、行政负责人及直接责任人予以警告;情节严重的,依据民办教育促进法实施条例第六十四条规定,对有关责任人员给予限制从业处罚。

本章相关案例

案例 24　张某肖职务侵占案

[(2020)川 0181 刑初 34 号]

【裁判要旨】

区分挪用资金与职务侵占的构成要件,判断行为人非法占有的目的。

【案情简介】

1. 2017 年 3 月,被告人张某肖与杨某、王某 1、周某约定,由杨某、王某 1、周某三人出资共计 700 万元用于投资都江堰市 × × 学校,双方签订《合作投资协议》,杨某、王某 1、周某三人按约将 700 万元转入张某肖个人账户。2017 年 5 月 5 日某山中学获批成立后,因为张某肖不公开财务、向主管单位报备资料中的理事会人员无周某、王某 1 等原因,双方产生矛盾,经协商后双方签订《解除投资协议书》,约定上述人员退出某山中学投资,张某肖退还 700 万元本金之外另行支付预期收益及利息共 700 万元。之后,被告人张某肖通过个人银行账号退还三人共计 1050 万元,其中 819 万元由某山中学对公账户转出。

2. 2017 年 6 月,被告人张某肖向王某 2 高利借贷 1300 万元用于偿还个人担任法定代表人的成都某某实业发展有限公司到期银行贷款 1300 万元后,个人决定以某山中学名义向成都银行德盛支行贷款 1300 万元,并将贷出的 1300 万元分别以货款、装修款、广告费等名义从某山中学财务账面列支，实际用于归还向王某2的高利借款。

3. 2017年5月至2019年2月，被告人张某肖用个人账户收取某山中学各年级各学期学费共计6,403,859.72元未入某山中学财务账，用于个人使用和挥霍。

4. 2017年5月至2019年2月，被告人张某肖以周某名义经营某山中学校内超市，虚假借支某山中学资金1,659,861.3元，用于个人使用和挥霍。经查证，周某未实际参与学校超市经营。

5. 2018年秋季，某山中学与四川国信蓝桥人力资源有限公司合作，由该公司刘某2负责某山中学国际部招生及留学马来西亚相关工作，利润按某山中学六成、刘某2四成的比例分配。之后，刘某2按协议完成招生工作，将现金以招生费名义给付被告人张某肖1,166,700元，张某肖未入某山中学财务账而用于个人使用和挥霍。

【争议焦点】

被告人张某肖是构成职务侵占罪还是挪用资金罪的问题。

【裁判观点】

本院认为，职务侵占罪，是指公司、企业或者其他单位的人员，利用职务上的便利，将本单位财物非法占为己有，数额较大的行为。挪用资金罪，是指公司、企业或者其他单位的工作人员，利用职务上的便利，挪用本单位资金归个人使用或者借贷给他人，数额较大，超过3个月未还的，或者未超过3个月，但数额较大，进行营利活动，或者进行非法活动的行为。所谓职务便利，是指行为人因在本单位具有一定的职务所产生的方便条件，即管理、保管、经手本单位财物的便利。本案中被告人张某肖利用其身份，将其管理资金，用于偿还投资人杨某、王某1、周某2 1050万元；以某山中学实验学校的名义贷款1300余万元，偿还其前期的银行贷款；以及经营酒吧、化妆品店、开办超市等，其行为构成职务侵占罪，依法予以处罚。都江堰市人民检察院指控被告人张某肖犯职务侵占罪的事实清楚，证据确实、充分，罪名成立，本院予以支持。被告人张某肖经电话通知后到案，如实供述自己的犯罪事实，具有自首情节，可以减轻处罚。案发后，被告人张某肖积极配合都江堰市教育局处理善后事宜，可酌情从轻处罚。被告人张某肖及其辩护人的辩护意见与查明的事实不符，本院不予采纳。

【裁判结果】

1. 被告人张某肖犯职务侵占罪判处有期徒刑3年6个月，并处没收财产人民币10万元（所判罚金，限被告人于本判决生效后10日内缴纳，期满不缴纳，强制缴纳）。

（刑期自判决执行之日起计算，判决执行之前先行羁押的，羁押一日折抵刑期一日，即自2019年4月17日起至2022年10月16日止）

2. 扣押在案刘某1名下车牌号川A6××××别克牌商务车一辆发还给案外人刘某1，由刘某1给付都江堰市某山中学实验学校人民币10万元。扣押在案李某名下车牌号川A0××××欧旅牌小型客车一辆发还给案外人李某。对依法冻结在周某持有的中国建设银行成都金沙园支行卡号为×××20中的人民币39,878.31元予以追缴，发还都江堰市某山中学实验学校。对依法冻结在杨某凤持有的中国建设银行成都战旗支行卡号为4340××××4415中的人民币797,779.91元予以追缴，发还都江堰市某山中学实验学校。继续追缴被告人张某肖退给王某1的资金人民币1,000,000元，发还都江堰市某山中学实验学校。继续追缴被告人张某肖退给周某的资金人民币960,121.69元，发还都江堰市某山中学实验学校。继续追缴被告人张某肖退给杨某凤的资金人民币702,220.09元，发还都江堰市某山中学实验学校。

【案例评析】

职务侵占罪，是指公司、企业或者其他单位的人员，利用职务上的便利，将本单位财物非法占为己有，数额较大的行为。挪用资金罪，是指公司、企业或者其他单位的工作人员，利用职务上的便利，挪用本单位资金归个人使用或者借贷给他人，数额较大，超过3个月未还的，或者未超过3个月，但数额较大，进行营利活动，或者进行非法活动的行为。所谓职务便利，是指行为人因在本单位具有一定的职务所产生的方便条件，即管理、保管、经手本单位财物的便利。

认定行为人是职务侵占罪还是挪用资金罪，关键在于识别行为人是否具有非法占有的目的。本案中被告人张某肖利用其身份，将其管理资金，用于偿还投资人杨某、王某1、周某21,050万元；以某山中学实验学校的名义贷款1300余万元，偿还其前期的银行贷款；以及经营酒吧、化妆品店、开办超市等，其非法占有的目的明显，应当认定为职务侵占罪。

案例25　杨某等人非法吸收公众存款案

［（2017）京0108刑初1603号］

【裁判要旨】

本案中，聚某堂公司的"感恩免费学""感恩聚划算"这两种活动模式，从表面上看似乎属于单纯的营销手段，容易让人误以为属于民事法律规范的调整范畴，但实质上具有刑事违法性。

【案情简介】

聚某堂公司成立于2011年4月，注册资本人民币500万元，法定代表人为杨某（在逃），2015年10月变更为刘某长，杨某为实际控制人。2011年6月，聚某堂公司收购北京市海淀区某益智能培训学校，并更名为北京市海淀区聚某堂培训学校（以下简称聚某堂培训学校）。后聚某堂公司以聚某堂培训学校的名义在全国范围内开展中小学生课外培训业务，先后在北京、天津、威海、济南、青岛、太原、运城、沈阳、苏州、南京、西安、郑州、武汉、宁波、厦门、昆山、保定等17个城市设立了分公司（又称分校），分公司下面又设立若干校区，其中北京分公司下设校区20多家。在聚某堂培训学校开展课外培训业务期间，聚某堂公司违反国家法律规定，以"聚某堂名师教育""0元免费学"为招牌，采用刊发广告、电话邀约、散发传单等多种方式进行公开宣传，吸引学生家长到各校区进行咨询，随后通过"感恩免费学""感恩聚划算"等活动模式，引诱学生家长以交纳固定金额的预存款按比例获赠课时的方式参加培训，同时承诺在一定期限届满后全额返还家长此前交纳的预存款，以此变相吸收公众存款。经审计，聚某堂公司非法吸收公众存款的金额共计人民币10.75亿余元，其中重复投资金额为人民币1.92亿余元。聚某堂公司非法吸收的资金主要被杨某通过其实际控制的公司用于对外投资和违规发放贷款。

被告人杨某、杨某君、赵某军于2011年5月入职聚某堂公司，其中杨某为执行总裁，负责管理公司的日常运营；杨某君为财务负责人，负责公司的财务收支并按照杨某的指示管理和使用集资款；赵某军为后勤保障部负责人，负责房屋租赁、广告制作及后勤保障等工作；上述三名被告人参与非法吸收公众存款的金额为人民币10.75亿余元。被告人宋某华于2011年8月入职聚某堂公司，2015年7月任中小学事业部总经理，负责全国各分公司的管理；被告人何某峰于2011年7月入职聚某堂公司,2015 年 7 月任董事长助理兼教务总监,负责教务管理和教师培训;上述二名被告人参与非法吸收公众存款的金额为人民币 9.12 亿余元。被告人陈某于 2015 年 5 月入职聚某堂公司,同年 6 月任咨询总监,负责全国各分公司咨询部的管理和培训,参与非法吸收公众存款的金额为人民币 9.47 亿余元。被告人欧某雷于 2011 年 9 月入职聚某堂公司任副总裁,2014 年 7 月中小学事业部成立后兼任该部门总经理,负责教师聘任、课程规划和人员管理,2015 年 6 月辞职,参与非法吸收公众存款的金额为人民币 1.62 亿余元。被告人吴某瑕于 2012 年 7 月入职聚某堂公司,2014 年年底任财务总监,负责公司财务收支、统计和文字性材料报送等,参与非法吸收公众存款的金额为人民币 10.46 亿余元。被告人孙某于 2013 年 6 月入职聚某堂公司,2016 年 1 月任北京分公司总经理,负责北京地区的招生、教学及员工管理等,参与非法吸收公众存款的金额为人民币 1.57 亿余元。被告人孙某华于 2011 年 11 月入职聚某堂公司,2014 年 11 月任北京分公司市场总监,负责北京地区的市场宣传推广,参与非法吸收公众存款的金额为人民币 4.05 亿余元。被告人范某焘于 2013 年 7 月入职聚某堂公司,2015 年 4 月任北京分公司咨询总监,负责北京各校区员工培训及相关政策传达等,参与非法吸收公众存款的金额为人民币 3.88 亿余元。被告人刘某于 2011 年 8 月入职聚某堂公司,2015 年 5 月任北京分公司教务总监,负责北京各校区的教务管理和家长服务等,参与非法吸收公众存款的金额为人民币 3.78 亿余元。被告人冯某明于 2012 年 9 月入职聚某堂公司,2014 年 10 月任北京分公司人大校区校长;被告人赵某芳于 2011 年 7 月入职聚某堂公司,2012 年 4 月任北京分公司公主坟校区校长;被告人张某于 2012 年 6 月入职聚某堂公司,2013 年 1 月任北京分公司航天桥校区校长;上述三名被告人均全面负责所在校区的工作,执行北京分公司制定的相关政策和招生任务,其中冯某明参与非法吸收公众存款的金额为人民币 9066 万余元,赵某芳参与非法吸收公众存款的金额为人民币 4102 万余元,张某参与非法吸收公众存款的金额为人民币 5549 万余元。

2016 年 5 月 19 日,被告人宋某华、何某峰被抓获归案,被告人吴某瑕被公安机关电话传唤到案;同年 5 月 20 日,被告人孙某到公安机关说明情况后被依法传唤;同年 5 月 23 日,被告人杨某主动向公安机关投案,被告人杨某君、赵某军被抓获归案;同年 6 月 12 日,被告人孙某华主动向公安机关投案;同年 6 月 14 日,被告人欧某雷被公安机关电话传唤到案;同年 9 月 4 日,被告人刘某被公安机关电话传唤到案;同年9月7日,被告人冯某明被抓获归案;同年9月9日,被告人赵某芳被抓获归案;同年9月12日,被告人陈某、张某、范某焘被抓获归案。

【争议焦点】

关于涉案行为的刑事违法性问题;关于被告人主观故意的认定问题;关于各被告人的责任认定和犯罪情节。

【裁判观点】

本院认为,被告人杨某、杨某君、赵某军、宋某华、何某峰、陈某、欧某雷、吴某瑕作为聚某堂公司非法集资直接负责的主管人员,被告人孙某、孙某华、范某焘、刘某、冯某明、赵某芳、张某作为聚某堂公司非法集资的直接责任人员,违反国家金融管理法律规定,变相吸收公众存款,扰乱金融秩序,数额巨大,上述被告人的行为均已构成非法吸收公众存款罪,应予惩处。北京市海淀区人民检察院指控被告人杨某、杨某君、赵某军、宋某华、何某峰、陈某、欧某雷、吴某瑕、孙某、孙某华、范某焘、刘某、冯某明、赵某芳、张某等15人犯非法吸收公众存款罪的事实清楚,证据确实、充分,指控罪名成立,本院予以支持。

一、关于涉案行为的刑事违法性问题

刑事违法即实施了刑法所禁止的行为。对行为刑事违法性的判断,需着重把握以下两个层面:一是该行为是对刑事法律规范这一行动基准的违反;二是该行为具有对刑法所保护的法益产生实害或者侵害危险的可能性。本案中,聚某堂公司的"感恩免费学""感恩聚划算"这两种活动模式,从表面上看似乎属于单纯的营销手段,容易让人误以为属于民事法律规范的调整范畴,但实质上具有刑事违法性。

《最高人民法院关于审理非法集资刑事案件具体应用法律若干问题的解释》第一条中规定:违反国家金融管理法律规定,向社会公众(包括单位和个人)吸收资金的行为,同时具备下列四个条件的,除刑法另有规定的以外,应当认定为刑法第一百七十六条规定的"非法吸收公众存款或者变相吸收公众存款":(1)未经有关部门依法批准或者借用合法经营的形式吸收资金;(2)通过媒体、推介会、传单、手机短信等途径向社会公开宣传;(3)承诺在一定期限内以货币、实物、股权等方式还本付息或者给付回报;(4)向社会公众即社会不特定对象吸收资金。按照上述规定,非法吸收公众存款行为的刑事违法性体现在以下五个方面:行政违法性(吸收资金的非法性),公开性(公开宣传),利诱性(承诺还本付息或者给付回报),社会性(集资参与人的不特定),危害金融管理秩序。其中前四个方面属于违反刑法规范层面,即形式上的刑事违法性,第五个方面属于实质上的刑事违法性。

1. 关于行政违法性

国务院2011年1月修订的《非法金融机构和非法金融业务活动取缔办法》第四条规定,本办法所称非法金融业务活动,是指未经中国人民银行批准,擅自从事的下列活动:(1)非法吸收公众存款或者变相吸收公众存款;(2)未经依法批准,以任何名义向社会不特定对象进行的非法集资;(3)非法发放贷款、办理结算、票据贴现、资金拆借、信托投资、金融租赁、融资担保、外汇买卖;(4)中国人民银行认定的其他非法金融业务活动。前款所称非法吸收公众存款,是指未经中国人民银行批准,向社会不特定对象吸收资金,出具凭证,承诺在一定期限内还本付息的活动;所称变相吸收公众存款,是指未经中国人民银行批准,不以吸收公众存款的名义,向社会不特定对象吸收资金,但承诺履行的义务与吸收公众存款性质相同的活动。本案中,聚某堂公司在未取得金融许可证、未获得中国人民银行批准的情况下进行吸收资金活动,属于司法解释规定的"未经有关部门依法批准或者借用合法经营的形式吸收资金"。

此外,《最高人民法院、最高人民检察院、公安部关于办理非法集资刑事案件适用法律若干问题的意见》第一条关于行政认定的问题中明确规定:行政部门对于非法集资的性质认定,不是非法集资刑事案件进入刑事诉讼程序的必经程序。行政部门未对非法集资作出性质认定的,不影响非法集资刑事案件的侦查、起诉和审判。公安机关、人民检察院、人民法院应当依法认定案件事实的性质,对于案情复杂、性质认定疑难的案件,可参考有关部门的认定意见,根据案件事实和法律规定作出性质认定。

2. 关于公开性

《最高人民法院、最高人民检察院、公安部关于办理非法集资刑事案件适用法律若干问题的意见》第二条关于"向社会公开宣传"的认定问题规定:《最高人民法院关于审理非法集资刑事案件具体应用法律若干问题的解释》第一条第一款第二项中的"向社会公开宣传",包括以各种途径向社会公众传播吸收资金的信息,以及明知吸收资金的信息向社会公众扩散而予以放任等情形。

根据在案证据可知,聚某堂公司专门设立市场部负责聚某堂培训学校的品牌宣传,以聚某堂培训学校的名义与广播电视媒体及多家广告公司签订了广告发布合同,通过广播电视节目、报纸期刊专栏、网站媒体广告及公交车体、候车亭灯箱、停车场道闸等载体公开发布“聚某堂名师教育”“0 元免费学”等内容的广告；各地分公司、各校区配合上述广告宣传，采用地推、外呼、现场咨询、培训讲座等多种手段向在读和潜在的学生家长公开推荐“感恩免费学”“感恩聚划算”两种收费模式，“感恩免费学”宣传单上明确标注了签约金额及赠费比例。上述行为属于向社会公众传播吸收资金的信息，具有宣传的公开性。

3. 关于利诱性

根据《最高人民法院关于审理非法集资刑事案件具体应用法律若干问题的解释》，非法吸收公众存款中的“息”可以是通过货币、实物、股权等多种方式给付的回报。聚某堂公司推出的感恩系列活动规定，一年或一个月的固定期限届满后即全额返还预交款，按照预交款比例所赠送的课时虽然无法提现，但课时费可以直接用货币衡量。预交的费用是本金、赠送的课时是利息，到期预交款全部返还，感恩系列活动的运作模式具备“到期返本付息”的形式要件。

本案中，聚某堂公司在感恩系列活动中的收入为学生家长的预交款，支出既包括按交款比例返还学生家长的课时费，也包括公司维持日常运营所必须承担的员工工资、业务提成、房租税费等各项成本。由于按照活动承诺，上述预交款在期限届满后要全额返还给学生家长，聚某堂公司不但无法从感恩系列活动中直接获利，还要自行承担课时费及各项运营成本。在此情况下，聚某堂公司采用的运作模式是在期限届满前使用学生家长的预交款进行二次投资，以期通过资本运作产生利润，覆盖公司的各项支出并进而获得盈利。此种运作模式在本质上与金融活动的获利模式一致。可见，聚某堂培训学校的教学活动已经沦为前期吸引投资的一种手段，感恩系列活动本质上属于“不以提供服务为主要目的”的非法吸收公众存款行为。

4. 关于社会性

《最高人民法院关于审理非法集资刑事案件具体应用法律若干问题的解释》将非法吸收公众存款的“社会性”定义为“向社会公众即社会不特定对象吸收资金”，同时将未向社会公开宣传，在亲友或者单位内部针对特定对象吸收资金的行为排除在外。据此，社会性的含义主要是体现在社会公众和不特定对象两个方面。

本案在案证据证明，参与聚某堂公司感恩免费系列活动的主体均为有课外辅导需求的中小学学生家长，上述人员一般是通过媒体广告或熟人推介了解聚某堂培训学校，后经学校咨询和教务人员的推荐而参与相关活动，本身没有相对固定组织模式，与聚某堂公司也不存在隶属或其他关联关系，均为社会公众。从聚某堂公司的运营模式看，该公司一方面通过多层面、全方位的媒体广告树立品牌形象、吸引公众注意，另一方面通过公司内部的市场、咨询和教务等部门，策划各种形式的咨询、推介活动，尽可能多的扩大招生规模，招生的对象亦具有不特定性。经司法审计，"感恩免费学""感恩聚划算"两项活动共涉及学生家长7763人，非法吸收的资金规模总计达10.75亿余元，充分反映了感恩系列活动的社会性。

5. 关于危害金融管理秩序

金融行业是国民经济的命脉行业，在国民经济中有着举足轻重的地位，因此，国家通过制定金融管理法律法规的方式对金融机构的设立程序、资金规模、从业人员、内部管理和风险控制等进行了全面规制，并设立了较为完备的金融监管体制，从而有效降低金融风险、保证资金安全。

本案中，聚某堂公司作为一般的有限责任公司，未取得金融业主管部门的批准、不符合金融业的准入条件、不具备基本的资金管理和风险控制能力，却通过感恩系列活动等方式，以高额回报为诱饵诱使参与课外辅导的学生家长交纳数倍、甚至数十倍于培训学费的预存款，聚拢的资金规模达10亿余元。该公司承诺的返还比例远高于正常的银行存款利率，促使相当一部分学生家长选择将闲置资金投入聚某堂公司而非存入正规金融机构，与金融机构的正常业务活动形成了直接竞争。该公司没有规范的财务制度、内部财务管理混乱，大量存在使用个人账户代收代付公司资金、公司账户与个人账户混用等违规情形，大额资金的使用缺乏审批流程、完全由实际控制人杨某操控，极为随意。由于聚某堂公司的感恩系列活动完全脱离于国家金融监管体制之外，学生家长交纳的预存款自始至终都处于高度风险之中，最终导致巨额亏空无法弥补。聚某堂公司的上述行为严重侵犯了国家的金融管理秩序。

二、关于被告人主观故意的认定问题

本案中，虽然被告人杨某等15人均当庭表示认罪、各辩护人亦表示做有罪罪轻辩护，但多数被告人的辩解和辩护人的辩护意见中均提及，由于聚某堂公司的行为模式具有极大的迷惑性，有关主管部门并未对该公司的营业方式进行制止，加之杨某的鼓动和宣传，各被告人很难明确意识到自己在实施非法吸收公众存款的犯罪行为。上述辩解和辩护意见涉及被告人是对案件的关键事实存在认识错误,还是对行为是否违法存在认识错误的问题。如果对案件事实存在认识错误,则可能不存在犯罪故意,影响犯罪的成立。如果对行为违法性认识错误,则需查明被告人是否可以避免该错误,不能避免的,无犯罪故意,不构成犯罪;可以避免却因自身原因未能避免的,则不影响定罪,仅在量刑时酌情予以考虑。

1. 本案不存在违法性认识错误问题

刑法规范一经公布即应当推定社会公民均已知晓,一般不存在违法性认识错误问题,即便本案各被告人确因不了解相关法律规定而误认为自己的行为合法,也是因为其不学法、不懂法,系因自身可避免的原因所导致,不影响犯罪认定。

本案中,聚某堂公司成立于 2011 年 4 月,非法吸收公众存款的行为发生在 2012 年以后,我国刑法中有关非法吸收公众存款罪的规定此前就已存在,且自 2011 年 1 月起施行的《最高人民法院关于审理非法集资刑事案件具体应用法律若干问题的解释》对该罪名的适用进行了全面规范。另根据《最高人民法院关于非法集资刑事案件性质认定问题的通知》及 2014 年 3 月实施的《最高人民法院、最高人民检察院、公安部关于办理非法集资刑事案件适用法律若干问题的意见》的相关规定,行政部门对于非法集资的性质认定,不是非法集资刑事案件进入刑事诉讼程序的必经程序;行政部门未对非法集资作出性质认定的,不影响非法集资刑事案件的侦查、起诉和审判。由此,行政处罚并非刑事处罚的前置程序,无须要求行政主管部门告知各被告人涉案行为的违法性。综上,本案各被告人均不存在违法性认识错误的问题。

2. 本案不存在事实认识错误问题

《最高人民法院、最高人民检察院、公安部关于办理非法集资刑事案件若干问题的意见》第四条规定,认定被告人是否具有非法吸收公众存款的犯罪故意,应当依据被告人的任职情况、职业经历、专业背景、培训经历、本人因同类行为受到行政处罚或者刑事追究情况以及吸收资金方式、宣传推广、合同资料、业务流程等证据,结合其供述,进行综合分析判断。该规定从犯罪构成要件的该当性角度,对行为人是否认识到自己行为的客观性质及可能的危害后果,提供了判断指引,即判断行为人是否对客观事实产生了错误认识。

聚某堂公司自 2012 年以来,违反国家法律规定,利用聚某堂培训学校名义,以“0 元免费学”为诱饵,通过媒体广告、电话传单等方式进行公开宣传,利用分布在全国17个地区的上百个校区变相吸收公众存款。非法吸收公众存款的犯罪行为时间跨度长、辐射地域广，且广告宣传中明确写有“0元免费学”的字样。各被告人虽然参与犯罪的具体时间长短有别，分工各异，但均系聚某堂公司的高层或中层管理人员，具有一定管理职责，对于公司推行“0元免费学”，并以预存款名义收取学生家长大量资金的运营模式了然于胸。一个正常的教学培训机构，收费是常态、退费是个别，而聚某堂公司长期以来因为大肆推广感恩系列活动这一运营模式，学生家长退费成为一种常态化的普遍现象，且设定了逐级审批程序。被告人杨某君、吴某瑕作为财务人员虽不直接参与感恩系列活动的宣传推广工作，但对公司的财务收支及学生家长到期退费的客观事实具有明确认知，必然知道公司通过感恩系列活动向学生家长非法吸收资金的客观事实。因此，本案各被告人均不存在事实认识错误问题。

三、关于各被告人的责任认定和犯罪情节

1. 被告人杨某

被告人杨某系聚某堂公司的创始员工，后担任执行总裁负责全面管理公司运营。其负责主持召开由各地区分公司总经理和各部门总监参加的季度总结会，汇总公司运营的各项数据，指定任务完成较好的校区介绍经验，同时制定业绩划分、任务指标和激励政策。其参与了“感恩免费学”“感恩聚划算”的模式策划、市场推广、计划实施，应当认定为聚某堂公司直接负责的主管人员，对聚某堂公司在全国范围内非法吸收公众存款的全部犯罪数额承担责任。杨某犯罪以后自动投案，并如实供述自己的罪行，具有自首情节，本院结合其系初犯，当庭认罪态度较好、悔罪态度诚恳等情节，对其依法从轻处罚。辩护人的相关辩护意见本院予以采纳。

2. 被告人杨某君、赵某军

被告人杨某君、赵某军与聚某堂公司的实际控制人杨某具有亲属关系，在公司创始阶段应杨某的邀请来北京帮忙，负责公司财务、后勤等重要环节的管理和监督。根据现有证据可以认定，虽然杨某君在聚某堂公司没有具体职务，但该人系聚某堂公司财务工作实际控制人和负责人，主要负责对全国各校区所收取学费的收支管理以及对日常财务工作的监管，并按照杨某的指令进行资金划转；赵某军是聚某堂公司后勤管理部的负责人，主要负责感恩系列活动宣传单的印制以及公司运营的日常后勤保障工作，其通过宣传单能够明确获知感恩系列活动具体内容。杨某君、赵某军二人均实质参与了聚某堂公司非法吸收公众存款的犯罪行为,且违法所得数额巨大,属于聚某堂公司直接负责的主管人员,应当对聚某堂公司在全国范围内非法吸收公众存款的全部犯罪数额承担责任。二被告人的辩护人关于二被告人在共同犯罪中作用较小,主观恶性不大的辩护意见,与事实不符,本院不予采纳。鉴于赵某军到案后能够如实供述犯罪事实,杨某君当庭认罪悔罪,且二被告人均系初犯,本院综合上述情节对赵某军依法从轻处罚、对杨某君酌予从轻处罚,辩护人的相关辩护意见,本院予以采纳。

3. 被告人宋某华、何某峰、陈某、欧某雷、吴某瑕

被告人宋某华、何某峰、陈某、欧某雷、吴某瑕均系聚某堂公司的中高层管理人员,其中宋某华于2011年8月入职、2015年7月担任全国中小学事业部总经理,主要负责全国中小学事业部的运营及教学管理,参与了“感恩聚划算”运营模式的推广,应认定为聚某堂公司直接负责的主管人员,应对2015年7月以后聚某堂公司在全国范围内非法吸收公众存款的数额负责;何某峰于2011年5月入职聚某堂公司,曾任董事长助理,2015年7月后兼任教学总监,其直接参与具体业务工作,主要负责全面管理教务工作及方案、政策的制定与传达,参与了“感恩聚划算”运营模式的推广,应认定为聚某堂公司直接负责的主管人员,应对2015年7月以后聚某堂公司在全国范围内非法吸收公众存款的数额负责;陈某于2015年5月入职聚某堂公司,担任全国咨询总监,主要负责各地区分公司咨询部的管理和培训,工作内容为电话邀约、配合市场部进行招生活动、与学生和家长进行面谈、部分后期维护和收费模式推荐,应认定为聚某堂公司直接负责的主管人员,应对2015年5月以后聚某堂公司在全国范围内非法吸收公众存款的数额负责;欧某雷于2011年9月入职聚某堂公司,任公司副总裁,2014年7月至2015年6月担任全国中小学事业部总经理,负责公司的日常运营管理,参与制定公司市场发展策略,帮助公司扩大市场占有率,提高市场知名度,参与了“感恩聚划算”运营模式的策划、推广,应认定为聚某堂公司直接负责的主管人员,应对2011年9月至2015年6月聚某堂公司在全国范围内非法吸收公众存款的数额负责;吴某瑕于2012年7月入职聚某堂公司,2014年年底任财务总监,主要负责公司对公账户的日常支出和报销、各地区分公司下设校区的收入、支出、统计等以及在微信群中通报每天统计的收费、退费和收支情况,应当认定为聚某堂公司直接负责的主管人员,应对2015年1月以后聚某堂公司在全国范围内非法吸收公众存款的数额负责。欧某雷、吴某瑕的辩护人对于二被告人犯罪金额认定所提异议,以及五名被告人的辩护人认为上述被

告人的主观恶性较小,陈某作用较轻属于其他直接责任人员、欧某雷系被裹挟卷入犯罪应当认定为从犯等辩护意见,均与事实不符,本院不予采纳。

被告人欧某雷、吴某瑕犯罪以后自动投案,并如实供述自己的罪行,具有自首情节,被告人宋某华、何某峰、陈某到案后能够如实供述自己的罪行,本院结合上述五名被告人均系初犯、当庭认罪悔罪态度较好,且欧某雷退赔了部分违法所得等情节,对五名被告人均依法从轻处罚。何某峰、陈某的辩护人关于二被告人具有自首情节的辩护意见,缺乏证据支持,本院不予采纳;各辩护人的其他相关辩护意见,本院予以采纳。

4. 被告人孙某、孙某华、范某焘、刘某

被告人孙某、孙某华、范某焘、刘某均为聚某堂公司北京分公司的管理人员,其中孙某于2013年6月入职聚某堂公司,2016年1月担任北京分公司总经理,全权负责聚某堂公司在北京的招生、教学及所有员工的管理,给北京各校区下达任务指标,推广感恩系列活动,应认定为聚某堂公司的直接责任人员,应对2016年1月以后聚某堂公司在北京地区的非法吸收公众存款数额负责;孙某华于2011年11月入职聚某堂公司,2014年11月担任北京分公司市场总监,主要负责市场宣传推广,内容包括聚某堂培训学校的品牌和感恩系列活动的运营模式,应认定为聚某堂公司的直接责任人员,应对2014年11月以后聚某堂公司在北京地区的非法吸收公众存款数额负责;范某焘于2013年7月入职聚某堂公司,2015年4月担任北京分公司咨询总监,主要负责对北京各校区的咨询师进行培训、考核及晋级管理,并配合孙某给各校区下达招生目标和收入目标,督促咨询师完成目标任务,应认定为聚某堂公司的直接责任人员,应对2015年4月以后聚某堂公司在北京地区的非法吸收公众存款数额负责;刘某于2011年8月入职聚某堂公司,2015年5月担任北京分公司教务总监,主要负责北京各校区的教管工作,包括业务指导、接受学生档案、课时统计、协调老师和学生上课、家长后期服务等,推广感恩系列活动,应认定为聚某堂公司的直接责任人员,应对2015年5月以后聚某堂公司在北京地区的非法吸收公众存款数额负责。

被告人孙某、孙某华、刘某犯罪以后自动投案,并如实供述自己的罪行,具有自首情节,被告人范某焘曾以证人身份主动协助公安机关调查、到案后能够如实供述自己的罪行,本院结合上述四名被告人均系初犯、当庭认罪悔罪态度较好,且孙某、范某焘、刘某退赔了部分违法所得等情节,对四名被告人均依法从轻处罚,同时考虑刘某尚有年幼的子女需要哺乳、没有再犯危险等情节，对其依法宣告缓刑。

孙某的辩护人认为孙某起次要作用属于从犯，孙某华的辩护人认为孙某华没有犯罪的主观故意，范某焘的辩护人认为范某焘属于从犯且有犯罪中止、自首等情节，刘某的辩护人认为刘某所起作用小、认定直接责任人员较为勉强等辩护意见，或与事实不符、或缺乏证据支持，本院不予采纳；各辩护人的其他相关辩护意见，本院予以采纳。

5. 被告人冯某明、赵某芳、张某

被告人冯某明、赵某芳、张某三人均为聚某堂公司北京分公司下属校区的校长，主要负责其所在校区的日常运营管理，督促本校区的咨询人员和教务人员完成北京分公司下达的目标任务，直接推动了感恩系列活动的执行，并根据本校区完成任务的情况获得相应提成，均属于聚某堂公司的直接责任人员，应对其任职期间本校区的非法吸收公众存款数额负责，其中冯某明对聚某堂培训学校人大校区 2014 年 10 月以后发生的犯罪数额负责，赵某芳对聚某堂培训学校公主坟校区 2012 年 9 月以后发生的犯罪数额负责，张某对聚某堂培训学校航天桥校区 2013 年 1 月以后发生的犯罪数额负责。

被告人冯某明、赵某芳、张某到案后均能够如实供述自己的罪行，本院结合上述三名被告人均系初犯、到案后如实供述犯罪事实、当庭认罪悔罪态度较好，且赵某芳退赔了绝大部分违法所得等情节，对三名被告人均依法从轻处罚，并对赵某芳依法宣告缓刑。案发后，张某、赵某芳、冯某明等人曾到公安机关作证的行为，系以证人身份配合案件侦查，不具备向公安机关投案的主动性和接受法律制裁的自愿性，不符合认定自首的条件，但本院在对三名被告人量刑时对上述情节予以酌情考虑。三名被告人的辩护人关于三名被告人均系从犯、张某具有自首情节的辩护意见，与事实不符且缺乏证据支持，本院不予采纳；各辩护人的其他相关辩护意见，本院予以采纳。

【裁判结果】

1. 被告人杨某犯非法吸收公众存款罪，判处有期徒刑 8 年，罚金人民币 50 万元。

（刑期从判决执行之日起计算；判决执行以前先行羁押的，羁押一日折抵刑期一日，即自 2016 年 5 月 23 日起至 2024 年 5 月 22 日止。罚金限自本判决生效之次日起 10 日内交纳）

2. 被告人杨某君犯非法吸收公众存款罪，判处有期徒刑8年，罚金人民币50万元。

（刑期从判决执行之日起计算；判决执行以前先行羁押的，羁押一日折抵刑期一日，即自2016年5月23日起至2024年5月22日止。罚金限自本判决生效之次日起10日内交纳）

3. 被告人宋某华犯非法吸收公众存款罪，判处有期徒刑7年，罚金人民币40万元。

（刑期从判决执行之日起计算；判决执行以前先行羁押的，羁押一日折抵刑期一日，即自2016年5月19日起至2023年5月18日止。罚金限自本判决生效之次日起10日内交纳）

4. 被告人何某峰犯非法吸收公众存款罪，判处有期徒刑6年6个月，罚金人民币30万元。

（刑期从判决执行之日起计算；判决执行以前先行羁押的，羁押一日折抵刑期一日，即自2016年5月19日起至2022年11月18日止。罚金限自本判决生效之次日起10日内交纳）

5. 被告人陈某犯非法吸收公众存款罪，判处有期徒刑6年6个月，罚金人民币30万元。

（刑期从判决执行之日起计算；判决执行以前先行羁押的，羁押一日折抵刑期一日，即自2016年9月12日起至2023年3月11日止。罚金限自本判决生效之次日起10日内交纳）

6. 被告人吴某瑕犯非法吸收公众存款罪，判处有期徒刑6年6个月，罚金人民币30万元。

（刑期从判决执行之日起计算；判决执行以前先行羁押的，羁押一日折抵刑期一日，即自2016年5月19日起至2022年11月18日止。罚金限自本判决生效之次日起10日内交纳）

7. 被告人赵某军犯非法吸收公众存款罪，判处有期徒刑6年，罚金人民币30万元。

（刑期从判决执行之日起计算；判决执行以前先行羁押的，羁押一日折抵刑期一日，即自2016年5月23日起至2022年5月22日止。罚金限自本判决生效之次日起10日内交纳）

8. 被告人欧某雷犯非法吸收公众存款罪，判处有期徒刑5年6个月，罚金人民币20万元。

（刑期从判决执行之日起计算；判决执行以前先行羁押的，羁押一日折抵刑期一日，即自2016年6月14日起至2021年12月13日止。罚金限自本判决生效之次日起10日内交纳）

9. 被告人孙某犯非法吸收公众存款罪，判处有期徒刑4年6个月，罚金人民币20万元。

（刑期从判决执行之日起计算；判决执行以前先行羁押的，羁押一日折抵刑期一日，即自2016年5月20日起至2020年11月19日止。罚金限自本判决生效之次日起10日内交纳）

10. 被告人孙某华犯非法吸收公众存款罪，判处有期徒刑4年6个月，罚金人民币20万元。

（刑期从判决执行之日起计算；判决执行以前先行羁押的，羁押一日折抵刑期一日，即自2016年6月12日起至2020年12月11日止。罚金限自本判决生效之次日起10日内交纳）

11. 被告人范某焘犯非法吸收公众存款罪，判处有期徒刑4年2个月，罚金人民币10万元。

（刑期从判决执行之日起计算；判决执行以前先行羁押的，羁押一日折抵刑期一日，即自2016年9月12日起至2020年11月11日止。罚金限自本判决生效之次日起10日内交纳）

12. 被告人冯某明犯非法吸收公众存款罪，判处有期徒刑4年，罚金人民币10万元。

（刑期从判决执行之日起计算；判决执行以前先行羁押的，羁押一日折抵刑期一日，即自2016年9月7日起至2020年9月6日止。罚金限自本判决生效之次日起10日内交纳）

13. 被告人张某犯非法吸收公众存款罪，判处有期徒刑4年，罚金人民币10万元。

（刑期从判决执行之日起计算；判决执行以前先行羁押的，羁押一日折抵刑期一日，即自2016年9月12日起至2020年9月11日止。罚金限自本判决生效之次日起10日内交纳）

14. 被告人刘某犯非法吸收公众存款罪，判处有期徒刑3年，缓刑5年，罚金人民币10万元。

（缓刑考验期限从本判决确定之日起计算。罚金限自本判决生效之次日起10日内交纳）

15. 被告人赵某芳犯非法吸收公众存款罪，判处有期徒刑3年，缓刑5年，罚金人民币10万元。

（缓刑考验期限从本判决确定之日起计算。罚金限自本判决生效之次日起10日内交纳）

16. 在案扣押款项按比例发还集资参与人；继续向被告人杨某等15人追缴违法所得按比例发还集资参与人；在案轮候查封的杨某的房产退回公诉机关北京市海淀区人民检察院。

【案例评析】

“非法吸收公众存款”，是指行为人违反国家法律、法规的规定在社会上以存款的形式公开吸收公众资金的行为。广义的非法吸收公众存款，包含两种情况：一是行为人不具有吸收存款的主体资格而吸收公众存款，破坏金融秩序。二是行为人具有吸收存款的主体资格，但是，其吸收公众存款所采用的方法是违法的。

“公众”，是指不特定的群体，如果吸收对象只是少数个人或者属于特定范围的人群，如仅限本单位人员的，不能认为是公众。

“变相吸收公众存款”，是指行为人不以存款的名义而是通过其他形式吸收公众资金，从而达到吸收公众存款的目的的行为。例如，有些单位和个人，未经批准成立各种基金会吸收公众的资金，或者以投资、集资入股等名义吸收公众资金，但并不按正常投资的形式分配利润、股息，而是以一定的利息进行支付的行为。变相吸收公众存款规避国家对吸收公众存款的监督管理，其危害和犯罪的性质与非法吸收公众存款是相同的。

刑事立案标准：

非法吸收公众存款或者变相吸收公众存款，扰乱金融秩序，涉嫌下列情形之一的，应予立案追诉：

（1）个人非法吸收或者变相吸收公众存款，数额在20万元以上的，单位非法吸收或者变相吸收公众存款，数额在100万元以上的；

（2）个人非法吸收或者变相吸收公众存款对象30人以上的，单位非法吸收或者变相吸收公众存款对象150人以上的；

(3)个人非法吸收或者变相吸收公众存款，给存款人造成直接经济损失数额在10万元以上的，单位非法吸收或者变相吸收公众存款，给存款人造成直接经济损失数额在50元以上的；

(4)造成恶劣社会影响或者其他严重后果的。

本案中聚某堂公司违反国家金融管理法律规定，不以存款的名义通过其他形式吸收公众存款，从而达到吸收公众存款的目的的行为，其吸收对象为家长等社会不特定对象，扰乱金融秩序，数额巨大。该行为均已构成非法吸收公众存款罪。

案例26　上海某华教育进修学院、唐某某逃税案

[(2018)沪0120刑初268号]

【裁判要旨】

被告单位上海某华教育进修学院采取欺骗、隐瞒手段逃避缴纳税款，数额巨大并且占应纳税额30%以上，被告人唐某某系被告单位直接负责的主管人员，依照法律规定，被告单位及被告人唐某某均已构成逃税罪。

【案情简介】

被告单位上海某华教育进修学院(以下简称某华学院)系注册在上海市奉贤区五四公路×××号的民办非企业单位。被告人唐某某系某华学院法定代表人。被告人唐某某于2013年至2015年管理某华学院期间，采取少列或不列收入、不申报等手段，逃避国家税款，累计金额人民币113万余元。其中，2013年逃避税款人民币434,451.85元，占全年应缴各项税款的比例为56.79%；2014年逃避税款人民币468,620.30元，占全年应缴各项税款的比例为59.74%；2015年逃避税款人民币227,084.04元，占全年应缴各项税款的比例为56.02%。经上海市奉贤区国家税务局稽查局于2017年6月22日、7月13日先后两次向某华学院发出书面催缴通知后，被告单位某华学院、被告人唐某某仍拒不缴纳。

2017年10月24日，被告人唐某某接公安民警电话通知后主动至公安机关投案，并如实供述上述犯罪事实。

案发后，被告人唐某某的家属自愿帮助被告单位上海某华教育进修学院和被告人唐某某向税务机关退缴了116万余元税款、罚金等。

【在案证据列举】

被告单位、被告人唐某某在开庭审理过程中亦无异议，且有证人杨某某、赵某某、沈某某的证言，《民办非企业单位登记证书》、《民办学校项目变更申请表》、《董事会成员明细表》、董事会决议，上海市奉贤区国家税务局稽查局出具的涉税案件移送书、税务核定书、税务稽查报告、逃税情况汇总表格、情况说明、税务罚款催缴通知书、税务文书送达回证、邮政回执复印件、税收完税证明，某华学院收入明细、转账凭证，公安机关出具的案发经过记录，检察机关出具的扣押物品清单等。

【裁判观点】

本院认为，被告单位上海某华教育进修学院采取欺骗、隐瞒手段逃避缴纳税款，数额巨大并且占应纳税额30%以上，被告人唐某某系被告单位直接负责的主管人员，依照法律规定，被告单位及被告人唐某某均已构成逃税罪。依法对被告单位上海某华教育进修学院应处罚金，对被告人唐某某应处3年以上7年以下有期徒刑，并处罚金。公诉机关指控的罪名成立。被告单位及被告人唐某某有自首情节，依法可以从轻或减轻处罚。案发后，被告人唐某某在家属帮助下已至税务部门补缴了50余万元逃税税款及60余万元罚款及滞纳金，其余60万余元逃税税款也已预缴至本院，可酌情从轻处罚。

【裁判结果】

1. 被告单位上海某华教育进修学院犯逃税罪，判处罚金人民币44万元。

（罚金于判决生效后1个月内缴纳）

2. 被告人唐某某犯逃税罪，判处有期徒刑2年，宣告缓刑2年，并处罚金人民币2万元。

（缓刑考验期限，从判决确定之日起计算。罚金于判决生效后1个月内缴纳）

3. 退税款606,858.69元发还上海市地方税务局奉贤分局。

被告人唐某某回到社区后，应当遵守法律、法规，服从公安、社区矫正等部门的监督管理，接受教育，完成公益劳动，做一名有益社会的公民。

【案例评析】

逃税罪的纳税人主体三种手段行为分别为：(1)采取欺骗、隐瞒手段进行虚假纳税申报。例如，采取隐匿账簿、记账凭证，或者在账簿上多列支出或者不列、少列收入，或者报送虚假的纳税申报表、财务报表、代扣代缴、代收代缴税款报告表或者其他纳税申报资料（如提供虚假申请，编造减税、免税、抵税、先征收后退还税款等虚假资料)进行虚假的纳税申报。(2)不申报。因不申报而成立逃税罪的,不需要采取欺骗、隐瞒手段。但笔者认为,对此应作另一种限制解释,即只有经税务机关通知申报而不申报的,才能认定为逃税罪。具有下列情形之一的,应当认定为"经税务机关通知申报":其一,纳税人、扣缴义务人已经依法办理税务登记或者扣缴税款登记的;其二,依法不需要办理税务登记的纳税人,经税务机关依法书面通知其申报的;其三,尚未依法办理税务登记、扣缴税款登记的纳税人、扣缴义务人,经税务机关依法书面通知其申报的。但是,"经税务机关通知申报而拒不申报"以行为人负有纳税义务、扣缴义务为前提。(3)根据《中华人民共和国刑法》第二百零四条的规定,缴纳税款后,以假报出口或者其他欺骗手段,骗取所缴纳的税款的,符合其他要件的,也成立逃税罪。

本案中上海某华教育进修学院于2013年至2015年期间,采取少列或不列收入、不申报等手段,逃避国家税款,累计金额人民币113万余元。属于上述第一种、第二种手段实行逃税罪。需要特别注意的是,行为人实施了伪造、变造、隐匿、擅自销毁账簿、记账凭证等行为,但并未逃税的,不成立本罪。

案例27　陈某某与王某某虐待被看护人案

[(2021)京0102刑初525号]

【裁判要旨】

被告人王某某身为民办教育机构的从业人员,对其照管的幼童负有看护职责,却多次对被照管的幼童实施踢踹、拖拽、推搡、挤压等行为,严重损害了未成年人的身心健康,情节恶劣,其行为已构成虐待被看护人罪,应依法惩处。

【案情简介】

2021年4月20日至同年4月27日,被告人王某某在北京市西城区黄寺大街21号某某金子塔儿童潜能培训学校,采用踢踹、拖拽、使用桌子推搡、挤压等手段,当众多次对被害人董某某(时年6周岁)实施虐待行为。

被告人王某某于2021年5月18日在北京市西城区某某金子塔儿童潜能培训学校,明知被害人法定代理人报警仍在现场等待,到案后如实供述了上述事实。

【在案证据列举】

1. 被害人董某某陈述及辨认笔录证实,其是某某金子塔教育培训机构黄寺分校学前潜能一班的学生。王老师掐过其脸、胳膊。王老师和陈老师有过拉其衣服往外拖拽的情况。王老师和陈老师还有过不让其睡午觉的情况。其睡午觉时发出怪声,王老师和陈老师就把其拽出去了。董某某从12张不同女性照片中指认出被告人王某某就是某某金子塔学校的王老师。

2. 证人董某1证实,其儿子董某某是某某金子塔教育机构黄寺分校潜能一班的学生。这个班有两名老师,分别是王老师和陈老师。2021年4月20日左右,其发现儿子董某某的两侧脸颊都红肿了,就找到校长,要求调看监控录像,学校说提交申请了让等着。4月22日,学校通知其说,因为孩子淘气,让其接走孩子。董某1接孩子回来,孩子就捂着耳朵说害怕,太吵了。其就再次找校长,要求查看监控录像,校长说已经提交了申请,但调取很麻烦,让多等一些时间。4月26日,其接孩子放学回家,又发现孩子左臂上臂有抓痕,就向校长反映,校长让老师给回复。第二天老师给其答复说是她不小心弄伤的。之后其又多次要求看监控录像,直到5月18日才看到监控录像。其一共看到了4个视频:第一个视频是休息室的,大约中午12时左右,老师将孩子从床上拖拽下来,拖出了午休室;第二个视频好像没有给孩子吃午饭,孩子躲在墙角,孩子后自己去拿饭盆,老师把孩子拽出来,用桌子顶孩子,还把孩子往地上扔,头部磕到地上两次,最后给拖到教室外;第三个视频是孩子到前台和老师说了句话,回到座位上推桌子,然后老师把孩子用桌子顶到墙角,然后骑到孩子身上,之后有两个老师把孩子拖出了教室;第四个视频是孩子手里拿了两张纸,老师把纸抢走扔到垃圾桶里,孩子到垃圾桶翻找,被老师踢了好几脚。第一个视频中把孩子从床上拽下来拖出去,第二个视频中把孩子头撞在地上的,以及第四个抢孩子纸并踢打孩子的是王老师,第三个视频中用桌子顶孩子的是陈老师,后将孩子拖出教室的是陈老师和王老师。孩子脸两侧有红肿的情况,左臂上臂有抓痕。自从该事发生至今,孩子不愿意和陌生人接触,有时比较烦躁,胆子比较小。如果有人碰他的头或说他的时候,他会使劲捂着头。

3. 证人刘某某证言及辨认笔录证实,其是某某金子塔培训教育学校黄寺分部一班的学生,班上的老师是王老师和陈老师。董某某是他们的同班同学,很淘气。董某某不听话的时候,老师就教育他,说他。有时董某某抓别的小朋友桌子,老师就把他拖出教室。董某某在休息室睡觉时不睡觉,还闹,也被老师拖出去过。刘某某辨认出被告人王某某就是王老师,陈某某就是陈老师。

4. 证人雷某某证言及辨认笔录证实,其是某某金子塔培训教育机构黄寺分校潜能开发一班的学生。董某某是其同学,王老师是班主任,陈老师是副班主任。董某某是一个调皮的小朋友,他只有开心的时候才听老师的话,不开心的时候就不听了。有一次上课的时候,老师没给他发手工作业纸,让他坐好才给他。他就生气了,边大喊大叫边使劲往前挤,王老师就生气了,把他给拉出去了。当时董某某抓着桌子,王老师拉他,把他拉倒了,直接拉出去了,董某某都被拽哭了。董某某不听话时,老师不让他坐椅子,就让他坐在地上,让他自己冷静。王老师和陈老师把董某某拉出教室后,董某某就会大喊大叫,会哭,跑进其他教室坐着堵着门不让其他人进来。雷某某辨认出被告人王某某就是王老师,陈某某就是陈老师。

5. 证人杨某某证言证实,其是某某金子塔教育培训机构黄寺分店店长。2021年4月下旬左右,王某某和董某某母亲沟通孩子在学校调皮捣蛋的事情时,称在处理这件事时有过推搡的行为。董某某的母亲就向杨某某提出调看监控录像。杨某某告诉对方需要向总部申请。5月18日,他们把录像给家长看了。通过调看录像,发现2021年4月下旬,王某某和陈某某对董某某有踢打、拉扯、拖拽、推搡等行为,其中王某某有过3次,陈某某有过1次。董某某的家长和学校协商处理,没有协商出结果,对方就报警了。王某某是潜能一班的班主任,陈某某是生活老师,协助王老师工作。

6. 证人陈某某证言证实,其从2020年12月开始在北京某某金子塔儿童潜能培训学校实习,2021年2月开始在潜能开发1班做班主任助理。王某某是1班的班主任。董某某是班里的一个男生,平时经常淘气。2021年4月20日,王某某在讲课,董某某不听讲,一直在玩手里的东西,王某某说了好几次,董某某都不听。王某某就过去抢走了他手里的玩具,扔到了垃圾桶里,董某某就过去翻垃圾桶,把垃圾桶里的东西都翻出来了。王某某踹了董某某几脚。之后其和王某某一起把董某某拖出去了。4月22日中午,董某某一直在发出怪声,陈某某警告他,在他安静之前不能给他饭吃,但董某某还在发出怪声。后陈某某对董某某说:"等你知道自己错了,就可以来拿饭了。"但直到其他小朋友都吃完饭,董某某也没有来拿自己的饭。其给他留了4个饺子,想等他知道错了就给他吃。王某某想转移一下董某某的情绪,就让董某某帮助把餐盆送到食堂,回来就可以吃饭。但董某某把餐盆抱到教室最后边,还把一块放在角落的天花板坐碎了。王某某很生气,就用桌子挤董某某,挤了好几下,董某某也开始发脾气,王老师就把董某某拽出来,还用脚踢了董某某。4月26日上午,陈某某和王某某给班里的小朋友上手工课,董某某一直闹,王某某就没有发给他手工的材料,说只要他安静下来就发给他。之后董某某回到座位。其发现董某某开始用自己的桌子往前顶前边的小朋友,其怕前边的小朋友受伤,就过去制止董某某。董某某不听,其就用手顶住他的桌子,把他顶到墙角,他摔倒了,其没有松开,一直顶着,直到他不再发力了才离开。但其刚一离开,董某某又开始顶前边的小朋友,其就把他桌子挪到一边去了。董某某把桌子挪回原位继续往前顶,其想制止对方,就摁住他,他就用脚踢,其用腿压住董某某的腿。后陈某某觉得这样扰乱课堂秩序,就把董某某往门外拖,他力气很大,陈某某在拖他时自己也摔倒了。王某某就过来帮助陈某某一起把董某某拖到门外。

7. 监控视频 1 组证实,被告人王某某于 2021 年 4 月 20 日、22 日、26 日、27 日对被害人董某某存在虐待的情况。

8. 北京国盾信息中心司法鉴定所出具的电子数据司法鉴定意见书证实,杨某某与被告人王某某、被害人母亲就此事联系的情况。

9. 北京中衡司法鉴定所出具的司法鉴定意见书证实,首都医科大学三博脑科医院病历记录载:2021 年 5 月 20 日,神经介入门诊:现病史:近 2 月余患儿经常诉说头晕,情绪低落,不爱说话,有时不爱吃饭,家长发现其腹部、腰部有皮肤青紫,手臂有抓痕,颌颈部肿痛,去学校调取视频发现多次被老师肢体侵犯,有头部摔碰伤、桌椅顶压腹背部、掐脖颈等。查体:神志清楚,四肢肌力张力正常,言语少,左上臂少许陈旧皮下瘀斑,上腹部轻微触压痛。神经内科门诊:现病史:……本院超声(肝胆胰脾肾):未见明显异常,本院心脏超声:未见明显异常。中国人民解放军战略支援部队特色医学中心门诊病历载:2021 年 5 月 21 日,现病史:家属代诉患者一月前监控发现被老师摔打后头部着地,间断出现情绪低落、激惹,不爱言语、缺乏安全感,晚上常被梦惊醒,否认精神疾病家族史。体检:意识清楚,接触尚好,服饰整齐,注意力集中,个人生活自理,未查及明显幻觉,错觉及感知综合障碍,思维条理,情感反应与内心体验尚协调,自知力完整,睡眠饮食差。中国人民解放军战略支援部队特色医学中心门诊病历载:2021 年 6 月 1 日病情简记:激惹,不爱言语一月余。诊断应激障碍待查。首都医科大学三博脑科医院诊断证明书载:2021 年 6 月 2 日脑外伤(恢复期),软组织挫伤。鉴定机构体格检查所见,被鉴定人董某某神清语明,对答切题,检查合作。头部外观(-)。颈前外观(-)。腹部外观(-)。左上臂皮肤擦伤痕 3 处,大小分别为 1.5 厘米×0.5 厘米、0.8 厘米×0.3 厘米、0.6 厘米×0.3 厘米。鉴定意见,被鉴定人董某某所受损伤不构成轻微伤。

10. 受案登记表、北京市公安局西城分局德胜门外派出所出具的到案经过证明材料证实，2021 年 5 月 18 日，董某 1 称因其孩子在北京市西城区某某金子塔黄寺校区被老师用脚踢、拖拽、挤压等方式伤害，遂报警。民警经出示工作证件将王某某传唤至公安机关接受调查。

11. 北京市公安局西城分局德胜门外派出所出具的工作记录证实，2021 年 5 月 18 日下午，被害人董某某母亲董某 1 到某某金子塔黄寺校区就董某某在校遭虐待一事进行协商，当时某某金子塔黄寺校区负责人杨某某、涉事教师王某某、陈某某均在场。5 月 18 日 21 时许，在协商无果的情况下，董某 1 报警。民警到现场后，杨某某、王某某、陈某某三人仍在现场等待，民警出示工作证将杨某某、王某某、陈某某等三人传唤回所内接受询问。在传唤过程中，三人均能予以配合，没有抗拒、阻碍、拒绝、逃跑的行为。

12. 北京某某金子塔教育管理咨询有限公司的营业执照、北京市西城区民办学校设立教学点标志、民办非企业单位登记证书等书证证实，北京市西城区某某金子塔儿童潜能培训学校是民办学校，北京市西城区黄寺大街 21 号是其被批准设立的教学点。

13. 员工登记表、教师资格证证实，被告人王某某取得了幼儿教师资格，系北京市西城区某某金子塔儿童潜能培训学校的教师。

14. 某某金子塔学校幼儿入学登记表及户籍证明材料证实，被害人董某某系该学校的学生，时年 6 周岁。

15. 被告人王某某的户籍证明材料证实，被告人王某某的年龄、户籍地等基本身份材料。

【裁判观点】

本院认为，被告人王某某身为民办教育机构的从业人员，对其照管的幼童负有看护职责，却多次对被照管的幼童实施踢踹、拖拽、推搡、挤压等行为，严重损害了未成年人的身心健康，情节恶劣，其行为已构成虐待被看护人罪，应依法惩处。北京市西城区人民检察院指控被告人王某某犯虐待被看护人罪罪名成立。被告人王某某的辩护人关于被告人王某某系自首、认罪认罚、初犯等辩护意见，本院予以采纳。被告人王某某明知被害幼童的法定代理人报警仍在现场等待，到案后如实供实犯罪事实，系自首，依法可从轻处罚。被告人王某某自愿认罪认罚，依法可从宽处罚。被告人王某某实施了违背职业要求的特定义务的犯罪，依法应当适用从业禁止。

【裁判结果】

1. 被告人王某某犯虐待被看护人罪,判处有期徒刑8个月。

(刑期自判决执行之日起计算。判决执行以前先行羁押的,羁押一日折抵刑期一日,即自2021年5月18日起至2022年1月17日止)

2. 禁止被告人王某某从事未成年人教育工作5年。

(期限自被告人王某某刑罚执行完毕之日起计算)

3. 在案扣押的手机一部发还被告人王某某。

【案例评析】

根据《中华人民共和国刑法》第二百六十条之一第一款的规定,对未成年人、老年人、患病的人、残疾人等负有监护、看护职责的人虐待被监护、看护的人,情节恶劣的,处3年以下有期徒刑或者拘役。

首先,关于"看护职责"的认定。我国刑法及其他部门法对"看护"均无相关规定,目前的司法实践中,对于护工、保姆负有看护职责多没有争议,而如本案一样在以教师为犯罪主体的案件中,其罪名适用较为分散,以虐待被监护人、虐待被看护人定罪的均有判例,更有学者认为教师既不是未成年学生的监护人也不是看护人。本罪将监护与看护并列规定,一方面可以使两种职责的来源方式得以区分,另一方面又说明两种职责在内容上存有一致性。因此,此处的看护可以参考前述监护职责的应有内容,不仅包括监护职责中应有的照料与保护之意,还应包括对被看护人进行管理与教育等方面的职责,如学校及教师对学生的管理与教育等。综上,关于本罪中的"看护职责",应界定为对未成年人日常生活、人身安全及其他方面进行有效合理照料与保护、指导与教育的一种职责。

其次,关于看护义务的来源。看护义务来源可以有以下几种:(1)法律直接规定的看护义务;(2)基于社会责任而产生的看护义务,如民间自发组织的救助站、孤儿收容所等爱心机构的看护义务;(3)基于合同、契约而产生的看护义务,如基于雇佣合同对被看护人进行看护的义务;(4)基于工作职责或者职务的要求而形成的看护义务;(5)基于事实行为而形成的看护义务,如邻居对在外玩耍的小孩主动看护、将路边的婴儿捡回家照料等。

基于上述理解,下列人员应属于"看护人"的范畴,他们对于自己服务或工作的对象负有看护责任:(1)家庭成员聘请的护工或保姆;(2)医院及其医护人员;(3)中小学、幼儿园及其教师等;(4)临时接受委托而具有看护责任的自然人或单位等。

案例 28　尹某元、尹某文等挪用资金案

［（2021）湘 02 刑终 228 号］

【裁判要旨】

被告人尹某文、尹某元、许某民利用职务上的便利，共同挪用某麓学校 650 万元归尹某文个人使用，数额巨大，其行为均构成挪用资金罪。对公诉机关指控的尹某元挪用 67 万元的事实，因证据不足，事实不清，不予认定。

【案情简介】

1984 年，谭某伦、刘某僧、尹某 1 等茶陵退休教师申请创办茶陵县文化补习学校；1985 年，补习学校经县教育局批复更名为湖南省茶陵县某麓高级中学；1990 年，茶陵县计划委员会批复同意兴建茶陵县某麓高级中学（集体）；1992 年，茶陵县某麓高级中学老校区建成，校产由四部分组成，即土地由政府划拨（学校向村组出资购买土地 90 余万元），旅台肖某群等董事募集的台胞捐款，县内社会人士的捐赠，教职工捐资和办学结余；1993 年，应旅台捐资台胞的要求，经县民政局同意，茶陵县某麓高级中学董事会登记为社团法人（机构代码为 50147002 - 7，办证号为 A003），其中旅台台胞肖某群任董事长，尹某 1 任法定代表人兼副董事长；从 1995 年至 2009 年，历届董事会客观存在，其间，由于原董事会成员相继去世等原因，董事会职能由起初的完整逐步弱化，由尹某 1 逐步控制董事会和学校校产；2009 年，尹某 1 将某麓高级中学董事会法定代表人变更为其孙尹某 5，将某麓学校举办者、校长变更为许某民，并将茶陵县某麓高级中学改名为茶陵某麓学校；2010 年 3 月 19 日，茶陵县人民政府召开专题会议划拨 30 亩与某麓学校原址面积相当的土地进行置换，用于某麓学校自行建设新校，搬迁某麓学校；2010 年 4 月 22 日，某麓学校法定代表人尹某 5 与茶陵县国资公司签订《征购房屋置换土地协议》（国资公司支付某麓学校固定资产等各项补偿款 490 万元）；2010 年 6 月 11 日至 2010 年 12 月 31 日，国资公司分 5 笔将总计 490 万元征购补偿款转入某麓学校工行尾号为 0501 账户，该 490 万元征地补偿款在茶陵县的公账上计收入；2012 年 3 月 25 日，茶陵某麓学校、尹某文、谭某 4 签订《合股投资办学协议》；2013 年 5 月 28 日，株洲市教育局颁发了茶陵某麓中学十二年一贯制学校办学许可证，举办者尹某文，校长许某民；2013 年 11 月 1 日，株洲市教育局同意茶陵县某麓高级中学董事会变更为茶陵某麓学校，尹某 5 卸任董事

长,新增尹某文为董事长;2013 年 11 月 6 日,茶陵县民政局颁发茶陵某麓学校民办非企业单位登记证书(办证号为 A003,机构代码为 50147002 -7),法人为尹某文;2013 年 11 月 7 日,茶陵县市场监督管理局颁发茶陵某麓学校组织机构代码证(代码)为 50147002 -7,机构类型为民办非企业单位,尹某文。

2012 年 3 月 25 日,茶陵某麓学校、尹某文、谭某 4 签订《合股投资办学协议》,以茶陵县现有教学规模为依托,联合投资建设"新某麓学校",三方共同合股建设"茶陵某麓学校"和新办"某麓幼儿园",某麓学校以原有的现金 350 万元和政府新规划土地 30 亩以及教学设备作价 700 万元为出资额,占股 35%,尹某文占股 50%,谭某 4 占股 15%,尹某文、谭某 4 第一期 400 万元在签订协议后 30 日内注入,第二期资金在建校办理许可证时注入 500 万元,某麓学校委派出纳,尹某文委派会计,在没有设立共同账户前,以"茶陵县某麓职业技能培训学校"的账户为过渡账户,预留银行印鉴:财务专用章一枚、尹某 2 私章一枚,尹某文私章一枚。财务专用章由尹某文保管,尹某 2 私章由许某民保管。重大财务支出项目由三方协定。

协议签订后,2012 年 12 月 10 日,尹某元安排许某民将某麓学校 350 万元资金转入过渡账户——某麓职业技能培训学校尾号为 0041 的账户。2013 年 2 月 4 日,尹某文转入 400 万元到过渡账户,经过尹某文多次找尹某元协商,将对公账户的 650 万元资金用于其个人周转。因系大笔资金周转需用对公账户接受该笔资金,并且要以支付货款方式走账,所以尹某元授意许某民于 2013 年 2 月 5 日,配合尹某文将过渡账户的 650 万元转入尹某文实际控制的某磊实业有限公司账户。上述 650 万元合股办学资金被尹某文用于归还沈某、李某 6 等个人债务及个人消费,其中,2013 年 2 月 6 日,尹某文转入 68 万元到尹某元控制的尹某 1 的工商银行尾号为 7287 的账户(2015 年,在尹某文的要求下,尹某元归还了 20 万元)。经鉴定,2013 年 2 月 5 日,某麓技校 0041 账户转账 650 万元至某磊公司 0477 账户,当日,从某磊实业公司账户转入于某 2 账户(尹某文合作伙伴)304 万元,转入尹某文个人账户 196 万元,次日,从某磊公司账户转入尹某文个人账户 164 万元。

2013 年 5 月 28 日,株洲市教育局颁发了茶陵某麓中学十二年一贯制学校办学许可证,举办者尹某文,校长许某民;2013 年 11 月 1 日,株洲市教育局同意茶陵县某麓高级中学董事会变更为茶陵某麓学校,尹某 5 卸任董事长,新增尹某文为董事长;2013 年 11 月 6 日,茶陵县民政局颁发茶陵某麓学校民办非企业单位登记证书(办证号为 A003,机构代码为 50147002 - 7),法人为尹某文;2013 年 11 月 7 日,茶陵县市场监督管理局颁发茶陵某麓学校组织机构代码证(代码)为 50147002 - 7,机构类型为民办非企业单位。

被告人尹某文于 2013 年 3 月之后向茶陵某麓学校分三笔共借款 16 万元,2014 年陆续归还 50 万元给茶陵某麓学校。

【争议焦点】

1. 被告人尹某元是否具有职务上的便利的问题。

2. 关于 650 万元的权属问题即本案被害单位是谁的问题。

3. 尹某元、尹某文、许某民共同挪用的资金应认定为 650 万元还是 250 万元的问题。

4. 许某民是否构成挪用资金罪的问题。

5. 三被告人挪用资金罪适用的法律问题。

6. 关于被告人尹某元个人挪用 67 万元,但其为某麓学校垫付了 84.9 万元,(其中 54.9 万元已在某麓学校往来账中记载)是否可以冲抵其挪用的 67 万元犯罪金额的问题。

7. 对尹某文挪用后为某麓学校垫付的 34 万元是否要在其退赔款中冲抵?

8. 关于被告人尹某元是否具有自首情节。

【裁判观点】

一审法院认为:被告人尹某文、尹某元、许某民利用职务上的便利,共同挪用茶陵县 650 万元归尹某文个人使用,数额巨大,其行为均构成挪用资金罪。对公诉机关指控的尹某元挪用 67 万元的事实,因证据不足,事实不清,不予认定。

对辩方意见分别评析如下:

1. 被告人尹某元是否具有职务上的便利的问题。挪用资金罪是指公司、企业、或者其他单位的工作人员,利用职务上的便利,挪用本单位资金归个人使用或借贷给他人,数额较大、超过 3 个月未归还,或者虽未超过 3 个月,但数额较大、进行营利活动的,或者进行非法活动的行为。被告人尹某元在某麓学校没有担任职务,但在 2010 年 3 月 5 日尹某 1、某麓高级中学授权给尹某元、尹某 5 全权处理某麓高级中学的一切事务。被告人尹某元受某麓高级中学的实际控制人尹某 1 以及某麓高级中学委托,在某麓高级中学拆迁、合股办学、财务审批以及学校其他行政事务中履行管理职责,在某麓学校与尹某文、谭某 4 签订合股办学协议中,是其代表某麓学校与尹某文、谭某4经过洽谈达成意向后向尹某1汇报，经尹某1同意后签署了合股办学协议。签订协议后，尹某文向尹某元提出借合股办学过渡账上的650万元，也是尹某文与尹某元洽谈。当时尹某元考察了尹某文当时的几个经济实体，认为尹某文有经济实力，所以其向许某民交代，尹某文有经济实力，比较可靠，虽然其与许某民均供述出借650万元给尹某文最终请示了尹某1，但是磋商、考察尹某文是否有还款能力都是尹某元在实施，尹某文没有向尹某1提出借钱事宜，尹某1也没有考察尹某文是否有还款能力。尹某1基于对尹某元的信任而同意出借650万元。尹某元是受某麓学校及学校实际控制人尹某1授权实际管理某麓学校事务，是某麓学校的管理者，具备挪用资金罪的主体资格。在茶陵县谭某4签订合股办学协议后，按照协议约定，茶陵县、尹某文的出资款共计750万元转入过渡账户，在合股办学后的某麓学校办学许可及单位登记尚未办下来期间，协议的各方对该笔资金均具有监管职责，该笔资金属于合股办学后的某麓学校，按照协议约定，该笔资金应该用于学校建设和办学，不得挪作他用，尹某元作为原某麓学校的实际管理者，对该笔资金具有监管职责。

2. 关于650万元的权属问题即本案被害单位是谁的问题。2012年3月25日，尹某元、尹某文、谭某4经过磋商，许某民代表某麓学校与尹某文、谭某4签订合股投资办学协议：以茶陵县现有教学规模为依托，联合投资建设“新某麓学校”，三方共同合股建设“茶陵某麓学校”和新办“某麓幼儿园”。某麓学校以原有的现金350万元和政府新规划土地30亩以及教学设备作价700万元为出资额，占股35%，尹某文占股50%，谭某4占股15%，尹某文、谭某4第一期400万元在签订协议后30日内注入，第二期资金在建校办理许可证时注入500万元，某麓学校委派出纳，尹某文委派会计，在没有设立共同账户前，以“茶陵县某麓职业技能培训学校”的账户为过渡账户，预留银行印鉴：财务专用章一枚、尹某2私章一枚，尹某文私章一枚。财务专用章由尹某文保管，尹某2私章由许某民保管。重大财务支出项目由三方协定。协议签订后，2012年12月10日，某麓学校转账350万元到过渡账户，2013年2月4日，尹某文转入400万元到过渡账户，经过尹某文多次找尹某元协商，将对公账户的650万元资金用于其个人周转。因系大笔资金周转需要用对公账户接受该笔资金，并且要以支付货款方式走账，尹某元授意许某民于2013年2月5日，配合尹某文将过渡账户的650万元转入尹某文实际控制的某磊实业有限公司账户。2013年5月28日，株洲市教育局准予行政许可决定书准予茶陵某麓学校举办者由许某民变更为尹某文,法定代表人变更为尹某文,2013 年 6 月 3 日取得了《民办学校办学许可证》,举办者为尹某文,校长为许某民。根据茶陵县 2013 年 11 月 1 日的《民办非企业单位变更登记申请表》可知,申请变更名称由原来的茶陵县某麓高级中学董事会变更为茶陵某麓学校。2013 年 11 月 6 日,茶陵县民政局民办非企业单位登记证书,单位代码 50147002 - 7(与原来登记的社会团体法人茶陵县某麓高级中学董事会的代码一致)记载的单位名称为茶陵某麓学校,法人为尹某文。同年 11 月 6 日茶陵县民办非企业登记管理局向县技术监督局出具证明:原茶陵县某麓高级中学董事会更名为茶陵某麓学校。茶陵县、尹某文、谭某 4 签订了《合股投资办学协议》,约定以某麓学校现有教学规模为依托,三方共同合股建设"茶陵某麓学校"和新办"某麓幼儿园",合股办学后的办学许可证及组织机构代码证、民办非企业单位登记均是在原来的证件基础上申请变更的,不管是办学许可证还是民办非企业登记证书、组织机构代码证上面的代码证书号都没有变,只是变更了举办者和法人,尹某文与谭某 4 是作为投资主体参与建设某麓学校,2013 年 2 月 4 日,尹某文将 400 万元转入过渡账户时,注明是投资款,三方投资款注入对公账户后应该用于合股办学后的某麓学校的办学建设。该 650 万元是合股办学后的某麓学校的资产。

3. 尹某元、尹某文、许某民共同挪用的资金应认定为 650 万元还是 250 万元的问题。三被告人事前商量将 650 万元借给尹某文个人周转,于 2013 年 2 月 5 日挪用 650 万元到尹某文的某磊公司,后转入尹某文个人账上,该资金超过 3 个月没有归还,挪用行为已经完成,到 2014 年因尹某文无法偿还挪用的 650 万元,尹某元与尹某文商量尹某文退出合股办学,重新寻找合股投资人,尹某文前期投入的 400 万元退还给尹某文,这时该资金已经被挪用一年多,而且合股办学的相关行政许可、单位登记已经履行完毕,应该认定挪用 650 万元,对二人商量的尹某文退出合股,400 万元还给尹某文,只是事后对犯罪金额的一个处理方式,可以在退赔金额中予以核减(650 万元 - 400 万元)。

4. 许某民是否构成挪用资金罪的问题。2012 年 3 月 25 日,某麓学校与尹某文、谭某 4 签订《合股投资办学协议》后,许某民系某麓学校这一方安排的出纳,掌管尹某 2 个人印鉴,尹某文向尹某元商量借用过渡账户里的资金后,许某民听从尹某元和尹某 1 的安排配合尹某文将过渡账户的 650 万元转到尹某文的某磊公司账户,转账凭证上注明是货款。三被告人的供述均证明尹某文向尹某元、许某民提出借650万元合股办学资金用于其个人生意周转。被告人许某民作为某麓学校的出纳,虽然听从尹某元、尹某1的安排,但其更应该执行财务管理规定,在这样一笔大额资金转出没有进行审核是否有相关购货合同证实为货款就转账出去,应该构成挪用资金罪,但其作用较小,系从犯。

5. 三被告人挪用资金罪适用的法律问题。根据《最高人民法院关于如何理解刑法第二百七十二条规定的“挪用本单位资金归个人使用或者借贷给他人”问题的批复》:公司、企业或者其他单位的非国家工作人员,利用职务上的便利,挪用本单位资金归本人或者其他自然人使用,或者挪用人以个人名义将所挪用的资金借给其他自然人和单位,构成犯罪的,应当依照刑法第二百七十二条第一款规定定罪处罚。本案虽然是通过过渡账户将650万元资金转入某磊公司,但被告人尹某文向尹某元、许某民提出借款时明确表示用于其个人周转,只是大笔资金走账需要以对公账户才能转账,所以尹某文才用某磊公司的账户接受该650万元,650万元到了某磊公司账户后,用于归还其和于某2的欠款及其他个人欠款。应当认定为挪用资金归尹某文个人使用。

6. 关于被告人尹某元个人挪用67万元,但其为某麓学校垫付了84.9万元,(其中54.9万元已在某麓学校往来账中记载)是否可以冲抵其挪用的67万元犯罪金额的问题。公诉机关指控被告人尹某元挪用67万元资金的证据之间存在矛盾,不能形成证据锁链,某麓学校的财务管理混乱,尹某元没有与某麓学校结算,且现有证据能证明其为学校所垫付的84.9万元多于其挪用的67万元,故对指控的尹某元个人挪用67万元部分不予认定。

7. 对尹某文挪用后为某麓学校垫付的34万元是否要在其退赔款中冲抵?对某麓学校应付尹某元的54.9万元是否应冲抵尹某元个人挪用应退赔的37万元及与尹某文、许某民共同退赔的166万元的问题。被告人尹某文、尹某元、许某民共同挪用650万元后,2014年尹某文与尹某元商量,尹某文退出合股办学,尹某文先期投入的400万元归还给尹某文,尹某文需归还某麓学校的250万元,2013年2月5日挪用后,尹某文先后为某麓学校垫付了34万元支出,应在其退赔款中冲抵,即尹某文应退赔166万元(250万元－50万元－34万元＝166万元)。因系共同犯罪,即被告人尹某元、尹某文、许某民共同退赔166万元。关于尹某元垫付的部分,因某麓学校与尹某元之间还未正式结算,故不在本案中冲减。

8. 关于被告人尹某元是否具有自首情节。茶陵某麓学校资金被挪用案,茶陵县公安局于2020年6月23日立案侦查(以事立案),茶陵县公安局民警于2020年6月30日对尹某元第一次做询问笔录(长沙尹某元住处),尹某元供述尹某文将650万元钱转出之前,尹某文向尹某元说了这件事,尹某元说只能尹某1决定,许某民问他时也是要许某民找尹某1,许某民说尹某1同意后,尹某元既没表示同意也没表示反对。2020年8月初,尹某元主动与茶陵县纪监委联系,表示愿意向组织讲清其与某麓中学有关的违纪、违法事实,2020年8月13日,尹某元主动到茶陵县接受调查,交代了从某麓学校拿了100万元后将其中的50万元挪用的事实,因尹某元没有全部讲清联合调查组掌握的违法行为,联合调查组决定由县公安局何某藤、匡某戈将其口头传唤至茶陵县公安局进行讯问,同日下午,两民警将其带到公安局进行讯问,被告人尹某元供述了尹某文找其商量挪用650万元的具体经过。次日,对被告人尹某元刑事拘留。被告人尹某元具有主动投案的事实,虽然在县纪委没有供述挪用650万元的事实,但其于当日下午在公安机关将其从纪委口头传唤到茶陵县公安局后供述了犯罪事实,应认定为自首。

二审法院认为:上诉人尹某元与原审被告人尹某文、许某民作为茶陵县的工作人员,利用职务上的便利,共同挪用茶陵县650万元资金归尹某文个人使用,数额巨大,其行为均构成挪用资金罪。原判决对上诉人尹某元、原审被告人尹某文在共同犯罪中均系主犯,原审被告人许某民系从犯;上诉人尹某元自首依法从轻处罚;原审被告人尹某文、许某民均坦白、认罪认罚依法从宽处等认定正确,并予以确认。综合上诉人尹某元的上诉理由及其二位辩护人的辩护观点,分别评析如下:其一,关于犯罪主体。在案证据证明尹某元2010年3月5日接受茶陵某麓学校与该校实际控制人尹某1的委托,实际管理茶陵某麓学校,具有主管、管理、经手单位资金的便利条件,即尹某元具有实际管理职责,且其事先与尹某文共同商量、依法认定其与尹某文构成共同犯罪。其二,关于犯罪对象与客体。从茶陵某麓学校的设置、历史沿革、发展来看,其资产一脉相承,尹某文依照协议而注入的股金400万元依法属于茶陵某麓学校本单位资金;该校资金的财产所有权受到合法保护、该校的财产法益不能受到非法侵犯。其三,关于客观特征。在案当事人将茶陵某麓学校的650万元资金挪作他用,结合该资金的走向,结合该资金的流水和交易凭证,足以认为定尹某文、尹某元、许某民共同挪用资金罪650万元。其四,关于法律适用。本案所涉茶陵某麓学校资金650万元被挪作他用,已经触犯《中华人民共和国刑法》第二百七十二条之规定,必须由刑事法律予以规范和调整,依法应处3年以上10年以下有期徒刑。上诉人尹某元的上诉理由及其二位辩护人的辩护观点所关联的不构成犯罪或者请求改判宣告无罪或发回重审的事项,经查均与本案的整体事实、全部证据相悖,也无法律规定支撑。与此同时,刑法规定自首情节可以从轻、减轻处罚,原判决基于上诉人尹某元自首的程度予以从轻处罚适当。因本案犯罪数额巨大,原判决的量刑幅度符合刑法规定,不存在量刑畸重的问题。综上所述,上诉人的上诉理由、请求与辩护人的辩护意见,依法均不予支持。原审根据上诉人尹某元与原审被告人尹某文、许某民各自犯共同挪用资金罪的事实、性质与情节和对于社会的危害程度所作出的判决,符合法律规定。

【裁判结果】

1. 被告人尹某文犯挪用资金罪,判处有期徒刑4年;

2. 被告人尹某元犯挪用资金罪,判处有期徒刑3年6个月;

3. 被告人许某民犯挪用资金罪,判处有期徒刑1年2个月;

4. 责令被告人尹某元、许某民、尹某文共同退赔茶陵某麓学校人民币166万元,对谭某5退缴在案的25.5万元,罗某元退缴在案的4万元由暂扣单位茶陵县公安局退还给茶陵县。对扣押在案的4台手机,返还给相关被告人。对扣押的某麓学校的账本、财务凭证、相关印鉴返还给茶陵县。

【案例评析】

本案的一个特殊点在于相较于大多数挪用资金归自己使用的挪用资金案例,本案存在为他人挪用的情况。根据2000年《最高人民法院关于如何理解刑法第二百七十二条规定的“挪用本单位资金归个人使用或者借贷给他人”问题的批复》,是指公司、企业或者其他单位的非国家工作人员,利用职务上的便利,挪用本单位资金归本人或者其他自然人使用,或者挪用人以个人名义将所挪用的资金借给其他自然人和单位的行为。根据《最高人民法院关于审理挪用公款案件具体应用法律若干问题的解释》第一条的规定,“归个人使用”既包括归挪用人自己使用,也包括归挪用人之外的他人使用,很显然,当行为人挪用公款归自己使用时,挪用人和使用人就是同一主体;当行为人挪用公款归他人使用时,挪用人和使用人并非同一主体,此外,由于现实生活的复杂性,在挪用人和使用人并非同一主体的情形中,这里的“使用人”既可能只有一个人,也可能出现多个人,在有多个使用人的场合,需要甄别的是,是否所有使用人均为实际使用人,因为其中有些使用人并不真正享有对公款的支配决定权，而仅是形式上符合“使用人”的特征；换言之，只有对公款拥有支配决定权的实际使用人才是刑法意义上的“使用人”。

案例 29　李某职务侵占案

[（2022）湘 1121 刑初 449 号]

【裁判要旨】

被告人李某作为幼儿园园长，利用收取学费、管理日常开支的职务便利，将本单位财物非法占为己有，数额较大，其行为触犯了《中华人民共和国刑法》第二百七十一条第一款之规定，应当以职务侵占罪追究其刑事责任。

【案情简介】

2013 年以来，被告人李某担任祁阳某某幼儿园园长。其间，被告人李某利用收取学费、管理日常开支的职务便利，以幼儿园的名义收取学生家长郑某、邓某 1、何某、邓某 2、李某 1、王某 1、唐某 2、谢某、杨某 2、蒋某 1 等人 2021 年春季学费 89,460 元，2021 年秋季学费 86,840 元，未按规定上交幼儿园，将本单位财物非法占为己有，用于网络赌博。

【在案证据列举】

出示了接报案登记表、立案决定书、取保文书、户籍证明、到案经过；接受证据清单、情况说明、李某私自收取某某幼儿园下期学费明细、某某幼儿园 2021 年春季学期少报学生人数名单、收据单 32 张、教师聘用合同 1 份、被害人身份信息 1 张、中华人民共和国民办学校办学许可证 1 张、祁阳市某某幼儿园职工工资表 2 张、工作记账本的清单、2021 年春季学费表 4 页、学前教育学生花名册 4 份；接受证据清单、证人提供的收据单、微信转账记录、微信聊天记录、微信交易明细；证人郑某、冯某、唐某 1、邓某 1、何某、邓某 2、李某 1、王某 1、唐某 2、钟某、谢某、杨某 2、蒋某 1、唐某 3、刘某、阳某、王某 2、黄某、谭某、肖某、罗某、蒋某 2、汤某、王某 3、贺某、任某、李某 2 的证言；被害人杨某 1 的陈述；被告人李某的供述与辩解和讯问视频等证据。

【裁判观点】

本院认为，被告人李某作为幼儿园园长，利用收取学费、管理日常开支的职务便利，将本单位财物非法占为己有，数额较大，其行为触犯了《中华人民共和国刑法》第二百七十一条第一款之规定，构成职务侵占罪，公诉机关的指控成立。被告人李某到案后,如实供述自己的犯罪事实,依法可以从轻处罚;被告人李某自愿认罪认罚,可以依法从宽处理。

【裁判结果】

1. 被告人李某犯职务侵占罪,判处有期徒刑8个月,并处罚金人民币5000元。(刑期自判决执行之日起计算。判决执行以前先行羁押的,羁押一日折抵刑期一日。罚金限本判决生效后10日内缴纳)

2. 责令被告人李某退赔被害人杨某1人民币176,300元。(其款限本判决生效后10日内退赔)

【案例评析】

《中华人民共和国刑法》第二百七十一条第一款规定:"公司、企业或者其他单位的工作人员,利用职务上的便利,将本单位财物非法占为已有,数额较大的,处三年以下有期徒刑或者拘役,并处罚金;数额巨大的,处三年以上十年以下有期徒刑,并处罚金;数额特别巨大的,处十年以上有期徒刑或者无期徒刑,并处罚金。"

从上述法条我们可以看出,职务侵占罪在客观上有以下三个方面的表现:

1. 利用自己职务上的便利。所谓利用职务上的便利,是指利用职权及与职务有关的便利条件。职权,是指指本人职务、岗位范围内的权力,与职务有关的便利条件,是指虽然不是直接利用职务或岗位上的权限,但却利用了本人的职权或地位所形成的便利条件,或通过其他人员利用职务或地位上的便利条件。例如,案例中的李某是幼儿园的园长利用了自己的职权以及与职务有关的便利条件。

2. 有侵占学校财产的行为。本单位财物,是指单位依法占有的全部财产,包括本单位以自己名义拥有或虽不以自己名义拥有但为本单位占有的一切物权、无形财物权和债权。所谓非法占为已有,是指采用侵吞、窃取、骗取等各种手段将本单位财物化为私有,不论是先持有而转为已有还是先不持有而采取侵吞、窃取、骗取方法转为已有,均属于侵占行为。案例中,李某利用学校资金进行网络赌博,存在严重侵占学校财产的行为。

3. 达到数额较大的程度。如果仅利用职务上的便利将本单位财物非法占为已有,但未达到数额较大的标准,依然不能构成本罪。《最高人民检察院、公安部关于公安机关管辖的刑事案件立案追诉标准的规定(二)》(2022年修订)第七十六条规定,公司、企业或者其他单位的人员,利用职务上的便利,将本单位财物非法占为已有,数额在3万元以上的,应予立案追诉。因此,"数额较大"的标准应在

5000元至1万元以上,各省根据自身实际情况规定有所不同,但多数省份规定的起点均在1万元左右。上述案例中,被告人侵占的金额超过了“数额较大”的起点,依法应当被立案追诉,承担相应的刑事责任。

案例30　尹某某职务侵占案

[(2021)陕0116刑初863号]

【裁判要旨】

被告人尹某某以非法占有为目的,利用其负责品某幼儿园经营管理的便利,将品某幼儿园的财产据为已有,其行为触犯了《中华人民共和国刑法》第二百七十一条第一款的规定,应当以职务侵占罪追究其刑事责任。

【案情简介】

西安市长安区韦曲街道品某幼儿园位于西安市长安区韦曲街道,2016年3月1日开始招生,被告人尹某某担任该幼儿园法定代表人。

2020年1月3日,被告人尹某某利用职务便利,在该幼儿园股东贺某、冉某、苏某某等人不知情的情况下,私自以该幼儿园的名义与某某融资租赁(上海)有限公司签订《售后回租赁合同》,将该幼儿园的部分设施和设备采用出售给某某融资租赁(上海)有限公司然后回租的方式获取资金,2020年2月28日,某某融资租赁(上海)有限公司将125万元转账到西安市长安区韦曲街道品某幼儿园银行公户。2020年5月28日,西安市长安区韦曲街道中心学校转给该幼儿园银行公户28,500元公款。对于上述127.85万元的幼儿园公款,被告人尹某某除将其中的一笔3.53万元通过银行转账给该幼儿园员工殷某某用于支付该该幼儿园员工工资,将其中的一笔13,200元付给益某某(时任该幼儿园园长)支付工资外,剩余资金123万元全部用于归还个人债务等支出。

同时查明,2016年6月,尹某某暂借该幼儿园公款15万元给郭某某用于幼儿园工作支出;2017年5月,暂借该幼儿园公款10万元给张某某用于幼儿园工作支出,后因其他原因事未办成,郭某某和张某某分别于2016年8月、2018年7月将上述款顶全部退还尹某某,尹某某将该25万元据为已有而未归还该幼儿园。

【争议焦点】

被告人尹某某职务侵占数额问题。

【裁判观点】

本院认为，被告人尹某某以非法占有为目的，利用其负责品某幼儿园经营管理的便利，将品某幼儿园的财产据为己有，其行为触犯了《中华人民共和国刑法》第二百七十一条第一款的规定，应当以职务侵占罪追究其刑事责任。

公诉机关指控被告人尹某某职务侵占数额1,480,000元，经查，某某公司向品某幼儿园账户转账的1,250,000元，被告人尹某某利用其职务便利，将其中1,249,330元转出，除48,500元用于品某幼儿园的员工工资，以及向某某公司支付服务费、租金312,100元外，其余888,730元均据为己有，依法应认定为其职务侵占数额。西安市长安区韦曲街道中心学校向品某幼儿园转账的41,000元，被告人尹某某通过自助取款或转账的方式将其中39,100元据为己有，依法应认定为其职务侵占数额。2016年6月1日被告人尹某某支付郭某某的150,000元，以及2017年5月31日支付张某某的100,000元，后郭某某、张某某向被告人尹某某退还250,000元，被告人尹某某利用其负责投资款管理的便利将上述款项据为己有。虽然品某幼儿园在当时尚未取得登记证书，但已处于筹备期间，故应认定为其职务侵占数额。综上，被告人尹某某共侵占品某幼儿园1,177,830元。西安市长安区人民检察院指控被告人尹某某的部分犯罪事实清楚，证据确实、充分，所犯罪名成立，唯其职务侵占数额应为1,177,830元。被告人尹某某提出其向某某公司支付租金，应予以扣减，经查其确实向某某公司支付服务费、租金，辩解成立，予以采纳，唯数额有误，应按照其实际支付数额扣减。被告人尹某某主张郭某某退还的150,000元不属实，以及其辩护人主张郭某某、张某某退还的250,000元属于民事关系，经查，郭某某退还的150,000元一节有收条、品某幼儿园筹办期费用一览表、证人王某、郭某某的证言证明，足以认定，对被告人尹某某及其辩护人的辩称不予采纳。被告人尹某某提出其与其他股东在莲湖区投资了另一个幼儿园，因投资需要从他人处借款，因个人无力偿还，将品某幼儿园的钱用于归还借款，主观上并非恶意侵占，经查，被告人尹某某利用其职务便利将品某幼儿园的财产用于归还其个人借款，主观上具有非法占有的故意，对其辩解不予采纳。被告人尹某某多次职务侵占，可酌情从重处罚。被告人尹某某职务侵占1,177,830元，数额巨大，依照从旧兼从轻的原则，应判处3年以上10年以下有期徒刑。被告人尹某某经侦查机关电话传唤到案，到案后能够如实供述其罪行，属自首，依法可对其从轻处罚。辩护人提出被告人尹某某具有自首情节，系初犯的辩护意见，经查属实，予以采纳。

【裁判结果】

1. 被告人尹某某犯职务侵占罪，判处有期徒刑3年3个月（刑期自判决执行之日起计算，判决执行前先行羁押的，羁押一日折抵刑期一日，即自2021年2月23日起至2024年5月22日止）。

2. 责令被告人尹某某退赔被害单位西安市长安区韦曲街道品某幼儿园1,177,830元。

如不服本判决，可在接到判决书的第2日起10日内，通过本院或直接上诉于陕西省西安市中级人民法院，书面上诉的，应提交上诉状正本1份，副本3份。

【案例评析】

随着国家对民办教育机构整治规范不断深入、监管力度不断加强，今后，涉及民办学校职务侵占的刑事案件必然会呈高发态势。对此，我们为民办学校举办者、管理者和其他内部工作人员提出三点建议：

一要切实转变观念。《民促法》第三十六条规定："民办学校对举办者投入民办学校的资产、国有资产、受赠的财产以及办学积累，享有法人财产权。"第三十七条第一款规定："民办学校存续期间，所有资产由民办学校依法管理和使用，任何组织和个人不得侵占。"但现实情况是，有的学校举办者、实际控制人认为学校财产就相当于个人财产，可以随意支配、使用，甚至完全占为己有；有的学校管理人员则因为权力在手，对学校财产产生了心理上的所有权，一旦监督机制不到位，就很可能出现侵占行为；而普通教职员工也或多或少会有自己的权力，或者管人，或者管事，或者管物，受到物质诱惑而又法律意识淡薄，也很可能出现职务侵占行为。因此，避免职务侵占首先是转变观念，要明白学校的一切财物都是学校这个法人的，随意支取、占为已有，无异于盗窃他人财物，是违法行为，达到一定数额也就构成了犯罪。

二要完善法人治理。《民促法》第二十条规定："民办学校应当设立学校理事会、董事会或者其他形式的决策机构并建立相应的监督机制。民办学校的举办者根据学校章程规定的权限和程序参与学校的办学和管理。"第二十一条中规定："学校理事会或者董事会由举办者或者其代表、校长、教职工代表等人员组成。"但实践中，很多学校或者没有设置合法的决策、监督机构，或者设置了也形同虚设，不开展活动、不发挥作用。这里面既有学校举办者、实际控制人对法律规定掌握不清的问题,也有担心丧失学校控制权的心理。其实,依法建立科学的法人治理体系,学校举办者、实际控制人既可以保持控制权、维护自身合法权益,也能够防范化解风险、调动各方面积极性,促进学校的持续健康发展。对此,我们建议具备一定实力和规模的学校要秉承"找专业人做专业事"的理念,聘请专业团队指导学校完善法人治理,切实解决学校长期发展的后顾之忧。

三要重视财务规范。《民促法》第三十五条规定:"民办学校应当依法建立财务、会计制度和资产管理制度,并按照国家有关规定设置会计帐簿。"《中华人民共和国民办教育促进法实施条例》第四十一条规定:"民办学校应当依照《中华人民共和国会计法》和国家统一的会计制度进行会计核算,编制财务会计报告。"但从目前来看,民办学校财务规范普遍存在很多问题,有的不重视制度建设,财务制度会计制度不健全,学校资产管理处处漏洞,有的虽有制度但不重视、不落实,上至决策机构成员,下至普通教职员工,人人都有职务侵占的便利条件和机会。在我们走访和服务的一些学校中,一个主体多套账、收入不入公账等隐瞒收入行为,利用装修采购、工会经费等名目虚列支出的行为,将旅游、接待、购物等个人消费在学校违规报销的行为都并不鲜见,而有的相关责任人员距离职务侵占罪已经是一线之隔。以上这些状况,经过专业化的指导规范后都可以明显改善,而规范的财务管理,绝不仅仅是在保护民办学校的法人财产,也是在保护民办学校决策层、管理层成员以及普通教职员工的人身自由。

案例31 建湖某培训中心有限公司、刘某景等侵犯公民个人信息案

[(2021)苏0925刑初440号]

【裁判要旨】

《中华人民共和国刑法》第二百五十三条之一规定,违反国家有关规定,向他人出售或者提供公民个人信息,情节严重的,处3年以下有期徒刑或者拘役,并处或者单处罚金;情节特别严重的,处3年以上7年以下有期徒刑,并处罚金。违反国家有关规定,将在履行职责或者提供服务过程中获得的公民个人信息,出售或者提供给他人的,依照前款的规定从重处罚。窃取或者以其他方法非法获取公民个人信息的,依照第一款的规定处罚。单位犯前三款罪的,对单位判处罚金,并对

其直接负责的主管人员和其他直接责任人员，依照各该款的规定处罚。

【案情简介】

2017 年期间，被告人刘某景通过时任建湖县人社局医保中心合同工王某华(已判决)，用 U 盘到王某华办公室内拷贝全县学生参保信息名单，后由于怀孕行动不便，便让其丈夫苏某鑫将该信息名单用 QQ 邮箱发送给当时尚未登记注册的某培训中心有限公司招生的卞某凯(已判决)，并让苏某鑫告知卞某凯将所收到的参保信息打印出来分发给在职教师打电话招生。经核查该信息系 2016 年度至 2017 年建湖县学生参保信息，数量为 62,686 条，被告单位建湖某培训中心有限公司利用该信息通过打电话招生获利 56,300 元。

被告人刘某景主动投案，如实供述自己的犯罪事实。

另查明，被告单位建湖某培训中心有限公司前身为建湖县金字塔教育培训中心，建湖县金字塔教育培训中心于 2017 年 11 月 30 日领取民办学校办学许可证，有效期为三年，2018 年 6 月 5 日领取民办非企业单位登记证书。以建湖某培训中心有限公司于 2019 年 9 月 12 日取得民办学校办学许可证，于 2019 年 10 月 8 日工商登记。被告人刘某景系建湖县金字塔教育培训中心、建湖某培训中心有限公司法定代表人。被告单位建湖某培训中心有限公司已退出违法所得 56,300 元。

【在案证据列举】

扣押决定书、扣押清单、检查笔录、受案登记表、人员基本信息、涉案人员案底查询单、发破案经过及到案经过、统计表格，证人王某甲、孙某、付某、邢某、刘某甲、姚某、陶某、刘某乙、周某、徐某、沈某、王某乙、李某、于某的证言，被告人刘某景的供述与辩解、同案关系人苏某鑫、王某华、徐某跃、徐某、卞某凯的供述与辩解，辨认笔录、电子数据检查笔录等证据。

【裁判观点】

本院认为，被告单位建湖某培训中心有限公司违反国家有关规定，非法获取公民个人信息，用于盈利活动，情节严重，其行为已构成侵犯公民个人信息罪；被告人刘某景作为直接责任人员，其行为亦构成侵犯公民个人信息罪。公诉机关指控被告单位建湖某培训中心有限公司、被告人刘某景犯侵犯公民个人信息罪的事实清楚，证据确实、充分，指控的罪名成立，本院予以支持。被告人刘某景，被告单位建湖某培训中心有限公司，犯罪后自动投案，如实供述自己罪行，系自首，可以从轻处罚。被告单位建湖某培训中心有限公司、被告人刘某景自愿如实供述自己的罪行,承认指控的犯罪事实愿意接受处罚,可以依法从宽处理。被告单位建湖某培训中心有限公司退出违法所得,可酌情从轻处罚。

【裁判结果】

1. 被告单位建湖某培训中心有限公司犯侵犯公民个人信息罪,判处罚金人民币6万元。(罚金已预缴)

2. 被告人刘某景犯侵犯公民个人信息罪,判处有期徒刑9个月,缓刑1年,并处罚金人民币四万元。(缓刑考验期限,从判决确定之日起计算。罚金已预缴)

3. 被告单位建湖某培训中心有限公司退出的违法所得56,300元,依法没收,上缴国库。

【案例评析】

《最高人民法院、最高人民检察院关于办理侵犯公民个人信息刑事案件适用法律若干问题的解释》第一条规定:《刑法》第二百五十三条之一规定的"公民个人信息",是指以电子或者其他方式记录的能够单独或者与其他信息结合识别特定自然人身份或者反映特定自然人活动情况的各种信息,包括姓名、身份证件号码、通信通讯联系方式、住址、账号密码、财产状况、行踪轨迹等。

本案中被告行为属于窃取或者以其他方法非法获取学生建湖县学生参保信息,属于上述司法解释所说的以电子或者其他方式记录的能够单独或者与其他信息结合识别特定自然人身份的信息。

案例32 韩某维侵犯公民个人信息案

[(2019)皖1622刑初231号]

【裁判要旨】

《中华人民共和国刑法》第二百五十三条之一规定,违反国家有关规定,向他人出售或者提供公民个人信息,情节严重的,处3年以下有期徒刑或者拘役,并处或者单处罚金;情节特别严重的,处3年以上7年以下有期徒刑,并处罚金。违反国家有关规定,将在履行职责或者提供服务过程中获得的公民个人信息,出售或者提供给他人的,依照前款的规定从重处罚。窃取或者以其他方法非法获取公民个人信息的,依照第一款的规定处罚。单位犯前三款罪的,对单位判处罚金,并对其直接负责的主管人员和其他直接责任人员,依照各该款的规定处罚。

【案情简介】

被告人韩某维在蒙城县某宇球教育信息咨询有限公司(又名环球优学教育)工作,于2018年2月、3月的一天,其从他人手中以3000元的价格购买蒙城县及周边学校的学生姓名、所在年级班级、通信联系方式等个人信息共计20,716条,并将上述信息提供给其公司员工用于电话推销文化课辅导,以此增加生源业务。

【在案证据列举】

1. 受案登记表载明:2018年5月28日,牛某报案称2018年4月、5月以来,蒙城县环球优学教育学校的老师一直打电话让其儿子补课,其怀疑自己的个人信息被泄露。

2. 营业执照、办学许可证载明:蒙城县某宇球教育信息咨询有限公司和蒙城县某培训学校有限公司基本信息,蒙城县某宇球教育信息咨询有限公司不具有办学许可证,蒙城县某培训学校有限公司具有办学许可证。

3. 户籍信息载明韩某维基本状况及个人信息。

4. 蒙城县公安局出具到案经过载明:2018年5月29日,韩某维被传唤到案。

5. 搜查笔录、扣押清单、发还清单和照片载明:公安机关对环球优学培训机构电脑进行扣押,后发还。

6. 电子物证检查工作记录载明蒙城县公安局对扣押的环球优学培训机构电脑进行检查。

7. 蒙城县公安局出具侵犯公民个人信息筛选数据情况说明和光盘制作说明载明:将韩某维侵犯公民个人信息案涉案存储介质中提取的数据进行去重筛选后,确定数据总数为20,716条。

8. 证人牛某证言:近两个月内,一直有老师打电话问其儿子是否需要补课,其怀疑身份信息被泄露,便到公安机关报警。

9. 证人陈某、万某证言:韩某维通过QQ向其传输学生信息。

10. 证人桂某证言:其向培训机构的老师要了电话号码,便与学生家长联系让学生到环球优学培训机构补课。

11. 证人于某、魏某、范某1证言:韩某维给其学生信息,让其与学生家长联系。

12. 证人范某2证言:韩某维是蒙城县某宇球教育信息咨询有限公司负责人。

13. 被告人韩某维供述:2018年2月、3月的一天上午,有人到其办公室销售学生信息，其花费 3000 元购买，后其把该学生信息分发给同事，并让同事电话联系。

【裁判观点】

本院认为：被告人韩某维购买公民个人信息，情节严重，其行为构成侵犯公民个人信息罪。公诉机关指控罪名成立，本院予以支持。被告人能够如实供述自己的罪行并当庭认罪，可依法对其从轻处罚，对辩护人所提相关辩护意见予以采纳。对辩护人所提公诉机关指控公民个人信息条数未去除重复部分的辩护意见，经查，公安机关出具的情况说明证实，在统计公民个人信息时公安机关对数据进行去重筛选后确定为 20,716 条，不存在重复计算情形，故对上述辩护意见不予采纳。

【裁判结果】

被告人韩某维犯侵犯公民个人信息罪，判处有期徒刑 1 年，缓刑 2 年，并处罚金人民币 5000 元（已缴纳）。（缓刑考验期限，从判决确定之日起计算）

【案例评析】

本案涉及侵犯公民个人信息罪中"个人信息"的认定和条数计算。在侵犯公民个人信息罪案件的办理中，"个人信息"的认定成为关键问题：首先，大数据时代数据和信息体量巨大、内容复杂，识别何种信息属于个人信息直接影响到行为是否满足本罪构成要件的判断。其次，本罪要满足"情节严重"的罪量要素才能成立，而个人信息的条数是该罪量要素是否具备的直接判断依据之一，只有在认定个人信息之后才能对个人信息的数量进行计算。

2017 年《最高人民法院、最高人民检察院关于办理侵犯公民个人信息刑事案件适用法律若干问题的解释》第一条规定：《刑法》第二百五十三条之一规定的"公民个人信息"，是指以电子或者其他方式记录的能够单独或者与其他信息结合识别特定自然人身份或者反映特定自然人活动情况的各种信息，包括姓名、身份证件号码、通信通讯联系方式、住址、账号密码、财产状况、行踪轨迹等。

可以从两个层面来理解该司法解释：第一，在识别程度上，包含直接识别，以及结合其他信息的间接识别；第二，在识别内容上，包括特定自然人的身份及其活动情况。申言之，按照该标准，个人信息的认定只要满足以下四个条件其一即可：一是单独可识别特定自然人身份；二是单独可反映特定自然人活动情况；三是与其他信息结合可识别特定自然人身份；四是与其他信息结合可反映特定自然人活动情况。

第十章　附　　则

第六十五条　【学校及校长范围】

本法所称的民办学校包括依法举办的其他民办教育机构。

本法所称的校长包括其他民办教育机构的主要行政负责人。

第六十六条　【中国境内外合作办学】

境外的组织和个人在中国境内合作办学的办法，由国务院规定。

第六十七条　【施行日期】

本法自 2003 年 9 月 1 日起施行。1997 年 7 月 31 日国务院颁布的《社会力量办学条例》同时废止。